¡NECESITO UN FILÓSOFO!

Las grandes preguntas de los más PEQUEÑOS

SCOTT
HERSHOVITZ

¡NECESITO UN FILÓSOFO!

Las grandes preguntas de los más PEQUEÑOS

Traducción de Carlos Abreu Fetter

PLAZA & JANÉS

Papel certificado por el Forest Stewardship Council®

MIXTO
Papel procedente de fuentes responsables
FSC® C117695

Penguin Random House Grupo Editorial

Título original: *Nasty, Brutish, and Short*

Primera edición: septiembre de 2022

Printed in Spain – Impreso en España

ISBN: 978-84-01-02764-2
Depósito legal: B-11861-2022

Compuesto en Pleca Digital, S. L. U.

Impreso en Rotativas de Estella, S.L., Villatuerta,
(Navarra)

L 0 2 7 6 4 2

Para Julie, Rex y Hank

ÍNDICE

TERCERA PARTE

EL SENTIDO DEL MUNDO

INTRODUCCIÓN

El arte de pensar

—*Necito* un filósofo. —Hank estaba de pie en el baño, medio desnudo.

—¿Qué? —preguntó Julie.

—*Necito* un filósofo.

—¿Te has enjuagado la boca?

—*Necito* un filósofo —repitió Hank, más alterado.

—Lo que necesitas es enjuagarte. Vuelve al lavabo.

—¡*Necito* un filósofo! —exigió Hank.

—¡Scott! —gritó Julie—. Hank necesita un filósofo.

Yo soy filósofo, y nunca me ha necesitado nadie. Me encaminé a toda prisa hacia el baño.

—¡Hank, Hank! Soy filósofo. ¿Qué necesitas?

Abrió la boca, pero no dijo nada.

—Hank, ¿qué te preocupa?

—TENGO ALGO METÍO ENTRE LOF DIENTEF.

Un *flosser*. Hank necesitaba un *flosser*, uno de aquellos arcos de plástico con un trozo de seda dental entre las puntas. Visto en retrospectiva, tiene sentido. Un *flosser* es algo que puedes llegar a necesitar, sobre todo si tienes dos años y tu objetivo en la vida es llenar los vertederos de chismes de plástico baratos que te sirven como distracción momentánea. Los filósofos no son necesarios para la gente. A la gente le gusta dejárselo claro a los filósofos.

—¿A qué os dedicáis exactamente los filósofos?

—Bueno, a ver... Más que nada, a pensar.

—¿En qué pensáis?

—La verdad es que en toda clase de cosas. En la justicia, la ecuanimidad, la igualdad, la religión, las leyes, el lenguaje...

—Yo también pienso en esas cosas. ¿Soy un filósofo?

—Tal vez. ¿Piensas en ellas con detenimiento?

He mantenido esta conversación en incontables ocasiones. Digo incontables porque en realidad no la he mantenido nunca. No es más que el diálogo que me imagino que tendría lugar si le revelara a un desconocido que soy filósofo. Casi siempre digo que soy abogado, a menos que mi interlocutor lo sea también, en cuyo caso me identifico como profesor de Derecho, para darme aires de superioridad. En cambio, si mi interlocutor también es profesor de Derecho, me presento sin vacilar como filósofo. Por otro lado, si hablo con un filósofo, vuelvo a ser abogado. Se trata de un complicado juego de triles concebido para partir con ventaja en todas las conversaciones.

Pero lo cierto es que soy filósofo. Todavía me cuesta creerlo: nunca me propuse serlo. Cuando era estudiante de primer semestre en la Universidad de Georgia, quería cursar la asignatura de Introducción a la psicología, pero el grupo estaba completo, y con Introducción a la filosofía obtendría los créditos que necesitaba. Si se hubiera liberado una plaza en aquella clase de psicología, tal vez sería psicólogo y este libro estaría repleto de consejos prácticos para padres. El lector sí que encontrará algunos, pero en su mayor parte no le servirán de mucho. De hecho, mi principal consejo es el siguiente: conversa con tus hijos (o los de otras personas). Son la monda... y buenos filósofos.

Falté a la primera clase de ese curso, porque mi gente —los judíos, no los filósofos— celebra el Año Nuevo en un día más o menos arbitrario de otoño. Sin embargo, asistí a la clase siguiente y, para cuando comenzó la segunda hora, estaba entusiasmado. El profesor, Clark Wolf, nos preguntó qué cosas nos parecían importantes y fue anotando en la pizarra las respuestas de cada uno al lado de nuestros nombres y los de filósofos famosos que habían dicho algo parecido.

Felicidad: Robyn, Lila, Aristóteles
Placer: Anne, Aristipo, Epicuro
Hacer lo correcto: Scott, Neeraj, Kant
Nada: Vijay, Adrian, Nietzsche

Cuando vi mi nombre en la pizarra, empecé a creer que mi opinión sobre lo que era importante tal vez interesaba; que podía participar en conversaciones que incluyeran a personas como Aristóteles, Kant o Nietzsche.

Era una idea disparatada, y a mis progenitores no les hizo mucha gracia. Recuerdo que, sentado frente a mi padre en un restaurante de pollo asado, le notifiqué que pensaba especializarme en filosofía.

—¿Qué es la filosofía? —inquirió. Era una buena pregunta. Él no conocía la respuesta porque cuando se matriculó en la universidad, quedaba una plaza libre en psicología, de modo que esta acabó siendo su especialidad. Pero descubrí que tenía un problema: yo tampoco sabía la respuesta, y eso que llevaba semanas asistiendo a clases de filosofía. «¿Qué es la filosofía —me preguntaba—, y por qué quiero estudiar eso?».

Opté por explicárselo con un ejemplo en vez de con una definición.

—Creemos que estamos sentados a una mesa comiendo pollo asado y hablando sobre la universidad —empecé a disertar—, pero ¿y si no es así? ¿Y si alguien nos ha robado los cerebros, los ha metido en un frasco, les ha enchufado unos electrodos y los ha estimulado para que creamos que estamos comiendo pollo y charlando sobre la uni?

—¿Eso se puede hacer? —preguntó.

—No creo, pero esa no es la cuestión. La cuestión es: ¿cómo sabemos que no lo han hecho? ¿Cómo sabemos que no somos unos cerebros metidos en frascos y con alucinaciones sobre un restaurante de pollos?

—¿Eso es lo que quieres estudiar? —Su expresión no era precisamente alentadora.

—Sí, a ver, ¿no entiendes que esté preocupado? Todo lo que creemos saber podría ser mentira.

No lo entendía. Y esto fue antes de que se estrenara *Matrix*, así que no cabía apelar a la autoridad de Keanu Reeves para dejar claro que se trataba de un asunto de máxima urgencia. Después de balbucear unos minutos más acerca de cerebros y frascos, añadí:

—En el departamento también hay un montón de cursos de lógica.

—Bueno —dijo—, espero que vayas a alguno.

He dicho que no me acabo de creer que sea filósofo. Eso no es del todo cierto. Lo que me cuesta creer es que lo siga siendo, que mi padre no me hubiera metido en cintura durante esa cena, o incluso mucho antes. Porque yo ya era un filósofo casi desde el momento en que aprendí a hablar, y no soy el único. Todos los niños —sin excepción— son filósofos. Dejan de serlo con los años. De hecho, es posible que abandonar la filosofía para centrarse en actividades más prácticas forme parte del proceso de madurez. Si esto es así, yo no he madurado del todo, cosa que no sorprenderá en absoluto a nadie que me conozca.

Y no fue porque mis padres no intentaran impedírmelo. Recuerdo la primera vez que me planteé un problema filosófico. Contaba cinco años, y me vino a la cabeza cuando los otros niños y yo estábamos sentados en círculo en la guardería del Centro de la Comunidad Judía. Me pasé todo el día reflexionando sobre ello hasta que, a la hora de la salida, corrí a comentárselo a mi madre, que era profesora de preescolar en otra aula que daba al mismo pasillo.

—Mami —dije—, no sé cómo es el color rojo para ti.

—Sí que lo sabes. Es rojo —respondió.

—Ya... No, bueno —tartamudeé—. Sé cómo veo el rojo yo, pero no sé cómo lo ves tú.

Parecía un poco confundida y, a decir verdad, es posible que no me hubiera expresado con demasiada claridad. Tenía cinco años.

Aun así me esforcé al máximo por hacerle comprender lo que quería decir.

—El rojo se ve así —dijo, señalando algo rojo.

—Ya sé que eso es rojo —dije.

—Entonces ¿cuál es el problema?

—No sé cómo ves el rojo tú.

—Se ve *así* —recalcó, con exasperación creciente.

—Ya —dije—, pero no sé cómo lo ves tú. Sé cómo lo veo yo.

—Lo vemos igual, cielo.

—Eso no lo sabes —insistí.

—Sí lo sé —dijo, señalando de nuevo—. Eso es rojo, ¿verdad?

No me dejé amilanar por su incomprensión.

—Vemos rojas las mismas cosas —intenté explicar—. Lo sé porque me has señalado cosas rojas y me has dicho que son rojas. Pero ¿y si yo viera el rojo como tú ves el azul?

—No puede ser. Eso es rojo, no azul, ¿verdad?

—Sé que los dos llamamos rojo a ese color —dije—, pero a lo mejor tú ves el rojo como yo veo el azul.

No sé cuánto rato duró este diálogo de besugos, pero mi madre no llegó a captar lo que trataba de explicarle (mamá, si estás leyendo esto, estaré encantado de volver a intentarlo). Recuerdo con claridad que puso punto final a la conversación:

—No le des más vueltas. No es importante. No tienes ningún problema de visión.

Fue la primera vez que alguien me invitó a dejar de filosofar. No sería la última.

El problema que le planteé a mi madre se conoce en filosofía como «desplazamiento del espectro cromático».[1] Es un concepto que suele atribuirse a John Locke, el filósofo inglés del siglo XVII, cuyas ideas influyeron en el pensamiento de los padres de la Constitución de Estados Unidos. Sin embargo, apostaría a que miles de niños en edad preescolar se le adelantaron (de hecho, según Daniel Dennett, una eminencia en la filosofía de la mente, muchos de sus alumnos recuerdan haber cavilado sobre este problema cuando eran pequeños)[2]. Sus padres seguramente no entendían el planteamiento ni su trascendencia. Pero el problema es realmente trascendental, una ventana a uno de los misterios más profundos sobre el mundo y el lugar que ocupamos en él.

He aquí cómo explicaba Locke el problema (el razonamiento resulta más fácil de seguir si se lee en voz alta con acento inglés):

> Tampoco cabría tacharlo de Falsedad... si... el mismo Objeto produjese en la Mente de varios Hombres Ideas diferentes al mismo tiempo; *v. gr.*, si la Idea que una Violeta engendra en la Mente de un Hombre a través de sus Ojos fuera la misma que engendra una Caléndula en la Mente de otro, y viceversa.[3]

Me imagino lo que estará pensando el lector: «Yo a los cinco años me expresaba mejor que Locke. O al menos no usaba mayúsculas a troche y moche». Pero no hay por qué preocuparse: no obligaré a nadie a leer un montón de farragosos pasajes filosóficos del año de la polca. La tesis de este libro es que todo el mundo puede filosofar y todos los niños lo hacen. Si un parvulito es capaz de filosofar sin leer a Locke, nosotros también.

Pero, ya que hemos leído a Locke, intentemos entender sus palabras. ¿De qué hablaba? El breve pasaje encierra numerosos enigmas sobre la naturaleza de los colores y la conciencia, así como sobre la dificultad —o tal vez incluso la imposibilidad— de plasmar en palabras algunas de nuestras experiencias. Ya reflexionaremos acerca de algunos de esos enigmas más adelante. Sin embargo, el último apunta a una inquietud aún mayor: la de que las mentes de los demás son en esencia inescrutables para nosotros.

Hay personas con una visión del mundo distinta de la nuestra, y tal vez no solo en el sentido metafórico de que tienen opiniones diferentes sobre cuestiones polémicas. Es posible que realmente *perciban* el mundo de manera distinta. Si yo pudiera meterme en la cabeza del lector —ver a través de sus ojos y su cerebro—, quizá descubriría que, desde mi punto de vista, todo está patas arriba. Tal vez las señales de stop se me antojarían azules, o el cielo rojo. O posiblemente las diferencias serían más sutiles: un matiz apenas perceptible o un tono un poco más vibrante. Pero, como no puedo meterme en tu cabeza, no tengo manera de saber cómo ves el mundo. Ni siquiera sé cómo lo ven mi esposa e hijos, las personas que mejor conozco.

Es una reflexión que pone de manifiesto nuestra soledad. Si Locke está en lo cierto, podría decirse que, en un sentido importante, vivimos atrapados en nuestra cabeza, desconectados de las experiencias de los demás. Imaginamos cómo son, pero no tenemos forma de comprobarlo.

No creo que sea casualidad que esta idea se les pase por la mente a muchos alumnos de preescolar. Los críos de esa edad se esfuerzan mucho por entender al prójimo, por aprender a leerle el pensamiento. No llegaríamos muy lejos en este mundo sin la facultad de inferir lo que piensan los demás. Tenemos que ser capaces de anticipar las acciones de otras personas, así como sus reacciones a las nuestras. Para ello, los niños conciben y ponen a prueba continuamente teorías sobre las creencias, intenciones y motivaciones de quienes los rodean. Ellos no lo expresarían así, claro. No se trata de un acto razonado. Tampoco lo es tirar el vasito para bebés desde lo alto de la trona, aunque también constituye un experimento tanto de física como de psicología (conclusión: siempre cae al suelo y siempre lo recoge alguien).

No sé por qué me dio por pensar en los colores aquel día en la guardería, pero lo que descubrí —sin más investigación que una reflexión a fondo— fue que mi capacidad de leerles la mente a los demás era limitada. Podía deducir muchas cosas acerca de las creencias, motivaciones e intenciones de mi madre solo con observar su comportamiento. No obstante, por más que me empeñara, no lograría dilucidar si ella veía el rojo como lo veía yo.

Retomaremos este problema más adelante. Como ya he dicho,

se trata de una ventana a algunos de los misterios más insondables del mundo. Los niños se asoman a esa ventana una y otra vez. La mayoría de los adultos se ha olvidado de que está ahí.

Hay quien reacciona con escepticismo cuando afirmo que los niños se asoman a esa ventana. «Sí, claro, a ti se te ocurrió lo del desplazamiento del espectro cromático —dicen—. Pero es que tú saliste filósofo. A la mayoría de los niños no les pasa lo mismo». Me lo creería si no tuviera hijos propios. Son dos chicos: Hank, a quien ya conocéis, y Rex, que le saca unos años. Cuando Rex tenía tres, hacía comentarios que abordaban cuestiones filosóficas, aunque él mismo no era consciente de ello.

Conforme crecían, la filosofía fue aflorando a la superficie de lo que decían. Un día, Julie le preguntó a Hank (que tenía ocho en ese entonces) qué le apetecía almorzar y le dio dos opciones: una quesadilla o una hamburguesa que había sobrado de la cena. Verse obligado a elegir supuso una tortura para Hank; cualquiera diría que le habíamos preguntado a cuál de sus progenitores salvaría de una muerte segura.* Tardó un rato en decidirse.

—Tomaré la hamburguesa —dijo al cabo de unas décadas.

—Ya está sobre la mesa —respondió Julie. Hank escoge la hamburguesa *siempre* que puede.

A Hank no le gustó un pelo el cariz que habían tomado los acontecimientos. Se echó a llorar.

—¿Qué ocurre, Hank? —le pregunté—. Es lo que querías.

—Mamá no me ha dejado decidir —dijo.

—Sí que te ha dejado. Has dicho que querías la hamburguesa, y eso es lo que cenarás.

—No —repuso Hank—. Ha adivinado lo que iba a querer.

—Sí, pero ha acertado.

* De hecho, respondería a esa pregunta sin vacilar... y yo no saldría bien parado.

—Me siento insultado de todos modos —insistió Hank, y su hamburguesa se enfrió mientras él berreaba.

La semana siguiente abordé en mi clase de Filosofía del derecho el tema del «castigo preventivo», la idea de que podríamos castigar a alguien antes de que cometiera un delito si supiéramos más allá de toda duda razonable que iba a perpetrarlo. Algunos dudan que sea posible predecirlo con certeza. No me cuento entre ellos, por cierto. Pero hay otra objeción muy similar a la de Hank.

Hay quien opina que es poco respetuoso tratar a una persona como si ya hubiera tomado una determinación cuando aún no es así, incluso cuando sabemos qué decidirá al final. Su decisión es lo que cuenta, y la persona posee la libertad de cambiar de idea hasta el momento en que la tome, aunque estemos seguros de que no lo hará. (¿O tal vez no la posee? ¿El hecho de que seamos capaces de predecir su elección implica que carece de libre albedrío?). Les conté a mis alumnos lo sucedido con Hank, lo que desencadenó una discusión respecto a si estaba justificada su sensación de que se le había faltado al respeto. Muchos opinaban que sí.

Es un recurso del que echo mano con frecuencia en mis clases: compartir anécdotas sobre mis hijos que ilustran los temas que tratamos. Luego debatimos sobre si tienen razón en lo que dicen o no. También lo hago cuando charlo con mis colegas, pues los críos me proporcionan ejemplos estupendos. A estas alturas, Rex y Hank gozan de una fama considerable entre los filósofos del derecho.

Durante años la gente me decía que mis hijos no eran normales, que filosofaban precisamente porque tenían un padre filósofo. Yo no estaba de acuerdo. A menudo sus razonamientos surgían de la nada; no desenterraban ideas de conversaciones anteriores. Una noche, mientras cenábamos, Rex, que entonces tenía cuatro años, se preguntó en voz alta si su vida entera había sido un sueño. Los filósofos llevan años formulándose esta pregunta, pero ninguno de ellos se la había planteado a Rex o había hablado de ella en su presencia (la retomaremos en el capítulo 8, cuando exploremos la naturaleza del conocimiento). A mi juicio, si había alguna diferencia entre mis hijos y otros chiquillos era que, cuando mis hijos hacían filosofía, yo me daba cuenta... y los animaba a seguir.

Mi teoría se vio confirmada cuando descubrí la obra de Gareth Matthews, un filósofo que centró casi toda su trayectoria profesional en los niños. Falleció en 2011, cuando Rex contaba solo un año. Aunque no llegué a conocerlo, me habría gustado tener esa oportunidad, porque Matthews sabía más que nadie acerca de las aptitudes filosóficas de los críos.

Su interés por el asunto nació de forma muy similar al mío, cuando su hija formuló una reflexión filosófica. Su gata *Fluffy* tenía pulgas, y Sarah (con cuatro años) preguntó cómo las había pillado.[4]

Matthews le respondió que seguramente se las había pegado otro gato.

—¿Y cómo pilló pulgas ese otro gato? —inquirió Sarah.

Matthews le dijo que sin duda procedían de un tercer gato.

—Pero papá —insistió Sarah—, eso no puede seguir así hasta el infinito. ¡Lo único que llega al infinito son los números!

Por aquel entonces Matthews impartía una clase en la que enseñaba el argumento cosmológico, que pretende demostrar la existencia de Dios.[5] Hay varias versiones de este razonamiento, algunas de ellas bastante complicadas, pero se basa en una premisa sencilla: todos los acontecimientos tienen una causa. Sin embargo, esta cadena no puede remontarse hasta el infinito, por lo que tiene que haber una causa primera que no haya sido causada a su vez por otra cosa. Algunos filósofos, entre los que cabe destacar a Tomás de Aquino, han sostenido que esa causa primera es Dios.

Este argumento adolece de algunas lagunas. ¿Por qué tiene que ser finita la cadena de acontecimientos? Tal vez el universo sea eterno, sin principio ni final. Pero, incluso si damos por sentado que esa causa primera existe, ¿por qué hemos de creer que se trata de Dios? No obstante, que el argumento se sostenga o no es lo de menos (ya nos preguntaremos si Dios existe en el capítulo 12). Lo interesante es que Sarah se valió de la misma lógica. «Yo aquí enseñando a mis alumnos universitarios el argumento de la causa primera —escribió

Matthews—, ¡y va mi hija de cuatro años y concibe por sí sola el argumento de la pulga primera!».[6]

Esto pilló a Matthews con la guardia baja porque sabía un poco de psicología del desarrollo. Según Jean Piaget, psicólogo suizo conocido por su teoría del desarrollo cognitivo, Sarah debía de estar en el «estadio preoperacional», porque los niños que se encuentran en él aún no hacen uso de la lógica.*[7] Sin embargo, la lógica de Sarah era exquisita y mucho más contundente que el argumento cosmológico. Al margen de lo que opinemos sobre una regresión infinita de causas, cuesta imaginar una regresión infinita de gatos.

De acuerdo, ya me imagino lo que estará pensando el lector: Matthews no es más que otro filósofo con una criatura que salió a él. Pero sus observaciones no se limitaban a sus hijos.[9] Hablaba con personas que no eran filósofos y le contaban muchas historias parecidas sobre sus críos. Luego comenzó a visitar colegios para charlar en persona con otros niños. Les leía cuentos que planteaban preguntas filosóficas y escuchaba la discusión que se producía a continuación.

Mi anécdota favorita de las referidas por Matthews se la contó la madre de un muchachito llamado Ian.[10] Cuando ella estaba en casa con su hijo, llegó de visita una familia con tres mocosos que monopolizaron la televisión, impidiéndole a Ian ver su programa favorito. Después de que se marcharan, el chico le preguntó a su madre: «¿Por qué es mejor que tres personas sean egoístas a que lo sea una sola?».

Me encanta esa pregunta, tan sencilla y a la vez tan subversiva... Muchos economistas creen que las políticas públicas deberían atender a las preferencias del mayor número posible de ciudadanos. Algunos filósofos coinciden en ello. Sin embargo, Ian nos invita a preguntarnos por qué deben importarnos las preferencias cuando

* Matthews documenta varios casos en que Piaget simplemente no entiende lo que intentan decir los niños y, en consecuencia, se le escapan las sutilezas de su pensamiento.[8] A menudo el problema reside en que Piaget no es tan creativo como ellos.

solo responden a impulsos egoístas. Esto encierra también un cuestionamiento de la democracia. ¿Y si la madre de Ian hubiera sometido a votación el programa de televisión que iban a ver? ¿Hacer un recuento de niños egoístas habría sido una buena manera de zanjar la cuestión?

Yo creo que no. Si Ian hubiera sido hijo mío, le habría explicado que dejamos que los invitados decidan qué ver porque son invitados, no porque sean más. Es una manera de mostrar hospitalidad, así que obraríamos igual aunque las visitas estuvieran en minoría.

¿Y qué pasa con la democracia? Abordaremos ese tema más adelante, pues Rex querría implantarla en nuestra familia. Por el momento, solo comentaré una cosa: la democracia no debería consistir en contabilizar las preferencias egoístas de la gente. Los votantes deberían estar movidos por un espíritu solidario, preocuparse por el bien común —y por valores importantes, como la justicia y la equidad—, no por sus intereses particulares. Que no se me malinterprete: creo en la democracia, incluso cuando no está a la altura de este ideal. Sin embargo, coincido con Ian en que, cuando muchas personas actúan de forma egoísta, el resultado es más egoísmo, amén de un sistema no muy bueno para tomar decisiones.

La pregunta descolocó a su madre. Ella no tenía idea de qué responderle. Y sospecho que la mayoría de los adultos se quedarían igual de desconcertados. A menudo los niños pequeños ponen en tela de juicio cosas que los mayores damos por sentadas. De hecho, es una de las cualidades que los convierten en buenos filósofos. «El adulto debe cultivar la ingenuidad que se requiere para hacer filosofía —decía Matthews—. En cambio, en el niño dicha ingenuidad se da de forma totalmente natural».[11]

Por lo menos en los más pequeños. Matthews descubrió que las «incursiones espontáneas en la filosofía» eran habituales en edades de entre tres y siete años.[12] Cuando llegan a los ocho o nueve, los críos tienden a manifestar menos estas inquietudes, sobre todo en público.[13] No es fácil determinar el porqué. Tal vez se deba a un cambio en sus intereses, o a la presión que ejercen sobre ellos sus coetáneos o sus padres para que dejen de bombardearlos con preguntas pueriles. Aun así, a Matthews no le costaba provocar conversaciones filosóficas entre chiquillos de esa edad o incluso mayores... y le sorprendía la agudeza de sus razonamientos. De hecho, Matthews afirmaba que en algunos aspectos los niños eran mejores filósofos que los adultos.

Sospecho que esto puede chocar un poco. La idea misma del desarrollo infantil parece presuponer que la mente de los niños madura —es decir, se vuelve más sofisticada— conforme crecen. A juicio de Matthews, en realidad ocurre todo lo contrario, al menos en lo que respecta a algunas habilidades.* Los críos filosofan con «una frescura y una inventiva difíciles de igualar incluso por parte de los adultos más imaginativos».[14] La frescura deriva del hecho de que a los niños el mundo se les antoja un lugar desconcertante. Hace varios años la psicóloga Michelle Chouinard escuchó varias grabaciones de criaturas que pasaban un rato en compañía de sus padres.[15] En un espacio de poco más de doscientas horas, oyó casi veinticinco mil preguntas. Esto equivale a más de dos preguntas por minuto. Cerca de una cuarta parte de ellas requería una explicación: los niños querían saber «cómo» o «por qué».

A los chavales también les gusta resolver enigmas. Otro estudio reveló que cuando no obtienen respuesta a sus preguntas sobre el cómo y el porqué, se la inventan y, con frecuencia, incluso cuando la obtienen, no quedan satisfechos.[16] Contraatacan con otro «por qué» o bien ponen en duda la explicación ofrecida.

Pero aún no hemos analizado la razón más importante por la que los críos son buenos filósofos: no temen quedar como tontos. Aún

* Como comprobaremos en el capítulo 10, en la actualidad muchos psicólogos del desarrollo están de acuerdo con Matthews. La mente de los niños no es ni mejor ni peor; solo diferente.

no han aprendido que las personas serias no pierden el tiempo con ciertas preguntas. En palabras de Matthews:

> El filósofo pregunta «¿qué es el tiempo, a todo esto?», mientras que otros adultos dan por sentado, seguramente de forma maquinal, que su necesidad de plantearse esta pregunta ha quedado más que superada. Quieren saber si disponen de tiempo suficiente para hacer la compra de la semana o para ir a por el periódico. Quieren saber qué hora es, pero no se les ocurre preguntar «¿qué es el tiempo?». San Agustín lo expuso con mucha lucidez: «Así pues, ¿qué es el tiempo? Si nadie me lo pregunta, lo sé. Pero si intento explicárselo a quien me lo pregunta, me quedo sin palabras».[17]

Me he pasado años tratando de responder a una pregunta que parece igual de tonta: ¿qué es el derecho? Como soy profesor de Derecho, cabría esperar que lo supiera (imparto clases en la Universidad de Míchigan, donde desempeño cargos docentes en la facultad de Derecho y el departamento de filosofía). Pero, si hemos de ser sinceros, a casi todos los abogados nos pasa lo que a san Agustín: sabemos lo que es el derecho, hasta que alguien nos lo pregunta, y entonces nos quedamos sin palabras.

La mayoría de mis colegas ignora alegremente su ignorancia. Están ocupados en asuntos importantes. Y creo que me consideran un memo por atascarme en la pregunta. Pero, a mi juicio, todos deberíamos practicar este tipo de memez de cuando en cuando. Deberíamos dejar de lado nuestras preocupaciones de orden práctico y pensar como críos. Es una manera de revivir parte del asombro con que ellos contemplan el mundo, además de un recordatorio de lo poco que lo entendemos.

El primer día de Rex en segundo curso, la maestra le pidió que escribiera qué quería ser de mayor. Luego nos envió a casa la lista de aspiraciones profesionales de los niños sin especificar quién había elegido qué profesión. Aun así no nos costó mucho identificar la elección de Rex. Había varios futuros bomberos, unos cuantos médicos, algunos profesores y una cantidad sorprendente de ingenieros. Pero no había más que un «filósofo de las mates».

Esa noche, durante la cena, le hice a Rex la pregunta que yo aún no era capaz de responder:

—La señorita Kind dice que quieres dedicarte a la filosofía de las matemáticas. ¿Qué es la filosofía?

Rex meditó medio segundo.

—La filosofía es el arte de pensar —declaró al fin.

Telefoneé a mi padre.

—¿Te acuerdas de cuando cenamos en aquel asador de pollos, la primera vez que volví a casa de la universidad? Te dije que quería estudiar filosofía, y me preguntaste qué era eso. ¡Pues ya sé la respuesta!

No se acordaba, ni le importaba mucho. Pero Rex tenía razón: la filosofía es el arte de pensar. Un problema filosófico es el que nos mueve a pensar en nosotros mismos y en el mundo con el objeto de comprender mejor ambas cosas.

Los adultos y los críos tienen estilos diferentes de hacer filosofía. Los mayores son pensadores más disciplinados; los niños, más creativos. Los mayores saben mucho acerca del mundo, pero los niños pueden ayudarlos a darse cuenta de lo poco que saben en realidad. Los niños son curiosos y valientes, mientras que los adultos tienden a ser cautelosos y cerrados de mente.

David Hills, profesor en Stanford, describe la filosofía como «el torpe intento de abordar las preguntas que se les ocurren de forma natural a los niños por medio de métodos que se les ocurren de forma natural a los abogados».[18] Es una definición acertada de la filosofía como profesión, pero implica una división del trabajo innecesaria. Pequeños y mayores podemos hacer filosofía juntos.

Es más: deberíamos. Las conversaciones entre niños y adultos pueden convertirse en una actividad colaborativa en la que cada uno contribuye con algo distinto.[19] Y también pueden resultar divertidas. La filosofía, en parte, consiste en jugar... con las ideas.[20] Deberíamos pensar como chiquillos, desde luego, pero también pensar *con* ellos.

Aunque este libro está inspirado por los niños, no va dirigido a ellos. De hecho, los niños son mi caballo de Troya. No intento estimular las mentes jóvenes, sino la tuya.

Los niños hacen filosofía, con nuestra intervención o sin ella. Mi objetivo es que el lector intente seguir su ejemplo, infundirle la seguridad necesaria para hablar de ello con los críos, ayudándole a descubrir las cuestiones filosóficas que subyacen en la vida cotidiana... y ahondando un poco en ellas.

Voy a relatar anécdotas, en su mayor parte protagonizadas por Rex y Hank. En algunas de esas historias ellos hacen filosofía. Se fijan en un problema filosófico e intentan resolverlo. En otras dicen o hacen algo que plantea un problema filosófico en el que ellos no reparan. Y otras anécdotas simplemente ponen de manifiesto decisiones desafortunadas por parte de los padres; la filosofía ofrece una perspectiva sobre cuál fue el error.

En algunas ocasiones seguiremos los razonamientos de los chicos; en otras, razonaremos sobre ellos. Y otras veces divagaremos por nuestra cuenta para hacer reflexiones adultas sobre las cuestiones que suscitan. Pero nunca nos alejaremos demasiado de ellos, pues tienen mucho que decir.

Juntos, Rex y Hank nos llevarán en un viaje a través de la filosofía contemporánea. Sin embargo, como suele ocurrir con los mejores viajes, este será poco convencional. Algunas de las preguntas con que nos toparemos son universales. Surgen a lo largo del proceso de crianza de cualquier chaval. Podemos incluir en esta categoría las preguntas sobre la autoridad, el castigo y Dios. Otras reflejan inquietudes particulares de Rex y Hank, como el tamaño del universo. A cada niño le interesan cosas distintas.

A menudo, cuando les comento este proyecto a los padres, me

hablan de las preguntas que les hacen sus hijos. Algunas son alucinantes. Durante varias semanas seguidas, todas las noches, a la hora de irse a la cama, una niñita le preguntaba a su madre: «¿Por qué siempre viene un día después de otro?».[21] La mujer le hablaba de la rotación de la Tierra, pero resultaba evidente que no era la mecánica lo que la tenía intrigada. Yo habría podido explicarle a la muchacha la «creación continua», la idea (habitual entre los pensadores cristianos) de que Dios crea el mundo en todo momento, no solo al principio.[22] Por otro lado, no sé si esta explicación la habría dejado satisfecha. Es posible que su pregunta derivara de un sentimiento sombrío, de su angustia ante el mundo y los escollos que este ponía en su camino.

Mis hijos no son seres sombríos..., al menos de momento. Sin embargo, poseen una curiosidad inagotable, así que cubriremos mucho terreno. El libro se divide en tres partes. La primera se titula El sentido de la moral. En ella nos preguntaremos qué son los derechos... y qué se requiere para pasar por encima de ellos. Nos preguntaremos cómo debemos reaccionar ante la injusticia. Y, en particular, nos preguntaremos si la venganza está justificada en algún caso. Reflexionaremos también sobre el castigo: qué es y por qué lo practicamos. Luego meditaremos sobre la autoridad. Nos preguntaremos si «porque lo digo yo» puede ser una buena razón para que un niño obedezca una orden. Y, por último, trataremos el tema de las palabras que se supone que no debemos decir, el lenguaje malsonante. (Debo advertir al lector que soy un poco malhablado, o tal vez más que un poco. Espero que no se me juzgue con demasiada severidad. Me defenderé en el capítulo 5).

En la segunda parte, El sentido de la identidad, abordaremos cuestiones relacionadas con este tema, como el sexo, el género y la raza. Pero no dejaremos atrás la moral. Cuando reflexionemos sobre el sexo y el género, exploraremos qué papel deben desempeñar estos en los deportes. Y cuando examinemos la cuestión de la raza, nos preguntaremos si se derivan responsabilidades de ella, y si cabe exigir actos de desagravio por la esclavitud y la segregación.

La tercera parte se titula El sentido del mundo. Empieza con una serie de preguntas sobre el conocimiento. De la mano de Rex investigaremos si nuestra vida entera es un sueño. A continuación analizaremos el escepticismo, la preocupante posibilidad de que no podamos saber nada en absoluto. Luego abordaremos cuestiones sobre la verdad, y también sobre el ratoncito Pérez. Acto seguido centraremos la mente en nuestra mente para preguntarnos qué es la conciencia. También meditaremos sobre el infinito. Y al término del viaje nos preguntaremos si Dios existe.

Nuestro avance será rápido, al menos en comparación con el ritmo habitual de los filósofos. Cualquiera de los temas que trataremos da para dedicarle toda una vida. Lo máximo a lo que aspiro aquí es a tocar los puntos esenciales. Pero, si todo sale bien, cuando el lector llegue al final estará lo bastante preparado para hincar el diente —ya sea por su cuenta o con la ayuda de un crío— a los problemas que plantearemos. Es una de las cosas que me encantan de la filosofía: puede practicarse en cualquier momento y en cualquier lugar, en conversaciones con otras personas o en solitario. Basta con pensar las cosas con detenimiento.

Con esta idea en mente quiero que al leer este libro el lector adopte un enfoque un poco distinto. La mayoría de los autores de no ficción pretende que quienes lean su libro crean sin más lo que afirman en ellos. Confían en que acepten su autoridad y abracen su visión del mundo.

Nada más lejos de mi intención. Por supuesto, me gustaría convencerte de que vieras las cosas como yo, pero lo cierto es que me alegra que pienses diferente... siempre y cuando lo hayas meditado a fondo. De hecho, te propongo que enfoques con escepticismo los argumentos que expongo. No des por sentado que tengo razón. Es más: da por sentado que he metido la pata en alguna parte e intenta localizar el error.

Pero te pido un favor: no te limites a discrepar. Si crees que estoy equivocado, razona el porqué. A continuación piensa en profundidad lo que crees que yo te respondería, luego lo que replicarías tú, lo que yo te contestaría a mi vez, y así sucesivamente hasta que tengas la sensación de que ya no estás aprendiendo nada nuevo. Pero no te des por vencido demasiado pronto; cuanto más lejos llegues, más cosas entenderás.

Así trabajamos los filósofos (o por lo menos los filósofos adultos). Siempre aconsejo a mis alumnos que, cuando tengan una objeción que oponer a la labor de otro filósofo, piensen que a esa otra persona ya se le ha ocurrido... y que le ha parecido tan desacertada que ni siquiera valía la pena mencionarla. Luego les pido que intenten deducir por qué. Si a pesar de sus esfuerzos no logran determinar en qué se han equivocado, es momento de que lo comenten con otras personas. El objetivo es cultivar el hábito de que apliquen a sus propias ideas el mismo espíritu crítico con que analizan las de los demás.

Este consejo se refleja en la forma en que hablo con los chicos. En casa nadie «tiene derecho a su opinión», como nos gusta decir a los estadounidenses. Hay que argumentarla. Les planteo muchas preguntas a los niños. Luego cuestiono sus respuestas, para incitarlos a examinar críticamente sus propias ideas. A veces esto les fastidia, pero lo considero una parte importante de su educación.

Todos estamos acostumbrados a promover los intereses de los críos y ayudarlos a descubrir otros nuevos. Los sumergimos en el arte, la literatura y la música. Los animamos a probar varios deportes hasta que encuentren uno que les guste. Cocinamos con ellos. Bailamos con ellos. Los iniciamos en la ciencia y los llevamos a descubrir la naturaleza. Sin embargo, hay un aspecto que muchos padres desatienden porque no lo ven como una actividad independiente: fomentar en sus hijos la faceta de pensadores.

A lo largo de estas páginas explicaré diversas tácticas para ello. La más sencilla consiste en formular preguntas... y cuestionar las respuestas. Pero no es necesario meterse en el papel de profesor. De hecho, más vale evitarlo.

Jana Mohr Lone dirige el Centro de Filosofía para Niños de la Universidad de Washington. Al igual que Matthews, visita colegios para charlar de filosofía con los chavales. Sin embargo, no les enseña filosofía, sino que filosofa con ellos.[23] Es una diferencia sutil, pero importante. Los niños ya saben filosofar y, en algunos aspectos, lo hacen incluso mejor que los adultos. Así que lo mejor es tratarlos como colaboradores, tomarnos en serio sus ideas, no intentar resolver sus problemas, sino ayudarlos a resolverlos. Cuando hablamos de filosofía, esto no debe de resultar muy complicado, pues es probable que tampoco sepamos las respuestas de antemano.

Lo que me lleva a un último consejo: hay que aparcar nuestra sensibilidad de personas maduras. La mayoría de los adultos son como mi padre. Tienen poca paciencia para ocuparse del tipo de problemas sobre los que cavilamos los filósofos; son lo opuesto a lo práctico. Preocuparnos porque el mundo tal vez no sea lo que parece no nos ayudará a hacer la colada. Pero espero que los chicos y yo consigamos darle la vuelta a ese argumento, al menos durante un rato. ¿Para qué hacer la colada, cuando es posible que el mundo no sea lo que parece?

Rex y Hank han estado preguntándose por qué el título original del libro en inglés es *Nasty, Brutish and Short [Crueles, rudos y piernicortos].* Tal vez el lector haya oído una frase parecida alguna vez. Es de Thomas Hobbes, que vivió más o menos en la misma época que Locke. Hobbes tenía curiosidad por saber cómo sería nuestra existencia sin ningún tipo de gobierno, lo que los filósofos denominan «estado de naturaleza». Se imaginaba que sería un horror. Es más, creía que desembocaría en «una guerra de todos contra todos».[24] En el estado de naturaleza, la vida sería «solitaria, miserable, cruel, ruda y corta».[25]

No sé si el estado de naturaleza sería así, pero la expresión «una guerra de todos contra todos» describe a las mil maravillas lo que ocurre en una casa donde hay niños pequeños.

Somos afortunados. No llevamos vidas solitarias o miserables. Pero nuestros hijos son crueles, rudos y (pierni)cortos.

Por otro lado, son tiernos y cariñosos. De hecho, también hemos tenido suerte en ese aspecto. Rex y Hank nos han salido más tiernos y cariñosos de lo normal. Pero todos los críos actúan con crueldad y rudeza en algunas ocasiones. Por eso meditaremos sobre la venganza y nos preguntaremos si el castigo puede utilizarse para formar mejores personas.

Los niños están dispuestos a aceptar esta descripción, al menos en parte.

—¿Eres cruel y rudo? —le pregunté a Hank.

—Puedo ser cruel —dijo—, pero no llevo rulos.

Rex me presionó para que cambiara el título. Quería que el libro se llamara *Ni crueles ni rudos, solo piernicortos*. Como ha perdido esa batalla, me ruega que le deje publicar un blog con ese nombre. Así que quedáis avisados: en el momento menos pensado dará el gran salto a las redes.

Por ahora, sin embargo, es la estrella de esta función, junto con su hermano menor Hank. Son dos de los mejores filósofos que conozco. También dos de los más graciosos. Y divertidos.

PRIMERA PARTE

EL SENTIDO DE LA MORAL

1

LOS DERECHOS

Me encanta preparar baños. No para mí, claro. Soy un hombre hetero socializado en el último siglo, así que no me baño. Tampoco expreso el abanico completo de las emociones humanas. Pero mis hijos sí se bañan, y alguien tiene que llenarles la bañera. Casi todas las noches me aseguro de que ese alguien sea yo. ¿Por qué? Porque el baño está en el piso de arriba. Y la planta baja es un puto manicomio. Conforme los niños se cansan, aumenta su energía cinética y su autocontrol se autodestruye. El nivel de ruido tiene poco que envidiar al de un concierto de rock. Alguien se pone a chillar porque es la hora de practicar el piano o porque no queda tiempo para hacerlo. O chillan porque no hay postre, o porque lo había pero alguien se lo tiró encima y se ensució la camiseta. O chillan simplemente porque tiene que haber chillidos. Los chillidos son la constante cosmológica.

Así que me evado.

—Le prepararé el baño a Hank —anuncio, subiendo las escaleras a brincos, pues sé que me espera el mejor momento del día. Cierro la puerta, abro el grifo e intento regular la temperatura. No debe estar ni demasiado fría ni demasiado caliente. Hago pequeños ajustes, como si fuera posible alcanzar la perfección. Pero una cosa es segura: el agua estará demasiado caliente o demasiado fría. O las dos cosas a la vez, pues los niños no respetan el principio de no contradicción. Sé que fracasaré, pero estoy tranquilo, porque el baño amortiguará los chillidos. Me quedo sentado en el suelo de baldosas, a solas con mis pensamientos (y por «pensamientos» me refiero a mi teléfono), recreándome en la soledad.

Como mi esposa me tiene calado, a veces se me adelanta.

—Ya le preparo el baño yo —dice, desgarrándome el alma. Sin embargo, como es una mujer hetero socializada en el último siglo, desperdicia la oportunidad. Abre el grifo, pero en vez de juguetear con el móvil mientras se llena la bañera, dedica el tiempo a realizar alguna tarea sensata, como la colada, o a algo inexplicable, como regresar a la habitación donde están los niños para... ¿¡ejercer de madre!? Sé que debería sentirme culpable. Y así me siento, pero no por el motivo adecuado. La soledad es el mayor lujo que podemos permitirnos. Alguien tiene que aprovecharla. Mejor Julie que yo. Pero si ella no quiere, mejor yo que nadie.

De modo que estoy sentado en el suelo del baño, vagamente consciente de que en la planta baja reina una locura aún más desenfrenada que de costumbre. Hank (con cinco años) chilla a pleno pulmón, así que debe de tratarse de algo grave (y por «algo grave» quiero decir una chorrada). Cuando ya no puedo dejar que el nivel del agua siga subiendo, cierro el grifo y digo adiós a la tranquilidad.

—Hank, el baño está listo —grito para que me oiga desde abajo.

No obtengo respuesta.

—¡HANK, EL BAÑO ESTÁ LISTO! —chillo por encima de sus chillidos.

—¡HANK, EL BAÑO ESTÁ LISTO! —repite Rex, con gran satisfacción.

—¡HANK, EL BAÑO ESTÁ LISTO! —dice Julie, con gran irritación.

Y de pronto los sollozos comienzan a ascender hasta mí. Despacio. Paso... a... paso. Hasta que Hank aparece por fin, sofocado y fuera de sí.

Intento tranquilizarlo.

—Hank —le digo con suavidad—, ¿qué ocurre?

No me responde.

—Hank —insisto, reduciendo la voz a un susurro—. ¿Qué te

preocupa? —Sigue sin recuperar la calma. Empiezo a quitarle la ropa mientras él trata de recobrar el aliento. Cuando por fin está en la bañera, vuelvo a intentarlo—. Hank, ¿qué te preocupa?

—No tengo... No tengo...

—¿No tienes qué, Hank?

—¡NO TENGO DERECHOS! —aúlla Hank, estallando de nuevo en lágrimas.

—Hank —digo por lo bajo, aún con la esperanza de apaciguarlo, pero también con curiosidad—. ¿Qué son los derechos?

—No lo sé —gimotea—, pero no los tengo.

Esta vez sí que necesitaba un filósofo. Por suerte para él, había uno a mano.

—Hank, claro que tienes derechos.

Con esto capté su atención. El llanto perdió algo de intensidad.

—¿En serio? —preguntó Hank, y se le empezó a normalizar la respiración.

—En serio. ¿Te gustaría saber más sobre ellos?

Asintió.

—Bueno, pues hablemos de Tigri —dije. Si Hank fuera Calvin, su Hobbes sería Tigri, un tigre blanco que es su fiel compañero desde que nació—. ¿Dejarías que alguien se llevara a Tigri?

—No —dijo.

—¿Y dejarías que alguien jugara con Tigri sin pedirte permiso?

—No —dijo Hank—. Tigri es mío. —Ya casi no lloraba.

—Claro —dije—. Tigri es tuyo. Y eso quiere decir que tienes derechos sobre él. Nadie puede llevarse a Tigri o jugar con él a menos que tú le des permiso.

—Pero alguien podría llevárselo de todos modos —objetó Hank, de nuevo al borde del llanto.

—Tienes razón —dije—. Alguien podría llevárselo. Pero ¿eso te parecería bien o mal?

—Me parecería mal —dijo.

—Claro. Eso es lo que significa tener un derecho. Si está mal que alguien se lleve a Tigri, eso quiere decir que tienes derecho a que no se lo lleven.

A Hank se le iluminó el rostro.

—¡Tengo derechos sobre todos mis *aminales*! —exclamó, cometiendo su error de pronunciación más entrañable al cambiar de lugar la eme y la ene.

—¡Exacto! ¡Los tienes! A eso nos referimos cuando decimos que son tuyos.

—¡Tengo derechos sobre todos mis juguetes! —dijo Hank.

—¡Sí, así es!

De pronto se le desencajó la adorable carita, de nuevo sollozante y arrasada en lágrimas.

—Hank, ¿por qué te has puesto triste?

—No tengo derechos sobre Rex.

Esta había sido la causa de la locura desatada en la planta baja. A Hank le apetecía jugar con Rex. A Rex le apetecía leer. Y, en efecto, Hank no tenía derechos sobre Rex.

—No, no tienes derechos sobre Rex —expliqué—. Le corresponde a él decidir si quiere jugar o no. No tenemos derechos sobre otras personas a menos que hayan hecho una promesa.

Es una afirmación un poco simplista. En ocasiones tenemos derecho a exigir algo a otros aunque no nos hayan prometido nada. Sin embargo, decidí dejar la conversación profunda para cuando el alumno estuviera menos afligido. En vez de ello hablamos de cómo Hank podría entretenerse solo cuando Rex quisiera leer.

Cuando se encontraba al borde del llanto, Hank hizo una observación aguda sobre los derechos. Para empezar, le pregunté si alguien podía coger a Tigri sin su permiso. Respondió que no. Sin embargo, una fracción de segundo después cambió de parecer. Alguien podía coger a Tigri sin su autorización. En realidad, eso era justo lo que Hank le había hecho a Rex. Su Tigri se llama Jirafi (antes de criticar el criterio de mis hijos para poner nombres a sus peluches, el lector debe saber que yo era incluso menos creativo; mis compañeros de juego se llamaban Mono y Jirafa). Cuando Hank estaba aprendiendo a gatear, se colaba en la habitación de Rex a la menor oportunidad, se ponía a Jirafi debajo del mentón y salía como alma que lleva el diablo. Rex tenía sobre Jirafi exactamente los mismos derechos que Hank sobre Tigri. A pesar de ello, Hank podía llevarse a Jirafi y, lo que es más, se la llevaba.

¿Qué nos dice esto sobre los derechos? Bueno, los derechos de Hank sobre Tigri protegen la propiedad que ejerce sobre él. La protección que deriva de estos derechos no es de índole física. Tigri no está rodeado de un campo de fuerza que impide que otra persona se lo lleve. La protección que brinda un derecho es más bien, como decimos en la jerga filosófica, *normativa.* En otras palabras, emana de las normas o preceptos que rigen el buen comportamiento. Alguien con voluntad de obrar como es debido no se llevaría a Tigri sin permiso de Hank (o al menos sin una buena razón para ello, como veremos enseguida). Pero no todo el mundo tiene la voluntad de obrar como es debido. La protección que ofrece un derecho depende de que los demás estén dispuestos a reconocerlo y respetarlo.

Antes de continuar quiero hacer un breve inciso sobre el lenguaje y la pedantería con que algunas personas creen defenderlo. Cuando le pregunté a Hank si alguien podía llevarse a Tigri sin su permiso, me dijo que no. Luego recapacitó y dijo que sí. Su primera respuesta era correcta. Y también la segunda.

Pero vamos a ver: ¿cómo es posible? Las palabras como «poder» son de lo más flexibles. Intentaré ilustrar lo que quiero decir con una anécdota rápida:

Cuando estudiaba en Oxford, un amigo me llevó al bar universitario que frecuentaba y pidió dos cervezas.

—Lo siento, macho, va a ser que no. Estamos cerrados —dijo el individuo que atendía tras la barra.

Mi amigo echó un vistazo a su reloj. Eran las 11.01; el bar cerraba a las once en punto.

—Venga, tío, solo un par de cervezas.

—Lo siento, no puedo. Son las normas.

—Hombre, como poder, podríaaaas —dijo mi amigo.

Hagamos una pausa en la historia. ¿Insinuaba mi amigo que el barman estaba confundido respecto al significado del verbo «poder»? No. En un sentido de la palabra, no podía servirnos las cervezas, y en otro sentido, sí. Y el arrastrado «podrías» de mi amigo era un intento de desviar su atención hacia este segundo sentido. El barman nos decía que no le era *permisible* ponernos dos cervezas, mientras que mi amigo señalaba que le era *posible*. En el bar solo estábamos nosotros tres, así que nadie lo pillaría.* La estrategia dio resultado: el tipo nos puso dos cervezas, a pesar de que no podía (es decir, no le era permisible), porque podía (sin sufrir consecuencia alguna).

De forma parecida, Hank interpretó la palabra primero en un sentido y luego en otro mientras conversaba conmigo. Entendió que le estaba preguntando si alguien podía (es decir, si le era permisible) coger a Tigri y respondió (correctamente) que no. Pero acto seguido lo asaltó la preocupación de que alguien pudiera (es decir, fuera capaz de) coger a Tigri, lo que lo llevó de nuevo al borde del llanto.

¿Por qué dedicar tiempo a puntualizar tanto? Bueno, es lo que hacemos los filósofos; prestamos mucha atención a cómo funciona el lenguaje. Por otro lado, el lector sin duda tendrá algún conocido que considera que la siguiente ocurrencia es el sumun del ingenio:

—¿Puedo servirme otra taza de té? —preguntas con educación.

—No sé. ¿Puedes?

Esa persona cree que tendrías que haber preguntado: «¿Me per-

* También era posible en otro sentido. El barman disponía de cerveza, vasos y unas manos en buen estado, por lo que era capaz de servirnos dos cervezas. Esto parece indicar que el significado de la palabra «posible» también cambia en función del contexto.

mites servirme otra taza de té?». Esa persona es gilipollas. Más vale que la borres de tu vida y, de paso, le expliques que puede, y además debe, pedirle a un niño pequeño que le dé clases de lengua, pues seguramente la dominará más que ella.[1]

Pero volvamos al tema de los derechos. ¿Qué son exactamente? No es fácil definirlos. Hablé de ello con Hank una vez, cuando tenía ocho años. Se había pasado la tarde ordenando su habitación y me llamó para que fuera a echar un vistazo.

—Anda, qué buena pinta tiene esto —comenté.

—¡Gracias! Ya lo he guardado casi todo.

—¿Dónde has metido tus derechos? —pregunté.

—¿Qué quieres decir?

—Tus derechos. Como los que tienes sobre Tigri. ¿Dónde están?

—No los he guardado —contestó Hank—. Están dentro de mí.

—¿En serio? ¿Dónde? ¿En la tripita?

—No —dijo Hank—. En ningún lugar en especial. Dentro de mí, sin más.

—¿Por qué no los sacas, para que no te pesen mucho?

—No son cosas que se puedan sacar —declaró Hank—. Ni siquiera se pueden agarrar.

—¿No podrías soltarlos con un eructo? —inquirí.

—No —dijo Hank—, los derechos no son eructables.

Dicho esto, se alejó corriendo, así que no llegamos a desentrañar qué son los derechos, más allá de su ineructabilidad.

Pero yo puedo rematar la faena. Hank tenía razón en parte. Los derechos no son algo que se pueda agarrar. Pero tampoco los llevamos dentro. Los derechos se basan en relaciones.

Me explico: supongamos que tienes derecho a que yo te pague mil dólares. Dicho derecho implica que puedes reclamar ese dinero. La reclamación me afecta a mí y, si soy la única persona que te debe dinero, no afecta a nadie más. Sin embargo, en ocasiones uno puede tener un derecho que vincula a varias personas (a lo mejor tus deudores somos Julie y yo). Y, de vez en cuando, es posible tener un derecho que vincula a todo el mundo. Por ejemplo, tienes derecho a que nadie te pegue un puñetazo en la cara. Si alguien, sea quien sea, te expresa su intención de pegarte un puñetazo en la cara, puedes recordarle que tiene la obligación de no hacerlo.

Tal como indica esta última frase, que alguien tenga un derecho implica que otra persona tiene una obligación. Por eso afirmo que los derechos se basan en relaciones. Cada derecho atañe a por lo menos dos personas: la que goza de ese derecho y la que tiene una obligación derivada de él. Los derechos y las responsabilidades van de la mano. Son las dos caras de la moneda de una misma relación.

¿Cuál es la naturaleza de dicha relación? Judith Jarvis Thomson, una de mis filósofas favoritas de todos los tiempos, puede echarnos una mano en esto. Era una experta en ética. Se le daba muy bien inventarse experimentos mentales, los relatos cortos que utilizamos los del mundillo para poner ideas a prueba. En breve veremos algunos de sus cuentos. Sin embargo, Thomson también era conocida por su teoría sobre los derechos.[2]

Sostenía que cuando nos asiste un derecho, mantenemos una relación compleja con la persona que tiene la obligación correspondiente. Esta relación presenta muchas características. Por ejemplo: si yo te debo mil dólares y la deuda vence el martes que viene, tengo que avisarte si creo que no voy a poder pagar. Si llega el momento y no te pago, debo pedirte disculpas y buscar alguna manera de compensarte. Pero, lo que es más importante: *ceteris paribus*, debo pagarte mil dólares el martes que viene.

¿A qué me refiero con *ceteris paribus*? En filosofía, esta expresión, que podría traducirse como «si todo lo demás permanece constante», refleja el hecho de que a veces suceden imprevistos. Pongamos que tengo que pagarte mil dólares el martes. Pero llega el martes y resulta que necesito ese dinero para pagar el alquiler, o de lo contrario mi familia acabará en la calle. ¿Debería pagarte? Tal vez. Quizá si no te pagara, las consecuencias serían incluso peores para ti. Pero si no te supone un problema, yo debería pagar el alquiler, pedirte perdón por no saldar la deuda e intentar resarcirte lo antes posible.

Una de las preguntas más acuciantes de la filosofía moral es ¿cuántas cosas tienen que ocurrir para que un derecho quede sin efecto? Una respuesta sería: no muchas. Tal vez deberíamos pasar por alto los derechos de los demás cuando ignorarlos nos convenga más que respetarlos. Desde este punto de vista, debes pegarme un puñetazo en la cara si las ventajas de hacerlo superan a los inconvenientes.

A algunos este argumento les parece sensato. Pero nótese que convierte los derechos en irrelevantes. En vez de preocuparnos de qué derechos tiene cada uno, nos bastaría con preguntar: ¿las consecuencias del acto que me estoy planteando serían buenas o malas? Si son buenas, a por todas. Si no, mejor nos aguantamos las ganas. Los derechos no afectan a lo que uno debe o no debe hacer.

Esta forma de pensar tiene un nombre. Se denomina consecuencialismo, ya que sostiene que la moralidad de una acción depende de sus consecuencias.[3] La versión más conocida del consecuencialismo es el utilitarismo, que propone que intentemos maximizar el bienestar, o la utilidad, como se le llama a veces. ¿Y eso qué es? Hay varias interpretaciones posibles. Según una percepción común, se trata del predominio del placer sobre el dolor en el universo. Si le preguntas a cierto tipo de utilitario si debes pegarme un puñetazo en la cara o no, él te animará a indagar si el placer que experimentaría la gente como resultado del golpe superaría al dolor que provocaría. Los derechos no pintarían nada.

A Ronald Dworkin no le gustaba un pelo esta perspectiva sobre la moral. De hecho, escribió un libro titulado *Los derechos en serio*, donde alegaba que..., bueno, deberíamos tomarnos los derechos en serio.[4] (Dworkin fue un filósofo del derecho, quizá uno de los más influyentes de las últimas décadas. Mi trabajo en el campo de la filosofía es, en cierto modo, una extensión del suyo). Dworkin tomó prestado un término de los juegos de cartas como el bridge para explicar la relevancia de los derechos. Aseguraba que, en un debate moral, los derechos «triunfan» sobre las consideraciones relativas al bienestar.[5]

Para entender mejor por dónde va Dworkin, analicemos esta situación hipotética conocida con el nombre de Trasplante:[6] trabajas en un hospital y corren tiempos difíciles. Tienes cinco pacientes que necesitan trasplantes con urgencia. Cada uno requiere un órgano diferente, y los cinco morirán si no lo reciben de inmediato. En ese momento entra un hombre en la sala de urgencias. Tiene un brazo roto. La lesión no pone en peligro su vida. Pero se te ocurre que si lo mataras, podrías extraerle los órganos y salvar a los otros cinco. Cuando le preguntas si le importaría, responde que claro que le importaría, cómo no.

¿Deberías hacerlo de todos modos? El bienestar general posiblemente aumentaría si se perdiera solo una vida en vez de cinco.* Pero ¿y qué? El hombre tiene derecho a la vida, y este derecho «triunfa» sobre el bienestar de los otros pacientes.

¿O tal vez no? Esto nos lleva a las puertas del dilema más importante de la filosofía contemporánea, el dilema del tranvía.

Para ahondar en él, necesitamos versiones nuevas, o, para ser más exactos, las de Thomson. La primera la tituló Mirón Junto a las Agujas.[7] Se desarrolla como sigue: un tranvía circula a toda velocidad por los rieles. Se dirige hacia cinco trabajadores que están haciendo reparaciones más adelante. Si el tranvía mantiene la trayectoria, los matará a todos. Pero tengo una buena noticia: ¡estás cerca de las agujas con las que puedes hacer que el vehículo se vaya por

* Digo «posiblemente» porque podría haber consecuencias no deseadas. Si a la gente empieza a preocuparle que la asesinen en salas de urgencias para aprovechar sus órganos, las evitarán como la peste. Esto podría traducirse en un descenso del bienestar general. Para evitar efectos secundarios como este, los filósofos añadimos salvedades a cada caso. En Trasplante, por ejemplo, podemos suponer que es posible cometer el asesinato en secreto, de modo que nadie se entere. Esto ayuda a poner de relieve la pregunta pertinente: si asesinar está mal, incluso cuando incrementa el bienestar general.

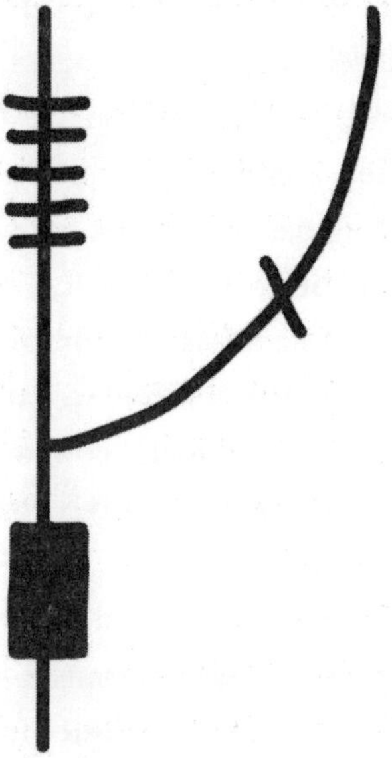

otra vía! Por desgracia, también tengo una mala noticia: en esa vía hay un operario; solo uno, pero perecerá sin remedio si desvías el tranvía.

¿Qué decisión tomarías?

La mayoría de la gente dice que cambiaría las agujas para que el tranvía atropelle solo a una persona en vez de a cinco.

Pero, un momento, ¿no acabamos de decir que el tipo de Trasplante tenía derecho a la vida, incluso aunque matarlo ayudara a salvar a otros cinco? ¿Acaso no goza del mismo derecho el solitario operario del tranvía?

Hace poco impartí una clase sobre el dilema del tranvía. Convoqué a los alumnos en mi casa, para que mis hijos pudieran participar. Reprodujeron en miniatura la escena del Mirón Junto a las Agujas con unas vías de tren de juguete. Conforme discutíamos las variaciones del relato, ellos iban haciendo ajustes a la maqueta.

Su versión favorita procede de otra historia que relataba Thomson, titulada Gordo[8] (no, el nombre no es una maravilla, pero la corpulencia del personaje resulta esencial en este caso). El planteamiento es el siguiente: el tranvía vuelve a avanzar sin control por los rieles en dirección a cinco trabajadores. Sin embargo, esta vez no estás cerca de las agujas, sino sobre un puente, contemplando la escena que se desenvuelve a tus pies. De pronto, te percatas de que a muy poca distancia de ti hay un hombre corpulento apoyado en el antepecho. Bastaría un empujoncito para que se precipitara sobre la vía. Su mole frenaría el vehículo, con lo que salvaría a los operarios. No obstante, el impacto del tranvía matará al gordo, suponiendo que sobreviviera a la caída.

¿Qué debes hacer? ¿Empujar al hombre para salvar a los obreros a costa de su vida o dejar que el tranvía arrolle a los cinco?

La mayoría de la gente dice que no empujaría al gordo y por tanto dejaría morir a los cinco.

Pero ¿por qué? El cálculo moral —dejar morir a cinco personas o matar a una— es el mismo en todos los casos que hemos estudiado. En Mirón Junto a las Agujas, a casi todos les parece bien la opción de matar. En Gordo y Trasplante, en cambio, a la mayoría le parece mal.

¿Por qué? ¿Dónde radica la diferencia? Este es el verdadero dilema del tranvía.

El dilema del tranvía nos obliga a replantearnos lo que hemos concluido respecto a Trasplante. Decíamos que matar al paciente está mal, en atención a su derecho a la vida. Pero el trabajador solitario en la vía también goza de ese derecho, y en cambio, en el caso del Mirón Junto a las Agujas, la mayoría de la gente se siente cómoda con la idea de matarlo. Por lo visto, hay ocasiones en que el derecho a la vida de alguien pasa a un segundo plano, cuando la vida de un grupo más numeroso corre peligro. Así pues, necesitamos una explicación de por qué en los escenarios de Trasplante y Gordo no nos parece permisible matar.

Nos interesa descubrir un derecho que se ve vulnerado en Trasplante y Gordo, pero no en Mirón Junto a las Agujas.

¿Existe dicho derecho? Tal vez. Algunos buscan la inspiración en Immanuel Kant.

Vivió en Alemania en el siglo XVIII. Figura en la lista de los filósofos más influyentes de la historia, junto con nombres como los de Platón y Aristóteles. Kant llevaba un estilo de vida bastante estricto; cuentan que seguía su horario tan a rajatabla que sus vecinos ponían en hora el reloj basándose en sus paseos.

Kant insistía en que no debíamos tratar a las personas como meros medios para alcanzar nuestros fines.[9] En vez de ello debemos tratarlas como personas. Esto requiere que reconozcamos y respetemos su humanidad; la cualidad que las distingue de los objetos comunes (que sí resulta apropiado utilizar como medios para nuestros fines). ¿Qué distingue a las personas de los objetos? Bueno, las personas poseemos la capacidad de fijarnos fines, de razonar sobre cuáles deberían ser estos, de discurrir la manera de conseguirlos, etcétera. Para tratar a las personas como personas, debemos respetar esa capacidad.

Es importante recalcar que, a juicio de Kant, utilizar a las personas como medios para un fin era aceptable en algunos casos. Cuando una alumna me pide que le escriba una recomendación, me utiliza como un medio para sus fines. Espera que la carta que redacte la ayude a conseguir un trabajo. Pero no me utiliza sin más, como haría con su ordenador para enviar la solicitud. Al pedirme el favor recurre a mí como a una persona. Me deja elegir si quiero adoptar sus fines como propios. El ordenador no tiene voz ni voto en el asunto. Yo sí.

¿Puede Kant ayudarnos a resolver el dilema del tranvía? Hay quien cree que sí. El derecho importante, señalan, es el derecho a ser tratado como una persona y no solo como un medio para un fin.

Analicemos de nuevo nuestros casos. En Trasplante conculcarías claramente ese derecho si mataras al tipo del brazo roto. Le has preguntado si está dispuesto a sacrificarse por los demás y ha respondido que no. Si lo asesinaras de todos modos, estarías tratándolo como un saco de órganos, no como a una persona con derecho a tomar sus propias decisiones.

Lo mismo sucede con Gordo. Si empujas al hombre por encima de la barandilla, lo tratas como un objeto, no como a una persona. Lo único que te importa de él es que está dotado de la corpulencia necesaria para cumplir con su misión.

¿Y qué pasa con Mirón Junto a las Vías? A primera vista no pinta bien, porque no cuentas con el permiso del trabajador solitario que se encuentra en el ramal; no hay tiempo para pedírselo. Sin embargo, tampoco lo estás utilizando como un medio para un fin. No forma parte alguna de tu designio. Desviarías el tranvía aunque él no estuviera allí. Su muerte no sería más que una consecuencia desafortunada de tu plan para salvar a los cinco encarrilando el vehículo por otra vía.[10] Si por algún motivo consiguiera salvarse, te alegraría sobremanera.

Es lo que diferencia este caso de los de Gordo y Trasplante. En estas dos situaciones, si la persona saliera bien librada, frustraría tus planes. Así pues, parece que existe una pequeña posibilidad de que hayamos descubierto la solución al dilema del tranvía.

O tal vez no. Thomson había leído a Kant, por supuesto, y se planteó la solución que acabamos de encontrar.[11] Pero la descartó.

¿Por qué? Bueno, Thomson tenía otra historia que contar.

Esta se llama Vuelta.[12] El planteamiento es el mismo que el de Mirón Junto a las Agujas, salvo porque esta vez hay una curva o, mejor dicho, una vuelta. El tranvía avanza hacia cinco operarios. Si mueves las agujas, lo dirigirás hacia un tramo de vía distinto, donde solo hay un trabajador. Sin embargo, ese tramo se curva hacia atrás hasta empalmar con el primero. Si el obrero solitario no estuviera allí, el tranvía daría la vuelta completa y embestiría a los cinco desde el otro lado. Da la casualidad de que el solitario es lo bastante robusto para detener el vehículo, pero no sobreviviría a la colisión.

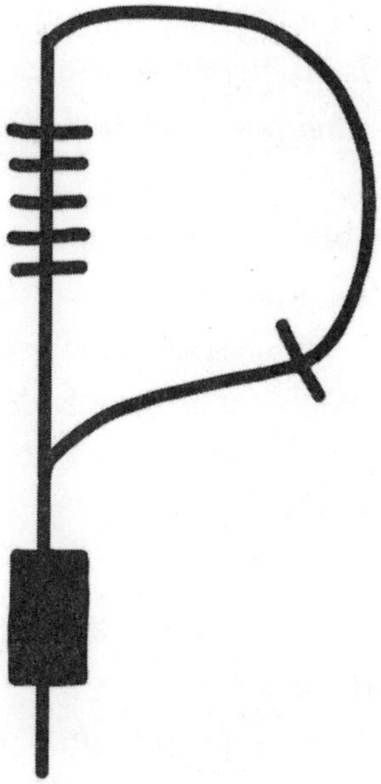

¿Es permisible desviar el tranvía en Vuelta? Fíjate en que esta vez estás tratando al trabajador corpulento como un medio para un fin. Si no estuviera allí (si, por ejemplo, hubiera escapado de alguna manera), tus planes para salvar a los cinco se irían al garete. De nuevo necesitas de su masa para frenar el tranvía, pues, de lo contrario los cinco operarios perecerán. En este aspecto, Vuelta se asemeja mucho a Gordo.

No obstante, Thomson cayó en la cuenta de que desviar el tranvía sí sería permisible en el caso de Vuelta. No creía que añadir un trozo de vía detrás del trabajador marcara una diferencia moral. A su juicio, Vuelta era igual que Mirón Junto a las Agujas. El tramo adicional era irrelevante. ¡El tranvía ni siquiera llegaría a tocarlo!

Si Thomson está en lo cierto, la solución kantiana —basada en el derecho a ser tratados como personas y no como meros medios para un fin— no resuelve el dilema del tranvía.

Algunos filósofos están de acuerdo con Thomson, entre ellos Rex.[13] Hace poco hablamos de Vuelta.

—¿Desviarías el tranvía? —le pregunté.

—Sí, es lo mismo que en el primer caso —dijo, refiriéndose a Mirón Junto a las Agujas—. La vía es más larga, pero eso no cambia nada.

—Bueno, cambia una cosa —repliqué y procedí a explicarle que, si tenemos la curva, utilizamos el cuerpo del operario para detener el vehículo—. Eso hace que la situación se parezca a la de Gordo.

—Bueno, sí, es un poco como la de Gordo —admitió Rex—, pero distinta.

—¿En qué sentido?

Vaciló unos instantes.

—Utilizas al hombre, y a la vez no.

—¿Qué quieres decir?

—Él ya está en la vía. En la historia de Gordo, tienes que empujarlo para que acabe allí. Creo que no es lo mismo.

Rex tiene razón. La pregunta es: ¿debe importarnos esta diferencia? Hay filósofos que opinan que sí. En Trasplante y Gordo establecemos contacto físico con la persona que matamos. Como mínimo, da un poco de grima.

Pero ¿importa desde el punto de vista moral? Para poner a prueba la idea, examinemos un caso más. Lo llamaremos Gordo Atrapado.[14] Comienza igual que Gordo, con un tranvía desbocado, cinco trabajadores y un gordo sobre un puente. Sin embargo, resulta que está de pie sobre una trampilla, justo encima de la vía. Si tiras de una palanca, caerá sobre los rieles, parará el vehículo y salvará a los cinco operarios. Y morirá, claro. Pero no tendrás que ponerle un dedo encima.

¿Esto resta gravedad a la acción? Creo que no. Puede que dé menos grima tirar de una palanca que empujar al hombre, pero en ambos casos lo precipitas hacia su muerte. Se diría que el mecanismo es lo de menos.

La literatura sobre el dilema del tranvía es muy extensa.* Con-

* Tal vez la parte más sorprendente fue la última palabra de Thomson sobre el tema.[17] Hacia el final de sus días cambió de parecer. Decidió que, a fin de cuen-

tiene una vertiginosa colección de casos. No tardaron en volverse de lo más enrevesados. Incluyen cosas como aludes, bombas, un segundo tranvía y una plataforma giratoria que daba la vuelta a las vías.

Algunos se refieren a esta vertiente de la filosofía como «tranviología».[15] Es un nombre ligeramente despectivo, señal de que la cosa se ha salido de madre. Lo que comenzó como una exploración seria de cuestiones morales —relativas al alcance y los límites de nuestros derechos— ha degenerado de algún modo en discusiones interminables sobre tranvías envueltos en situaciones que jamás podrían producirse.

Visto desde fuera, esto parece una locura. De hecho, mi crítica favorita de la tranviología la escribió un maquinista de tren llamado Derek Wilson, que le envió la siguiente carta al periódico *Globe and Mail*:[16]

> Los dilemas éticos relacionados con tranvías fuera de control ilustran lo desinformados que están quienes conciben las situaciones que hacen que a la gente se le pongan los ojos vidriosos en clase de filosofía. Es poco probable que tranvías y trenes pierdan el control porque están equipados con un «dispositivo de hombre muerto» que activa los frenos de forma automática si el conductor queda incapacitado.
>
> El salvador en potencia no tendría la posibilidad de «accionar las agujas», porque cuentan con una cerradura para evitar actos de vandalismo. Por otro lado, la reacción del salvador dependería de la velocidad del tranvía. Si este circula a menos de quince kilómetros por hora, el salvador podría montar de un salto, hacer sonar la campana y salvarles la vida a los cinco. Si la velocidad es inferior a treinta ki-

---

tas, no era permisible desviar el tranvía en Mirón Junto a las Agujas. Concluyó que el caso era comparable a los de Trasplante y Gordo. Si Thomson está en lo cierto, eso significa que no hay dilema del tranvía que resolver, pues desde el primer momento el problema residía en conciliar nuestros criterios sobre esos casos. Sin embargo, la mayoría de la gente aún considera permisible desviar el vehículo en Mirón Junto a las Agujas, lo que deja intacto el dilema del tranvía.

> lómetros por hora, el salvador (si cuenta con la llave) podría mover las agujas y matar a la única persona que está en el tramo secundario.
>
> Si el tranvía se desplaza a más de treinta kilómetros por hora, accionar las agujas lo llevaría a descarrilar, lo que ocasionaría muertos o heridos entre los pasajeros, pero salvaría a los trabajadores que están en las vías. Así que la mejor opción es dejar que el tranvía con pasaje continúe su avance por el tramo principal, aunque lamentablemente esto acarree la muerte de los cinco operarios.

La carta me encanta por dos razones. En primer lugar, nos recuerda que el mundo real nunca es tan sencillo como las hipótesis de los filósofos.

En ocasiones es aún más sencillo. Así lo cree Wilson. En su opinión, cualquiera que sepa un poco de estos vehículos comprenderá que el dilema del tranvía es de fácil solución.

Al mismo tiempo, Wilson nos demuestra que el mundo real es más complicado que los cuentos de los filósofos. No hay más que ver todos los detalles que pasamos por alto: los dispositivos de hombre muerto, la velocidad del tranvía y, lo que es más importante, que seguramente haría falta una llave para manejar las agujas.

¡Los problemas reales de los tranvías no se parecen en nada al dilema del tranvía! A pesar de todo, los filósofos tenemos buenos motivos para relatar historias de una simplicidad extrema. Intentamos aislar un problema, mientras que el mundo real tiene la desagradable costumbre de presentarnos varios a la vez.

La segunda razón por la que me encanta la carta de Wilson es que, aunque critica a los filósofos, está haciendo filosofía. Como posee un instinto utilitario —su prioridad sería salvar al mayor número posible de personas—, accionaría las agujas y mataría al operario solitario si el tranvía avanzara a menos de treinta kilómetros por hora. Sin embargo, si la velocidad fuera mayor, dejaría que matara a los cinco para salvar a los pasajeros (presumiblemente más numerosos) de morir en un descarrilamiento.

A Wilson le parece evidente que esto es lo que hay que hacer, hasta tal punto que no considera necesario aportar argumentos. Pero no es evidente en absoluto. Si Wilson estuviera en mi clase, le pediría su opinión sobre Trasplante. Le preguntaría si, del mismo modo que sacrificaría a un trabajador para salvar a cinco (cuando el tranvía circula a más de quince kilómetros por hora y menos de treinta), también estaría dispuesto a matar en el caso de Trasplante. Si respondiera que no, nos internaríamos de lleno en el terreno de los relatos que lo ponen de los nervios.

A todo esto, ¿cuál es la solución al dilema del tranvía? Hank me lo pregunta a todas horas. Está acostumbrado a oírme hablar de los casos legales que expongo en clase.

—Cuéntame otro caso, papi —dice cuando se aburre.

Sabe que, después de un tira y afloja sobre la resolución que él habría considerado más apropiada, acabaré por desvelarle la decisión del tribunal. Por eso, desde que le hablé por primera vez del dilema del tranvía, no deja de preguntarme «¿Qué dijo el juez?» y se niega a aceptar mis explicaciones de que no se trata de una historia real. Está desesperado por saber la respuesta.

Yo también. Pero en filosofía no hay una hoja de respuestas. Cada uno tiene que averiguarlas por sí mismo, en la medida de sus posibilidades. Si el lector me concediera una tarde y una pizarra blanca, yo intentaría convencerlo de que Rex se equivoca respecto a Vuelta... y Thomson también. Alegaría que el tramo adicional de vía sí que supone una diferencia importante. Pondría casos nuevos sobre la mesa. Y defendería una versión de la idea kantiana: que no tenemos derecho a utilizar a una persona para salvar a cinco.

Una vez finiquitado todo esto, dejaría caer mi sorpresa. De forma indirecta, nuestra colección de casos arroja luz sobre la polémica en torno al aborto. Si el Estado obliga a una mujer a llevar a término un embarazo, está utilizando su cuerpo como un medio para un fin. Eso no resulta permisible, ni siquiera cuando está en juego una vida (al menos, esa sería mi tesis; como digo, me llevaría un rato razonarla).

Al exponer mis argumentos, cerraría el círculo en torno al dilema del tranvía. La persona que introdujo los tranvías en la filosofía fue una filósofa inglesa llamada Philippa Foot... en un ensayo sobre el aborto.[18] Thomson lanzó este medio de transporte a la fama al pulir el experimento de Foot e idear otros. Pero la intención no fue en ningún momento determinar lo que Derek Wilson —o cualquier otra persona que trabaje con tranvías— debe hacer en caso de que uno de ellos pierda el control.

Para los filósofos, los tranvías son herramientas para pensar en la estructura de la moral, en los derechos de los que gozamos y en los casos en los que deben supeditarse a las necesidades de otros. Son herramientas para reflexionar sobre cuestiones serias como el aborto y... las leyes de la guerra.

Imagine el lector, por un momento, que es Harry Truman y que intenta decidir si debe lanzar la bomba atómica (apodada Fat Man, «gordo») sobre la ciudad de Nagasaki. La explosión matará a decenas de miles de personas. Por otro lado, acortará la guerra, lo que salvará a muchas más.*

¿Cuándo resulta lícito matar a unas personas para salvar a otras? Esta sí que es una pregunta importante. Y el dilema del tranvía nos ayuda a meditar sobre ella. Si les parece ridículo a los profanos en la materia, es porque los tranvías han pasado a la cultura popular desligados de las cuestiones de calado que estaban llamados a ilustrar.

Tal vez los tranvías no sean muy importantes, pero los derechos sí.

Sobre todo para quien convive con críos pequeños. Hank ni siquiera sabía qué eran los derechos cuando le preocupaba no tenerlos,

* O, al menos, eso cree Truman. Puede que esté equivocado, lo que plantea otra pregunta de carácter moral: ¿cómo tomar decisiones cuando no estamos seguros de las consecuencias?

pero ya era un experto en reclamarlos. Cada vez que decía «mío» para ahuyentar a algún niño que se acercaba a un juguete, estaba reivindicando la posesión de un objeto, así como su derecho a impedir su disfrute a otros, aunque sea solo un rato.

Cuando los padres llegan a casa del hospital con el bebé, su principal misión es mantenerlo con vida. Hay que proporcionarle cuidados asistenciales tales como darle de comer, provocarle eructos, bañarlo y cambiar una interminable serie de pañales. Al despertar los padres tienen que repetir todo el proceso, suponiendo que hayan dormido. Luego —más de un año después— viene la tarea de integrar al chaval en la comunidad. Para ello, conviene iniciarlo en los conceptos de derechos y responsabilidades (aunque no empleemos aún estas palabras). Cuando Hank secuestraba a Jirafi, le explicábamos que debía pedir permiso antes de cogerla, pues pertenecía a Rex. También le enseñábamos a Hank qué cosas le pertenecían a él, y en qué casos debía pedirle permiso Rex.

Esas primeras lecciones sobre la propiedad pronto se vieron complementadas con otras sobre las promesas, la privacidad y el espacio personal. A veces me daba la sensación de estar dirigiendo una pequeña facultad de Derecho para alumnos que no tenían la menor idea de cuáles eran sus derechos y responsabilidades. En la clase de Derecho contractual, los chicos aprendían a cumplir lo que prometían. En la de Responsabilidad civil aprendían a no tocar lo que no es suyo... y a llamar a las puertas cuando estaban cerradas. En Derecho penal aprendieron que la mala conducta tiene consecuencias.

La moral no se reduce a los derechos y las responsabilidades. De hecho, una de las lecciones más importantes que se les pueden enseñar a los niños es que no siempre tienen que mostrarse inflexibles en la reivindicación de sus derechos. Deben compartir lo que es suyo, al menos parte del tiempo, aunque tengan derecho a impedir su disfrute a otros. Es una muestra de amabilidad y empatía, y a medida que los niños adquieren estas virtudes dejan de conceder tanta importancia a sus derechos. Pero los primeros años de crianza de los hijos giran sobre todo en torno a la moral, de un modo u otro. Por eso hemos emprendido el viaje con preguntas sobre los derechos, y pronto nos centraremos en la venganza, el castigo y la autoridad, temas que, a su vez, guardan relación con los derechos.

Conforme los muchachos asimilaban la noción de los derechos, se convertían en abogados en miniatura, prestos a hacer valer sus derechos y (como veremos en el capítulo 3) defenderse de la acusación de haber vulnerado los derechos de otros. Es más, en cuanto Hank se enteró de lo que eran los derechos, empezó a verlos por todas partes.

Una noche nos los llevamos a cenar tacos. Hank (que entonces tenía seis años) advirtió que había Fanta en el frigorífico para bebidas. Nos pidió, unas dieciséis o diecisiete veces, que lo dejáramos beberse una. Le dijimos que no y nos sentamos a comer. Hank, disgustado, se pilló un berrinche. Incluso declaró que estábamos pisoteando sus derechos.

—¿Qué derecho exactamente? —inquirí.

—El derecho a decidir lo que voy a beber.

—¿Tienes ese derecho?

—¡Sí! —respondió con rotundidad.

—¿Por qué? —Este es uno de mis trucos de padre favoritos.

Los mocosos esgrimen el «por qué» como un arma. A menudo lo preguntan movidos por una curiosidad sincera, así que es recomendable proporcionarles explicaciones siempre que sea posible. Sin embargo, las explicaciones completas no existen. Todas dejan mucho sin aclarar. Por tanto, los niños siempre pueden volver a preguntar por qué. Pero, a medida que se hacen mayores, descubren que un «por qué» bien colocado puede dejar al descubierto los tambaleantes cimientos de tu autoridad. O por lo menos sacarte de quicio.

No obstante, los adultos podemos darle la vuelta a la tortilla: preguntar «por qué» para incitar al chaval a elaborar un argumento.

De modo que eso fue lo que hice con Hank.

—¿Por qué tienes derecho a decidir lo que vas a beber? —le pregunté.

—No sé —dijo, encogiéndose de hombros—. Porque sí.

—No, la cosa no funciona así —repuse—. Si afirmas que tienes un derecho, más vale que sepas explicar la razón.

Los engranajes en la cabeza de Hank empezaron a girar y, al poco rato, no solo me aportó una razón, sino dos.

—Si vosotros decidís lo que voy a beber —dijo—, tal vez me obliguéis a tomar algo que no me gusta. —Llamaremos a esto «argumento del autoconocimiento». Acto seguido añadió—: Vosotros decidís lo que vais a beber, así que yo debería tener el mismo derecho. —Y a esto lo llamaremos «argumento de la igualdad».

¿Son válidos estos argumentos? No, en absoluto.

Empecemos por el argumento del autoconocimiento. El riesgo de que le exija a Hank que beba algo que no le gusta es muy bajo. Casi todas las noches le damos a elegir entre solo dos opciones: leche o agua. La leche le gusta bastante y, aunque no diría lo mismo del agua, tampoco le desagrada.

Por otra parte, el argumento del autoconocimiento presupone que es importante que Hank tome una bebida que le guste. Y tal vez lo sea, pero hay algo más importante aún: Hank necesita alimentarse de forma saludable. Por eso le ofrecemos agua y leche. De vez en cuando le dejamos beber refrescos azucarados como capricho especial. Si por él fuera, acabaría diabético en una semana.

¿Y el argumento de la igualdad? Puede resultar convincente en el caso de personas que están en condiciones similares. Pero Hank y yo no lo estamos. Yo sé muchas más cosas que él. Por ejemplo, sé qué es la diabetes y las causas por las que podría desarrollarla. Por otro lado, poseo una capacidad de autocontrol que Hank aún no ha adquirido. Y, lo que es más importante, tengo una responsabilidad sobre él que él no tiene sobre mí. Inevitablemente, Hank se hará mayor, pero es mi obligación asegurarme de que se convierta en un adulto maduro y no en un niño grande. Para ello, debo fijar límites, entre otras cosas, a la cantidad de Fanta que mi hijo puede consumir.

Estas son todas las razones por las que creo que, en realidad, Hank no tiene derecho a decidir lo que va a beber. Es más, son las razones por las que pienso que yo, o más bien Julie y yo, en calidad de padres, tenemos derecho a decidir lo que Hank puede beber.

Le expliqué algunas de estas cosas a Hank. Y le recordé que cuando sea mayor, podrá tomar sus propias decisiones. Por el momento tendrá que apechugar con nosotros.

Sin embargo, llegué a un trato con el crío. Quería poner fin a la guerra.

—Si dejas de dar la tabarra —dije—, podrás tomar un refresco el sábado por la noche, cuando nos visiten nuestros amigos.

—¿Lo prometes? —preguntó Hank.

—Sí.

—Vale —dijo.

Llegó el sábado, y también nuestros amigos. Hank se puso a reclamar su refresco en cuanto entraron por la puerta.

—Tengo derecho a una zarzaparrilla —anunció.

2

LA VENGANZA

Como Hank tenía el día libre, yo me lo tomé también. Nos entregamos a una de sus actividades favoritas: yo lo lanzaba de un lado a otro sobre la cama mientras él se retorcía de risa.

De repente, se quedó callado.

—¿Qué pasa, Hank? ¿Va todo bien?

—Ayer Caden me llamó *flufidufo*, y luego Kelly fue a hablar conmigo —explicó.

Esta frase puede dar pie a varias preguntas. Algunas son fáciles de responder. Caden era un chaval de la Clase de los Sicómoros del colegio, donde Hank acababa de instalarse, cuando faltaba poco para su cuarto cumpleaños.* Kelly era la maestra titular. Como yo ya sabía todo esto, me limité a preguntar:

—¿Qué es un *flufidufo*?

—Es una cosa mala, papá.

—¿Estás seguro? A lo mejor los *flufidufos* molan. ¿Lo buscamos en Google?

—¡Papá, los *flufidufos* no molan!

Nos pasamos un rato discutiendo sobre ello, más que nada porque es divertido decir «flufidufo» y más divertido todavía oírselo decir a Hank. Pero él tenía razón, por supuesto. Ser un *flufidufo* es

* Quiero que conste que en realidad Caden no se llama así. Les he cambiado el nombre a los niños que no son hijos míos para proteger a los inocentes... y también a Caden.

un rollo, aunque nadie sepa qué coño es un *flufidufo*. Es como que te llamen gilipollas (nadie sabe tampoco qué significa en realidad esa palabra. Los insultos pueden ser bastante extraños).

En cualquier caso, lo que de verdad le interesaba a Hank era contarme la segunda parte de la historia, lo de que Kelly había ido a hablar con él.

—¿Habló también con Caden?

—No —contestó Hank indignado—. Solo conmigo.

—¿Por qué? ¿Le comentaste cómo te había llamado Caden?

—No hasta después.

—¿Hasta después de qué?

En ese momento, el testigo enmudeció.

—Hank, ¿le hiciste algo a Caden?

Silencio.

—Hank, ¿le hiciste algo a Caden?

—Kelly habló conmigo.

—¿Sobre qué, Hank?

El testigo no cedía a la presión. Eso lo respeto, así que cambié de táctica.

—Hank, ¿crees que estuvo bien meterte con Caden porque él se había metido contigo?

—Claro —respondió Hank, como si yo fuera tonto—. Me llamó *flufidufo*.

Llegados a ese punto, un buen padre le habría puesto a su hijo el clásico de la Motown *Two Wrongs Don't Make a Right [Una injusticia no se repara con otra injusticia]*,* que figura justo después de *The Golden Rule [La regla de oro]* en la lista de éxitos de la moral popular.

Pero lo cierto es que, ay, no soy un buen padre. Soy un padre

* Es en serio: Berry Gordy Jr. y Smokey Robinson compusieron un tema titulado *Two Wrongs Don't Make a Right*, que Barrett Strong grabó en 1961 y Mary Wells en 1963.

cojonudo. Así que nos pasamos los siguientes veinte minutos moviendo el esqueleto al ritmo de canciones sobre la venganza, empezando por *The Payback*, la fantasía funky que James Brown grabó en 1973 («¡Venganza! ¡Estoy cabreado! ¡Tengo que desquitarme! ¡Necesito desquitarme! ¡Venganza!»).

Bueno, la verdad es que no soy un padre tan guay. Al menos no en tiempo real. Así que no le puse un disco de James Brown a Hank ni le enseñé que una injusticia no se repara con otra injusticia. Me arrepiento de lo de Brown, porque tardé años en descubrir que a los niños sus letras les parecen la monda. Porque lo son («¡Uh! ¡Ja! ¡Dios santo! ¡La leche!»). También les encanta su música. Y con razón (pero hay que tener cuidado con la canción que uno elige, si se quiere evitar una conversación como la que mantuve con Hank acerca de las máquinas sexuales).

Pero ¿sabes de qué no me arrepiento? De haber dejado pasar la oportunidad de enseñarle a Hank que una injusticia no se repara con otra injusticia. Es el eslogan de propaganda parental que menos me gusta, porque a veces una injusticia sí que se repara con otra. O, para ser más exactos, la segunda injusticia puede arreglar las cosas. Y si les decimos lo contrario a nuestros hijos, les estamos mintiendo... y tal vez también a nosotros mismos.

¿Por qué rechazamos la venganza de entrada? Bueno, para empezar, es peligrosa. Si intentamos hacer daño a alguien, podemos salir mal parados. Y, lo que es peor, la venganza puede dar lugar a represalias, que a su vez provocan otra venganza, otra represalia, otra venganza y otra represalia. Uno corre el riesgo de acabar inmerso en un ciclo de violencia interminable.

Pero esa no es la única razón por la que estamos en contra de la venganza. A muchas personas la violencia les parece injustificable. Tomemos la fórmula del Antiguo Testamento «ojo por ojo», y apliquémosla al caso del ataque de Caden contra Hank. Supongamos que Caden le saca un ojo a Hank. ¿En qué mejoraría exactamente la situación si Hank le hiciera lo mismo a Caden? Eso no le ayudaría a recuperar el ojo. Simplemente habría otro niño tuerto que tendría que aprender a vivir con uno solo.

Entonces ¿por qué buscamos venganza si es algo tan absurdo?

Una posible respuesta es que estamos programados para desearla cuando alguien comete una injusticia contra nosotros. De hecho, hay indicios de que los niños pequeños son especialmente propensos a querer vengarse. En un estudio se invitó a críos de entre cuatro y ocho años a interactuar con un juego de ordenador en el que otros participantes (que seguían las indicaciones de los investigadores) les robaban o les regalaban pegatinas.[1] Cada vez que se les presentaba la ocasión, se vengaban de los ladrones robándoles cantidades mucho mayores que a otros jugadores. En cambio, no mostraron la misma reciprocidad en lo que a la generosidad se refiere. Cuando un chiquillo recibía una pegatina, no era más probable que le hiciera un regalo a quien se la había dado que a los demás. Al parecer, ajustar cuentas nos sale de forma más natural que devolver favores.

Y hay más indicios en favor de la hipótesis de que la venganza está muy arraigada en nuestro comportamiento. Según algunos científicos, los insultos despiertan en nosotros el hambre de venganza, en un sentido bastante literal. Activan la misma región del cerebro —la corteza prefrontal izquierda— que se ilumina cuando una persona busca saciar el hambre y otros apetitos.[2] Así que Homero no iba desencaminado al señalar que la venganza es dulce.[3] A lo mejor incluso se quedó corto. Una vez vi una camiseta que decía que la venganza es mejor que el sexo. Y Iósif Stalin rizó el rizo al declarar que la venganza es el máximo placer en la vida.*

Yo no estoy tan seguro. El sexo mola bastante. Y Stalin era un sociópata. Pero desde luego la venganza resulta satisfactoria en oca-

* Simon Sebag Montefiore refiere así la anécdota: «Durante una cena bien regada con alcohol, Kamenev pidió a cada uno de los comensales que confesaran su mayor placer en la vida... Stalin respondió: "Mi mayor placer consiste en elegir a mi víctima, urdir los planes de forma minuciosa, administrar una venganza implacable y luego irme a la cama. No existe nada más dulce en el mundo"».[4]

siones, y el placer que obtenemos de ella bien podría ser una función de algún circuito que tenemos grabado en lo más profundo del cerebro. No obstante, incluso si un instinto animal nos predispone a la venganza, podemos preguntarnos de qué sirve, y si, tras una reflexión desapasionada, deberíamos ceder a dicho impulso o contenerlo. En otras palabras, podemos plantearnos si la venganza es tan absurda como parece.

No he conocido a un colega más ameno que William Ian Miller. Es uno de los mayores expertos del mundo en venganza... y en las culturas que la han practicado. Resulta tan divertido como cabe imaginar, por las historias que sabe y por su forma de ver el mundo. Una vez me contó que había contratado un seguro de vida barato a propósito: «No quiero que mi familia acabe en la miseria si me muero —me explicó—, pero quiero asegurarme de que me eche de menos». Cuando me preguntó si tenía un buen seguro, le contesté que uno decente. Entonces me aconsejó que vigilara mi espalda (Rex aún era un bebé cuando se produjo esta conversación).

A Miller se le agota la paciencia enseguida con quienes consideran que la venganza es irracional. El ojo de Caden por sí solo no ayudaría a Hank, pero sacárselo seguramente sí. Si la gente teme que Hank contraataque, se lo pensarán dos veces antes de atacarlo. Tener fama de vengativo es como una póliza de seguro: protege contra posibles daños. Es incluso mejor que un seguro normal y corriente, pues en vez de limitarse a pagar al titular para ayudarle a paliar los daños, los evita de entrada.

Así pues, la venganza puede ser racional. Sin embargo, la fría lógica no explica el placer que les produce a algunos, ni el hecho de que estén dispuestos a traspasar el límite de lo racional para satisfacer su ansia. Al parecer, este placer es un tipo de *Schadenfreude*, el deleite ante el sufrimiento de otro, sobre todo de quien nos ha hecho sufrir.

Pero ¿qué motivo hay para recrearse en ello? Una respuesta habitual es que esa persona se lo merece. En efecto, algunos opinan que hay una clase especial de justicia —la retributiva— según la cual quienes causan sufrimientos a otros (injustamente) deben sufrir a su vez. Mientras no se inflija dicho sufrimiento, existirá una especie de desequilibrio cósmico. Desde este punto de vista, el placer procede de la satisfacción de que se haga justicia.

Pero esto queda un poco impersonal. Quienes buscan vengarse desean ser ellos quienes inflijan el sufrimiento, no limitarse a ver cómo otros se ocupan de ello. El desequilibrio no está en el cosmos, sino en un ámbito interpersonal. «Es hora de que le pague con la misma moneda —decimos—. Me las pagará por lo que ha hecho». Se trata de metáforas contables y contradictorias, pues en ellas deudor y acreedor se intercambian los papeles.[5] Pero eso es lo de menos: lo esencial es que los libros no cuadran, así que es hora de «ajustar las cuentas».

¿Deberíamos tomarnos en serio estas expresiones? A lo largo de la historia de la humanidad, muchas personas, quizá incluso la mayoría, así lo han hecho. Por consiguiente, soy reacio a decir que no deberíamos. No sé dónde se guardan los libros de contabilidad cósmicos, ni por qué tendría que importarnos lo que contienen. Si pertenecen a Dios, ya cuadrará él las cuentas («"Mía es la venganza", dice el Señor»).[6] Y creo que necesitamos algo más que una metáfora para justificar el sacarle un ojo a alguien.

Hay filósofos que rechazan la idea de justicia retributiva. Creen que no se sostiene más que en una serie de metáforas desacertadas y que haríamos bien en superarla. Yo pienso que podríamos revisarla, pero no lo intentaremos hasta el capítulo siguiente, en el que hablaremos del castigo. Por el momento quiero centrarme en un tipo de justicia distinto. De hecho, pondremos dos sobre el tapete.

Hace mucho tiempo, Aristóteles estableció una distinción entre la justicia distributiva y la justicia correctiva.[7] Cuando nos preocupa la desigualdad, nos interesa la justicia distributiva. Tenemos un pastel y discutimos sobre cómo repartirlo. Si tu trozo es más grande que el mío, tal vez me queje de que la distribución no es equitativa. Ahora supongamos que cada uno tiene su trozo, del tamaño que sea, y tú me robas el mío. Quiero recuperarlo. Según Aristóteles, la justicia correctiva exige que me lo devuelvas, que me resarzas de la pérdida.

¿La venganza es una buena manera de hacer justicia correctiva? En cierto modo, lo parece. El «ojo por ojo» no está tan alejado del «devuélveme mi trozo de pastel». Si Hank le saca un ojo a Caden, obtendrá lo que perdió: un ojo. Pero no recuperará exactamente lo mismo que perdió, y eso es importante. El ojo de Caden no le resultará de mucha utilidad a Hank, pues no le servirá para ver.

De todos modos, según Miller, el ojo por ojo constituye una forma de justicia correctiva, y, además, bastante ingeniosa.[8] La clave reside en comprender que la compensación no tiene por qué llevarse a cabo siempre de la misma manera. Unas veces puedes devolverme mi trozo de pastel; otras, pagármelo con dinero. También, por lo visto, con un ojo.

Miller sostiene que el objetivo del ojo por ojo no era que más gente acabara tuerta. La ley del talión (el nombre pomposo con que se conoce la norma que se ejemplifica con el ojo por ojo) confiere ventaja a las víctimas de injusticias sobre quienes las cometieron. Si Caden y Hank hubieran vivido en tiempos bíblicos (y hubieran sido adultos), en el momento en que Caden le sacara el ojo a Hank, el talión convertiría a este en dueño de uno de los ojos de Caden. Podría sacárselo si quisiera. Y desde luego le interesaría que Caden lo creyera capaz de ello. Pero es muy posible que Hank optara por no sacarle el ojo a Caden si este se lo comprara de vuelta. El precio que pagaría por conservarlo resarciría a Hank de la pérdida del suyo.

En otras palabras, la perspectiva de perder el ojo impulsa a Caden a compensar a Hank por el suyo para satisfacer las exigencias de la justicia correctiva. De un modo extraño, el talión tiene mucho que ver con la empatía. Es una manera de obligar a una persona a sentir el dolor de otra. Si haces daño a alguien, te ves expuesto a sufrir la misma ofensa que has inferido. Esto te da un motivo para imaginar el sufrimiento antes de infligírselo a otro. La esperanza está en que te contengas para que nadie salga perjudicado. Sin embargo, si la disuasión no funciona, el talión supone una razón para que repares el daño que has causado, pues de lo contrario pronto lo experimentarás en carne propia.

—Oye, Rex, ¿puedo contarte una historia de venganza? —le pregunté un día durante el almuerzo, cuando él tenía diez años.

—¿Es muy bestia? —inquirió.

—No —dije para tranquilizarlo.

—Vale.

—Bueno, a lo mejor un poco —reconocí.

—¿Tienes que contármela?

—Sí, la verdad es que sí.

—Estás escribiendo sobre la venganza, ¿no?

El chaval me tiene calado.

—Sí, así es.

—Vale, está bien.

El relato que le conté a Rex procede de una narración islandesa, *La saga de Gudmund el Bueno*.[9]

—Había un tío que se llamaba Skaering —empecé a explicar—. Estaba en el puerto negociando con unos mercaderes noruegos. La cosa se torció, así que le cortaron la mano.

—¡Papá, eso es bestia! Muy bestia.

—Ya, bueno, pero esa es la parte más bestia, te lo prometo. ¿Quieres saber qué ocurrió después?

—Sí —dijo Rex.

—Skaering acudió a un pariente, un tal Gudmund. Este reunió a un grupo de hombres, y todos se encaminaron hacia el puerto a caballo para enfrentarse a los noruegos. ¿A que no sabes qué hicieron cuando llegaron?

—Los mataron.

—Qué va. Cuando Gudmund llegó, les exigió a los noruegos que compensaran a Skaering por haberle cortado la mano. ¿Sabes lo que significa esa palabra?

—No.

—Significa que quería que le dieran dinero a Skaering para que no se sintiera tan mal por haberse quedado sin mano.

—Vale. ¿Y le pagaron?

—Aseguraron que pagarían la cantidad que a Gudmund le pareciera justa. Pero cuando Gudmund dijo la cifra, era muy, muy alta. Exorbitante, vamos.

—¿Cómo de grande?

—Treinta cientos.

—¿Eso es mucho?

—Según la saga, sí. Dice que es lo que habrían podido exigirle a alguien por matar a un tipo como Skaering, no por cortarle la mano.

—¿Y se lo pagaron?

—No. Se enfadaron con Gudmund. Les pareció que pedía demasiado.

—¿Y qué hizo él?

—Adivínalo.

—Los mató —dijo Rex muy serio.

—No.

—¡Les cortó las manos! —Empezaba a pillarle el gusto a la ley del talión.

—No, pero te estás acercando. Gudmund era muy astuto. ¿Qué crees que haría antes de mutilar a alguien?

—¡Decirle que lo mutilaría si no pagaba!

—¡Exacto! Gudmund dijo que le pagaría a Skaering los treinta cientos de su propio bolsillo. A continuación elegiría a un noruego y le cortaría la mano. Dijo que luego ellos podrían darle una compensación tan baja como quisieran.

—¿Y funcionó? —preguntó Rex.

—¿Tú qué crees?

—Seguro que pagaron —dijo.

—Pues sí: pagaron los treinta cientos.

—Qué inteligente era Gudmund —comentó Rex.

Sí, Gudmund era inteligente. Y el talión también. Los noruegos pagaron porque Gudmund reformuló el significado del pago. Ya no se trataba del precio que debían pagar por comprar la mano de Skaering, sino por conservar las suyas. Como observa Miller, la mayoría de la gente «está dispuesta a desembolsar más por salvar sus propias manos que por cortárselas a otros».[10] Esto tiene sentido. Las manos resultan más útiles cuando van unidas a sus propietarios originales.

Gudmund demostró su astucia por partida doble. No solo consiguió que los noruegos pagaran, sino que de paso los humilló al insinuar que eran unos agarrados. Pretendían hacer un gran gesto de generosidad al permitir que Gudmund fijara el precio de la mano de Skaering, pero la cifra que propuso les pareció inaceptable. Esto le brindó a Gudmund la oportunidad de hacer a su vez un gran gesto ofreciéndose a abonar él mismo la suma desorbitada a Skaering. Por último, Gudmund hizo que los noruegos quedaran como unos cobardes, pues su actitud respecto a la compensación cambió en cuanto se percataron de que sus propias manos corrían peligro.

Con todo ello Gudmund acrecentó su honor. Pero ¿qué significa eso? ¿Y por qué era importante? El honor se resiste a todo intento de definición sencilla. Era la cualidad abstracta que establecía la posición de una persona en la jerarquía social. Y se le concedía una importancia fundamental en sociedades como la Islandia de las sagas. En palabras de Miller:

> El honor era la base sobre la que se asentaba la posibilidad de que una persona contara para algo, de que los demás la escucharan y de que la gente se lo pensara dos veces antes de arrebatarle tierras o violar a su hija. Incluso determinaba la manera de hablar de cada uno,

con qué volumen, con cuánta frecuencia; con quién podía uno hablar y cuándo, y si sería atendido o no; determinaba la postura de los hombros, lo alta que uno llevaba la cabeza —en sentido literal, no figurado— y cuánto rato podía uno sostenerle la mirada a alguien, si es que podía mirarlo siquiera.[11]

En resumen, el honor era una medida de lo que valía cada uno a ojos de los demás. Retomaré el tema más adelante. Sin embargo, antes de despedirnos de Gudmund, compararemos la manera en que zanjó la reclamación de Skaering con la decisión que tomarían los tribunales de hoy en día.

Aunque ya no nos regimos por la ley del talión, los tribunales aún intentan impartir justicia correctiva. Si alguien sufre una lesión, puede demandar al causante. Y si demuestra que esta persona es culpable de los daños, el tribunal fijará una indemnización.

Oficialmente, los tribunales establecen las compensaciones sin apelar a las emociones, la empatía o cosas por el estilo. Se les indica a los miembros del jurado que concedan una indemnización justa y razonable por los daños sufridos por el demandante al que se le da la razón. En la práctica, sin embargo, los abogados de los demandantes intentan atraer la compasión del jurado hacia sus clientes. Describen las heridas con toda clase de siniestros detalles a fin de presentar a la víctima bajo la luz más lastimosa posible para maximizar el resarcimiento por daños.

Pero resulta que la compasión es menos poderosa que la empatía. Suelo hablarles a mis alumnos del caso de Kay Kenton.[12] Se encontraba en el vestíbulo de un hotel Hyatt Regency cuando dos pasarelas elevadas mal diseñadas que pesaban más de quince toneladas se derrumbaron sobre los huéspedes que estaban debajo. Murieron más de cien personas. Kenton sobrevivió, pero sufrió heridas terribles: se le rompió el cuello, perdió la sensibilidad en diversas partes del cuerpo, experimentó un deterioro de las funciones respiratoria, vesical e intestinal, y le quedó un dolor intenso y un trauma psicológico, entre otras muchas secuelas.

El jurado le otorgó una indemnización de cuatro millones de dólares. De entrada parece mucho dinero, hasta que analizamos lo que debían cubrir. Se calculó que los gastos médicos de Kenton ascenderían a más de un millón de dólares. Cuando se produjo el accidente, ella estudiaba Derecho. Todo apuntaba a que nunca ejercería profesión alguna, y menos aún la de abogada. Las pérdidas por salarios no percibidos a lo largo de lo que habría sido su vida laboral se estimaron en unos dos millones. Por último, se invitó al jurado a ponerle precio al dolor y el sufrimiento de Kenton; una sencilla resta indica que los valoraron en cerca de un millón de dólares.

Después de este desglose, la indemnización ya no parece tan generosa (y lo es incluso menos de lo que parece, pues seguramente su abogado se embolsó una cuarta parte, por lo menos). ¿Se prestaría el lector a recibir las mismas lesiones que Kenton si alguien accediera a cubrir los costes y añadir un millón más para compensar el dolor y el sufrimiento? Yo no. Ni en broma.

Y, a pesar de todo, Hyatt tuvo la osadía de pedir al tribunal que redujera la indemnización a la mitad, alegando que era desmesurada. El tribunal se negó en redondo. Sin embargo, cabe preguntar: ¿cuánto habría estado Hyatt dispuesto a pagar para evitar que alguno de sus altos cargos sufriera las mismas lesiones que Kenton? Supongamos que nos atuviéramos a la ley del talión, que le daría a ella el derecho a dejar caer una pasarela elevada (o cualquier objeto de peso equivalente) sobre el director ejecutivo de Hyatt. ¿Cuánto pagaría la empresa para disuadirla de ello?

Creo que no sería una exageración suponer que la cifra superaría los cuatro millones de dólares. No me cuesta imaginarlos pagando cuarenta millones. O más. Tal vez *mucho* más. Esta es la fuerza de la empatía. Y la fuerza del talión reside en su capacidad para utilizarla.

Estoy seguro de que los miembros del jurado compadecían a Kenton y comprendían su situación. Pero dudo que compartieran su dolor. Los ejecutivos de Hyatt lo habrían compartido si hubieran temido que les pasara lo mismo a ellos.

La empatía no es la única ventaja del ojo por ojo. Pone límites a la venganza, pues también significa «ojo por ojo, pero nada más».

La evolución parece habernos imbuido de cierto apetito de venganza. No obstante, los apetitos pueden descontrolarse. Piense el lector con qué frecuencia come más de la cuenta. (A lo mejor estoy proyectando. Según Rex, «he comido demasiado» es el lema de los hombres de la familia Hershovitz).

Hay quienes quieren algo más que un ojo por ojo. Se sobrevaloran. O infravaloran a los demás. O simplemente pierden los papeles ante el menor desaire.

Las culturas de la venganza tenían tolerancia cero con gente de esta calaña, pues había pocas posibilidades de que reinara la paz en su presencia. El ojo por ojo ayudaba a atarlos corto al ofrecer lo que se percibía como una compensación razonable.[13] También contribuían los «terceros», unos personajes que intervenían para poner fin a discordias entre quienes no conseguían ponerse de acuerdo. Se les llamaba así porque participaban como terceras personas en los conflictos. Como decía Miller, «para mediar entre dos hacía falta un tercero, pues de lo contrario la cosa quedaba en tres cuartos de lo mismo».[14]

Los jurados son los sucesores de los terceros. Realizan una labor muy similar: decidir, en representación de la comunidad, qué compensaciones pueden considerarse razonables. Sin embargo, fijan dichas compensaciones con criterios distintos a los de los terceros. Estos dictaban el ojo por ojo. No malbarataban las partes del cuerpo, como tienden a hacer los jurados.

Me imagino que a algunos los descolocará esta afirmación. En la imaginación popular, los jurados estadounidenses están fuera de toda medida: conceden indemnizaciones desorbitadas, no demasiado bajas. Pero yo no lo veo así. Los tribunales acostumbran a calcular compensaciones muy inferiores a las que alguien aceptaría recibir a cambio de sufrir los mismos daños y perjuicios si se le planteara la posibilidad de antemano.

A veces les pregunto a mis estudiantes de Derecho cuánto pedirían por dejarse infligir las lesiones que sufrió Kenton. La mayoría asegura que no lo harían por todo el dinero del mundo. Algunos dicen que tal vez unos cientos de millones de dólares los tentarían; están dispuestos a sacrificarse por su familia. Pero ni uno solo de mis alumnos ha dicho que se prestaría a sufrir esas lesiones por los cuatro millones que Kenton recibió en la vida real.

Nos gusta pensar que somos más refinados que aquellos para quienes la venganza formaba parte habitual de la vida. Nos imaginamos que la existencia era «miserable, cruel y ruda entre aquellas almas tan violentas», pero, según Miller, esto es un error.[15] En efecto, la vida valía muy cara en las comunidades partidarias del talión. Quien se la arrebatara a alguien tenía que pagar con la suya. Somos nosotros quienes tenemos en poco nuestro pellejo.[*16]

Dicho esto, por nada del mundo querría vivir bajo la ley del talión. Gran parte de la existencia moderna es posible solo porque dejamos que los jurados malbaraten los cuerpos. Como bien señala Miller, nadie llevaría coche si «todas las muertes en carretera confirieran a los allegados de la víctima el derecho a matar».[17] Y no solo tendríamos que renunciar a los coches, sino a toda la maquinaria que forma parte del estilo de vida actual: aviones, trenes, camiones, herramientas eléctricas..., en resumen, casi cualquier cosa con mo-

* Al menos en los tribunales, donde la pregunta es cómo hay que responder ante una iniquidad. Tal como señala Miller, gastamos sumas exorbitantes en atención sanitaria, sobre todo hacia el final de nuestros días. Pero esto, añade, habla «menos de nuestras virtudes que de nuestros vicios; menos de nuestro compromiso con la dignidad humana que de nuestra falta de él. Tememos tanto a la muerte y al dolor que arruinaremos la generación de nuestros nietos solo para sumar tantos años inútiles a las escurriduras de nuestra vida que no sabremos qué hacer con ellos». Creo que Miller se equivoca en la cuestión del dinero; nuestros nietos no se arruinarán a causa de la sanidad, pero vale la pena preguntarnos qué dice sobre nuestros valores la yuxtaposición que observa.

tor. Todo lo que existe gracias a que nos abstenemos de practicar el ojo por ojo y aceptamos una compensación más exigua.

Sin embargo, las comodidades de la vida moderna no son ni por asomo el único motivo por el que rechazo la cultura de la venganza. Antes he dado a entender que Caden podía conservar su ojo si se lo compraba a Hank. Pero para ello necesitaría dinero. Si no lo tuviera, se vería obligado a renunciar a su ojo, o bien ofrecerle a Hank alguna otra cosa que fuera valiosa para él, como su mano de obra esclava, hasta que consiguiera saldar la deuda trabajando.[18] Así que, en realidad, el ojo por ojo nunca fue una buena fórmula para alcanzar la igualdad.

Por otro lado, la esclavitud no era el único rasgo repugnante de las sociedades que observaban el ojo por ojo. También estaba la idea misma del honor. ¿Te acuerdas de que Gudmund tasó la mano de Skaering en un precio similar al que habría tenido que pagar quien matara a alguien como Skaering? El valor de las personas —y las partes de su cuerpo— variaba en función de su honor. Algunas personas (mujeres, criados, esclavos) no contaban para nada, o solo contaban si pertenecían a un hombre de valía. Y todos los que sí contaban para algo competían entre sí en todo momento para incrementar su honor... o evitar que alguien se lo arrebatara.

Suena agotador. Deberíamos estar agradecidos de vivir en una sociedad en la que el mérito de una persona se mide por cosas que valen la pena, como el número de «me gusta» de su última publicación en Facebook.

¡Huy!, perdón. Lo que quería decir es que deberíamos estar agradecidos por vivir en una sociedad que nos valora a todos por igual.

Mierda. Eso sigue sin estar bien. Quería decir que deberíamos estar agradecidos por vivir en una sociedad que afirma que nos valora a todos por igual.

Y lo decía en serio. No estamos a la altura de ese ideal, pero al menos es *nuestro* ideal. Eso por sí solo constituye un hito moral, pues pocas civilizaciones han compartido esta ambición. Desde luego sería mil veces mejor que lográramos construir una sociedad que nos valorara a todos por igual.

Pero, por el momento, lo esencial es que podemos rechazar la cultura de la venganza sin dejar de reconocer que el ojo por ojo fue, en su época, una forma genial de impartir justicia.

Sin embargo, los niños pequeños ignoran esta genialidad, y aun así buscan venganza. ¿Por qué? A Hank no le resultaba fácil verbalizar sus motivos. Cuando le insistí en que se explicara, aludió repetidamente a un dato que ya había quedado claro —Caden lo había llamado *flufidufo*—, como si bastara con esta explicación.

No basta. Pero la razón por la que Hank se vengó no es ningún misterio. Estaba haciéndose valer. Sin embargo, ¿qué significa esto? ¿Y qué necesidad tenía de hacerlo?

Por los motivos que hemos expuesto más arriba, a Hank le interesa asegurarse de que los otros chicos no lo consideren una presa fácil. Es decir, le interesa ganarse fama de vengativo. Hank no podía expresarlo así, claro, pero tal vez lo intuía. En efecto, si estamos programados para tener sed de venganza, es seguramente por eso.

No obstante, creo que la cosa no acaba ahí; pienso que Hank se juega algo más que su seguridad futura. Para ahondar en ello, podemos acudir a la filósofa que moldeó mi pensamiento acerca de estas cuestiones. Pamela Hieronymi fue asesora de la serie *The Good Place*; de hecho, tuvo un cameo en el último episodio. Hieronymi es una observadora aguda de nuestra vida moral. Le interesan nuestras reacciones frente a los abusos y, más específicamente, los mensajes que estos transmiten y los motivos por los que debemos salirles al paso.

Supongamos que Caden empuja a Hank. Tal vez este se haga daño y tal vez no. En cualquier caso, el empujón resulta inoportuno porque transmite un mensaje: que Hank es de esa clase de chicos a los que Caden puede tratar a empujones.

Hank tiene motivos para rechazar ese mensaje. De hecho, según Hieronymi, su autoestima está en juego.[19] A Hank no le conviene verse a sí mismo como un chico al que los demás pueden tratar a empujones. Además, su posición social también está amenazada. No le conviene que los demás lo vean como un chico al que pueden tratar a empujones.

Para defender su posición social —y recuperar el amor propio—, Hank tiene que reaccionar ante Caden. Si lo deja correr —y nadie más reacciona—, se arriesga a que la gente concluya que se deja zarandear por Caden. Es más: quizá él también llegue a la misma conclusión. Con demasiada frecuencia las personas se acostumbran a los abusos y empiezan a verlos como algo con lo que deben convivir... o, peor aún, como algo que se merecen.

¿Cómo debería reaccionar Hank? Según Hieronymi, con rabia y rencor.[20] No son sentimientos muy edificantes, y mucha gente los rechaza de forma instintiva. Sin embargo, Hieronymi se adhiere a una larga tradición filosófica que juzga el rencor como una cuestión de amor propio.[21] Si Hank le guarda rencor a Caden, se mantiene firme, por lo menos para sus adentros, en la idea de que no está bien que este lo trate a empujones.[22]

Pero el rencor no es más que un primer paso. El siguiente consiste en manifestar su malestar. Es lo que toca cuando uno decide hacerse valer. Hank cuenta con varias opciones para ello. En primer lugar podría decirle a Caden: «A mí no me trates a empujones». Pero es posible que no baste con decirlo. Si Caden no sufre alguna consecuencia por haber empujado a Hank, tal vez siga pensando que puede tratarlo a empujones, con independencia de la opinión del propio Hank al respecto. Y otros críos podrían quedarse con la misma impresión.

Por consiguiente, Hank tiene motivos para procurar que Caden sufra una consecuencia. ¿Cómo? Puede devolverle el empujón. Es una manera de decir: «A mí no me trates a empujones». Pero, sobre todo, es una manera de decir: «Tú y yo somos iguales. Si tú me empujas, yo puedo empujarte a ti».

Caden no empujó a Hank. Lo llamó *flufidufo*. Pero eso solo significa que su mensaje era más explícito.

Verbalizó el desprecio que sentía por Hank. Para él, Hank era un *flufidufo*. O, por lo menos, un chaval a quien podía endilgarle ese calificativo. Y se lo dejó claro tanto a Hank como a los demás chicos que estaban lo bastante cerca para oírlo.

Ignoro cómo reaccionó Hank. Supongo que no hizo nada muy terrible, pues el colegio no se puso en contacto con nosotros. Si tuviera que aventurar una hipótesis, diría que Hank le devolvió el insulto y lo llamó *flufidufo* o algo igual de ridículo. Pero, al margen de cuál fuera su reacción, él estaba haciéndose valer manifestando ante Caden y los demás presentes: «No soy la clase de chico que se deja llamar *flufidufo*».

Imagínate que has presenciado la rencilla desde primera fila. ¿Te llevarías a Hank a un lado para decirle que una injusticia no se repara con otra injusticia? Yo no. De hecho, me alegraría por él; tendría la sensación de que le va a ir bien en la vida.

Al principio del capítulo decía que la segunda injusticia podía arreglar las cosas. Las dos injusticias no tienen la misma importancia simbólica. Al llamar *flufidufo* a Hank, Caden pretendía demostrar que era superior a él. Al devolverle el insulto, Hank pretendía demostrar que era su igual.

De hecho, si tengo alguna reserva respecto a la frase «la segunda injusticia puede arreglar las cosas» es que en realidad no se trata una injusticia, siempre y cuando no se lleve demasiado lejos. La moralidad de un acto depende, en parte, de lo que comunica. Existe una gran diferencia entre hacerse valer y humillar a otros, aunque en ambos casos se pronuncien las mismas palabras.

—¿Alguna vez os habéis vengado de alguien? —les pregunté a los muchachos hace poco (Hank ya no se acuerda del caso *Flufidufo*).

—Sí —respondió Rex—. Cuando Hank me pega en el culo, yo le pego en el suyo.

—¡Yo también! —exclamó Hank, henchido de orgullo—. Cuando Rex me pega en el culo, yo le pego en el suyo.

—¿Eso os parece bien? —inquirí.

—Claro, somos hermanos. Podemos tocarnos el culo —dijo Hank, que no había entendido el sentido de la pregunta.

—¿Alguna vez os habéis vengado de alguien en el cole? —quise saber.

—No —dijo Rex—. Una injusticia no se repara con otra injusticia.

—¿Por qué lo dices?

—Si alguien hace una trastada y entonces tú le haces una trastada a él, los dos sois igual de malos —explicó Rex.

—¿Estás seguro?

—Sí.

—Pero ¿qué pasa si la primera persona se porta como un cabrito y la segunda solo quiere hacerse valer?

—Ah, entiendo —dijo Rex—. Entonces supongo que no es tan malo. Simplemente no es bueno.

—¿Y eso por qué?

—Bueno, porque siempre hay otras opciones.

No le faltaba razón. No es imprescindible contraatacar para hacerse valer. Se pueden «usar las palabras», como les decimos a las criaturas. También está la posibilidad de pedirle a otro que nos defienda. Por ejemplo, Kelly habría podido dejar claro que Caden no podía tratar a Hank de *flufidufo*. Y tal vez lo habría hecho si Hank hubiera recurrido a ella.

Sin embargo, no comparto el optimismo de Rex respecto a que siempre hay otras maneras de reaccionar. Seguramente Hank habría podido contar con que Kelly reprendiera a Caden, pero los maestros no siempre acuden al rescate. Por otro lado, pedir ayuda se interpreta en ocasiones como señal de debilidad. Si la protección de Hank depende de Kelly, ¿qué hará cuando ella no esté? No quiero que mi hijo le haga daño a nadie, pero sí que sea capaz de defenderse solo, al menos frente a los insultos y ofensas de la vida diaria.

También quiero que se alce en defensa de otros. El rencor y la venganza son maneras de que las víctimas planten cara a los mensajes que llevan implícitos los abusos. Pero las terceras personas también pueden desempeñar un papel en el rechazo a estos mensajes. Cuando lo hacen, liberan a las víctimas de parte del trabajo y además les ponen de manifiesto que no todo el mundo tiene el mismo concepto de ellas que los abusones. Una noche, cuando Hank estaba en el jardín de infancia, nos anunció que ya no se juntaba con algunos de sus amigos porque trataban mal a otro chico en el patio. No quería ser cómplice de eso. Nos preguntó cómo podía pararles los pies. Nos alegramos de que hiciera lo posible por defender a su amigo y también de que supiera que debía pedir ayuda.

Los adultos también necesitamos ayuda para reaccionar ante las injusticias. A diferencia de los críos, no podemos acudir a los padres o los maestros. Pero podemos acudir a los tribunales. Más arriba decía que los tribunales intentan administrar justicia correctiva. No se les da muy bien, al menos en el sentido aristotélico. Hyatt le arrebató muchas cosas a Kenton, como su capacidad de trabajar, de valerse por sí misma y de vivir sin dolor, entre tantas otras. La indemnización que se le concedió tal vez la ayudó a sobrellevarlo, pero no le devolvió lo que había perdido. La venganza tampoco se lo habría devuelto. Lesionar a un ejecutivo de Hyatt no habría hecho desaparecer sus propias lesiones.

Sin embargo, existe otra manera de enfocar la justicia correctiva. Con demasiada frecuencia no podemos reparar los daños, pero sí corregir los mensajes que se desprenden de la injusticia.[23] Al interponer la demanda, Kenton apeló a su comunidad para que rechazara el mensaje que entrañaba la mala praxis de Hyatt. A petición suya, el tribunal dejó claro que la empresa tenía la obligación de velar por su seguridad (y la de todos los huéspedes), y también que el incumplimiento de esta obligación importaba y no iba a tolerarse.

Creo que mucha gente, cuando acude a los tribunales, no busca solo compensación, sino también hacerse valer. Quieren que el juzgado confirme que sufrieron una injusticia, que tenían derecho a que no los trataran como lo hicieron. Y quieren que el juzgado proclame que la humillación que sufrieron es importante.

Cuando les expongo este tema a mis alumnos, les hablo de Taylor Swift.[24] En 2013 un presentador de radio llamado David Mueller le agarró el culo mientras posaban para una fotografía. Ella se quejó y él perdió su empleo. Mueller la demandó por difamación, alegando que no le había metido mano. Swift interpuso una contrademanda por abuso. Solo exigía un dólar por daños y perjuicios, y ganó.

¿Qué pretendía con ello? Swift no necesitaba ese dólar, pero no había presentado la demanda por dinero. Quería poner de manifiesto que su cuerpo no era un bien público que estuviera a disposición de cualquier hombre que quisiera tocarlo. En otras palabras, le pidió al tribunal que condenara el mensaje que transmitía el manoseo de Mueller. La sentencia le hacía saber a él —y a todos los hombres que estuvieran escuchando— que la única persona con derechos sobre el cuerpo de Swift era ella misma. Y como el tribunal aplicó los principios generales de las leyes contra el abuso, lanzó un mensaje sobre el culo de todo el mundo: las manos quietas.

Los pleitos tienen mala fama, pero los juzgados nos brindan la oportunidad de incitar a nuestra comunidad a reprobar los mensajes que conllevan las injusticias. Eso sí que es justicia correctiva. Y el mejor sucedáneo de la venganza.

Sería un descuido por mi parte no mencionar otro eslogan propagandístico de la lista de éxitos de la moral parental: «A palabras necias, oídos sordos».

A mi madre le gustaba mucho. Cada vez que un chaval me decía alguna bordería, ella soltaba la frase... e intentaba animarme a repetirla. Pero, pese a mi corta edad, yo sabía que en realidad no era tan fácil. A veces resultaba imposible hacer oídos sordos a algunas palabras necias.

Me niego a inculcarles esta máxima a mis hijos, porque quiero que asuman que es normal que a veces las palabras duelan. Pero creo que se puede aprender algo de ella. En el mejor de los casos, la frase es un bluf sutil. Tal vez las palabras duelan, pero hay casos en que conviene actuar como si no nos afectaran.

Si un chaval te llama *flufidufo*, es que intenta picarte, así que más vale no darle esa satisfacción, aunque en el fondo te moleste lo que ha dicho. Y sería aún mejor transmitirle la idea de que nada de lo que diga te ofenderá. Es una forma de darle la vuelta a su guion. Si lo ignoras, le demuestras que lo consideras tan insignificante que no te importa lo que diga. No es fácil, pero si te las apañas, no hay mejor manera de conseguir que te deje en paz.

Se lo expliqué a Hank una noche mientras hablábamos de un niño que le había dicho algo cruel. Le dije que, si quería, le enseñaría una de las frases más poderosas que podía pronunciar.

—¿Estás preparado para oírla? —pregunté.

—Sí.

—¿Seguro? Es muy poderosa.

—Estoy preparado —insistió.

—Cuando alguien te diga algo desagradable, puedes contestarle: «Me da igual lo que pienses».

—¡A papá le da igual lo que pienso! —gritó Hank, intentando captar la atención de su madre.

—No, burro. Claro que no me da igual lo que pienses. Es lo que puedes decirle a alguien que se meta contigo. ¿Quieres practicarlo?

—Vale.

—Eres tan bajito, que hasta las hormigas te miran por encima del hombro.

Se le escapó una risita.

—Me da igual lo que pienses —dijo entonces.

—¿Eso que tienes encima de los ojos son cejas o unas orugas que han anidado en tu cara?

Más risitas.

—Me da igual lo que pienses.

—¿Te has lavado los dientes? Te huele el aliento como si tu cara se hubiera tirado un pedo.

Se rio a carcajada limpia.

—Me da igual lo que pienses.

Y así seguimos durante varias rondas más, pero se me estaban acabando las pullas aptas para menores, así que levantamos la sesión y acordamos irnos a dormir.

Me despedí como siempre:

—Buenas noches, Hank. Te quiero.

—Me da igual lo que pienses.

Vaya con el *flufidufo*.

3

EL CASTIGO

—¡AAAY!

—No grites, Rex. Estamos comiendo.

—¡AAY!

Rex, con dos años recién cumplidos, estaba descubriendo su voz. O, mejor dicho, investigaba cómo de fuerte podía sonar su voz. E insistía una y otra vez.

—Necesitas parar un momento —estalló Julie al fin, bajando a Rex de la trona y llevándolo al salón. Era su primer «tiempo muerto». Pero era imposible que se quedara quieto si lo dejábamos sentado solo, así que mi mujer se lo acomodó en el regazo—. Vamos a hacer una pausa porque estás armando mucho jaleo —le explicó.

—¿Por qué hacemos pausa? —preguntó Rex.

—Hacemos pausa porque gritas mucho —aclaró Julie.

—¡Hacemos pausa! —exclamó Rex, con un entusiasmo un poco fuera de lugar para un niño que se suponía que estaba sufriendo.

El tiempo muerto, según mi cónyuge trabajadora social, debe durar más o menos tantos minutos como años tiene el niño. Así pues, dos minutos después, ella volvía a estar frente a la mesa con Rex.

—*Quero* más pausa —dijo Rex mientras Julie le abrochaba el arnés de la trona.

—Es hora de comer, Rex.

—¡*Quero* más pausa!

—No, Rex, es hora de comer.

—¡AAAY!

La cosa no salió bien, y no hace falta ser un genio para imaginar por qué. Se supone que los castigos deben ser desagradables, pero a Rex el tiempo muerto le pareció divertido; representaba un escape de la rutina, y estar sentado en el regazo de su madre no era precisamente un suplicio para él. Si de verdad queríamos castigar a Rex, tendríamos que ser más duros.

Pero vamos a ver: ¿por qué deberíamos tratar con dureza a un niño? O, ya puestos, ¿por qué habríamos de tratar con dureza a nadie? ¿Qué justificación tiene el castigo?

Una respuesta estándar es que sirve como retribución. Esto nos remite a la idea expuesta en el capítulo anterior de que hay personas que merecen padecer por las injusticias que han cometido. ¿Por qué? No es fácil de explicar, y algunos retribucionistas consideran innecesario explicarlo. Creen que es evidente que los inmorales deben sufrir por sus pecados. Otros se valen de metáforas, como las que vimos en el capítulo 2. Según ellos, quien obra mal contrae una deuda con la sociedad y tiene que pagar por lo que ha hecho.[1]

Como decía en dicho capítulo, necesitamos algo más que una metáfora para explicar por qué habríamos de infligir sufrimiento a otras personas, incluso a aquellas que hayan actuado de forma incorrecta. Y desde luego necesitamos algo más que unas ganas muy fuertes de hacerlo. Debemos saber muy bien qué conseguiríamos con ello, qué beneficios tendría, si queremos justificar el castigo, pese a sus claras consecuencias negativas.

Más adelante intentaré defender la idea de la justicia retributiva explicando por qué puede tener sentido hacer sufrir a algunas personas. Pero lo aparcaremos un momento, ya que está claro que el retribucionismo no ayuda en absoluto a aclarar por qué debemos tratar con dureza a un crío de dos años. Tal vez lleguemos a aceptar la idea de que algunos adultos merecen sufrir, pero cuesta concebir que un chiquillo, y menos uno tan pequeño como Rex, pueda merecerlo también.

Así pues, ¿qué pretendíamos lograr con el tiempo muerto? Bueno, estábamos desesperados porque Rex dejara de chillar y terminara de comer. Pero, sobre todo, queríamos que dejara de chillar para que nosotros pudiéramos terminar de comer. El propósito más inmediato del tiempo muerto no era otro que conseguir que se callara demostrándole que gritar no le convenía.

La palabreja que define lo que intentábamos hacer es «disuasión». Partimos de la misma reflexión que realizamos en torno a la venganza. Las personas reaccionamos a los incentivos, incluidos los niños. Rex estaba pasándolo bomba con aquellos aullidos a pleno pulmón. Si queríamos que callara, teníamos que procurar que dejara de divertirse. Por desgracia para nosotros, el tiempo muerto le pareció aún más divertido, así que reanudó el griterío con fuerzas redobladas.

A sus dos años la distracción habría sido una estrategia mejor que la disuasión. Y si no hubiera dado resultado, hacer oídos sordos a los chillidos seguramente habría sido una forma más rápida de ponerles fin que castigándolo. Por lo menos esa fue la lección que aprendí de la educadora canina a la que consultamos a propósito de *Bailey*, nuestra cachorrita. Es una goldendoodle mini a la que también le gusta chillar. Además de saltarle a la gente y darle mordisquitos en los dedos. La educadora nos enseñó un juego llamado Perro Invisible. Cada vez que *Bailey* salta o lanza mordiscos, pasamos de ella por completo. Nos comportamos como si ni siquiera estuviera allí. El juego concluye en el instante en que ella se aparta de nosotros. Entonces la colmamos de halagos y le damos una chuche. El objetivo es que aprenda que, cuando no salta o mordisquea, ocurren cosas buenas. En otras palabras, la criamos a través de estímulos positivos, no negativos.

Y funciona. Vaya si funciona. De hecho, si tuviera que empezar de cero, le pondría una correa al pequeño Rex y lo llevaría con la educadora. Ella sabía lo que hacía mucho mejor que nosotros. Y no es la única. A los adiestradores de animales se les da de miedo erradicar malos comportamientos y fomentar los buenos. Además, en la mayoría de los casos, lo consiguen sin recurrir a los castigos. Por lo menos cuando saben lo que hacen.

Entonces ¿por qué castigamos a las personas? ¿Por qué no las adiestramos sin más, como a los animales? Buena pregunta. En 2006 el *New York Times* publicó un ensayo de Amy Sutherland. Estaba escribiendo un libro sobre una escuela para adiestradores.[2] Mientras los observaba trabajar, le vino un destello de inspiración: decidió adiestrar a su marido.

Da la casualidad de que se llama Scott, como yo. Y, al menos por aquel entonces, tenía unas costumbres deplorables: dejaba la ropa tirada en el suelo, perdía las llaves con frecuencia y, lo que es aún peor, perdía los papeles cuando le ocurría esto. Son cosas que yo no he hecho jamás de los jamases. Al menos desde hace un par de días. Así que no representaba el menor problema para mí que mi esposa leyera el artículo de Sutherland.

En realidad representaba un problemón, y lo supe en cuanto lo vi. Hice desaparecer nuestro ejemplar del periódico y tomé la determinación de no mencionar en la vida lo que había leído. Por desgracia no pude hacer desaparecer Internet, por lo que fue inevitable que Julie diera con el artículo de Sutherland por su cuenta. Esto fue lo que descubrió. El artículo se titula *Lo que* Shamu *me enseñó sobre un matrimonio feliz.*[*3] En él, Sutherland explica que antes de iniciar el estudio le echaba en cara a su marido todo lo que hacía mal. Esto no solo no funcionaba, sino que empeoraba las cosas. Los adiestradores le señalaron otro camino.

«La lección fundamental que me enseñaron los adiestradores de animales exóticos —informaba Sutherland— es que debo recompensar las conductas que me gusten y hacer caso omiso de las que no me gusten. Al fin y al cabo no se consigue que un león marino man-

* *Shamu* era una conocida orca que actuaba en espectáculos del parque acuático SeaWorld. *(N. del T.).*

tenga una pelota en equilibrio sobre la nariz a base de darle la brasa».[4] En SeaWorld, una adiestradora de delfines le explicó a Sutherland la «respuesta de menor refuerzo». Si un delfín hace algo mal, el adiestrador lo ignora por completo. Ni siquiera mira al animal, pues los comportamientos que no obtienen respuesta tienden a desaparecer. Sutherland aprendió también una técnica denominada «aproximaciones», que consiste en recompensar cualquier paso en dirección a la conducta que queremos alentar, por pequeño que sea. Y luego el pasito siguiente, y así sucesivamente hasta que el león marino hace equilibrios con la pelota sobre la nariz.

Sutherland puso en práctica sus nuevas habilidades en casa. Le daba las gracias a su esposo cuando ponía la ropa sucia en el cesto y hacía caso omiso de las prendas que dejaba fuera. En efecto, los montones de ropa empezaron a hacerse más pequeños. Al cabo de no mucho tiempo, el león marino de Sutherland mantenía la pelota en equilibrio sobre la nariz.

No tardé en percatarme de que Julie estaba llevando a cabo el mismo experimento. De pronto, las quejas sobre mi ropa cesaron. Cuando la recogía, me lo agradecía con una efusividad excesiva. La misma escena se producía en la cocina cada vez que colocaba mis platos sucios en el lavavajillas en vez de apilarlos junto al fregadero. Comencé a realizar pequeñas pruebas y, en efecto, el más minúsculo paso en la dirección correcta traía consigo un refuerzo positivo.

—¿Estás usando el método *Shamu* conmigo? —le pregunté.

—Joder —dijo—. ¿Lo has leído?

—Todo el mundo lo ha leído —dije. Era uno de los artículos más reenviados por correo electrónico.

—Pues funciona —se defendió con una sonrisa. Acababa de caer en la cuenta de que tal vez ella tenía un problema también—. ¿Y tú? ¿Lo has estado usando conmigo?

No tenía nada que comentar. Y sigo sin tenerlo.

Nos reímos sobre el hecho de que ambos habíamos intentado ocultarle el artículo al otro. Luego negociamos un alto el fuego. Acordamos no aplicarnos el método *Shamu* entre nosotros. Pero lo cierto es que Julie sigue aplicándomelo. Yo hago caso omiso, lo que, bien pensado, es un hábil movimiento de *jiu-jitsu Shamu*. Si ella lo deja estar algún día, le daré una chuche.

¿Le da mal rollo al lector imaginarme dándole una chuche a Julie con el propósito de estimular una buena conducta? Pues debería. Y también a la inversa. Es una forma muy retorcida de relacionarse entre cónyuges. De hecho, es una forma muy retorcida de relacionarse entre personas. Y analizar el porqué nos ayudará a entender un enfoque distinto sobre el castigo.

Peter Strawson ocupaba la cátedra Waynflete de Filosofía metafísica en Oxford. Escribió uno de los ensayos más influyentes de la filosofía del siglo XX: *Libertad y resentimiento*.[5] En él describe dos maneras de ver a las personas. Podemos considerarlas objetos sometidos a las leyes de causa y efecto; cosas que podemos manipular o controlar. Equivaldría a tener más o menos el mismo concepto de la gente que de los electrodomésticos de casa. Manipulamos el termostato para conseguir la temperatura que queremos. Ajustamos los controles del microondas para que caliente la comida sin quemarla. Cambiamos el filtro de la campana extractora para que funcione de manera más eficiente. En todos estos casos regulamos los parámetros de entrada para modificar los de salida. Y eso era justo lo que Sutherland hacía con su marido.

Strawson opinaba que ver a una persona como un objeto implicaba considerarla una cosa «susceptible de ser manejada, manipulada, curada o amaestrada».[6] Sutherland no tenía reparo en reconocer que veía así a su esposo. Al explicar su experimento, afirmaba que quería «darle un empujoncito para acercarlo un poco a la perfección» y «convertirlo en una pareja que me resulte un poco menos irritante».[7] Nótense los verbos que emplea: quería «darle un empujoncito» en una nueva dirección para «convertirlo» en algo mejor de lo que era. Su marido era, en todos los sentidos, el objeto de su proyecto, algo que podía manipular con sus habilidades recién adquiridas.

Strawson calificaba la actitud de Sutherland hacia su consorte como «objetiva» (pues consistía, entre otras cosas, en considerarlo un objeto). La contraponía con las actitudes que mostramos en las relaciones normales, que describía como «reactivas». Se trata de actitudes como la ira, el rencor o la gratitud. Cuando mantenemos una relación con alguien —ya sea como pareja, colegas, amigos o incluso como congéneres humanos—, tenemos expectativas sobre cómo debe comportarse la otra persona. Como mínimo esperamos que actúe de buena fe. Cuando alguien va más allá, se lo agradecemos. Sin embargo, cuando se queda corto —cuando nos trata mal—, nos llenamos de rabia y rencor.[8]

Según Strawson, las actitudes reactivas son esenciales para vernos unos a otros como personas y no como objetos. Las personas, a diferencia de los objetos, son responsables de sus actos. Yo no me enfado cuando se me estropea el termostato. En todo caso, no me enfado *con* el termostato. Tal vez con el fabricante, con el instalador o incluso conmigo mismo por no haber comprado uno mejor. La ira solo tiene sentido cuando se dirige contra una persona que es (o por lo menos podría ser) responsable. Esto se debe a que la ira entraña un juicio: el de que la persona habría debido obrar mejor.

Sé lo que estará pensando el lector: a veces nos cabreamos con objetos inanimados. Yo también. En más de una ocasión he insultado a mi ordenador por colgarse. Sin embargo, cuando nos enfurecemos con un objeto, lo antropomorfizamos. Lo tratamos como a una persona responsable de sus actos, aunque sepamos que no lo es.

Sutherland estaba realizando la operación inversa: tratar a una persona como un objeto. De hecho, esto tiene más sentido, puesto que, en realidad, las personas *somos* objetos expuestos a la manipulación y el control. Pero no somos *únicamente* objetos. También somos responsables de nuestros actos. O al menos podemos serlo. Y las actitudes reactivas, como la ira, son una manera de responsabilizarnos unos a otros.

—¿Qué es el castigo? —les pregunté a los chicos una noche mientras cenábamos.

—Una cosa mala —dijo Hank. Enseguida añadió—: ¿Podríamos dejar el tema para después de la cena? —A Hank no le gusta hablar de cosas desagradables (o, en realidad, de nada) cuando está comiendo.

Sin embargo, Rex recogió el testigo.

—Es una cosa mala que te hacen —dijo—. O algo que te obligan a hacer aunque no quieras.

—O sea que si te digo que tienes que practicar el piano cuando tú preferirías salir a jugar, ¿te estoy castigando?

—No —dijo Rex.

—¿Por qué no?

—Porque no he hecho nada malo.

—¿O sea que el castigo es una respuesta a una mala acción?

—¡Sí! —exclamó Rex—. Es cuando alguien te hace algo malo porque tú has hecho algo malo.

—¿Podríamos DEJAR EL TEMA para después de la cena?

Aunque Hank interrumpió la conversación de forma prematura, Rex esbozó una descripción bastante buena del castigo. Es más, antes de que Joel Feinberg entrara en escena, era bastante habitual definirlo en términos más o menos parecidos: como un trato severo infligido por la autoridad en respuesta a una mala acción (o, en palabras de Rex, como algo malo que te hace alguien por haber hecho algo malo).

Feinberg daba clases en la Universidad de Arizona. Un alumno suyo, Clark Wolf, fue mi primer profesor de Filosofía. Jules Coleman, que también estudió con él, fue mi mentora en la facultad de Derecho. O sea que, en lo que a la filosofía se refiere, Feinberg vendría a ser como mi abuelo. Además fue una eminencia en Derecho penal y escribió varios libros magistrales sobre cuáles deben ser sus funciones y objetivos.

Feinberg veía un problema en la definición estándar del castigo.[9] Podemos encontrarlo también si pensamos en cómo se penaliza la interferencia de pase en el fútbol americano. La sanción —un primer *down* en el lugar de la falta— es bastante dura. A veces, el resultado del partido pende de un hilo y la sanción la impone una autoridad (el árbitro) por una mala acción (la interferencia de pase). Así pues, si la definición de Rex es correcta, la sanción supone un castigo. Pero hay algo que no cuadra. La interferencia de pase constituye una falta, en efecto, pero no *se castiga* a los jugadores por cometerla.

Veamos otro ejemplo. Supongamos que olvidas mover tu coche durante una ventisca, y, cuando llegan los quitanieves, se lo lleva la grúa. Se trata también de una medida severa; te obliga a desplazarte hasta el depósito y pagar la multa para recuperar el vehículo. Pero de nuevo da la impresión de que, más que un castigo, te han impuesto una sanción. De hecho, si la cantidad solo cubre el coste de remolcar y guardar el coche, ni siquiera está claro que te hayan sancionado; simplemente te han pedido que pagues el precio de tu error.

Lo que la definición de Rex pasa por alto, según Feinberg, es la importancia simbólica del castigo. Este expresa actitudes reactivas como el rencor o la indignación. Cuando un Estado declara que alguien es un delincuente y lo mete en la cárcel, manifiesta su desaprobación ante lo que ha hecho. «El delincuente no solo percibe la hostilidad patente de los carceleros y del mundo exterior —explicaba Feinberg—, sino que dicha hostilidad está cargada de superioridad moral», pues se presenta como una respuesta adecuada a su mala acción.[10]

Si el castigo, como afirma Feinberg, es un modo de expresar actitudes reactivas, se desprenden dos conclusiones de ello. Para empezar, Julie no estaba castigando en realidad a Rex con el tiempo muerto; sencillamente intentaba impedir que siguiera gritando. Su propósito no era manifestar su desaprobación ante su acción. Desde el punto de vista de Feinberg, Julie sancionó a Rex (y no de forma muy eficaz, por cierto). Así que tal vez nos equivocábamos de medio a medio con las metáforas deportivas. No debíamos darles un tiempo muerto a los niños, sino sentarlos en el banquillo.

En segundo lugar está una cuestión más seria: que el hecho de que el castigo exprese actitudes reactivas restringe el número de personas a quienes en rigor podemos castigar. Estas actitudes, como hemos visto antes, son formas de responsabilizar a las personas de sus actos. Por tanto, solo debemos castigar a quienes son responsables de lo que hacen. No castigamos (al menos oficialmente) a enfermos mentales o personas que están incapacitadas por otros motivos.* No castigamos a quienes se ven coaccionados para cometer un delito; solo a aquellos que creemos que habrían debido obrar mejor.

¿Por qué somos responsables de nuestros actos? Es una pregunta complicada, y no puedo ofrecer una explicación exhaustiva aquí, pero sí una respuesta rápida. Las personas somos capaces de reconocer razones y reaccionar a ellas, a diferencia de los objetos inanimados e incluso de los animales más inteligentes. Nuestra educadora dice que *Bailey* está dispuesta a hacer cualquier cosa para conseguir lo que desea. Si mordisquear dedos le granjea la atención que busca, se empleará a fondo en ello. Si no, lo dejará y probará con otra cosa. Desde luego es capaz de contener sus impulsos, al menos durante un rato. Ha aprendido a sentarse a esperar que le demos una chuche. Sin embargo, solo se reprime cuando cree que le conviene.

¿Somos muy diferentes los seres humanos? Bueno, a veces nos topamos con algunos que no lo parecen. Todos conocemos a individuos a quienes les cuesta seguir otros impulsos que no sean los de sus deseos inmediatos. Pero las personas podemos actuar guiadas por razones. ¿Qué son las razones? Es otra pregunta complicada a la que solo puedo dar una respuesta rápida. A grandes rasgos, las razo-

* El objetivo de la frase entre paréntesis es indicar que nuestro sistema penal no funciona del todo bien en este aspecto. En las cárceles hay muchos presos que padecen enfermedades mentales graves que deberían llevarnos a dudar de su responsabilidad moral.

nes representan lo que *deberíamos* hacer en vez de lo que *querríamos* hacer. Que tú tengas hambre es una razón para que yo te dé de comer, por más que quiera que mueras de inanición. Que tú estés sufriendo es una razón para que yo deje de pisarte el pie, por más que quiera seguir pisándotelo. Que yo te haya hecho una promesa es una razón para que la cumpla, por más que quiera romperla.*

Hay quien niega que existan diferencias. David Hume, el filósofo más destacado de la Ilustración escocesa, decía que «la razón es y solo debe ser esclava de las pasiones, y no puede aspirar a otra función que la de servirlas y obedecerlas».[11] La idea es que todos nos parecemos más a *Bailey* de lo que nos imaginamos. En efecto, yo podría dejar de pisarte el pie aunque me apetezca seguir pisándotelo. Pero Hume pensaba que, si lo hago, será solo en aras de un deseo distinto..., como, por ejemplo, el de que no me pegues una torta. Según él, la razón nos ayuda a dilucidar cómo satisfacer nuestros deseos. No se opone a ellos.

Hume tiene a sus admiradores, pero no me cuento entre ellos. Creo que la razón y el deseo funcionan de manera independiente. Los deseos no siempre engendran razones. (Que Hitler deseara exterminar a los judíos *no* era una razón para hacerlo). Por otro lado, las razones no se basan siempre en deseos; ni siquiera es lo más habitual. (Tengo que pagar mis deudas aunque no quiera, y no solo porque sufriré las consecuencias si no lo hago). Es más: iré un paso más allá y afirmaré que, en parte, nuestra humanidad reside en la capacidad de distinguir lo que debemos hacer de lo que queremos hacer.

No podemos razonar con *Bailey*. La única manera de moldear su comportamiento consiste en ajustar sus incentivos. Pero sí podemos razonar entre nosotros, por medio, entre otras cosas, de las actitudes

* Decir que estas son razones no equivale a decir que son razones *concluyentes*. Que Hank tenga hambre es una razón para que yo le dé de comer, pero, como él ha comprobado en más de una ocasión, a veces prevalece una razón distinta e incompatible. Por ejemplo, si se acerca la hora de la cena, obligaré a Hank a esperar, pues creemos que merece la pena cenar juntos siempre que sea posible.

reactivas. Cuando nos enfadamos con alguien, es una manera de decirle que habría debido obrar mejor. No le resultará agradable, pero al menos estaremos tratándolo como a una persona responsable de sus actos, no como un objeto o un animal.

Ahora tenemos más claro por qué el experimento de Sutherland nos parece tan inquietante. Cuando se propuso adiestrar a su marido, dejó de considerarlo una persona y empezó a verlo como un objeto que ella tenía derecho a manipular y controlar (espero que esto despierte en el lector ecos de la idea kantiana que abordamos en el capítulo 1: la de que hay que tratar a las personas como a tales, no como objetos). Ella dejó de *razonar* con él y comenzó a *moldearlo*, al menos en la medida en que intentaba adiestrarlo. Estoy convencido de que, en otros aspectos y momentos, Sutherland sí veía a su esposo como a una persona. No quiero cargar las tintas contra ella. Más adelante alegaré que hay ocasiones en las que debemos adoptar la actitud objetiva con otras personas, incluso con nuestros seres queridos. Aun así insisto: no está bien utilizar el método *Shamu* con el cónyuge.

¿Y con los niños? ¿Se puede utilizar el método *Shamu* con ellos? Y tanto. Todos los días, a todas horas. Al menos cuando son pequeños. Porque los niños pequeños *no son personas*, al menos en el sentido que nos ocupa. No se puede razonar con un crío de dos años sobre derechos o malas acciones. A veces les dices algo y ellos contestan, y desde luego da la impresión de que estás razonando con ellos. Pero te aseguro que no es así, porque aún no comprenden la diferencia entre lo que quieren y lo que deben hacer.

He perdido la cuenta de las conversaciones que he mantenido con criaturas y que han discurrido más o menos por estos derroteros:

YO: ¿Por qué [has cogido eso/ le has pegado/ te has bajado los pantalones en público]?
CRÍO: Porque quería.
YO: Ya, pero ¿por qué querías?
CRÍO: Pues porque sí.
YO: Sí, pero ¿por qué? ¿Qué pretendías conseguir?
CRÍO: Quería hacerlo y ya.
YO: ¿Cómo tengo que decirte que los deseos no son razones para hacer algo?
CRÍO: *OK, boomer*. Ya he leído a Hume.
YO: ¿Qué? Pero si ni siquiera soy un *boomer*. Pertenezco a la Generación X.
CRÍO: La razón es esclava de mi pasión, *xoomer*.

Es broma. Más o menos. Pero en todo esto subyace una idea seria: los niños pequeños no son responsables de sus actos. No saben distinguir el bien del mal de manera fiable. Incluso cuando los distinguen, no siempre controlan su conducta. No poseen las capacidades correspondientes. Y no es culpa suya: son así.

La conclusión es que no podemos enfadarnos con un chiquillo. Lo hacemos de todos modos, claro. Yo me cabreé con Rex casi en el momento en que llegó a casa desde el hospital. Al principio, apenas dormía. Y, como Julie había tenido un parto difícil, yo me encargué de todo menos de la lactancia durante varias noches. Mientras lo sostenía en brazos y él lloraba durante horas y horas, experimenté una amplia gama de emociones, entre ellas la ira *hacia* Rex. Pero no me duraba mucho, porque él no tenía la culpa ni podía tenerla. Rex no era una criatura con la que uno pudiera enfadarse, pues no era responsable de sus actos.

Hay que adoptar una actitud objetiva con los niños pequeños. Y son pequeños, en el sentido que nos atañe, durante más tiempo del que imaginamos; al menos hasta los cuatro o cinco años. En realidad, no empiezan a convertirse en personas de verdad hasta que cumplen los seis o los siete. Antes de eso son animales. Unos animales de lo más adorables, que parecen personas y más o menos hablan como personas. Pero desde luego no son personas. Los niños pequeños son cosas «susceptibles de ser manejadas, manipuladas, curadas o amaestradas».[12]

Y, por favor, hagámoslo bien. Cuando Hank era un bebé, lo llevaba a las sesiones de juego preescolares en el Gym America. Le encantaba un tobogán que terminaba en una piscina de espuma. Hank bajaba a toda velocidad por él y se detenía por completo antes de saltar con sumo cuidado a la espuma (los chicos Hershovitz son prudentes). Como él no era el único al que le encantaba el tobogán, se desataba el caos frente a la escalera donde los niños pugnaban por formar algo parecido a una cola. Pero la norma era muy estricta: nadie debía empezar a bajar por el tobogán hasta que el chico que iba delante hubiera conseguido emerger de la espuma.

Cierta vez, yo estaba sentado en el borde, ayudando a los chavales a salir. A un lado había un chavalín (de tres o cuatro años) que pasaba de hacer cola y se zambullía una y otra vez en la espuma. Estuvo a punto de chocar en el aire con otros niños varias veces, pero en más de una ocasión cayó encima de alguno que intentaba salir. Acudí a su madre en busca de ayuda. Ella se encogió de hombros.

—Así es él. No sabe estarse quieto.

Pues sí. Así era él.

«Y tu deber es convertirlo en alguien distinto... —debería haberle dicho, pero no lo hice—. En alguien mejor».

En el caso de los adultos, a veces se dice que uno de los objetivos del castigo es *reinsertarlos*. En el caso de los niños, el «re» sobra. A ese mocoso había que *insertarlo*, enseñarle desde cero a convivir en sociedad.

¿Qué habría debido hacer su madre? Bueno, para empezar, meterlo en cintura. Otra función del castigo es la *incapacitación*. Una consecuencia de meter en la cárcel a un pirómano es que, mientras esté allí, no podrá quemar nada. Así que, si aquel chiquillo hubiera sido hijo mío, lo habría agarrado de la camiseta para evitar que se tirara a la piscina e hiciera daño a otros. Luego me habría arrodillado para estar a su altura, lo habría mirado a los ojos y... lo habría antropomorfizado.

De verdad. Acabo de afirmar que los niños pequeños no son personas. Sin embargo, hay que tratarlos como si lo fueran. Hay que exponerles las razones, aunque les cueste guiarse por ellas. Hay que explicarles: «No debes saltar a la piscina porque puedes hacerle daño a alguien» y mostrar una actitud reactiva. La ira no es la adecuada, pues el niño no nos ha faltado al respeto. En vez de ello hay que decirle que nos ha decepcionado; que estamos tristes por lo que ha hecho. Si después de esto él sigue lanzándose a la espuma, es hora de sentarlo en el banquillo, o tal vez de poner fin de forma prematura a la sesión de juegos.

En lo que al castigo se refiere, la misión principal del progenitor consiste en criar a un niño con el que los demás podamos enfadarnos. Yo estaba molesto con el crío y me preocupaba que perjudicara a otros, pero no estaba enfadado con él. No tenía la culpa de sus actos, pues aún no era una criatura capaz de reconocer razones y obrar en consecuencia. Era obligación de sus padres convertirlo en esa clase de criatura. Para ello, tenían que iniciarlo en el terreno de las razones y las actitudes reactivas.

Dicho esto, debo introducir una nota de cautela. Los críos necesitan experimentar las actitudes reactivas, pero es fácil pasarse. Si estamos enfadados, pero enfadados de verdad, es a nosotros a quienes nos hace falta un tiempo muerto.

Julie y yo nos dábamos tiempos muertos a todas horas. En cuanto ella me oía gritar y percibía mi rabia, me enviaba a paseo de forma sumarísima. «Yo me encargo. Tú tómate un respiro», decía. Acto seguido le explicaba con toda tranquilidad al chiquillo lo que había hecho mal. Yo hacía lo mismo por ella cuando era necesario, cosa que ocurría con mucha menor frecuencia. Compartir las labores de crianza con una trabajadora social tiene sus ventajas.

Sin embargo, incluso cuando uno se encuentra en el estado de ánimo adecuado, tiene que andarse con pies de plomo con lo que dice. No queremos avergonzar a los niños, que sientan que son malas personas. Según el consejo estándar, hay que hablarles de sus acciones, no de su personalidad, pero esto no es del todo acertado. Cuando un crío hace algo bueno, hay que elogiar la acción como un reflejo de su personalidad. Decirle algo como: «Vaya, has sido muy amable al compartir ese juguete. Eres una persona de buen corazón que quiere incluir a los demás en sus juegos». Cuando un crío hace algo malo, hay que criticar su acción como algo que no casa con su personalidad. Decirle algo como: «Coger ese juguete no ha estado bien. Y eso me pone triste, porque eres una persona de buen corazón a la que le gusta compartir». Lo esencial es ayudar al niño a desarrollar una percepción positiva de sí mismo. Queremos que consideren los buenos comportamientos como algo integrado a su identidad, y los malos como aberraciones que pueden corregir.

La experiencia de Julie como trabajadora social, mezclada con un poco de suerte, nos ayudó a descubrir estas estrategias cuando nuestros hijos eran pequeños. Pero resulta que hay un corpus considerable de estudios que las respaldan.[13] Si elogiamos los rasgos de personalidad positivos y tratamos a los niños como seres responsables, hay bastantes posibilidades de que acaben siéndolo. Nadie ejerce un control absoluto sobre el carácter de sus hijos, pero, hasta cierto punto, puede contribuir a moldearlo. Por eso vale la pena utilizar el método *Shamu* con ellos.

No existe un momento mágico en el que un niño pequeño se convierte en adulto responsable. Se trata de un proceso lento que se desarrolla a medida que adquiere las capacidades cognitivas. Al principio —como la primera noche que pasó Rex en casa tras llegar del hospital— vemos al bebé a través de una lente puramente objetiva. Sin embargo, conforme crece, establecemos con él una relación de persona a persona, y descubrimos que sus actos despiertan en nosotros ira, rencor o gratitud. Un día, aparentas esos sentimientos —fingiendo que estás disgustado mientras intentas reprimir una carcajada— y al día siguiente estás disgustado de verdad, pues crees que el chaval habría podido obrar mejor.[14] Y luego vuelves a estar como al principio, porque el desarrollo infantil es un camino con muchas vueltas.

Rex dio un paso de gigante en la misma época en que Hank aprendió a andar. Tenía cuatro años, y corría por casa con salvaje desenfreno. Esto no suponía mucho problema cuando Hank carecía de movilidad, pues era fácil de esquivar. Sin embargo, en cuanto le dio por hacer pinitos, Rex empezó a atropellarlo, casi siempre sin querer. Chocaba con Hank, que rompía a llorar. De inmediato, Rex se arrancaba con un alegato de defensa.

—¡No lo he hecho aposta! —exclamaba, si por casualidad alguno de nosotros había presenciado la escena.

Creía que esto lo exoneraba automáticamente de toda culpa. Pero no tardó en descubrir que solo le servía para defenderse de la peor acusación que podía recibir: la de lesiones dolosas. Así que lo introduje en la idea de negligencia. Le expliqué que debía ir con cuidado cuando estuviera cerca de Hank. Y le repetí una frase que me había enseñado Margo Schlanger, una colega de la facultad de Derecho: «Me alegra que no lo hayas hecho a propósito, pero deberías tener el propósito de no hacerlo».

Aunque se trata de una lección sutil, Rex la asimiló enseguida. Seguía chocando con Hank, que seguía llorando, pero Rex había formulado una nueva teoría del caso.

—¡Estaba intentando ir con cuidado! —aseguraba.

Así que le hablé un poco más de la negligencia. Al derecho civil le da igual si intentabas ir con cuidado; solo le importa si *ibas* con cuidado. Al derecho le interesa la conducta de las personas, no su estado mental. Hay varios motivos para ello, principalmente que resulta fácil fingir que uno intentaba ir con cuidado aunque no sea verdad, como solía hacer Rex.

—Me alegra que lo intentaras —le decía yo—, pero no basta con intentarlo. Tienes que ir con cuidado. —Luego le daba a Rex un tiempo muerto.

Los tiempos muertos fueron los primeros castigos serios que le impusimos a Rex, tanto desde nuestro punto de vista como desde el suyo. Nos parecían serios a nosotros porque no estábamos jugando: lo castigábamos de verdad. Queríamos mostrar nuestra desaprobación por lo que había hecho y transmitirle el mensaje de que debería haber obrado mejor. Pero había algo más: nos movía un fuerte impulso de proteger a Hank... y ponerle de manifiesto a Rex que debía ser cuidadoso con él.

Los tiempos muertos también eran serios para Rex, pues notaba que estábamos muy disgustados. Se daba cuenta de que esperábamos más de él y se sentía fatal por ello. A veces se derrumbaba, hecho un ovillo, incapaz de soportar el peso de la culpa.

Al reivindicar el derecho de Hank a que Rex lo tratara con cuidado, administrábamos un poco de justicia correctiva. Rex se comportaba como si no tuviera que ser cuidadoso con Hank. Le dejamos claro que tenía que serlo. Y no nos limitamos a decirlo: le hicimos pagar su falta de cuidado.

También estábamos aplicando un poco de justicia retributiva.

¿Y eso qué es? Hemos estado dando largas a la cuestión, pero por fin nos encontramos en condiciones de explicar —y entender— por qué a veces tiene sentido infligir sufrimiento a una persona. Si la justicia correctiva repara a las víctimas, la justicia retributiva castiga a quienes obran mal. Rebaja su posición social, al menos de manera temporal, como muestra de rechazo hacia sus actos. El castigo evidencia la pérdida de estatus, en la medida en que el penado está sujeto a un trato severo que en circunstancias normales tendría derecho a no padecer.[15]

Esta idea resulta más fácil de ilustrar con casos protagonizados por adultos. Estudiemos, pues, la condena que recibió Brock Turner después de agredir sexualmente a Chanel Miller en una fiesta en Stanford.[16] El fiscal pidió una pena de seis años de prisión, pero el juez condenó a Turner a solo seis meses. La sentencia desató una oleada de indignación, y con razón.[17] Pero yo pregunto: ¿qué tenía de malo? ¿Era defectuosa porque no ayudaba a cuadrar el saldo de las cuentas cósmicas? En caso afirmativo, ¿cuánto sufrimiento haría falta para cuadrarlo? ¿Y cómo traduciríamos esa cantidad en años de cárcel?

Creo que la sentencia era defectuosa por motivos más prosaicos. Lanzaba un mensaje equivocado sobre Miller y Turner. La pena era demasiado corta para reparar a Miller. Parecía dar a entender que lo que le había pasado no era muy importante o, peor aún, que *ella* no era muy importante. (En California, un delito de hurto menor —el robo de una cantidad que no supere los novecientos cincuenta dólares— puede acarrear una pena de seis meses de cárcel).[18] Eso constituye un fracaso de la justicia correctiva. Por otro lado, la sentencia tampoco hacía justicia retributiva: daba a entender que Turner no había obrado tan mal, que merecía reinsertarse en la sociedad al cabo de poco tiempo.

Encarcelamos a un porcentaje escandaloso de nuestra población; tenemos más presos per cápita que ningún otro país.[19] No es un honor del que debamos sentirnos orgullosos. Deberíamos encerrar a menos gente. Sin embargo, no soy partidario de abolir por completo las cárceles. Cuando una persona abusa de otra, debemos hacerla responsable de ello, y la reclusión puede ser una buena manera. Meter a una persona en prisión indica que no es apta para convivir con los demás, que no merece nuestra confianza, que necesitamos un descanso de ella. Es un castigo adecuado para algunos delitos.

O, mejor dicho, lo sería si nuestros centros penitenciarios no fueran sitios tan espantosos. En ocasiones está justificado apartar a alguien de la comunidad, pero no hay justificación alguna para hacinar a la gente en cárceles abarrotadas donde corren un serio peligro de sufrir violencia a manos de celadores o de otros internos, sus necesidades sanitarias son desatendidas y reciben un trato deshumanizante. Una persona que ha cometido un acto reprobable o incluso atroz sigue siendo una persona. Cuando no respetamos la humanidad de quien ha obrado mal, menoscabamos nuestra propia humanidad, pues damos a entender que es algo que se pierde con facilidad.

Por otra parte, debemos tener presente que, en casi todos los casos, volveremos a convivir con aquellos a quienes recluimos. El castigo debe dejar abierta la posibilidad de que esa convivencia sea armoniosa; de hecho, debe fomentarla. Si tratamos al prójimo de forma inhumana, no debe sorprendernos que nos devuelva el favor. Pero a la inversa ocurre lo mismo: si tratamos a los demás con respeto, es más probable que ellos nos respeten a nosotros. A veces los castigos están justificados, incluso castigos tan rigurosos como separar a la persona de sus amigos y familiares. Sin embargo, podemos castigar a la gente sin condenarla a una vida peligrosa y desoladora como la que sobrellevan nuestros presos.

No obstante, es posible que el lector se pregunte: si lo más importante son los mensajes que lanzamos —y si las cárceles son sitios tan terribles—, ¿por qué no castigamos a quienes obran mal simplemente con palabras? ¿Por qué hay que encerrarlos? La respuesta es que las palabras no pueden transmitir todos los mensajes. «Obras son amores, y no buenas razones», como suele decirse. ¿Creerías a una persona que te asegurara que te quiere pero que nunca lo demostrara? Lo dudo, y la desaprobación funciona de la misma manera. Podemos declarar que estamos enfadadas por lo que ha hecho alguien, pero si esto no afecta el modo en que lo tratamos, nadie nos tomará en serio.

¿Por qué imponemos castigos? Hemos estudiado varias razones: la disuasión, la reinserción y la incapacitación. Pero la razón principal es la retribución. Imponemos castigos para expresar nuestra condena. Y la justicia retributiva exige el castigo cuando esa condena es merecida.

Sin embargo, esto no significa que tengamos que tomar siempre estas medidas. A veces podemos dejar de lado la justicia. De hecho, hay ocasiones en que deberíamos.

Fui letrado de la juez Ruth Bader Ginsburg. De ella aprendí mucho sobre leyes, pero también sobre la vida. Era bien conocido que la magistrada había alcanzado el éxito en el matrimonio con Marty, su marido. Por eso a menudo le pedían consejos conyugales. Ella repetía la recomendación que le había hecho su suegra justo antes de la boda: «En todo buen matrimonio —le dijo—, siempre viene bien un poco de sordera».[20]

Lo que quería decir es que no hay que ofenderse por todos los desaires. Es más: se vive mejor pasando algunos por alto. Asumir una perspectiva objetiva ayuda. Sutherland lo descubrió al utilizar el método *Shamu* con su esposo. «Antes me tomaba sus descuidos como algo personal —explicaba—. Su ropa sucia en el suelo era una afrenta para mí, un símbolo de lo poco que le importaba yo».[21] Sin embargo, al observarlo a través de un prisma objetivo, cayó en la cuenta de que en realidad estos comportamientos no tenían nada que ver con ella. Comprendió que algunos hábitos simplemente están «demasiado consolidados y son demasiado instintivos para eliminarlos por medio del adiestramiento».[22]

A Strawson no le habría sorprendido que la actitud objetiva ayudara a Sutherland a liberar el rencor. Adoptar una actitud objetiva hacia los demás en todo momento es peligroso; representa una amenaza para su humanidad... y la nuestra. Si no vemos a los demás como seres responsables, no podemos vernos a nosotros mismos como titulares de derechos, pues se trata de dos caras de la misma moneda. Pero incluso Strawson opinaba que la actitud objetiva podía resultar útil de vez en cuando. Es posible abrazarla «como un refugio de las tensiones que trae consigo el compromiso, como refuerzo de una estrategia, o, simplemente, por curiosidad intelectual».[23]

Me reafirmo en lo que he dicho antes: no está bien utilizar el método *Shamu* con la pareja. Sin embargo, hay muchas razones por las que vale la pena adoptar una actitud objetiva de vez en cuando. No somos seres plenamente racionales. Reconocemos las razones y actuamos en consecuencia. Pero no las reconocemos todas, ni tenemos en cuenta todas las que reconocemos. Debemos esforzarnos por ser más flexibles —y benévolos— con los aspectos de la personalidad de los demás que están muy arraigados y son difíciles de modificar.

En realidad, este problema apenas atañe a los niños, pues ellos no se aferran tanto a sus costumbres, pero el agotamiento, el hambre y el estrés también socavan nuestra capacidad de reaccionar a las razones. Esto es así en el caso de los adultos (más vale no acercarse a Julie cuando lleva mucho rato sin comer), pero sobre todo en el caso de los niños. Muestran su peor versión cuando están cansados o hambrientos. Esto ha provocado algunos roces en casa. Por lo general, Julie estaba dispuesta a rendirse ante el mal comportamiento. «Mejor lo llevamos a la cama», decía. A mí me entraban ganas de responder que el niño acabaría por pensar que el cansancio servía como excusa para todo. A toro pasado, me parece que ambos teníamos razón. O, mejor dicho, que la tenía la magistrada. Se puede hacer la vista gorda con los niños. A veces.

Apliquemos estas observaciones a otra escala. Vivimos en una sociedad en extremo punitiva. Encarcelamos a muchas personas que cometen delitos menores por estar cansados, hambrientos o estresados. Debemos gestionar mejor el mundo extracarcelario para que menos gente acabe por desmoronarse así. Sin embargo, mientras trabajamos en ello, debemos tener presente que no estamos obligados a condenar todas las malas acciones que vemos. Podemos dejar pasar las cosas. En ocasiones. De hecho, dejarlas pasar es una manera de practicar una justicia distinta, más profunda.

De vez en cuando, antes de la hora de acostarse de los chicos, nos apiñábamos todos en la cama y leíamos. Una noche, cuando Hank tenía ocho años, estaba leyendo un libro sobre *Minecraft*. Cuando le llegó el momento de retirarse a dormir, él continuaba inmerso en la lectura.

—Hank, es hora de que cierres el libro —dijo Julie tras lanzar varias advertencias.

—No —replicó él con rotundidad.

—No era una pregunta, Hank. Es tarde, y es hora de que te vayas a la cama.

—Voy a seguir leyendo —afirmó, pasando una página.

—Si sigues leyendo, te quedarás sin *Minecraft* mañana.

No era una amenaza baladí: nos encontrábamos en plena pandemia, y *Minecraft* era el principal medio de contacto social de Hank.

—No puedes ordenarme que deje de leer —dijo Hank—. No tengo que obedecerte.

—Claro que tienes que obedecerme —replicó Julia alargando el brazo para quitarle el libro—. Y más te vale que dejes de hablarme en ese tono.

—Te hablaré como me dé la gana —declaró Hank.

Fue una jugada poco hábil. La sesión de *Minecraft* del día siguiente quedó cancelada de inmediato.

Unos minutos después pasé por la habitación de Hank para darle las buenas noches después de que Julie lo arropara en la cama. Estaba deshecho, acurrucado contra la pared, llorando. Me senté a su lado.

—Me parece que esta noche tenías dificultades para ser respetuoso.

—Y tanto que las tenía —gimió—, y alucino de que me culpéis por ello.

—Bueno, es que no has sido respetuoso —señalé.

—Lo sé. Pero no es justo que me echéis la culpa. ¡Tenía dificultades!

Contuve la risa. Hank es un buen abogado y siempre está buscando excusas. Pero esta no me la tragué. Su rebeldía había sido demasiado descarada para pasarla por alto, aunque, en efecto, estaba teniendo dificultades.

A pesar de todo, lo abracé, le dije que lo quería y le hice bromas tontas hasta que sonrió.

Hank captó el mensaje que encerraba el veto al *Minecraft*. Sabía que no había obrado bien, pero yo no quería que ese fuera el último mensaje que recibiera. Es uno de los nuestros y siempre lo será, por muy mal que se porte.

4

LA AUTORIDAD

—Tú a mí no me mandas —dijo Rex.

—Y tanto que sí.

—Que no.

—Que te den por culo.

Eso fue todo. Así termina la historia. Con la diferencia de que no dije «que te den por culo», salvo en mi cabeza. Y en mis sueños. Porque nada genera más frustración que un niño que se niega a ponerse los zapatos cuando llega el momento de salir de casa.

—Ponte los zapatos.

Silencio.

—Ponte los zapatos.

Un silencio exasperante.

—Rex, tienes que ponerte los zapatos.

—No quiero.

—Rex, no puedes ir descalzo. Póntelos.

—No quiero.

—Que te pongas los zapatos.

—¿Por qué?

Porque te protegen los pies. Porque impiden que te ensucies. Porque el mundo entero tiene un letrero que dice PROHIBIDA LA ENTRADA SIN ZAPATOS.

Pero también: porque lo digo yo.

—No quiero.

—Como quieras. Ya te los pondremos cuando lleguemos.

¿Cuándo se produjo esta conversación? No lo sé. ¿Cuándo no se ha producido?

Rex aprendió a decir «tú no me mandas» en preescolar, cuando tenía tres o cuatro años, pero la fase «tú no me mandas» le duró bastante más. Es el credo de los niños.

A veces hacen lo que se les dice. Pero solo cuando les viene bien.

¿Mandaba yo sobre Rex? Depende de lo que signifique mandar sobre alguien.

Es cierto que me ponía mandón con él, en el sentido de que le indicaba lo que debía hacer. Sin embargo, tal como se desprende de la historia, no me hacía mucho caso.

Los filósofos establecen una distinción entre poder y autoridad.[1] El poder es la capacidad de someter el mundo a nuestra voluntad, de moldearlo a nuestro antojo. Tenemos poder sobre alguien cuando estamos en condiciones de obligarlo a hacer lo que queramos.

Y yo tenía poder sobre Rex. Llegado el caso, podía ponerle los zapatos por la fuerza. Y eso hice. Pero habría podido recurrir a otras estrategias, como confiscarle algo hasta que me obedeciera, ofrecerle un premio o convencerlo con palabras (no, eso no era muy factible). O, mejor aún, habría podido engañarlo (durante mucho tiempo, decirle «hagas lo que hagas, no te pongas los zapatos» en el momento justo era la manera más rápida de conseguir que se calzara).

Rex, a su vez, tenía poder sobre mí. Es más, si alguien hubiera llevado la cuenta, le habría costado sacar en claro cuál de los dos sometía más veces al otro a su voluntad. Rex no podía doblegarme por la fuerza, pero sí tirarse al suelo, hacerse el muerto u oponer cualquier otra clase de resistencia hasta salirse con la suya. También sabía hacer monerías con la calculada intención de manipularme. Por lo general, le funcionaba. La moraleja de esto es que incluso en las relaciones más asimétricas, el poder rara vez está solo de un lado.

No sucede lo mismo con la autoridad. En distintos grados, Rex y yo teníamos poder el uno sobre el otro. Pero solo yo tenía autoridad sobre él. ¿Qué es la autoridad? Es una forma de poder, pero no sobre una persona, al menos no directamente. La autoridad es más bien un poder que se ejerce sobre los derechos y responsabilidades de una persona.[2] Tenemos autoridad sobre alguien cuando podemos obligarlo a hacer algo con solo ordenárselo. Esto no garantiza que obedecerá, pero sí significa que, si no obedece, habrá incumplido su deber.

Cuando le digo a Rex que se ponga los zapatos o, más recientemente, que lave los platos, le asigno la responsabilidad de hacerlo. No le corresponde fregar los cacharros hasta el momento en que yo se lo pido. ¡Sería todo un detalle que lo hiciera de todos modos! Pero no tengo derecho a enfadarme si no lo hace. En cuanto le ordeno que lave los platos, la situación cambia. Si los friega, ya no será un detalle por su parte, sino lo que se espera de él. Y me cabrearé si no lo hace.

Los filósofos ilustran la diferencia entre poder y autoridad con el ejemplo de un atraco.[3] Vas caminando por la calle cuando un tío con una pistola te pide que le des todo tu dinero. ¿Tiene poder sobre ti? Sin duda: apoquinarás hasta el último centavo. ¿Tiene autoridad? No. No estabas obligado a entregarle el dinero antes de que te lo exigiera, ni estás obligado a entregárselo ahora. De hecho, estarías en tu derecho de mandarlo a freír monas (aunque no te lo recomendaría).

Comparemos el atraco con la declaración de la renta de cada año. El gobierno también exige dinero, y si no le das lo que quiere, te meterá en la cárcel. O sea que tiene poder. ¿Tiene autoridad? Bueno, por lo menos asegura tenerla. Según el punto de vista del gobierno, estás obligado a pagar los impuestos que te corresponden. ¿Es real esa obligación? En una democracia, muchos responderían que sí, que estás obligado a pagar lo que el gobierno dice que le debes.

Robert Paul Wolff no opinaba lo mismo. No creía que el gobierno estuviera legitimado para exigirte nada. Es más, dudaba que el hecho de que alguien te dijera que tienes que hacer algo bastara para obligarte a hacerlo.

A lo largo de su carrera profesional (que arrancó en la década de 1960) Wolff dio clases en las universidades de Harvard, Chicago, Columbia y Massachusetts Amherst, una impresionante selección de instituciones para un anarquista confeso. Esto se debe a que Wolff no es uno de aquellos anarquistas que propugnan el gamberrismo y el caos en las calles (al menos, eso creo). Por el contrario, es un «anarquista filosófico», una forma rimbombante de decir que se muestra escéptico ante toda pretensión de autoridad.

¿Por qué? Wolff sostiene que nuestra capacidad de razonar nos vuelve responsables de nuestros actos. Y, lo que es más, afirma que estamos obligados a responsabilizarnos de lo que hacemos y pensar con detenimiento antes de actuar.[4] Según él, una persona responsable aspira a actuar de forma autónoma, es decir, con arreglo a las decisiones que toma, fruto de sus reflexiones.[5] Dicha persona no se considera libre de hacer lo que le plazca; es consciente de sus responsabilidades hacia los demás.[6] Sin embargo, insiste en que ella, y solo ella, puede determinar dichas responsabilidades.

Wolff asegura que autonomía y autoridad son incompatibles.[7] Para ser autónomos, debemos tomar nuestras propias decisiones, no atenernos a las de otros. Pero eso es justo lo que exige la autoridad: que nos atengamos a sus dictámenes.

Hacer lo que alguien nos pide puede estar bien, dice Wolff, pero nunca hay que hacer algo únicamente porque alguien nos lo pida. Debemos hacerlo solo si creemos que es lo correcto.

La conclusión de Wolff es más radical de lo que parece. No solo nos anima a meditar antes de obedecer la orden de una autoridad; nos dice que esas órdenes no deberían influir en absoluto; que no estamos obligados a hacer algo simplemente porque alguien nos lo mande, ya sean nuestros padres, nuestro entrenador, nuestro jefe... o cualquier otra persona.*

Esto resulta sorprendente. No pasó mucho tiempo antes de que algunos filósofos detectaran problemas con el argumento de Wolff. El principal crítico era un tipo llamado Joseph Raz, que durante mucho tiempo ejerció como profesor de Filosofía del derecho en Oxford.

Raz alegaba que Wolff había pasado por alto algo importante sobre cómo funcionan las razones. A veces, cuando pensamos en lo que deberíamos hacer, descubrimos que tenemos razones para atenernos a lo que digan otras personas, para seguir sus indicaciones en vez de decidir por nosotros mismos.[8]

Para entender mejor la postura de Raz, supongamos que te gusta la repostería, así que te apuntas a clases. La profesora es una repostera de primera línea. Se pone a bramar órdenes: «Mide esto, bate lo otro. Amasa la masa. No te pases». ¿Debes obedecerla?

Wolff te incitaría a cuestionar todas las órdenes, a preguntarte en cada ocasión: «¿De verdad es esto lo que debo hacer?». Pero ¿cómo vas a responder a esa pregunta? No sabes nada de repostería. ¡Por eso vas a clases! Tu ignorancia supina es una buena razón para hacer lo que se te dice.

Y no por ello perderás tu autonomía. Sí, estarás siguiendo las indicaciones de otra persona, pero solo porque *tú* has decidido atenerte a su criterio.[9] Claro, si lo haces demasiado a menudo, tu autonomía quedará comprometida. Pero atenernos de vez en cuando a lo que digan otros —cuando estimamos que es lo conveniente— resulta compatible con gobernar nuestras propias acciones.

A mi padre le divierte horrores ver cómo Rex y Hank desafían mi autoridad, pues cree que me lo tengo merecido.

* Al menos si eres adulto. En los niños, según Wolff, la responsabilidad está en proporción directa a su capacidad de razonar.[10]

Mi madre poseía una fuerte vena dictatorial. Le gustaba imponer su ley. Y a mí no me gustaba obedecerla. Andábamos a la greña desde que yo era pequeño.

Cada vez que ella emitía una orden, yo saltaba al instante con la pregunta:

—¿Por qué?

—Porque lo digo yo —respondía.

—Esa no es una buena razón —insistía yo. Era un anarquista filosófico de cuatro años.

—Pues es la única que te voy a dar —replicaba ella. Y se mantenía en sus trece. Así que estaba en lo cierto.

Yo acudía a mi padre en busca de ayuda.

—Dale una alegría a tu madre —decía, una frase que me irritaba tanto como «porque lo digo yo».

«¿Por qué vivimos bajo la tiranía de esa mujer?», me preguntaba. Bueno, a los cuatro años no. Pero desde luego sí a los catorce.

Ahora soy yo quien sale con eso de «porque lo digo yo».

No me gusta esa frase. Y rara vez la digo de entrada. Cuando los chicos preguntan por qué, me gusta explicarles lo que pienso. Pero no siempre hay tiempo o estoy de humor para una conversación a fondo, en parte porque reciclan los alegatos una y otra vez.

Pero hay algo más: incluso cuando me explico, no siempre consigo que vean las cosas a mi manera. Y eso está bien. Ellos pueden intentar convencerme a mí. A veces lo logran. Pero cuando fracasan en el intento, mi punto de vista es el que se impone, lo que significa que, aunque «porque lo digo yo» no es la primera razón que esgrimo, suele ser la última.

Pero seamos sinceros: «porque lo digo yo» no es una buena razón. No es más que algo que decimos los padres cuando nos quedamos sin razones de verdad. O cuando no queremos aducirlas. Yo tenía razón a los cuatro años.

O, en realidad, no. Raz ayudó a la gente a entender que «porque lo digo yo» podía, de alguna forma, ser una razón, y, de hecho, una concluyente. En ciertas circunstancias, una persona puede determinar las acciones de otra con solo ordenárselo.

¿En qué circunstancias? Valiéndose de otros ejemplos como el de la clase de repostería, Raz argüía que estamos obligados a obedecer las órdenes de alguien cuando esto nos ayude a cumplir mejor con nuestro cometido.[11] Si estamos preparando una tarta y tenemos a una experta repostera a mano, nos conviene seguir sus instrucciones; de lo contrario, la tarta no saldrá tan bien como debería. Si estás jugando al baloncesto y la entrenadora nos indica que ejecutemos una jugada, debes desempeñar el papel que te corresponde en ella; de lo contrario irás a contrapié de tus compañeros de equipo.

En opinión de Raz, la autoridad solo tiene sentido si presta un servicio a quienes están sujetos a ella. De hecho, denominaba esta idea «concepción de la autoridad como servicio».[12] Una autoridad, decía, debe considerar todas las razones de sus subordinados y, a continuación, dictar órdenes que les ayuden a obrar en conformidad con dichas razones. Si los sujetos obtienen un mejor resultado acatando estas órdenes que tomando las decisiones por sí mismos, entonces las órdenes son vinculantes y están obligados a cumplirlas.

Hay muchas maneras en que una autoridad puede prestar esta clase de servicio; de hecho, ya hemos visto dos.

En primer lugar, una autoridad puede saber más que sus subordinados; es decir, poseer una mayor pericia y más conocimientos.[13] Esta es justo la razón por la que reconocemos la autoridad de la profesora de repostería de primera línea y por la que la cirujana jefe asume el papel de guía con el médico novato. Su experiencia les confiere un criterio más acertado sobre lo que hay que hacer.

En segundo lugar, una autoridad puede ayudar a un grupo a conseguir una meta que los miembros individuales no podrían alcanzar por su cuenta. Para ello, suele ejercer funciones organizativas. Los filósofos se refieren a estas situaciones como «problemas de coordinación».[14] Un ejemplo típico es el de las normas de circulación. Todos debemos conducir por el mismo lado de la calzada para no chocar unos contra otros. Pero da igual si es el lado derecho o el izquierdo; simplemente hay que elegir uno. Al establecer el reglamento de circulación, la Dirección General de Tráfico coordina los movimientos de todos, lo que nos ayuda a evitar el caos que se produciría si cada uno decidiera por sí mismo.

La cuestión de por qué lado de la calzada deben circular los vehículos es un problema de coordinación puro, pues lo importante no es la respuesta en sí, sino decidirse por una. Sin embargo, no todos los problemas de coordinación son puros, pues a veces hay soluciones mejores que otras. Pensemos de nuevo en el baloncesto. Las jugadas que realiza el equipo son importantes, ya que algunas tienen más posibilidades de salir bien que otras. Pero mucho más importante aún es que todos los jugadores ejecuten la misma jugada, incluso si no es la más apropiada en aquel momento.

La necesidad de que los miembros del equipo estén en sintonía es parte de lo que justifica la autoridad de una entrenadora de baloncesto. Si consigue que vayan bien sincronizados, el «porque lo digo yo» es una buena razón para que los jugadores le hagan caso. Después del partido pueden cuestionar las instrucciones de la entrenadora, pero si no siguen sus instrucciones en la cancha, seguramente jugarán peor.

Cabe recalcar que «porque lo digo yo» es una razón suficiente para los jugadores, no para la entrenadora.[15] Ella debe ser capaz de explicar las decisiones que ha tomado. Su autoridad no le da derecho a dejarse llevar por cualquier capricho. Debe intentar poner en práctica la mejor jugada posible. Su deber es ayudar a los jugadores a alcanzar el objetivo que tienen razones para conseguir: presumiblemente, ganar el partido. Y su autoridad reside en su capacidad para hacerlo bien.*

Raz aplicaría el mismo razonamiento a los padres. Si tienen dere-

* Puede cometer errores, por supuesto. Todos los entrenadores tienen días malos. Para Raz, la cuestión es si sus órdenes, en general, ayudan a sus jugadores a rendir mejor que sin ellas. Un mal día de vez en cuando no pone esto en entredicho, pero muchos días malos, sí.

cho a mangonear a sus hijos, es porque pueden ayudarlos a hacer las cosas mejor que por sí solos. A la hora de tomar decisiones, los padres tienen muchas ventajas. Para empezar, saben cosas que los críos ignoran. Por ejemplo, sé cuántas horas de sueño necesitan los niños y tengo una idea bastante clara de lo que sucede cuando no las duermen (hay películas de terror que dan menos miedo). Por lo tanto, estoy más capacitado para establecer la hora de dormir de mis hijos que ellos mismos.

Sin embargo, el conocimiento no es la única razón por la que los progenitores pueden tomar mejores decisiones que los niños. En su mayoría tienen un mayor autocontrol que los más pequeños. De hecho, sería difícil tener menos. Habitualmente a los chiquillos les importa el presente y nada más que el presente. Los padres, en cambio, poseemos por lo general una visión más a largo plazo, lo que suele redundar en beneficio de los niños.

Por otra parte, los padres podemos resolver los problemas de coordinación de los chavales. Por ejemplo, instauramos un horario para la práctica del piano, a fin de garantizar que a cada uno le toque su turno antes de la hora de dormir. O le pedimos a Hank que vacíe el lavavajillas para que esté listo cuando Rex recoja la mesa. Las cosas nunca funcionan con tanta fluidez, claro, pero en principio podrían, así que seguimos intentándolo.

Con estas y otras medidas, los progenitores pueden ayudar a sus vástagos a obtener mejores resultados que por su cuenta. Lo que significa que el «porque lo digo yo» puede ser una razón válida para los niños. Por supuesto, siempre hay otras razones latentes; las que mueven a los padres a tomar sus decisiones. Y eso era lo que yo estaba desesperado por oír cuando era pequeño. Quería que mi madre me explicara por qué había llegado a cierta determinación para ponerme a discutir con ella.

Nunca se prestaba a ello. Yo soy un poco más complaciente. Quiero que mis hijos aprendan a tomar decisiones, para no tener que ocuparme de ello toda la vida. Además, quiero que se conviertan en la clase de personas que meditan a fondo sobre los problemas. Por eso les expongo mis razonamientos siempre que puedo. Pero a veces hay buenos motivos para contestar «porque lo digo yo». Es una manera de poner fin a una conversación interminable o, mejor aún, de atajarla antes de que empiece.

Se trata de un equilibrio difícil de alcanzar, y no siempre lo consigo. Resulta exasperante cuando un niño se niega a obedecer en momentos que requieren una acción rápida. En ocasiones me sorprendo a mí mismo repitiendo sentencias de mi madre: «No necesitas saber por qué. Solo necesitas escuchar». Aun así intento tener presente que es razonable que quieran entender los porqués. En efecto, merecen explicaciones, si no en el momento crítico, más tarde. Pero, además, quiero que aprendan que a veces hay que aceptar que otra persona posee la autoridad para zanjar una cuestión.

Raz tal vez sea la máxima autoridad mundial en materia de autoridad. A muchas personas les atrae su teoría de que las autoridades deberían estar al servicio de sus subordinados. Pero su influencia va mucho más allá. Ha conformado el pensamiento de generaciones de filósofos sobre la ley y la moral. No obstante, Raz dejó huella en mi vida, más que por su obra, por un acto de bondad.

Estudié en Oxford gracias a una beca Rhodes. Una vez obtenida esta, tenía que solicitar admisión en un programa. Envié la solicitud a la facultad de Filosofía, que la rechazó en el acto. Opinaban que me convenía más estudiar Ciencias políticas. Como esto no me interesaba mucho, probé suerte en la facultad de Derecho, con la esperanza de adelantar en mis estudios de leyes y tal vez algún día llegar a ser un abogado de postín.

Pero no pude dejar la filosofía. En cuanto ingresé en Oxford, empecé a asistir a clases de esta disciplina, además de a las de Derecho. Me gustaban las de Raz. Él me acojonaba, pero la asignatura, Filosofía del derecho, aunaba mis dos intereses. Y resultó que en Oxford era posible doctorarse en ese tema, así que pregunté si podía cambiar de programa. Varias personas me dijeron que no, que era demasiado tarde y yo no cumplía los requisitos. Ambas cosas eran ciertas, pero entonces consulté a Raz. Él me dijo que sí. Y, lo que es aún mejor, me aceptó como alumno. Fue un gesto de generosidad enorme —pues implicaba más trabajo para él—, y le estoy muy agradecido por ello.

¿Y cómo se lo pagué? Bueno, el lector recordará que de niño me gustaba llevar la contraria. Pues bien, mantuve esa actitud durante mi trayectoria académica. En cuanto me convertí en alumno de Raz, me propuse demostrar que sus ideas sobre la autoridad estaban equivocadas.[16] Y no solo un poco equivocadas, en plan «esto se arregla con un par de apaños», sino completamente erróneas, en plan «hay que tirarlas a la basura y volver a empezar de cero».

A Raz no le molestaba. Por lo menos, nunca se mostró disgustado conmigo. Pero dudo que le molestara. Porque así funciona la filosofía: en cuanto dices algo, el mundo entero se moviliza para demostrar que te equivocas. Esto puede resultar frustrante, pero es mucho peor que tu trabajo pase inadvertido. Hasta que no escribes algo que valga la pena criticar, no has escrito nada que valga la pena.

Gordon Ramsay —el chef conocido por su mala leche— puede ayudarnos a entender mejor el problema con el concepto de autoridad de Raz. Hace unos años presentaba un programa llamado *Pesadilla en la cocina*. En cada episodio, Ramsay intentaba reflotar un restaurante en apuros. En algún momento acababa en la cocina, observando cómo algún pobre desgraciado guisaba una bazofia. Ramsay se ponía cada vez más colorado y, cuando se le colmaba la paciencia, rompía a gritar órdenes y a indicarle a la gente cómo se hacían bien las cosas. La escena resultaba de lo más inquietante, pues no había motivos para que se pusiera tan desagradable. Pero, al mismo tiempo, resultaba de lo más reconfortante, pues, en cierto modo, Ramsay protestaba furiosamente contra todos los platos que nos sirven en establecimientos donde no se toman la molestia de cocinar mejor.

¿Estaban obligadas aquellas personas a obedecer las órdenes de

Ramsay? Él ha dirigido restaurantes con estrellas Michelin, así que no es descabellado suponer que sabe lo que hace. Desde luego, cabe esperar de él que tenga más talento que los cocineros de los restaurantes fallidos. Así pues, si Raz está en lo cierto, ellos deberían seguir al pie de la letra las instrucciones de Ramsay. Es más, faltarían a su deber si no lo hicieran.

Ahora introduciré unos pequeños cambios en la historia. Olvidémonos del programa. Imaginemos simplemente que Ramsay ha salido a cenar con su familia, como un cliente normal de un restaurante normal, sin la presencia de cámaras. Le sirven una sopa, la prueba y está malísima. Se levanta de inmediato. Irrumpe en la cocina y se pone a bramar órdenes, como en el programa. Los cocineros lo miran perplejos. Uno de ellos lo reconoce.

—Es Gordon Ramsay —les susurra a sus desconcertados compañeros.

Todos caen en la cuenta de que el tipo que da órdenes con voz atronadora no está tronado. De hecho, no hay mejor cocinero que él en esa cocina. ¿Están todos obligados a hacer lo que dice, o sería legítimo que le espetaran «pírate, Gordo»?

Yo soy partidario del «pírate, Gordo». Que Ramsay sepa más de cocina no le da derecho a mangonear a los demás. En *Pesadilla en la cocina*, los cocineros han accedido a aparecer en el programa, por lo que es probable que estén obligados a aceptar su premisa. Pero si, en efecto, tienen esa obligación, es porque se han prestado a participar, no porque Ramsay cocine mejor que ellos. El talento de Ramsay no le da carta blanca para entrar de sopetón en la cocina rugiendo órdenes.*

Esto significa que Raz se equivoca; el hecho de que alguien pueda ayudarte a desempeñarte mejor que por tu cuenta no lo legitima para

* Ramsay seguramente cometería allanamiento si irrumpiera en una cocina ajena, pero no creo que esta sea la razón de su falta de autoridad. Aunque estuviera sentado a la barra de una cafetería gritándole órdenes al cocinero de comida rápida, su comportamiento seguiría estando fuera de lugar. No le corresponde mangonear a nadie.

darte órdenes.[17] Tal vez sería sensato hacerle caso, pues te ayudaría a cumplir mejor con tu trabajo, pero no estás obligado a ello. En muchas situaciones de la vida eres libre de cometer tus propios errores. Si quieres preparar una sopa mala en tu cocina, es asunto tuyo. Gordon Ramsay no es nadie para exigirte que hagas las cosas a su manera.

Así pues, necesitamos un nuevo enfoque de la autoridad y, como siempre, Hank puede echarnos una mano. Llevó a cabo su primera incursión en la filosofía política a los siete años, justo después de que viéramos una versión musical de *Enredados*, la adaptación de *Rapunzel* creada por Disney. Intentaba asimilar la idea de que un rey pudiera ir por ahí impartiendo órdenes.

—Solo porque te digan «rey» no significa que mandes tú —aventuró.

—En muchos países, el rey era la persona que mandaba —le expliqué—. Pero a la gente no le gustaba eso, así que algunos países se deshicieron de sus reyes. Y otros los conservaron, aunque ya no mandan.

—Pero la palabra «rey» no significa nada —insistió Hank—. Que la gente te llame así no te da derecho a decirles a los demás lo que tienen que hacer. No es más que una palabra.

—Tienes razón —dije—. «Rey» no es más que una palabra. En algunos países designaban a la persona que mandaba con otras palabras, como «emperador» o «zar».

—Pero da igual cómo te llame la gente —aseveró Hank—. El nombre no hace que estés al mando.

—Ya, pero es que «rey» no es el nombre de una persona, sino de un trabajo. Y desempeñar ese trabajo es lo que hace que estés al mando.

—¿Hacer de rey es un trabajo? —preguntó Hank.

—Sí. Es como ser un entrenador. ¿La entrenadora Bridgette manda en tu equipo de fútbol porque se llama Bridgette o porque es la entrenadora?

—Porque es la entrenadora —dijo Hank—. Hay entrenadores con nombres diferentes.

—Exacto. Lo mismo pasa con los reyes. Lo importante es su trabajo, no cómo los llame la gente.

En esta conversación, Hank y yo dimos un primer paso hacia una teoría mejor sobre la autoridad. Hay funciones que traen consigo posiciones de autoridad. Son fáciles de nombrar: jefe, padre, entrenador, profesor, agente de tráfico, etcétera. Quienes las desempeñan consideran que (al menos algunas) otras personas están obligadas a obedecer sus órdenes. A fin de determinar si poseen de verdad ese poder, debemos preguntarnos si esas funciones valen la pena; si queremos que formen parte de nuestra vida, si queremos otorgar a algunas personas la autoridad que estos cargos llevan implícita. Pero no hay que pensar en esa autoridad como un fenómeno aislado, sino como algo que guarda relación con las otras características de la función.[18]

Me explico: ser padre es desempeñar una función que entraña muchos aspectos. Para explicarle dicha función a alguien, lo natural sería empezar por las responsabilidades de la paternidad. Tienes que dar sustento a tu hijo, velar por su seguridad y demás. Y es tu deber asegurarte de que se convierta en un adulto capaz, lo que significa que debes enseñarle al chaval a pensar y actuar en contextos muy diversos.

Sería una labor muy complicada si no tuvieras derecho a imponerle obligaciones al niño. Por ejemplo, les encomendamos tareas a los críos en parte para que el día de mañana sepan cuidar de sí mismos. También queremos que consideren que es su responsabilidad arrimar el hombro en los proyectos colaborativos, como mantener limpia una casa. Además, establecemos su hora de dormir para que disfruten de suficientes horas de sueño.

¿Por qué tienen autoridad los padres sobre los hijos? Porque son responsables de ellos. Los derechos y responsabilidades parentales vienen incluidos en el paquete. Existen varias maneras posibles de organizar el cuidado de los niños. Podría encargarse de ello la aldea, en vez de los padres. Y, hasta cierto punto, así ocurre. Pero hay buenas razones para asignar a los padres la responsabilidad principal, entre las que destaca el probable vínculo afectivo especial que tienen con sus críos.

Sin duda el lector conocerá la máxima de Peter Parker: «Un gran poder conlleva una gran responsabilidad».[19] Pues bien, os presento la máxima de Parker Peter: «Una gran responsabilidad conlleva un gran poder». No es cierta en todos los casos, pero sí en el de la autoridad paterna. Tienes la potestad de mangonear a tus hijos precisamente porque es tu deber ocuparte de ellos.

Adviértase la diferencia entre esta perspectiva y la de Raz. Según él, un padre posee autoridad en virtud de su competencia para impartir órdenes a su hijo. Sin embargo, hay muchas personas capaces de ejercer autoridad sobre los niños de manera competente. Cuando los míos eran pequeños, prácticamente todos los adultos con quienes se topaban podían tomar mejores decisiones sobre su bienestar que ellos mismos (como recordará el lector, Rex ni siquiera llevaba zapatos). Sin embargo, ninguno de esos adultos estaba autorizado para dar órdenes a mis hijos, salvo los que ocupaban alguna posición de autoridad respecto a ellos.*[20]

La conclusión es que la autoridad emana de las funciones, no de las personas. Yo puedo imponerles normas a mis niños porque

* Esto es un poco simplista. La mayoría de las personas que pueden mangonear a mis hijos ocupan posiciones de autoridad respecto a ellos, como por ejemplo la entrenadora, la maestra o la niñera. Pero cuando visitan la casa de otros niños, los padres presentes tienen derecho a darles alguna que otra orden. Parte de su autoridad se basa en la ubicación: el propietario de una casa tiene derecho a decidir lo que se hace en ella (la de propietario es una función que confiere autoridad sobre un bien inmueble y sobre la relación que los demás tienen con él). Sin embargo, otra parte deriva del hecho de que esos padres se meten en nuestros zapatos durante un rato, asumiendo temporalmente el papel que desempeñaríamos si estuviéramos allí (según la ley, actúan *in loco parentis*, es decir, en sustitución de los progenitores). En el momento en que aparezco, esa porción de autoridad pasa de nuevo a mis manos.

soy su padre, no porque se me dé bien dictar normas. En caso de ser así, si se me diera de pena, me privarían de la responsabilidad. La competencia es importante, pero no confiere autoridad. Forma parte del paquete de la paternidad.

¿Y qué sucede con los otros tipos de autoridad? ¿Podemos hacer reflexiones parecidas sobre ellos? Tal vez, aunque es de esperar que los detalles varíen según la función. Los maestros, por ejemplo, tienen una responsabilidad mucho más limitada sobre los niños que los padres, lo que restringe su autoridad. Son responsables del bienestar de sus alumnos mientras están en el recinto escolar y, a un nivel más general, de su educación. Pueden impartir órdenes que los ayuden a cumplir con estas responsabilidades. Sin embargo, no les corresponde decidir cuántas veces puede picar entre horas un niño cuando está en casa o cuánto tiempo puede pasar frente a una pantalla. Si tienen una opinión sobre estas cuestiones, les hacen recomendaciones a los padres; no les dan órdenes.

No obstante, la autoridad no siempre se fundamenta en la responsabilidad. Por lo general, los trabajadores son adultos hechos y derechos. Los patrones no son sus padres. ¿Qué les da derecho a mangonear a la gente? Los jefes tienen responsabilidades —respecto a sus superiores, los clientes, los accionistas y demás—, y la toma de decisiones jerárquica puede servirles para cumplirlas. En algunos sentidos, un jefe es como un entrenador de baloncesto, pues ayuda a coordinar las conductas individuales para que el grupo consiga metas que los miembros no podrían alcanzar por sí mismos. Pero el hecho de que a un jefe le resulte útil dar órdenes a la gente no explica por qué se le permite hacerlo. Al fin y al cabo, un jefe no manda sobre cualquiera; solo sobre sus empleados.

¿Por qué? Bueno, los empleados firmaron un contrato. Esto parece importante. Y podrían dimitir si quisieran. Esto también parece importante. En resumen, podríamos decir que los empleados prestan su consentimiento para que les den órdenes. Se trata de algo que aceptan libremente, sin duda porque les gusta el sueldo que reciben a cambio.

El problema con este relato es que tiene muy poco que ver con la realidad. Casi todos los empleados trabajan por una necesidad económica. Tienen que pagarse la comida y la vivienda, entre muchos otros gastos esenciales. Esto significa que en realidad no son libres de dejar su trabajo, al menos no sin encontrar otro. En el mejor de los casos pueden elegir entre varios jefes, pero no prescindir por completo de ellos. Y cuando los empleos escasean, tampoco hay mucho margen para escoger al jefe.

Peor aún: en Estados Unidos investimos a los jefes de poderes casi dictatoriales. Pueden despedir a la mayoría de los empleados por cualquier motivo, o incluso sin razón alguna.* Esto les proporciona a los patrones un control casi ilimitado sobre sus subordinados. Tu jefa puede echarte a la calle por colocar un cartel con un mensaje político en tu jardín.[21] O por no ir peinado como ella quiere.[22] O por hacer tan bien tu trabajo que la dejas en evidencia.

Si estoy dando la impresión de que esto me parece mal es porque es así. Como profesor titular, me cuento entre los pocos estadounidenses que están a salvo de los caprichos de sus superiores. No pueden despedirme sin una causa procedente, por lo que soy libre de decir lo que quiera. Y no tengo que preocuparme porque me renueven el contrato año tras año. El puesto es mío mientras lo quiera.

Hay quienes creen que no debería gozar de estas garantías; serían partidarios de abolir la titularidad. ¿Por qué se les conceden estos privilegios a los profesores cuando el resto del país vive en una situación de inseguridad económica? A mi juicio, sería mejor darle la vuelta a la pregunta: ¿por qué permitimos que tantos estadounidenses vivan en esa precariedad, que además confiere tanto poder a sus empleadores?

Si al lector le interesa esta cuestión —y espero que sí, tanto si es

* La principal excepción deriva de la ley antidiscriminación. No se puede despedir a una persona por su raza, religión, sexo, etcétera.

un jefe, un empleado o ambas cosas—, tengo una filósofa que recomendarle. Mi colega de la Universidad de Míchigan Elizabeth Anderson es, hoy por hoy, una de las pensadoras más importantes del mundo. Está abriendo los ojos de la gente al hecho de que el gobierno más opresivo con el que la mayoría tiene que lidiar no es el constituido por la autoridad política, sino la empresa para la que trabaja.[23]

Los comercios minoristas registran rutinariamente las pertenencias de los empleados sin orden judicial y sin siquiera un motivo para pensar que han hecho algo malo.[24] Asignan los turnos con muy poca antelación.[25] Establecen normas relativas al cabello y el maquillaje.[26] Los trabajadores de almacenes y fábricas están sometidos a una vigilancia constante;[27] hasta sus visitas al baño están reguladas.[28] Aquellos lo bastante afortunados para desempeñar un trabajo de oficina seguramente no sufren esta clase de intrusiones. Pero también los pueden despedir en cualquier momento, lo que genera una enorme sensación de precariedad.

En su libro *Private Government: How Employers Rule Our Lives (and Why We Don't Talk about It)*, Anderson investiga cómo hemos llegado a esta situación y qué podemos hacer al respecto. No será fácil cambiar las cosas, pero hay muchas maneras de mejorarlas. Podemos limitar el despido libre. Podemos dar voz a los empleados en la organización del lugar de trabajo para que se tengan en cuenta sus intereses. Podemos modificar el contexto laboral garantizando una renta básica y atención sanitaria, a fin de que nadie se sienta obligado a trabajar para un patrón abusivo.

Por alguna razón, muchos estadounidenses están convencidos de que las «limosnas» del gobierno coartan la libertad. En realidad, cubrir las necesidades esenciales de las personas favorece la libertad, pues hace posible que rechacen a un jefe que las trate mal.

Los detractores de las reformas aquí propuestas creen que reducirían el dinamismo de la economía del país. Lo dudo, pero vale la pena preguntar: ¿a quién beneficia ese dinamismo? Si los beneficios empresariales aumentan gracias a la precariedad laboral, ¿debemos estar dispuestos a hacer esa concesión?

Los estadounidenses nos pasamos el día fanfarroneando sobre la libertad. Somos acérrimos defensores de nuestros derechos constitucionales. Pero si de verdad nos importara la libertad, las condiciones laborales en Estados Unidos deberían horrorizarnos. El gobierno es poderoso, pero la empresa para la que trabajas también. Y, tal como están las cosas, casi no tienes derechos en esa relación.

Quiero dejar claro que no estoy incitando a nadie a insubordinarse en el trabajo. A veces es mejor aceptar las cosas como vienen. Y si el trabajo que realizas es importante —por ejemplo, si de él dependen la salud o la seguridad de la gente—, tal vez incluso tengas que obedecer órdenes mientras lo llevas a cabo.

Pero no voy a defender los papeles de empleador y empleado, al menos tal como están instituidos. Para quienes ocupan los peldaños más bajos en la escala económica, se trata de relaciones de poder, no de una autoridad legítima. Sin embargo, podemos cambiar esto, y deberíamos.

Si la medida de limitar la autoridad patronal parece radical, vale la pena recordar que la idea de un gobierno limitado también lo parecía en otra época. Hace no mucho tiempo, los reyes detentaban una autoridad absoluta (como los dictadores en la actualidad, claro). Contaban con el apoyo de filósofos destacados, incluido el tocayo del mejor tigre que haya aparecido jamás en una tira cómica: Thomas Hobbes.

Ya habíamos topado con él en la introducción. Vivió en un siglo turbulento en el que tuvo lugar, entre otros conflictos, la Revolución inglesa. De hecho, se pasó varios años exiliado en Francia. Es posible que la agitación del momento despertara el interés de Hobbes por las condiciones de la estabilidad política... y el precio que se paga cuando estas no se refuerzan.

Como hemos visto antes, Hobbes creía que, en ausencia de cualquier tipo de gobierno, la sociedad se enzarzaría en una «guerra de todos contra todos».[29] ¿Por qué? Según él, la mayoría somos bastante egoístas, lo que nos condena a entrar en conflicto unos con otros, sobre todo cuando los recursos escasean. En el estado de naturaleza nadie podría sentirse seguro, ni siquiera los más fuertes, pues todos representarían una amenaza para los demás. «El más débil posee la capacidad de matar al más fuerte —aseveró Hobbes—, bien a través de planes secretos, bien conjurándose con otros».[30]

Hobbes afirmaba que el estado de guerra nos empobrecería. No trabajaríamos mucho, pues no cabría esperar que nuestro trabajo rindiera. No habría máquinas, edificios ni cultura, y el conocimiento menguaría.[31] En el estado de naturaleza la vida sería «solitaria, miserable, cruel, ruda y corta».[32]

Sin embargo, Hobbes veía una salida.[33] Alegaba que todos debían someterse al poder de un gobernante, como por ejemplo un rey, que fuera capaz de brindarles protección. Para que esto funcionara, tendrían que ceder al gobernante todos sus derechos. Como resultado, él quedaría investido de una autoridad absoluta. Nadie podría cuestionar sus actos. Gozaría de una libertad ilimitada para hacer lo que quisiera. Según Hobbes, cualquier intento de acotar las prerrogativas del gobernante desencadenaría un conflicto de poder. Y todo conflicto implica guerra (como las que le tocó vivir a Hobbes), que era justo lo que había que evitar.

La historia ha demostrado que Hobbes se equivocaba, al menos respecto a esto último.

John Locke tenía una perspectiva distinta sobre el tipo de gobierno que convenía instaurar para escapar del estado de naturaleza. No creía que una monarquía absoluta fuera necesaria, ni siquiera aconsejable. Propugnaba la separación de poderes (no en los brazos legislativo, ejecutivo y judicial que tenemos nosotros, pero casi).[34] También estaba a favor de que el pueblo estuviera representado en la asamblea legislativa (al menos en cierta medida).[35]

Las ideas de Locke contribuyeron a dar forma a muchas de las democracias constitucionales del mundo. Los padres de la Constitución de Estados Unidos repartieron los poderes del gobierno entre tres ramas, pues creían que era la mejor manera de controlarlos.

Por otro lado, promulgaron una Declaración de Derechos que limitaba la autoridad del gobierno y confería al pueblo derechos para protegerse de sus posibles abusos. Muchas democracias constitucionales han copiado este modelo. Y aunque están lejos de ser perfectas, la prueba de que funcionan es que nos permiten escapar del estado de naturaleza sin concederle un poder absoluto a una única persona.

—Todos los niños queremos democracia —le gusta decir a Rex—, pero todos los adultos quieren una dictadura.

Se refiere a las familias, claro. Quiere que el principio de «una persona, un voto» impere en la mesa de la cocina. No sé cómo pretende proceder en caso de empate dos a dos.

—¿Por qué son tan maravillosas las democracias? —le pregunté durante una de aquellas conversaciones, cuando él tenía diez años.

—Cuando mucha gente puede votar, se toman mejores decisiones —respondió.

—¿Y si la gente está confundida, o directamente equivocada?

—Entonces se toman malas decisiones —dijo.

—Así que se llega a decisiones tanto buenas como malas. ¿Hay alguna otra razón para querer una democracia?

—Bueno, si alguien quiere hacer algo que te afecta, debería tener en cuenta tu opinión —alegó Rex e ilustró esta teoría con una enrevesada historia sobre una compañía de servicios que intentaba tender una línea eléctrica en nuestro jardín—. ¿No te gustaría poder opinar al respecto? —preguntó.

—Claro —dije.

—Además, la democracia es más justa —añadió Rex—. Favorece la igualdad. Los votos de todos valen lo mismo.

Son unos argumentos bastante concisos en favor de la democracia: que brinda a la gente la oportunidad de participar en decisiones importantes y trata a las personas como iguales. Es más, la democracia instituye la igualdad entre las personas al crear un contexto en el que en efecto esta existe: una persona, un voto.

Pero nuestra familia no es una democracia, ni lo será, por muchas veces que lo pida Rex. Ya he explicado el porqué: somos responsables de nuestros hijos y, para cumplir nuestra obligación, a menudo tenemos que tomar decisiones que no les gustan. No somos iguales, al menos por el momento. Y adoptar medidas que instituyeran la igualdad entre nosotros supondría un grave error... para nosotros y para ellos.

Por otra parte, intento no olvidar lo difícil que es ser un chaval, que siempre haya un adulto diciéndote lo que tienes que hacer. Esto produce una sensación de falta de control, en un sentido bastante literal. Así que intento armarme de paciencia cuando los niños tratan de ejercer algo de control.* Pero nunca es suficiente.

—Me declaro independiente —anunció Hank.

Tenía siete años. Paseábamos por el parque. O, mejor dicho, yo paseaba. Él estaba siendo arrastrado por un sendero mientras protestaba por mi ocurrencia de salir a hacer un poco de ejercicio.

—Vale —dije—. ¿Dónde piensas vivir?

—En casa.

—¿Qué casa?

—La nuestra.

—Tú no tienes casa.

Se me quedó mirando extrañado.

—Claro que tengo casa —dijo—. Es donde vivo.

—No, Hank. Yo tengo casa. Y también Rex y mamá. Pero tú acabas de declararte independiente, así que me temo que ya no tienes dónde vivir.

Se impuso el silencio.

—Vale. No tengo casa —admitió a regañadientes.

—Podrías pagar un alquiler —aventuré.

* Y casi nunca lo consigo.

—¿Cuánto cuesta?

—¿Cuánto podrías pagar?

—Un dólar.

—De acuerdo. Dejaremos que sigas viviendo con nosotros.*

* Nunca llegué a cobrarle el alquiler. Cuando regresamos a casa, le ofrecí un helado a Hank, que renunció a su independencia. Menos mal. No habría aguantado mucho tiempo solo.

5

EL LENGUAJE

Rex estaba solo en su habitación, leyendo *Astrofísica para jóvenes con prisas*, de Neil deGrasse Tyson. Esto representaba un cambio en el ritual de antes de dormir que habíamos establecido tiempo atrás, que consistía en que Julie o yo nos acurrucáramos en la cama para leer con él. Hacía pocos días que había ido a su primera acampada de una noche y, con nueve años, estaba reafirmando su independencia. Pero yo no podía abandonar la costumbre, así que también leía, en el cuarto de invitados.

De pronto, Rex entró pegando brincos de entusiasmo.

—Dice aquí que podemos hacer un experimento. ¿Lo probamos?

—Claro —respondí.

Leyó en voz alta del libro:

—«Para una sencilla demostración de la atracción constante de la gravedad, cierra este libro, levántalo unos palmos por encima de la mesa más cercana y suéltalo. Verás la gravedad en acción. (Si el libro no cae, acude a tu astrofísico de confianza y declara una emergencia cósmica)».[1]

Rex cerró el libro y extendió el brazo con que lo sostenía.

—Tres... dos... uno.

El libro cayó al suelo.

—¡Joder! —exclamó Rex, agitando los puños.

Acto seguido, me miró con una sonrisa pícara. Estaba orgulloso de sí mismo. Yo también estaba orgulloso de él.

Cuando Rex volvió del campamento de verano, estaba desconcertado —y ligeramente escandalizado— por la frecuencia con que sus compañeros de litera soltaban palabrotas.

Fuera de casa, Rex se obstina en portarse bien. Antes de ir al campamento aprendió un par de palabras malsonantes y de vez en cuando preguntaba qué significaban, pero rara vez lo oíamos utilizarlas.

Cuando yo era pequeño, me parecía mucho a Rex: era obstinado en mi buen comportamiento, al menos cuando no estaba en casa. Sin embargo, en mi familia los tacos constituían una forma de comunicación habitual. De hecho, es muy posible que uno de mis primeros recuerdos sea una retahíla de improperios proferidos por mi padre mientras intentaba montar un mueble: «mecagüentodosuputamadre». Como yo tenía cuatro años, creía que se trataba de una sola palabra.

Cuando Julie estaba embarazada de Rex, me preocupaba darle una educación similar. Sin embargo, en cuanto nació, cambié el chip y dejé de decir palabrotas, al menos delante de él. A Julie le costó más que a mí, pero le pilló el truco antes de que Rex aprendiera a hablar, de modo que los chicos tuvieron que aprender los tacos en el cole.

—Los niños decían un montón, y a los monitores les daba igual —me informó.

—¿Y tú?

—Yo decía algunos, pero menos que los otros chicos.

—No pasa nada —sentencié—. En sitios como los campamentos de verano ese tipo de cosas están permitidas.

—Hay chicos que los dicen todo el rato —señaló Rex.

—Es lo que hacen los críos en los campamentos. Pero no olvides que hay un momento y un lugar para todo. En el campamento, vale. En el cole, no.

—¿Y en casa? —inquirió Rex.

—Un poquito, siempre y cuando no uses un tono irrespetuoso o borde.

Unos días más tarde, Rex pronunció su primer «joder», en respuesta a su intento fallido de provocar una catástrofe cósmica. Y fue un «joder» más que aceptable. Articulado en el momento justo. Como ya he dicho, me sentí orgulloso.

¿Por qué hay palabras malas? La idea de que existieran me inquietaba cuando era niño. Las palabras no son más que conjuntos de sonidos. ¿Cómo pueden ser malos los sonidos?

Pero las palabras, claro está, no son *solo* conjuntos de sonidos. Son conjuntos de sonidos a los que asignamos un significado. Y, sin embargo, tampoco es el significado de las palabras el que hace que sean malas. Fijémonos en la siguiente lista: popó, caca, estiércol, boñiga, heces, excremento. Todo es la misma mierda y, no obstante, «mierda» es la única palabra que no debe decirse.

¿Por qué? Ni puta idea.

En todos los idiomas hay palabras proscritas que varían de una sociedad a otra. Sin embargo, hay temas que se repiten en muchas de ellas. Algunos están relacionados con tabús como el sexo, la escatología o la enfermedad. Otros rayan en la blasfemia. Pero es posible hablar de estos temas sin decir tacos, por lo que hasta cierto punto es un misterio que haya palabras que no deben pronunciarse.

Rebecca Roache sugiere que los sonidos de las palabrotas pueden tener algo que ver. Es filósofa del lenguaje (entre otras cosas) y estudia las palabras malsonantes. Ha observado que estas tienden a ser ásperas, como las emociones que expresan. Y no cree que sea casualidad. Las palabras de sonoridad suave, como «hediondo» o «sensiblero», no pueden transmitir rabia. Usarlas como improperios sería como «intentar cerrar de golpe una puerta equipada con un amortiguador de gas».[2]

No obstante, Roache cree que la explicación no está solo en la fonética. Y tiene razón. Hay muchas palabras cortas y ásperas que nadie considera ofensivas, como «tac», «crac» o «kit». Por otro lado, hay palabrotas que se pueden usar sin problema en otros sentidos, como «capullo», «paquete» o «verga» (percibo un motivo recurrente aquí). Además, las palabras ofensivas cambian con el tiempo, lo que parece indicar que se impone una explicación de índole social.

Roache sostiene que los tacos se originan mediante un proceso que ella denomina «escalada ofensiva».[3] Si, por la razón que sea, a la gente no le gusta la palabra «mierda», es probable que le resulte molesto oírla. Si esta aversión se difunde y se generaliza, decir «mierda» se interpretará como una muestra de desprecio. Conforme el ciclo se repite, el grado de ofensa aumenta. Una vez que se consolida el uso malsonante de una palabra, pronunciarla parece aún más ofensivo.

Sin embargo, la escalada ofensiva tampoco lo explica todo, pues a la gente le dan repelús palabras de todo tipo. Yo no soporto «rombo». Y ahora que el lector lo sabe, si me repite la palabra «rombo» una y otra vez, me incordiará bastante. Pero dudo mucho que «rombo» se convierta en una palabrota, pues el rechazo que me produce es algo propio de mi idiosincrasia.

Roache señala que los tacos tienden a estar relacionados con temas tabú, pues sabemos que generan incomodidad, sobre todo si se tratan de un modo poco delicado. Por ejemplo, sé que te sentirías insultado si te llamara gilipollas, a pesar de que no nos conocemos de nada. Tal vez conseguiría irritarte también tachándote de piojoso o pijo. Pero, para ello, antes tendría que saber algo sobre ti. Tal vez estas palabras te molestarían, tal vez no. En cambio, «gilipollas» te ofendería casi con total seguridad.

La explicación de Roache deja en el aire la cuestión de por qué razón y mediante qué proceso hay palabras que se ganan la desaprobación de la gente. ¿Por qué «mierda» y no algún otro término escatológico? Seguro que hay un relato detrás de ello, pero no el tipo de relato que contamos los filósofos (los historiadores lo han intentado).[4] La pregunta que quiero plantear es ¿de verdad está mal decir palabrotas?

Hace poco le formulé esa pregunta a Rex. Estábamos dando un paseo.

—¿Está bien soltar tacos? —inquirí.

—A veces —respondió.

—¿Cuándo?

—Bueno, no está bien ser borde con la gente.

Es un buen punto de partida. Y Rex tiene razón al preocuparse porque las malas palabras a menudo se usan para decir cosas malas. Tal como nos enseña Roache, son herramientas que sirven justo para eso. De hecho, si su teoría sobre la escalada ofensiva es correcta, las malas palabras lo son porque suelen emplearse para decir cosas malas.

Por otra parte, las malas palabras no son imprescindibles para decir cosas malas. Y cuando alguien pronuncia una frase degradante o humillante, creo que lo de menos es si se vale de palabras que suelen usarse con ese fin o de otras que ha adaptado para la ocasión. La ofensa está en el insulto, no en las palabras con que se expresa.

—¿Está bien soltar tacos cuando no estás siendo borde? —le pregunté a Rex—. ¿Qué pasa si dices palabrotas que no van dirigidas a nadie?

—A veces está bien y a veces no —contestó mi hijo.

—¿En qué casos está bien?

—No debes soltar tacos cuando estás en un lugar civilizado.

—¿Qué hace que un lugar sea civilizado? —pregunté.

Se quedó pensando un momento.

—En realidad, no sé qué significa «civilizado». Lo he dicho porque me sonaba bien.

—Pues yo creo que sí sabes lo que significa —repuse—. ¿Es civilizado el cole?

—En general, sí.

—¿Y el campamento de verano?

—Para nada.

—¿Y qué me dices de nuestra casa?

—A veces es civilizada, pero no cuando Hank y yo nos quitamos la camiseta y nos ponemos a bailar.

Es totalmente cierto. Y tengo vídeos que lo demuestran. En el mejor de ellos, Hank, con cuatro años recién cumplidos y en paños menores, pregunta: «¿Estoy meneando bien el cucu?» (sí, lo estaba). En otro va montado a caballito sobre Rex, cantando *Stayin' Alive*. Ambos los grabé cuando Julie se había ido de viaje por trabajo. Nos volvimos profundamente incivilizados en su ausencia.*

Pero volvamos a Rex... y a su respuesta. ¿Por qué está mal decir palabrotas en sitios civilizados?

Se puede mostrar tan poco respeto por un lugar como por una persona.

Si maldices en una iglesia, estás siendo irrespetuoso tanto con el templo como con las personas que se encuentran en él. Pero estas se ofenderán porque no es el lugar adecuado. Si estuvieran contigo en un bar, a lo mejor maldecirían contigo. Pero en una iglesia, la cosa es distinta.

En efecto, establecer normas distintas para cada sitio ayuda a diferenciarlo de los demás. El campamento de verano no sería el lugar que es si en él se obligara a los niños a portarse como en la iglesia. Del mismo modo, la iglesia no sería el lugar que es si en ella se permitiera que los niños se comportaran como en el campamento de verano. Y queremos que ambos tipos de lugares formen parte de nuestra vida. Así que Rex tiene razón: está bien soltar tacos en algunos sitios y en otros no.

Aquí se trasluce una enseñanza sobre la moral. Hay cosas que son malas con independencia de lo que la gente opine de ellas. El asesinato y la violación, por ejemplo, no son malos porque nos parezcan mal, sino porque constituyen una grave vulneración de la

* Dejé que los niños se quedaran despiertos bailando hasta tarde. Hank no paraba de gritar «¡Si mamá no está aquí, nadie se va a dormir!». Se equivocaba en este punto, por lo que no tardó en perder el entusiasmo por mi paternidad en solitario. Cuando lo arropé en la cama, me dijo: «Quiero que mamá vuelva».

dignidad humana. Pero hay cosas que solo son malas porque creemos que lo son. Y decir palabrotas en la iglesia es una de ellas.*

Ronald Dworkin (a quien ya mencionamos antes) llamaba a esto «moral convencional».[5] Para ilustrar la idea, hablaba de la vestimenta adecuada para ir a la iglesia. En muchos sitios es habitual que los hombres se quiten el sombrero o la gorra cuando entran en un centro de culto. Dejárselo puesto se considera una falta de respeto. Y, como está considerado así, es, en efecto, una falta de respeto, al menos si quien lo hace está al tanto de esta convención. Pero la costumbre bien podría ser la inversa. De hecho, cuando voy a la sinagoga, me cubro la cabeza, porque así es como mi pueblo muestra respeto.

La moral convencional suele tener un punto de arbitrariedad. Tanto da si para mostrar respeto uno se tapa o se descubre la cabeza; lo importante es que haya un consenso en la comunidad respeto a las señales de respeto. De hecho, no es posible establecer espacios formales, y ya no digamos sagrados, sin normas que limiten lo que se puede hacer en ellos. Son dichas normas las que distinguen cada lugar y le confieren un carácter formal o sagrado.

Las reglas no siempre son arbitrarias. En las bibliotecas se supone que la gente debe guardar silencio o, si no queda más remedio, hablar en voz baja. Esto ayuda a convertirlas en lugares apropiados para estudiar. Por otro lado, hay normas que sirven para poco más que para diferenciar entre sí los lugares que frecuentamos, como las que indican cómo hay que llevar la cabeza en el templo o qué palabras están permitidas allí. Ponen de manifiesto que nos encontramos en un lugar especial.

En general debemos respetar esas normas para poder contar con lugares especiales. Hemos desvirtuado demasiadas cosas a medida que un clima de informalidad se extiende cada vez a más espacios. A veces es mejor así; viajar en avión con ropa cómoda es preferible a

* O por lo menos algunas palabrotas, como las de corte escatológico. Las palabrotas blasfemas pueden estar mal porque son irreverentes hacia Dios.

volver a los tiempos en que los pasajeros iban hechos un pincel. Pero hay ocasiones en que es peor, pues al dignificar los lugares donde pasamos mucho tiempo, nos dignificamos a nosotros mismos.

Dicho esto, no tenemos por qué mantener una actitud digna todo el rato; también necesitamos relajarnos de vez en cuando. Y eso da mucho margen para las palabrotas. El primer «joder» de Rex no supuso una falta de respeto hacia una persona o un lugar. Fue gracioso. Y un montón de tacos producen el mismo efecto. ¿Es reprobable ese uso del lenguaje soez? El control que ejercen muchos padres sobre la manera de expresarse de sus hijos parece indicar que sí. En mi opinión, esos padres cometen un error.

El problema con los tacos no son las palabras en sí, sino lo que connotan. Así pues, en los casos en que no tienen connotaciones negativas, no hay motivo para censurarlas. Por eso le pusimos unas normas a Rex: no debe ser grosero o irrespetuoso, ni con las personas ni con los lugares, pero, por lo demás, no pasa nada si se le escapa una palabrota de vez en cuando.

¿Por qué solo de vez en cuando? Supongo que existe el riesgo de que nos degrademos del mismo modo que degradamos algunos lugares. Si nos comportamos como patanes, podemos acabar convirtiéndonos en patanes. Pero no me preocupa que les ocurra eso a mis hijos. Dominan la alternancia de códigos, es decir, el cambio de actitud en función del contexto. Los veo hacerlo a todas horas.

No obstante, sí tengo una inquietud de orden práctico. Muchas personas se toman muy a pecho las palabrotas, incluso en las situaciones más banales. Eso me sacaba de quicio cuando era pequeño. Aún me pasa. Sin embargo, para el mundo, hay que saber cuál será la reacción de los demás, por injustificada que nos parezca. Y en la sociedad en que vivimos hay mucha gente que te mira mal si cree que eres muy malhablado.

Pero a ver una cosa: si la gente considera que soltar tacos está mal, ¿eso no hace que esté mal? ¿No funciona así la moral convencional? No. Para que importe la opinión de la gente sobre lo que está mal, tiene que haber algún motivo para tomarla en serio. En el caso de la iglesia, el valor que se concede a la sacralidad de un espacio confiere a la gente el derecho a señalar el lugar como sagrado con medidas como el establecimiento de normas sobre lo que se puede decir o hacer en él. En cambio, el hecho de que a algunos metomentodos les importe cómo hablan los niños en los campamentos de verano o en la calle no les da derecho alguno a dictar reglas sobre su forma de expresarse, ya que vigilar el lenguaje en esos sitios tiene muy poco valor.

Los padres constituyen un caso especial. Como hemos visto en el capítulo anterior, poseen la prerrogativa de imponer normas a sus hijos, dentro de los límites de lo razonable. Sin embargo, no deben aprovechar ese poder para prohibir las palabrotas, al menos no del todo. Soltar tacos es sano. De hecho, se trata de un arte que todos los niños deberían dominar.

—¿Qué tiene de bueno soltar tacos? —le pregunté a Rex durante aquel paseo.

—Se queda uno a gusto —contestó.

—¿A qué te refieres?

—Cuando estás enfadado, te hace sentir mejor.

—¿Sueltas tacos cuando estás enfadado? —pregunté. Nunca lo había oído hacerlo.

—Sí, entre dientes. Farfullo.

¡Bien por Rex! Aunque debería alzar la voz cuando jure en arameo.

En un célebre estudio, Richard Stevens pidió a un grupo de estudiantes de grado que introdujeran las manos en un cubo de agua helada, dos veces. En una de las ocasiones se les permitía maldecir, en la otra, no. Cuando maldecían, conseguían aguantar con las manos sumergidas durante casi un cincuenta por ciento más de tiempo, y además sentían menos dolor.[6] De hecho, algunos estudios de seguimiento apuntan a que las palabrotas más fuertes (más del tipo «hostia puta» que «mierda») proporcionan un alivio más intenso.[7] Yo apostaría a que maldecir en alto también produce este efecto, al menos hasta cierto punto.

Y lo que es más importante: los tacos aplacan algo más que el dolor físico. Michael Phillip y Laura Lombardo demostraron que también ayudan a mitigar el dolor causado por la exclusión social.[8] Les pidieron a los participantes que recordaran alguna ocasión en que se hubieran sentido marginados. A unos se les indicó que maldijeran después; los demás solo debían decir palabras normales. Los que profirieron palabrotas evaluaron su dolor social como significativamente más leve que los que no. Y eso es justo lo que Rex —y todos los críos que jamás han existido— descubrió por sí mismo.

Descubrí dichos estudios en *Mentar madres te hace bien: La increíble ciencia del lenguaje soez*, de Emma Byrne. No cabe duda de que esta ciencia es increíble (los chimpancés que aprenden lenguaje de signos inventan sus propias palabrotas; no es coña).[9] Byrne lanza algunas hipótesis sobre por qué las palabras malsonantes nos hacen sentir mejor; están relacionadas con las áreas del cerebro que procesan el lenguaje con carga emocional.[10] Sin embargo, esta ciencia aún está en desarrollo, y los detalles son lo de menos. Lo importante para nosotros es que soltar palabrotas constituye un excelente desahogo del estrés.

¡Pero eso no es todo! Tal como explica Byrne, soltar sapos y culebras puede ser «bueno para reforzar los lazos de grupo».[11] Al describir sus investigaciones sobre las bromas desenfadadas que suavizan la interacción social, menciona los casos de personas que han conseguido aceptación social gracias a las palabrotas e ilustra las diversas maneras en que estas ayudan a la gente a comunicarse de forma eficaz. Son estudios chulos, pero no creo que sea imprescindible leerlos para entender a qué se refiere Byrne. Si escuchamos la conversación de cualquier grupo bien avenido, lo más seguro es que oigamos tacos.

La dimensión social del lenguaje soez es la razón por la que quiero que mis hijos dominen este arte. No basta con saber cuándo y dónde se puede maldecir: es posible manejar las palabrotas con maestría. Pero no es moco de pavo. Para empezar, hay que aprender usos nuevos de las palabras. Unas veces «puto» funciona como sustantivo, y otras como adjetivo. Recientemente ha empezado a utilizarse también con función de adverbio, como en la frase «es puto horrible».

La palabra «puto» tiene un comportamiento extraño también en otros contextos.[12] Estas dos frases tienen sentido:

> Apaga el ruidoso televisor.
> Apaga el televisor que es ruidoso.

En cambio, estas otras no:

> Apaga el puto televisor.
> Apaga el televisor que es puto.

En las primeras dos frases, «ruidoso» es un adjetivo. En la segunda, parece que «puto» desempeña la misma función, pero no es así, pues no se puede cambiar de lugar como en el caso de «ruidoso».

Fijémonos ahora en la expresión «que te den por el culo». Es una construcción introducida por la conjunción «que» y cuya función es expresar un deseo. Sin embargo, tiene dos particularidades. En primer lugar, el verbo «dar» suele requerir un complemento directo (es decir, aquello que se da), como podemos comprobar en estos ejemplos:

> Dame **ese libro.**
> Le dio **un abrazo.**
> Te doy **la enhorabuena.**

Sin embargo, en el caso de «que te den por culo», el complemento directo está ausente. No se explicita qué es lo que le deseamos al interlocutor que le den (aunque nos lo podemos imaginar).

Otro aspecto curioso de esta expresión es que en ella se puede omitir el artículo «el» que precede a «culo» sin que por ello la frase deje de tener sentido o nos resulte extraña: «Que te den por culo». Huelga señalar que no ocurre lo mismo con otras frases en las que aparecen sustantivos precedidos de «por» (excepto la versión para toda la familia de la expresión que nos ocupa: «que te den por saco»). Por ejemplo, si en «entra por el callejón» omitimos el artículo, nos queda la oración agramatical «entra por callejón».

Esto indica que «a tomar por culo» es una construcción en la que las palabras no siguen las normas gramaticales habituales, lo que contribuye al carácter ofensivo de la frase.*

Podría pasarme así todo el puto día. A algunos eso os parecería de reputísima madre, pero a nadie le parecería «de puta remadrísima». Porque existen ciertas normas sobre el uso de los afijos en las expresiones malsonantes y el lector las conoce, aunque nunca haya leído el legendario ensayo «Periodic Structure and Expletive Infixation» de John J. McCarthy.[14]

«Cojones» tal vez sea una de las palabras más versátiles de nuestro idioma. Desde luego es la más divertida, pues se presta a más usos que ninguna otra. Sin embargo, a la hora de maldecir, no basta con dominar la gramática. Tal como explica Byrne, necesitamos contar con un sofisticado modelo de las emociones de los demás para predecir cómo reaccionarán a nuestras palabrotas.[15] Podemos decir «manda cojones» de manera que destruya una amistad o bien que ayude a conservarla. Podemos decirlo con gracia o con todo lo contrario a gracia.

* Puede encontrarse una reflexión parecida acerca de la expresión inglesa *fuck you* en un artículo con un título que no da muchas pistas sobre su contenido: «English Sentences without Grammatical Subject» [Oraciones inglesas sin sujeto gramatical explícito]. En la década de 1960 circulaba en un panfleto atribuido a un tal Quang Phuc Dong, del Instituto Tecnológico de Hanoi del Sur (cuyas siglas en inglés, oh sorpresa, serían SHIT [«mierda» en inglés]). Su autor real era el lingüista James D. McCawley, que daba clases en la Universidad de Chicago.[13] Era un artículo serio que inspiró investigaciones posteriores sobre las palabras soeces. Sin embargo, hace un uso jocoso de los nombres asiáticos que parece racista hoy en día.

Todo depende del contexto, la elección del momento y el tono. Además, las normas que rigen el buen maldecir están en flujo constante, pues en cierto modo el conjunto de hablantes las va modificando sobre la marcha. Así que no voy a intentar enseñarles a mis hijos a maldecir como Dios manda. Ya aprenderán por su cuenta, mediante un proceso de ensayo, error y observación, como hemos hecho todos. Sin embargo, les daré margen para que practiquen. Algún día me lo agradecerán y dirán que soy un padre cojonudo.

Rex ha hecho grandes progresos desde aquel primer «joder». Solo un año después se ha convertido en un auténtico deslenguado. Lo descubrimos la misma noche que le enseñé a Hank su primer taco.

Estaba contándoles a los chicos anécdotas sobre mis abuelos maternos. No eran buenas personas, sino ruines y egoístas. A Hank y Rex les horrorizó enterarse de que a mi abuelo no le gustaban los niños. No les cabía en la cabeza. Para que se formaran una idea, les dije que solo recordaba una ocasión en la que mi abuelo había jugado conmigo. Yo tenía cinco años, y ellos se alojaron con nosotros unos días. El hombre se sentó en el suelo y me enseñó a jugar a *craps* con los dados. ¿Por qué? Ni idea. No se trata de un conocimiento esencial para un crío. Pero tal vez fue la mejor interacción que tuve con él.

En este punto del relato hice una pausa, porque me percaté de que estaba a punto de soltar una palabrota que Hank no conocía. Le advertí que iba a decir una. Le brillaron los ojos, así que seguí adelante.

La siguiente vez que vi a mis abuelos, salimos a cenar con ellos. Yo estaba deseando volver a jugar con él a los dados, así que le dije: «Cuando lleguemos a casa, ¿echamos una partida de mierda?».

Se puso furioso, conmigo y con mis padres, porque no podían parar de reír. Se pasó días refunfuñando sobre mi lenguaje tabernario. Pero ni se imaginaba hasta qué punto tenía razón. «Mierda» no era más que la punta del iceberg de mi vocabulario. Nunca me oyó gritar el himno de mi padre: «mecagüentodasuputamadre». Ojalá hubiera llegado a conocerme. Creo que me habría querido mucho.*

Qué va, ni de coña. Y eso era lo que intentaba transmitirles a los chicos. Como consecuencia, Hank había aprendido la palabra «mierda», lo que requería una explicación. Le dijimos que era un sinónimo de «caca» y que, en inglés, ese es el significado de la palabra *crap*, un detalle importante para el desarrollo de este relato. Y añadimos que le estaba permitido decirla, siempre y cuando respetara las normas que le habíamos puesto a Rex.

Entonces Julie invitó a Hank a estrenarla.

—Cuando descubres algo que no te gusta, puedes decir «¡ay, mierda!» —dijo—. ¿Quieres probar?

Hank se mostró un poco receloso.

—Ay, mierda —dijo entonces, en una voz casi imperceptible. Se nos escapó una risita y él se encogió bajo la mesa, ligeramente avergonzado. Entonces se enderezó, algo envalentonado—. Ay, mierda —repitió, un poco más alto. Estallamos en carcajadas, y él empezó a dejarse llevar por el entusiasmo—. Ay, mierda. ¡Ay, mierda! ¡AY, MIERDA!

Mientras tanto, la paciencia de Rex se estaba yendo a la mierda. Se había pasado años protegiendo a su hermano de las malas palabras. Eran parte de lo que lo diferenciaba de Hank, lo hacían sentirse más adulto.

Pero Julie y yo nos apuntamos también, porque somos bue-

* Antes de que el lector nos juzgue a mi padre o a mí con excesiva severidad, he de aclarar que mi caso no era en absoluto aberrante. Muchos chiquillos de tres o cuatro años, o incluso más jóvenes, dicen palabrotas. Y las investigaciones han demostrado que para cuando cumplen los cinco o seis, han aprendido una cantidad nada despreciable de ellas, incluidas algunas de las que se consideran tabú.[16] El caso de mis hijos sí que es aberrante: hemos limitado el lenguaje soez en casa de un modo tan eficaz que ellos han tardado más de lo normal en aprenderlo. De hecho, esto me había causado cierta preocupación. Como ya he dicho, quiero que sepan desenvolverse en toda clase de situaciones sociales, incluidas aquellas en las que se hace necesario el uso de tacos. Sin embargo, tal como se aprecia en la historia que estoy contando, mi preocupación era infundada.

nos padres. Los tres coreábamos: «Ay, mierda. ¡Ay mierda! ¡AY, MIERDA!».

Entonces Julie animó a Rex a unirse al coro.

—¡Venga, Rex, estamos participando todos!

¿He dicho ya que somos buenos padres?

Rex se puso como un tomate y se dejó caer debajo de la mesa. Se quedó allí unos instantes. De pronto, cuando el cántico estaba alcanzando un *crescendo*, asomó la cabeza.

—¡Ni de puta coña pienso decir «ay, mierda»!

Julie nunca se había reído tanto. Y yo me quedé impresionado, en parte porque la gracia radica en una distinción que vamos a necesitar un poco más adelante.

Rex declaró que no pensaba decir «ay, mierda». Y, sin embargo, al declararlo, lo dijo. Al menos en cierto sentido.

Los filósofos distinguimos entre el uso y la mención de una palabra. Echemos un vistazo a estas dos frases:

1. Me voy a la tienda.
2. «Tienda» rima con «rienda».

La primera usa la palabra «tienda» para designar un establecimiento donde compramos cosas. La segunda menciona la palabra «tienda» sin usarla. Hace referencia a la palabra en sí, en vez de al establecimiento que denota.

Veamos otro ejemplo:

1. Mierda, he derramado la leche.
2. No deberías decir «mierda» delante de los niños.

La primera frase usa la palabra «mierda», pero no hace alusión a la mierda, sino que se sirve del vocablo para expresar una emoción. En cambio, la segunda no la usa para nada. Simplemente la menciona.

La distinción entre el uso y la mención de una palabra es fundamental en filosofía. A los filósofos no solo nos interesa el mundo, sino también las palabras que usamos para describirlo. Por eso necesitamos un sistema para indicar a qué aluden. La práctica habitual consiste en entrecomillar la palabra que solo estamos mencionando. Por ejemplo:

La palabra «mierda» consta de seis letras.

La broma de Rex aprovechaba esta distinción. Su afirmación de que «Ni de puta coña pienso decir "ay, mierda"» era falsa en cierto sentido, pues sí que lo estaba diciendo. En un sentido distinto era verdad, pues no usó la expresión, sino que se limitó a mencionarla. Esta tensión entre ambos sentidos es lo que hace que la ocurrencia tenga gracia, sumada al hecho de que la frase que Rex sí usó («ni de puta coña») era mucho más fuerte que la que simplemente mencionó.

Eso evidencia un sentido del humor muy refinado. Y es una parte importante de lo que me encanta del Rex actual.

Aunque tengo muchos más años, hay gente que aún me riñe por cómo hablo. Según mi editora, digo demasiado «joder». No pretendo insinuar que esa sea la razón por la que escribí este capítulo. Pero tampoco lo niego. (¡Hola, Ginny!).

¿Por qué soy tan malhablado? Por dos motivos. En primer lugar, es una manera de crear intimidad. Las distintas relaciones se rigen por normas distintas. Cuando digo «joder» delante de alguien, dejo claras cuáles considero que son las normas de nuestra relación. Somos más como compis de campamento que como colegas de trabajo o, peor aún, como desconocidos.

En segundo lugar, digo tacos porque quiero lanzar un mensaje sobre la filosofía: que puede practicarse con una actitud puntillosa y solemne, pero también con una actitud divertida. Y yo me decanto por esta última.

Pero el objetivo de la diversión es poner de relieve una idea seria. La filosofía debe abordar todos los aspectos de nuestra vida, tanto los sagrados como los profanos, e incluso los más banales.[17] Esta convicción fue, en parte, lo que me llevó a escribir este libro. Quiero que el lector se percate de que las cuestiones filosóficas están presentes hasta en las experiencias más prosaicas. Que comprenda que la filosofía es demasiado importante para dejarla en manos de los filósofos. Y que se dé cuenta de que la filosofía es divertida. Porque puede serlo, debe serlo y lo es cuando se hace bien.

No soy el único filósofo que piensa que el uso del lenguaje soez por parte de los filósofos es legítimo. El libro *Sobre la charlatanería (On bullshit)*, de Harry Frankfurt se convirtió en un superventas, contra todo pronóstico. El delgado volumen intenta explicar qué es el *bullshit** y por qué estamos metidos hasta el cuello en él. Es un libro divertido.** Sin embargo, soy aún más fan de otro superventas, *Assholes: A Theory*, de Aaron James. Es justo lo que parece: un intento de explicar qué son los gilipollas y por qué nos resultan tan pesados. Creo que se trata de una lectura esencial para nuestro tiempo.

Los filósofos pueden ser unos sosainas. He oído a más de uno refunfuñar sobre Frankfurt, sobre James... y sobre mí. Nuestra intención solo es llamar la atención, dicen. Pero se equivocan de medio a medio. Sí, creo que la filosofía debería ser divertida y graciosa.

* Literalmente «mierda de toro», aunque podría traducirse como «trolas», «sandeces», «chorradas» o, en efecto, como «charlatanería». (*N. del T.*).

** Pero debo advertir una cosa al lector: es *bullshit*. Frankfurt pretende explicar la esencia del concepto, pero el tipo de *bullshit* que él describe —el que consiste en hablar sin que a uno le importe si lo que dice es cierto— no es más que uno entre muchos. He aquí unos cuantos más: los piscinazos en el fútbol; las malas decisiones de los árbitros; la mayor parte de las reuniones. Incluso si nos ceñimos al contexto lingüístico, buena parte del *bullshit* procede de personas que se jactan de no estar diciendo la verdad. No solo nos bombardean con *bullshit*, sino que además nos venden el *bullshit* de que tenemos que tragárnoslo. Estoy dispuesto a discutir una teoría mejor sobre el *bullshit* con quien me invite a una cerveza.

Pero también creo que debería ayudarnos a comprendernos a nosotros mismos. Somos sagrados y profanos a la vez. La filosofía puede serlo también.

Así pues, estoy a favor de las palabrotas, al menos en algunas circunstancias. Pero creo que hay palabras que no se deben decir. En nuestra sociedad, las expresiones vejatorias son las auténticas palabras tabú. Hablamos mucho de lo inapropiados que son los tacos que empiezan por jota, pero en cambio los soltamos a todas horas. Eso es porque los tacos que empiezan por jota ya no nos indignan tanto. Protestamos de cara a la galería, pero no nos escandalizamos. En cambio, los insultos como «negrata» son en sí un escándalo.[18]

Las expresiones vejatorias conforman un tema de estudio muy de actualidad. Existe un debate entre filósofos (y lingüistas) sobre cómo funcionan, solo en un nivel lingüístico. Por ejemplo, no está claro qué significa que una expresión sea vejatoria. Fijémonos en la siguiente frase:

> Un *kike* escribió este libro.

¿Es verdad? En Estados Unidos, *kike* es una forma despectiva de referirse a un judío. Y yo lo soy. Por consiguiente, algunos filósofos dirían que la frase es cierta, pero aun así no debe decirse, dado el desprecio que destila el hecho de haber elegido esa palabra en lugar de un sinónimo menos ofensivo. Otros filósofos opinarían que la frase es falsa, pues los *kikes* simplemente no existen. Pero esto suscita la pregunta de qué es un *kike* sino un judío.[19]

No quiero entrar en ese debate, pues lo que de verdad me interesa es una cuestión moral: ¿cuándo resulta adecuado usar una expresión vejatoria, si es que alguna vez lo es? Pero resulta que las cuestiones lingüística y moral van ligadas. No es posible responder a la pregunta de orden moral sin saber cómo funcionan las expresiones vejatorias a nivel de lenguaje.

Esto lo aprendí de Eric Swanson, un colega mío de Míchigan. Es profesor de Filosofía y Lingüística, además de un hacha con el kayak. Según él, la clave para entender las expresiones vejatorias está en su relación con las ideologías.[20] Una ideología es un conjunto de ideas,[21] conceptos y actitudes entrelazadas que determinan la manera en que interactuamos con el mundo o con parte de él.

Hay ideologías vinculadas a sistemas económicos, como el capitalismo o el socialismo, o a posiciones distintas del espectro político, como el liberalismo o el conservadurismo. Pero también hay ideologías vinculadas a actividades como los deportes («ganar no lo es todo; es lo único») o el teatro («el espectáculo debe continuar»). Y hay ideologías vinculadas a la opresión: el racismo, el machismo, el antisemitismo y demás.

Tal como indica esta lista, no hay nada intrínsecamente malo o bueno en el concepto de ideología. De hecho, el antirracismo en sí mismo constituye una ideología, estructurada en torno a ideas, conceptos y actitudes que utiliza para encontrarle sentido al mundo (en este caso, en contraposición a cosas como la supremacía blanca, los privilegios o el encarcelamiento masivo). No obstante, las ideologías malas existen. El racismo en Estados Unidos condujo a la esclavitud, la segregación y los linchamientos, entre muchas otras lacras. Es más: resulta imposible imaginar estas lacras sin una base ideológica que considera inferiores a los negros y, por tanto, los hace merecedores de ese trato.

Swanson cree que las expresiones vejatorias sirven para evocar las ideologías; nos las recuerdan, las hacen aflorar a la conciencia para que pensemos en ellas y actuemos en consecuencia.[22] La diferencia entre decir «un judío escribió este libro» y «un *kike* escribió este libro» radica en que la segunda frase evoca la ideología del antisemitismo. Nos invita a pensar en esos términos, a rumiar la idea de que los judíos son seres repugnantes y avariciosos que pretenden dominar el mundo. Porque esa es la ideología en la que la palabra *kike* desempeña una función.

Cuando alguien utiliza una expresión vejatoria como esa, no

solo sugiere esas ideas. También da a entender que no tiene nada de malo emplear esa palabra, es decir, moverse dentro de los parámetros de esa ideología.[23] Invita a otros a adoptar una visión del mundo antisemita. Y esa visión del mundo es perjudicial. Provocó el Holocausto y los pogromos, y sigue siendo la causa de muchos delitos de odio.

Hay ideologías que todo el mundo debería evitar. Nadie debería querer evocarlas, al menos no de una manera que dejara entrever que resultan aceptables. Y eso significa sencillamente que hay palabras que no se deben decir.

A menos que uno tenga una muy buena razón para decirlas. Lo que ocurre a veces. Por ejemplo, no es posible criticar una ideología —u oponerse a ella— sin evocarla. La palabra *nigger* («negrata») aparece en la carta de James Baldwin a su sobrino en *The Fire Next Time*,[24] en la carta que Martin Luther King Jr. escribió desde la cárcel de Birmingham,[25] y en la carta de Ta-Nehisi Coates a su hijo en *Entre el mundo y yo*.[26] En cada uno de estos casos la palabra se emplea para expresar toda la fuerza del odio que hay tras la ideología que representa. Un lenguaje menos crudo habría restado contundencia al mensaje.

Pero quiero dejar clara una cosa: no estoy diciendo que siempre esté bien usar las expresiones vejatorias para criticar o combatir la ideología racista que reflejan. Eso depende, en parte, de quién las use.

Aunque a algunos esto les parece extraño, en realidad no lo es. Como soy judío, puedo usar la palabra *kike*. Al hacerlo evoco una ideología antisemita. Sin embargo, nadie creerá que comparto dicha ideología o que animo a otros a adherirse a ella. Es posible que un gentil emplee esa palabra sin estar de acuerdo con dicha ideología, pero a la gente le costará más distinguir si la apoya o no. Por tanto, tiene sentido que los gentiles intenten evitar el uso de la expresión en la medida de lo posible.

Eso significa que yo puedo decir *kike* y tú no (a menos que seas judío o tengas alguna buena razón para decirlo, como por ejemplo que estás enseñando historia del antisemitismo). Por otra parte, el hecho de que yo pueda decir *kike* no significa que deba, pues, aunque no sea mi intención, evoca una ideología antisemita.

Esto es verdad incluso cuando la gente utiliza las expresiones vejatorias para expresar afecto. Los colectivos oprimidos a menudo intentan reapropiarse de estas expresiones. El caso más logrado es el del término *queer*. Aquellos que en otra época habrían sido blanco de este calificativo ahora lo aceptan e incluso lo prefieren. Para la mayoría, ya no remite a una ideología antigay, sino todo lo contrario.

Sin embargo, muchos intentos de reapropiación son más limitados. Las mujeres que llaman «zorras» a sus amigas no vislumbran un horizonte en el que los hombres hagan lo mismo. Es probable que, en el futuro cercano, este uso de la palabra por parte de los varones siga evocando una ideología machista, lo que implica que sucederá lo mismo con el uso por parte de las mujeres, aunque evoque también una versión inversa de esa ideología. Esto es aplicable también a la palabra *nigger*. En Estados Unidos los negros suelen emplearla como apelativo cariñoso, pero evoca tanto una ideología racista como su versión inversa, sobre todo cuando la pronuncian en presencia de blancos que no simpatizan con su causa.

Esto no significa que la reapropiación esté mal. Hay buenos motivos para que los colectivos oprimidos se reapropien de las palabras relacionadas con su opresión. Les priva de parte de su poder. Y no es casualidad que las expresiones vejatorias suelan convertirse en términos afectivos. El hecho de que una mujer pueda llamar «zorra» a una buena amiga es una prueba de lo unidas que están; tanto, que pueden permitirse modificar el significado de las palabras.

¿Tienen más inconvenientes que ventajas los intentos de reapropiación? No me corresponde a mí decirlo. No formo parte de la mayoría de estas comunidades, así que no soy quién para sopesar los pros y contras (salvo en lo que respecta a la expresión *kike*. Por mí, que se la queden los antisemitas). Los más afectados son quienes deben responder a esa pregunta. Mi intención es que el lector entienda por qué estas cuestiones suelen ser polémicas, incluso en el seno de los colectivos oprimidos.

Algunos opinan que los blancos deberían tener un poco más de libertad para decir «negrata» de la que yo he sugerido (para que quede claro: sugiero que no la tengan casi en ningún caso). Para justificar esta idea, aluden a la distinción entre uso y mención que hemos explicado antes. El argumento es que no debemos usar una expresión vejatoria para referirnos a alguien, pero no pasa nada si simplemente la mencionamos.

Durante mucho tiempo me pareció una diferenciación sensata, y aún me parece válida desde el punto de vista moral. Cuando usamos una expresión vejatoria, suscribimos una ideología opresiva y degradamos a las personas contra las que va dirigida. Solo con mencionar una de estas expresiones, no hacemos ni lo uno ni lo otro. Y esto resulta importante. Usar una expresión vejatoria puede ser muy grave.* En cambio, mencionarla rara vez lo es.

Sin embargo, las menciones tampoco son del todo inocuas, pues no dejan de evocar la ideología que representan. Puede haber buenas razones para mencionar expresiones vejatorias, por supuesto, incluso las más ofensivas. Como ya he señalado más arriba, autores como Baldwin, King y Coates no habrían transmitido su mensaje de forma tan eficaz si hubieran recurrido a eufemismos. La mención esporádica de las expresiones vejatorias está justificada cuando existe un buen motivo. Pero la clave de esta frase está en la palabra «esporádica», pues los buenos motivos no abundan.[28]

Swanson nos ayuda a comprender por qué los blancos deberían

* Swanson sostiene que la gravedad de una expresión vejatoria está en relación directa con el daño que ocasiona la ideología subyacente.[27] Por eso la palabra «negrata» es peor que «blanquito» o «desteñido», y mucho peor que «empollón» o «friqui».

inclinarse por utilizar la paráfrasis «la palabra que empieza por ene» en vez de decir propiamente la palabra que empieza por ene, salvo en casos muy excepcionales. No hay que poner el énfasis en lo que los blancos no pueden hacer, sino en lo que sí pueden hacer. Cuando sustituimos una palabra por una paráfrasis, manifestamos de forma inequívoca nuestra oposición a dicha palabra y la ideología que representa. Decir «la palabra que empieza por ene» en vez del insulto en sí representa un pequeño gesto contra el racismo, pues evidencia nuestra desaprobación hacia él.*

La teoría de Swanson sobre las expresiones vejatorias también nos permite entender mejor por qué las palabras que no son tabú en ocasiones resultan perjudiciales. Cuenta que, en una ocasión, una desconocida que vio cómo se ocupaba de su hijo pequeño le dijo: «Qué bien que ayudes tanto a su madre».[29] Esa frase no contiene ninguna expresión vejatoria. No obstante, al optar por usar el verbo «ayudar», el desconocido evocaba una ideología que asignaba a las madres la responsabilidad principal sobre el cuidado de los hijos y consideraba a los padres como meros ayudantes, en vez de como progenitores con todas las consecuencias. Al decir esto, la desconocida apoyaba esta ideología y animaba sutilmente a Swanson a verse bajo esa misma luz. Sin duda, ella creía que era un comentario amable. En realidad, lo era. Pero se trataba de un tipo de amabilidad que minaba los valores de Swanson y su cónyuge.

De hecho, la teoría de Swanson sobre las expresiones vejatorias no solo nos ilumina respecto al lenguaje. Nos ayuda a comprender por qué nuestros actos a veces resultan reprobables aunque no sea

* Esto es así casi siempre. Si empleamos la perífrasis de forma demasiado ostentosa o con demasiada frecuencia, damos la impresión de que en realidad intentamos evocar la ideología racista en vez de la antirracista. Se puede abusar de los eufemismos tanto como de las expresiones vejatorias. La comunicación es complicada. Las normas rígidas no reflejan los límites éticos importantes, que se encuentran en un flujo constante, pues los significados sociales cambian.

esa nuestra intención. Que un hombre le abra la puerta a una mujer evoca una ideología que considera que los varones deben ser fuertes y caballerosos, y acudir en auxilio de damiselas débiles o sumisas. Según los parámetros de dicha ideología, se trata de una acción bienintencionada. Por eso algunos hombres se quedan perplejos cuando las mujeres rechazan el gesto. Son mujeres que buscan un tipo de respeto distinto, fundamentado en una ideología orientada a la igualdad.

De lo anterior puede extraerse una conclusión general: debemos prestar más atención a las ideologías que conforman lo que decimos y hacemos. Con frecuencia, los actos bienintencionados reflejan y promueven ideologías que debemos rechazar.

—¿Conoces alguna expresión racista? —le pregunté a Rex mientras escribía este capítulo.

—Sí, una. Tú me la enseñaste.

«Ay, madre», pensé.

—¿Cuál?

—«Pieles rojas». Como el equipo de fútbol americano.

Me sentí aliviado. Recordaba aquella conversación. Habíamos hablado de los Atlanta Braves, nuestro equipo de béisbol favorito. Le comenté a Rex que creía que ellos también deberían cambiar de nombre. El equipo asegura que su intención es rendir homenaje a los nativos americanos, y tal vez sea verdad. Pero el problema no es la intención de los Braves, sino aquello que evoca su nombre: una ideología que ve a los nativos americanos como salvajes y cuya imaginería fue reproducida por el equipo durante muchas décadas. Además hay un nombre mejor: dados los problemas de tráfico en la zona del estadio, el equipo debería llamarse Atasco.

—Creo que en *March* he aprendido otra palabra racista —añadió Rex.

March es una serie de novelas gráficas que narra la historia de John Lewis, un superhéroe defensor de los derechos civiles y miembro del Congreso. Si el lector tiene hijos preadolescentes, le recomiendo que les compre un ejemplar. O que se lo compre para él; es buenísimo.

—Es una palabra que los blancos usan para insultar a los negros —dijo Rex.

Entonces la dijo.

Le pregunté qué sabía sobre ella.

Me respondió que era una palabra muy ofensiva, tal vez la más ofensiva que había.

Entonces hablamos de por qué era así. Él ya sabía mucho sobre lo ocurrido, pues lo había leído tanto en *March* como en otros libros. Así que hablamos de por qué la palabra hiere los sentimientos de algunas personas al despertar recuerdos de aquellos sucesos, con todas sus connotaciones dolorosas. Y hablamos de lo irrespetuoso que es pronunciar esa palabra, teniendo en cuento su historia.

Por todas esas razones, le dije a Rex que no debía volver a pronunciarla jamás.

—Lo siento —dijo, compungido—. No lo sabía.

—No te disculpes —le contesté—. Quería que lo supieras. Por eso te lo he preguntado.

SEGUNDA PARTE

EL SENTIDO DE LAS PERSONAS

6

SEXO, GÉNERO Y DEPORTES

Rex y su amigo James corrieron su primera carrera de cinco kilómetros cuando estaban en segundo curso. La completaron en poco más de treinta y cuatro minutos, lo que les valió el noveno y décimo puesto entre sus rivales de ocho años. Fuimos a recibirlos a la línea de llegada, orgullosos solo por haberlos visto correr.

—¿Os habéis fijado en lo que ha hecho Suzie? —pregunté en medio de la celebración. Rex, James y Suzie eran inseparables en segundo. Iban juntos a todas horas, tanto dentro como fuera del colegio.

—No, ¿qué ha hecho?

—Ha llegado la primera —dije—. ¡Y ha sido muy rápida! Ha hecho un tiempo de veinticinco minutos. —Unos segundos menos, en realidad.

—Ha salido antes que nosotros —repuso Rex, como si eso explicara por qué Suzie le había sacado nada menos que nueve minutos.

—Me parece que no os llevaba tanta ventaja —maticé.

—Anda que no —replicó James—. Cuando hemos empezado a correr, ni siquiera alcanzábamos a verla.

—Yo sí que la veía —dije—. Y llevas un chip en el dorsal que registra la hora de salida, así que da igual quién salga primero.

—Ya lo sé —alegó Rex—, pero había mucha gente que no nos dejaba pasar.

—¿Durante nueve minutos? —pregunté.

—No estábamos dándolo todo —se excusó James, desafiante.

—Eso —dijo Rex—. Nos lo hemos tomado con calma.

—Vale —concedí, molesto ante sus pocas ganas de celebrar el triunfo de Suzie—. Pero incluso si hubierais corrido a tope, no habríais sido tan rápidos como Suzie. Es *muy* rápida.

¿Por qué se inventaban excusas los chicos? Porque les había ganado una chica. Y se supone que los chicos no deben perder ante una chica. Esto no es bueno para ellas, pero tampoco para ellos. De hecho, es malo para las chicas en parte porque es malo para los chicos.

La idea de que los niños deben ser mejores en los deportes que las niñas es malo para ellas por razones obvias. Es un remanente de la idea de que a las mujeres no se les da bien la actividad física, lo que durante mucho tiempo sirvió para justificar que se las excluyera de todas las competiciones. Por otro lado, hasta la más leve insinuación de que los chicos deberían ser mejores reduce las oportunidades de las chicas. Si la gente no espera de ellas que sean buenas deportistas, las animará menos y les brindará menos oportunidades de participar. Esto se convierte en una especie de profecía autocumplida. Los chicos resultan ser mejores, no porque posean una ventaja innata, sino porque la sociedad invierte más en su rendimiento deportivo.

¿Por qué es esto malo para los muchachos? La creencia de que tienen que ser mejores que ellas hace que su virilidad dependa de sus aptitudes atléticas. Si un chico pierde frente a una chica, hay muchas posibilidades de que lo consideren poco o nada masculino. Es posible que interiorice tanto esta idea que llegue a creer que tiene alguna tara.

Eso es malo para los chicos, pero resulta que también lo es para las chicas, porque ellos se sienten obligados a defender su masculinidad. A veces excluyen a las muchachas solo para no arriesgarse a perder frente a ellas, o bien restan importancia a los logros femeninos para proteger su sensación de superioridad. Eso supuse que pretendían hacer Rex y James después de la carrera: minimizar la proeza de Suzie a fin de que no representara una amenaza para ellos.

Pero no culpo a los chicos. Ellos no inventaron este sistema. Y aunque defienden su posición en él, esta no solo conlleva privilegios. Muchos niños se sienten presionados para rendir a un nivel que no pueden (o no quieren) alcanzar. Y el fracaso no implica solo verse degradado a la posición menos privilegiada que ya ocupan las niñas. Un chico que no cumple con lo que se espera de un chico no es aceptado como chica; simplemente no es aceptado por nadie.

No son temas abstractos para mí. Yo era el más bajito de mi aula, lo que constituye un problema importante durante las clases de educación física. Ojalá pudiera decir que compensaba mi pequeña estatura con agallas, determinación y una coordinación impresionante, pero lo cierto es que me muevo como un amasijo de piezas de Mister Potato.

Al menos cuando intento realizar algo parecido a una actividad deportiva. No soy torpe; tengo un buen equilibrio y reflejos rápidos. Estoy pasablemente en forma. Pero mi mente no controla por completo mi cuerpo. Soy como una marioneta con los hilos enredados, de modo que todos mis movimientos son un tanto imprecisos. Y cuanto más me esfuerzo por corregirlos, más se enmarañan los hilos.

Me pasé la infancia a un paso de conseguir un rendimiento deportivo aceptable... para un chico. Me consumía la ansiedad cada vez que los capitanes de equipo debían seleccionar a sus jugadores, pues sabía que nos clasificarían con una eficiencia implacable (en serio, los responsables del *draft* de la NBA deberían ser críos de siete años).

Un verano, mi madre me apuntó a un campamento deportivo de una semana. Me pareció bien. Me gustaban los deportes. Simplemente no eran lo mío. El último día los monitores dividieron a los niños en dos equipos para una competición que duraría hasta la noche. A la hora del almuerzo, oí a dos de ellos comentar cómo nos habían separado.

—¿Has elegido a Scott? —dijo uno, en un tono que daba a entender que era una idea ligeramente peor a prenderse fuego.

—Bueno, tenía que escoger entre él o [nombre tachado]. —[Nombre tachado] correspondía a la única chica en el campamento, pero no tenía las cualidades atléticas de Suzie. Aunque desde luego me superaba en altura y fuerza, era una novata en casi todos los deportes. Y no parecía una deportista nata.

—Una decisión difícil —dijo el otro monitor.

—Bueno, pues me he decantado por el chico. Alguna ventaja tendrá.

¡Toma Jeroma! Eso son privilegios, y lo demás, tonterías. Pero no solo privilegios masculinos. A [nombre tachado] no debía de resultarle fácil ser la única chica en el campamento. Y sin duda le habría dolido enterarse de que la habían elegido la última. Pero su condición de chica no estaba en entredicho. Nadie la humillaba por sus dificultades ni insinuaba que estas le restaran feminidad. Porque una chica no tiene por qué ser buena en deportes, ni siquiera en un campamento deportivo.*

No sucede lo mismo con los chicos. Yo no era bueno en deportes, pero aquel monitor me dejó conservar el título de chico. Me alegré de que nadie más lo oyera, porque mis compañeros no habrían sido tan comprensivos.

Rex no guarda los mismos recuerdos que yo sobre la carrera de cinco kilómetros. Su versión merece ser escuchada.

—No fue eso lo que pasó —dijo cuando rememoré el episodio.

—¿Cómo lo recuerdas tú?

—Cuando llegamos a la meta, empezaste a burlarte de nosotros

* Quiero dejar claro que no estoy diciendo que las chicas no se sientan presionadas para rendir en los deportes. Desde luego que sufren esta presión en algunos contextos. La diferencia está en que la falta de aptitudes deportivas no arroja dudas sobre su feminidad.[1] De hecho, las chicas suelen topar con el problema contrario: sus éxitos en el deporte llevan a la gente a poner en tela de juicio su feminidad. No he percibido este fenómeno entre los niños, pero surge durante la adolescencia y no hace más que empeorar a medida que las mujeres ascienden hacia la cumbre de su especialidad deportiva.

porque Suzie era más rápida —me acusó Rex.

—¿De verdad me crees capaz de burlarme de ti por perder frente a Suzie? —pregunté.

—Bueno, esa fue la impresión que diste.

Por si cabe alguna duda: jamás me mofaría de mi hijo por perder ante una chica (como ya habrá notado el lector, algo de sensibilidad tengo respecto a este tema).

Pero entiendo que Rex lo interpretara así. Mis comentarios sobre lo bien que lo había hecho Suzie habían bastado para alimentar su ansiedad. Yo había insistido bastante en ello, porque me parecía importante que celebrara la victoria de Suzie.

Así que entablamos una conversación sobre el asunto, y al igual que en este capítulo, empecé por señalar que a los chicos se les enseña que no deben perder ante las chicas.

—Nadie nos enseña eso —replicó Rex.

—¿Tú crees?

—Bueno, ningún adulto lo dice[2] —matizó Rex, pensativo—, pero a lo mejor es lo que se supone que debemos pensar.

—¿Por qué?

—No sé —dijo Rex—. Supongo que por el modo en que reacciona la gente cuando una chica le gana a un chico. Y por la manera en que están montados los equipos. Me imagino que todos dan por sentado que los chicos deberían ser mejores.

—¿Y son mejores o no?

—No —respondió Rex sin vacilar—. Hay chicas que juegan de miedo al fútbol.

—¿Reciben muchas burlas los chicos que pierden frente a chicas?

—Sí —dijo Rex—. Mis amigos no son muy de burlarse, pero otros chicos sí.

—¿Y las chicas?

—Sí, algunas también se ríen de ti si pierdes frente a una chica.

El sexismo es complicado.

Por lo general es perjudicial para niñas y mujeres, pero también puede serlo para niños y hombres. Y si queremos ayudar a las chicas, tenemos que hacer lo mismo también con los chicos, porque cuando ellos se sienten amenazados, a menudo ellas pagan las consecuencias.

Por otro lado, el sexismo no es solo algo que los chicos practican contra las chicas. También es algo que las chicas practican contra los chicos. Y las chicas contra las chicas. Y los chicos contra los chicos. Todos somos responsables del sexismo, pues vivimos encasillados en roles estructurados por los estereotipos sexuales. Y todos somos víctimas del sexismo, porque nos sentimos presionados para encajar en esos roles.

Retomaremos el tema de los roles un poco más adelante. Pero antes quiero incidir un poco más en la carrera de cinco kilómetros.

Más arriba he comentado que Suzie quedó la primera. Pero Blake también, aunque Suzie lo aventajó en casi un minuto.

Un momento... ¿qué? ¿Cómo es posible que quedara primero quien llegó en segundo lugar?

La respuesta es que Blake es un chico, y los resultados estaban clasificados por sexos. Aunque chicos y chicas habían corrido juntos, en realidad se desarrollaban dos carreras a la vez: la masculina y la femenina.

Lo que nos lleva a preguntarnos: ¿por qué segregamos las competiciones deportivas por sexos? Suzie no necesitaba que le dieran ventaja. Era la chica más rápida de su clase. Pero también la persona más rápida, punto. Podemos plantearnos si otorgarle una medalla de ganador a Blake fue una buena idea. Tal vez concederle una por el segundo lugar les habría enseñado una lección a él y a los otros chicos. Una chica puede subir a lo más alto del podio incluso cuando compite contra chicos.

Creo que es una lección que vale la pena aprender. Y si la carrera de cinco kilómetros no hubiera estado dividida por sexos, los chicos habrían recibido un buen repaso al año siguiente. Suzie dobló su ventaja y le sacó dos minutos al chico más rápido. Además no fue la única chica que cruzó la meta antes que él, que fue tercero en realidad. Y, sin embargo, se llevó a casa la medalla de campeón... del sexo claramente débil, al menos en aquella competición.

Así pues, ¿por qué la carrera de cinco kilómetros estaba segregada por sexos? Para ser sincero, no estoy seguro de que debiera estarlo. No veo ningún motivo para que niños y niñas de la edad de Rex y Suzie no compitan entre sí. Es más, creo que sería positivo que tanto los chicos como las chicas constataran que ellas son tan buenas deportistas como ellos, y con frecuencia incluso mejores.

Sin embargo, esta reflexión tiene fecha de caducidad. Al cabo de poco tiempo, algunos chicos empezarán a adelantar a Suzie. Los míos no. Ni siquiera la mayoría de los chicos. Pero algunos le ganarán, porque el tramo final de la curva de rendimiento físico es un poco más largo en los hombres que en las mujeres, en la mayor parte de los deportes.

En lo más alto, el contraste puede ser muy marcado. Pensemos por ejemplo en la prueba de cien metros lisos. Florence Griffith Joyner ostenta el récord mundial femenino con 10,49 segundos.* Es un tiempazo. Aun así es casi un segundo más que los 9,58 con los que Usain Bolt batió la marca masculina.

Para poner en contexto esta diferencia, cabe señalar que un varón que corriera los cien metros al mismo ritmo que Flo Jo sería tan lento con respecto a los hombres más veloces que habría quedado en el puesto 801 en la temporada de atletismo de 2019.[3] De hecho, apenas destacaría entre los corredores de categoría sub-18; en 2019, más de una docena de chicos menores de dieciocho años corrieron los cien metros en menos tiempo que la mujer más rápida de la historia.[4]

* Esta marca está en entredicho, pues todo apunta a que el anemómetro —instrumento que mide la velocidad del viento— estaba estropeado en el momento de la carrera.[5] Registró una calma absoluta. Sin embargo, una investigación posterior reveló que soplaba un viento más fuerte de lo permitido. Si se borrara esta carrera del registro de los récords, el mejor tiempo correspondería a Elaine Thompson-Herah, con 10,54 segundos.

Hay deportes en los que las mujeres superan a los hombres hasta la edad adulta, desde luego, y enseguida veremos algunos. Sin embargo, hoy por hoy son más bien pocos. Por consiguiente, si no segregáramos las pruebas por sexos, las mujeres rara vez resultarían vencedoras en las principales competiciones. Y, lo que es aún peor, prácticamente no podrían participar en ellas, pues rara vez conseguirían clasificarse.

Es posible que el lector se pregunte: «Bueno, ¿y qué?».

No es una pregunta tonta. Muchas personas se ven excluidas del deporte de élite. Hay jugadores de baloncesto extraordinarios que son demasiado bajos para jugar en la NBA. Hay jugadores de fútbol americano extraordinarios que son demasiado menudos para jugar en la NFL. Hay futbolistas extraordinarios que son demasiado lentos para jugar en primera división.

En algunos deportes se han instaurado medidas para resolver estos problemas. El hermano pequeño de mi abuela era boxeador en la década de 1930. Su nombre de guerra era Benny *Irlandés* Cohen. No era irlandés, pero su entrenador sí. Y un irlandés apellidado Cohen atraía al doble de público.

Benny era un boxeador magnífico. En su mejor momento llegó a ser el número tres en el ranking mundial... en su categoría.[6]

Y es que Benny era peso gallo. Medía un metro cincuenta y siete y pesaba cincuenta y tres kilos. A su lado yo parecería un gigante, cosa que nunca antes había tenido la oportunidad de decir (si me dedicara al boxeo, sería superligero, un calificativo que me viene que ni pintado). Si Benny se hubiera enfrentado en el cuadrilátero a un peso pesado, habría acabado fiambre. Sin embargo, el boxeo divide por peso a los participantes precisamente para permitir que púgiles como Benny puedan destacar.

Además, gracias a esto, el deporte es mejor. Resulta divertido ver pelear a los pequeñines. Son más ágiles que los grandullones, y algunos de ellos muestran un mayor nivel técnico. Los aficionados discuten sobre quiénes son los mejores peleadores «libra por libra». Esta expresión indica que el mejor de dos púgiles podría no ser quien saliera vencedor de un combate real. Es más, muchos consideran a Sugar Ray Robinson el mejor boxeador libra por libra, sin discusión. Fue peso wélter (con sesenta y seis kilos) y luego peso medio (setenta y dos kilos). Los grandes pesos pesados, como Muhammad Ali, lo habrían machacado, pero la división en categorías permitió que Robinson marcara la pauta en el deporte.

Algunos aducen argumentos similares en favor de la segregación por sexos. Si en Wimbledon no se realizaran sorteos separados para hombres y mujeres, el mundo no habría conocido la brillantez de las hermanas Williams.

Esta opinión no es mía, sino de Serena. Cuando le preguntaron si jugaría un partido de exhibición contra Andy Murray, ella respondió: «Para mí, el tenis masculino y el femenino son casi dos deportes totalmente distintos. Si me midiera con Andy Murray, perdería 6-0 y 6-0 en cuestión de cinco o seis minutos, tal vez diez... Los hombres son mucho más rápidos y tienen un saque más potente. Es simplemente un juego diferente».[7]

Que sea diferente no significa que sea peor. De hecho, podría decirse que la versión femenina de algunos deportes es mejor que la masculina. Hay aficionados al baloncesto que prefieren los partidos de la WNBA que los de la liga masculina, porque las mujeres despliegan habilidades distintas. En vez de basarse en los esfuerzos individuales, colaboran más como equipo y ejecutan jugadas ensayadas y defensas estructuradas.[8] De hecho, según algunos, la WNBA ha recuperado una forma de jugar tradicional, más agradecida para el espectador que los partidos plagados de estrellas de la NBA actual. (Comentario al margen: hace poco Rex me preguntó por qué, si el nombre de la WNBA lleva la W de *women* [mujeres], la liga masculina no se llama «MNBA», con M de *men* [hombres]. No le falta razón).

La posibilidad de descubrir a deportistas —o estilos de juego— diferentes constituye sin duda una de las ventajas de la segregación por sexos en el deporte. Pero no puede ser la única razón para practicarla, ni siquiera la más significativa. Para empezar, podemos conseguir estos objetivos por otros medios, como demuestra el boxeo. Podríamos copiar el sistema que se usa en este deporte y establecer categorías por alturas para el baloncesto, por grados de agilidad para el fútbol o por grados de fuerza para el tenis. En cada categoría descubriríamos nuevas estrellas y formas de jugar. Sin embargo, no existe un clamor para ver a tíos bajitos jugar al baloncesto, aunque seguro que resultaría divertido.

Esta explicación de la segregación por sexos presenta otros problemas. No es aplicable a todos los deportes. En el baloncesto de élite, hombres y mujeres juegan de maneras algo diferentes, pero en el caso de los corredores, la segregación por sexos no pone de relieve estilos distintos. Correr rápido es correr rápido, con independencia de quién lo haga.* Esta es la lección que Suzie habría podido enseñar a los chicos si la carrera de cinco kilómetros no hubiera separado a los participantes según el sexo.

Por último, da la sensación de que la segregación sexual en el deporte debe tener algo que ver con la igualdad. No es casualidad que no haya una gran demanda por ver a tíos bajitos jugar al baloncesto, a pesar de que seguramente también basarían más su juego en el trabajo de equipo que en los esfuerzos individuales. No nos parece igual de importante poder presenciar partidos entre hombres de corta estatura que el hecho de que las mujeres puedan competir.

Pero ¿por qué es importante? Para responder a esta pregunta, nos será útil reflexionar sobre por qué concedemos importancia a los deportes. Jane English era una filósofa... y una excelente deportista amateur. Sufrió una trágica muerte a la temprana edad de treinta y

* Por lo visto existen diferencias biomecánicas en la forma de correr de hombres y mujeres, pero se requieren sofisticadas dotes de observación para percibirlas.[9] Además, nuestro interés por ver correr a mujeres no radica en las posibles disimilitudes biomecánicas entre ellas y los hombres.

un años mientras escalaba el monte Cervino.[10] Poco antes de morir publicó un artículo titulado «Sex Equality in Sports».[11]

Según English, la práctica del deporte conlleva dos clases de beneficios: en primer lugar están los «beneficios básicos», que incluyen cosas como la salud, el amor propio y «la pura y simple diversión».[12] English sostenía que todos tenemos derecho a disfrutar de los beneficios básicos del deporte. Se imaginaba a un muchacho llamado Walter, que era mejor luchador que una chica llamada Matilda. La superioridad de Walter, decía, «no es una razón para que Matilda no cuente con las mismas oportunidades de practicar la lucha libre para estar en forma, mejorar la autoestima y divertirse».[13] Es más, English afirmaba que sería injusto disuadir a Matilda de que siguiera ejercitándose en la lucha libre solo porque Walter era mejor.

En su opinión, debemos asegurarnos de que el deporte recreativo esté «al alcance de personas de cualquier edad, sexo, nivel de ingresos y aptitud»,[14] para que todos podamos aprovechar los beneficios básicos de estas actividades. English predicaba con el ejemplo. Era una nadadora, corredora y tenista entusiasta. Unos meses antes de su muerte batió el récord de la carrera de diez kilómetros en su categoría de edad en un torneo local de atletismo.[15]

Al romper esta marca, obtuvo uno de los «beneficios escasos» del deporte; cosas como la celebridad, el dinero y el primer puesto. No todos podemos contar con recibir correo de los fans, decía ella, y mucho menos con llegar los primeros en una competición.[16] En lo que a los beneficios escasos se refiere, el talento importa.

Pero la igualdad también. De hecho, English creía que hombres y mujeres deberían tener las mismas oportunidades para alcanzar la fama y la fortuna mediante la práctica del deporte.

Pero recalcaba que a ninguna mujer en particular le asiste el derecho a ser rica o famosa; ni siquiera a quedar la primera en una competición, aunque cuente con posibilidades de ganar. En cambio, las mujeres *como colectivo* tienen derecho a recibir su parte proporcional de los beneficios escasos del deporte, porque es importante que desempeñen un papel destacado en este terreno.[17]

¿Por qué? Creo que quien mejor ha respondido a esta pregunta es otra filósofa que también fue una magnífica deportista. En 1984, Angela Schneider representó a Canadá en los Juegos Olímpicos de verano en competiciones de remo. Ganó la medalla de plata en la modalidad de cuatro con timonel.[18] Cuando se retiró del remo, decidió dedicarse a la filosofía del deporte, que debe de ser el trabajo más chulo del mundo. Schneider trata temas como el dopaje, el deporte amateur y la relación entre el deporte y el juego.

Tal como señala Schneider, vivimos en un mundo donde impera una desigualdad profunda. A las mujeres «se les niegan de manera sistemática las posiciones de poder y visibilidad».[19] Además, sus «aptitudes y logros» no suelen «recibir el reconocimiento ni la difusión que merecen».[20]

Buena parte del problema reside en el deporte en sí. En nuestra sociedad, nadie despierta más admiración que los deportistas. Sin embargo, solo prestamos atención a un puñado de deportes, la mayoría de los cuales privilegian el cuerpo masculino. Esto resulta negativo al menos en dos aspectos.

En primer lugar, los referentes son importantes. Las niñas necesitan ver a las mujeres triunfar en competiciones deportivas. De lo contrario, tal vez lleguen a la conclusión de que el deporte no es para ellas, lo que las llevará a privarse de los beneficios básicos de la actividad física.

En segundo lugar, conferimos un poder y una influencia inmensos a quienes sobresalen en los deportes. Michael Jordan amasó una fortuna con la que se compró un equipo de la NBA. Hace poco se comprometió a aportar cien millones de dólares a la lucha contra la desigualdad racial.[21] Colin Kaepernick también defiende esa causa. Le bastó con arrodillarse mientras sonaba el himno de Estados Unidos para imprimir un gran impulso al movimiento contra la brutalidad policial. Atrajo la atención del público sobre el tema como nadie más podía hacerlo, pues el foco de las cámaras de la NFL se posaba en él todos los domingos. Y Kaepernick y Jordan están lejos de ser los únicos deportistas que se han esforzado por cambiar las cosas. Muhammad Ali, Magic Johnson, Greg Louganis, Jesse Owens, Jackie Robinson..., la lista de estrellas del deporte que han contribuido a modificar mentalidades es muy larga.

Gracias a la segregación por sexos, muchas mujeres figuran en la lista. Serena Williams, Megan Rapinoe y Maya Moore son algunas de las que se han incorporado a ella en tiempos recientes. Las precedieron Babe Didrikson Zaharias, Martina Navratilova y Billie Jean King.

Esta lista por sí sola es un argumento poderoso en favor de la segregación por sexos en el deporte. El mundo sería un lugar peor sin la inspiración que ofrecen estas mujeres —entre muchas otras—, no solo a las chicas, sino a todos.

No vemos competiciones solo para comprobar quién corre más deprisa o salta más alto. En palabras de Schneider, los deportes «forman y definen la imagen que tenemos de nosotros mismos y de lo que somos capaces de hacer los seres humanos».[22] Los deportistas que enaltecemos nos enaltecen a su vez. Son modelo de valentía, determinación y perseverancia. Hacen frente a la adversidad. Triunfan y luego fracasan, con elegancia o sin ella. Aprendemos de su ejemplo, y por eso es importante que sigamos la trayectoria tanto de hombres como de mujeres.

Si bien Schneider defiende la segregación por sexos, cree que no sería necesaria si en el mundo reinara una igualdad real. Hombres y mujeres podrían competir entre sí en todos los deportes y sobresalir en ellos en la misma proporción.[23]

Para que esto funcionara, chicos y chicas tendrían que recibir el mismo estímulo para participar en alguna actividad física, así como el mismo apoyo a lo largo de su trayectoria deportiva. Además, hace falta una variedad más amplia de deportes, para que las mujeres desarrollen todo su potencial atlético.

Ya existen algunos que dan ventaja al cuerpo de las mujeres. La gimnasia femenina es tal vez el más destacado. Los hombres no se atreven con la barra de equilibrio,[24] pero si lo hicieran, seguramente

Simone Biles se los comería con patatas, pues para dominar el aparato conviene tener un centro de gravedad más bajo.

Por otro lado, Biles no es la única mujer capaz de vencer a los hombres. No sé si el lector habrá oído hablar de Fiona Kolbinger. En 2019 participó en la Transcontinental, una carrera de ciclismo que recorre más de tres mil kilómetros a través de Europa. Es una prueba agotadora; dura más de una semana. Los deportistas están solos. No reciben ayuda de nadie. Además, el crono no se detiene en ningún momento, así que tienen que trazar estrategias para decidir dónde y cuándo dormir y comer. ¿Cómo le fue a Kolbinger? Pues pulverizó a sus competidores y le sacó más de diez horas al hombre que quedó en segundo lugar.[25]

El caso de Jasmin Paris tal vez sea aún más impresionante. Estableció el récord de la Montane Spine Race al completar el trayecto de cuatrocientos treinta y un kilómetros en poco más de ochenta y tres horas. Hizo varios altos a lo largo del camino para sacarse leche materna a fin de prevenir la mastitis. Y, aun así, completó la carrera en doce horas menos que cualquier hombre que hubiera participado en ella.[26]

El hecho de que los nombres de Kolbinger y Paris no sean muy conocidos evidencia una injusticia. Como bien dice Schneider, los logros de las mujeres a menudo pasan inadvertidos. Sin embargo, sus triunfos demuestran que su potencial deportivo no es inferior al de los hombres; solo es distinto.

A mis hijos les encantan los deportes femeninos, simplemente porque son deportes. Se apuntan a ver cualquier competición en la que haya un marcador o un crono.

Algunos de sus héroes son heroínas. Nos pasamos bastante tiempo buscando camisetas de Rapinoe en tallas infantiles durante la Copa Mundial de Fútbol Femenina. Y, aunque estábamos de viaje, hicimos todo lo posible por localizar un televisor en el que ver los partidos.

En medio de uno de ellos, Rex planteó una pregunta que complica todo lo que acabo de argumentar.

—¿Puede una mujer trans jugar al fútbol femenino?

—No conozco muy bien las normas —dijo Julie—. Es un tema polémico.

—¿Por qué?

—Algunos creen que podrían tener una ventaja injusta.

—Yo creo que deberían dejar que jueguen —afirmó Rex. Los demás nos mostramos de acuerdo.

Pero muchas mujeres no están tan convencidas. De hecho, algunas afirman que permitir que las mujeres transgénero participen en el deporte femenino socavaría el objetivo de la segregación por sexos.

Creo que se equivocan y quiero explicar por qué. Pero, para abordar el asunto con las ideas más claras, necesitamos una breve introducción al tema del sexo y el género (si el lector ha cursado un grado en Estudios de género, es un buen momento para que vaya a buscar unas palomitas... o lea en diagonal los siguientes párrafos).

El sexo es una cuestión biológica; está determinado por las características físicas del cuerpo de las personas. Y la cosa no es tan sencilla como nos la enseñaban cuando éramos pequeños, pues no existe una característica única que permita clasificar a las personas en las categorías masculina y femenina. Más bien es un conjunto de atributos el que define a los hombres (cromosomas XY, testículos y genitales externos, entre otros) y otro conjunto de atributos el que define a las mujeres (cromosomas XX, ovarios y genitales internos, entre otros). Sin embargo, hay personas que presentan atributos que corresponden a uno y otro conjunto, o que no encajan en ninguno de los dos. Por lo tanto, no todo el mundo es hombre o mujer; algunas personas son intersexuales.*

Hay quienes usan las palabras «sexo» y «género» como sinóni-

* ¿Cuántas? No es fácil saberlo, pues depende de las características que los investigadores consideran intersexuales.[27] Según las definiciones más estrictas, una de cada cuatro mil quinientas personas entraría en esta categoría. De acuerdo con criterios más amplios, podrían llegar a ser hasta una de cada cien.

mos, pero en realidad no lo son. Y es que el género responde a roles sociales, no a la biología. Una mujer está sujeta a una serie de expectativas sobre qué aspecto debe tener, cómo debe vestirse, caminar, hablar, en qué debe trabajar, qué debe sentir, qué debe pensar y así, *ad infinitum.* A los hombres les ocurre tres cuartos de lo mismo, aunque con expectativas distintas. Y esto también es aplicable a niños y niñas; son la versión alevín de estos roles.

La primera toma de contacto de los padres con todo esto, al menos en relación con sus hijos, se produce con la ecografía que se realiza más o menos en la semana dieciocho del embarazo. Me acuerdo bien de la de Hank. La operadora puso el transductor sobre el vientre de Julie y lo retiró de inmediato.

—¿Seguro que quieren saberlo? —preguntó.

—Sí, estamos seguros —dijo Julie.

—Mejor. Porque se ve claramente.

Colocó de nuevo el transductor, y la imagen se perfiló en la pantalla.

Allí estaba Hank, despatarrado, como diciendo «¿os habéis fijado en mi pene?».

Escribimos esa frase en la foto y se la enviamos por correo electrónico a nuestros familiares.

No, es broma. Pero sí les anunciamos que sería chico. No se lo habíamos dicho cuando Julie estaba embarazada de Rex, aunque en esa ocasión también lo sabíamos. No queríamos que nos llenaran la casa de cosas de chico. Pero, como habíamos perdido esa batalla tiempo atrás, les comunicamos lo de Hank.

Hoy en día hay padres que dan a conocer la noticia durante una «fiesta de revelación de género». No sé muy bien cómo funciona un evento así, porque no estaba de moda cuando tuvimos a nuestros hijos, pero por lo visto hace falta un agente de operaciones especiales para montarlo. De alguna manera, los padres se las arreglan para carecer del dato pertinente, pese a haber estado en la sala de ecografías. Sin embargo, un amigo a quien han pasado ese dato encarga un pastel, glaseado para ocultar el hecho de que es azul (si el bebé va a ser niño) o rosa (si va a ser niña). Conforme avanza la fiesta, la tensión aumenta. Al fin llega el gran momento en que los padres cortan el pastel. Se descubre el color, y los presentes prorrumpen en gritos de júbilo, como si el resultado los entusiasmara, aunque en realidad el otro color habría producido exactamente el mismo efecto.

Bueno, así discurre la versión formal de estos actos. Algunos padres están tan emocionados por el género que lo celebran con explosiones. Por lo menos dos de ellas provocaron incendios forestales.[28] A una persona la mató un cañonazo durante una fiesta de revelación de género,[29] y a otra una bomba casera.[30] No soy muy aficionado a los pasteles de colores raros; los postres deberían consistir en chocolate y punto. Pero que no quepa la menor duda: mejor un pastel rosa o azul que la pirotecnia.

Test rápido: ¿está bien elegido el nombre de las fiestas de revelación de género?

La respuesta es no, para nada. La única información que revela la ecografía es si el feto tiene pene o vagina. O tal vez ovarios o testículos. La pantalla solo muestra atributos físicos del futuro bebé.

O sea que, en realidad, se trata de fiestas de sexo.

Pero no cuesta mucho entender por qué la gente de marketing ha preferido evitar el término. No hay más que imaginar las invitaciones:

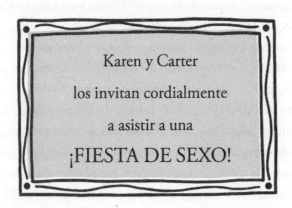

Karen y Carter

los invitan cordialmente

a asistir a una

¡FIESTA DE SEXO!

La abuela seguramente metería la pata al comprar el regalo.

Sin embargo, en el fondo, estas reuniones no son solo fiestas de sexo. También son fiestas de *asignación de género*.

En cuanto se corta el pastel, todos convienen de forma tácita en tratar al bebé (que ni siquiera ha nacido todavía) como si desempeñara un rol social concreto. Si es azul, le compraremos al crío bates y pelotas. Si es rosa, le compraremos a la cría muñecas y vestiditos... y le pagaremos menos que a los hombres que realicen el mismo trabajo.

Eso es lo que significan los gritos de júbilo.

Como dicen los chicos: ¡no hay mejor fiesta que una fiesta de sexo!

Aunque parece que me esté tomando esto a cachondeo, se trata de un asunto serio. Asignamos roles a los niños antes incluso de conocerlos. Y esos roles estructuran buena parte de su vida. Además, pueden resultar bastante opresivos. Basta con recordar todas las cosas que las mujeres han tenido vetadas a lo largo de la historia solo por el hecho de ser mujeres.

Para justificar las limitaciones, la gente a menudo esgrimía el cuerpo femenino. Alegaba que no estaba adaptado para el deporte o para los trabajos que exigían un gran esfuerzo físico porque [insértese aquí alguna incoherencia sobre el embarazo o la regla]. Pero eso es una estupidez. Aunque Serena Williams estuviera embarazada, tuviera fracturado el brazo izquierdo y una gripe de aúpa, seguiría teniendo un cuerpo mejor adaptado para el tenis que el mío. Además no existe nada en el hecho de ser mujer que impida practicar deportes o realizar trabajos que requieran esfuerzo físico.

La relación entre los roles de género y nuestro cuerpo no es tan estrecha como algunos creen. Por otro lado, la relación entre los roles de género y nuestro cerebro tampoco parece muy sólida. La asociación de las chicas con el color el rosa, por ejemplo, es totalmente cultural. No hay más que leer este artículo publicado en

1918 en la revistilla clásica de moda infantil *Earnshaw's Infants' Department*:

> La norma generalmente aceptada preconiza el uso del rosa para los chicos y del azul para las chicas. El motivo es que el rosa, al ser un color más decidido e intenso, resulta más apropiado para los muchachos, mientras que el azul, más delicado y primoroso, luce más bonito en las muchachas.[31]

Una buena manera de quedarse con la gente sería seguir las normas de *Earnshaw's Infants'* a la hora de comprar el pastel para una fiesta de asignación de género.

No estoy insinuando que no exista relación alguna entre el cuerpo, el cerebro y los roles de género. Como padres, claro está, hemos visto a nuestros chicos desarrollar intereses estereotípicos sin que apenas los hayamos animado a ello. Pero resulta muy difícil saber qué señales transmitimos a los hijos, o qué ideas sacan de sus amigos. Y la ciencia también topa con un escollo aquí, pues no es posible realizar experimentos controlados en los que se exponga a niños a un sistema en el que rijan normas de género diferentes. Pero una cosa está clara: el ritmo acelerado del cambio social durante las últimas décadas parece indicar que la cultura desempeña una función mucho más importante en la conformación de los roles de género que cualquier aspecto del cerebro o el cuerpo.

Por esta razón, las feministas abogan desde hace tiempo por la relajación de los roles de género o directamente por su abolición. Los esfuerzos por relajarlos han sido de lo más fructíferos, como atestigua la lista de deportistas femeninas de primer nivel. Y el cambio no se ha limitado a los deportes: hay mujeres líderes en todos los campos en que han incursionado. Siguen encontrando barreras, por supuesto. Y el número de mujeres líderes aún es insuficiente. Pero resulta evidente que las barreras son de naturaleza social, no biológica.

La pregunta de Rex sobre las mujeres transgénero apunta a otro problema sobre la asignación de roles de género rígidos a los niños. Algunos no se identifican con los roles que les atribuimos e incluso se sienten incómodos con las características de su cuerpo que nos han llevado a asignárselos.*[32] Cuando se hacen mayores, algunos chicos transicionan, lo que da pie a la pregunta de Rex: en un mundo en el que se practica la segregación por sexos en el deporte, ¿dónde encajan los deportistas trans?

A pocas personas les preocupa que hombres trans participen en deportes masculinos, aunque algunos han conseguido éxitos.[33] Sin embargo, hay mucho debate sobre si las mujeres trans deberían competir en pruebas femeninas, en parte porque algunos temen que partan con ventaja.

Y tal vez sea así. Joanna Harper es una científica que estudia el rendimiento de los deportistas trans.[34] Cree que las mujeres trans tienen, en efecto, ventaja en algunos deportes..., excepto si reciben terapia hormonal. La clave está en la testosterona.[35] Los hombres suelen tener más que las mujeres, y se cree (o al menos algunos creen) que la diferencia es en gran parte responsable de que sean superiores en fuerza y velocidad.

Harper habla del tema con conocimiento de causa, pues ella misma es deportista trans. Corrió maratones masculinos durante más de tres décadas. Después transicionó, inició el tratamiento hormonal y empezó a competir como mujer. Según ella, los fármacos redujeron en un doce por ciento su velocidad.[36] Sin embargo, sus nuevas rivales también eran más lentas, así que se mantuvo más o menos en la misma posición en el ranking.[38] Harper ha recopilado datos que parecen indicar que su experiencia no es única.[39] Sin embargo, su estudio no está exento de polémica, pues la muestra es

* Según una encuesta reciente de Gallup, el 1,8 por ciento de los miembros de la generación Z (nacidos entre 1997 y 2002) se identifica como trans.[37] Por lo que respecta a la generación X (nacidos entre 1965 y 1980) y los Baby Boomers (nacidos entre 1946 y 1964), solo el 0,2 por ciento manifiesta esta identificación, lo que evidencia un repunte considerable.

pequeña y hay otros factores, como la edad y el entrenamiento, que pueden haber influido en los resultados.[40]

La ciencia en torno a este tema es más confusa de lo que cabría imaginar. A los profanos en la materia nos da la impresión de que la testosterona debería ser muy importante, pues sabemos que los deportistas que se dopan con ella a menudo obtienen mejores resultados. Sin embargo, tal como explican Rebecca M. Jordan-Young y Katrina Karkazis en su libro *Testosterone: An Unauthorized Biography*, no existe una relación sistemática entre la testosterona y el rendimiento deportivo.[41] De hecho, los deportistas masculinos de éxito a veces presentan niveles bajos. Y el hecho de que el dopaje con testosterona mejore la actuación de algunas personas no implica que la hormona segregada de manera natural produzca el mismo efecto, pues es posible que el organismo de un deportista ya se haya habituado a ella.

A pesar de todo, muchos suponen que la testosterona confiere ventaja a las mujeres trans, al menos en algunas circunstancias. Y, como creen que el meollo de la cuestión está en esta sustancia, no solo les preocupan ellas. Algunas mujeres intersex también tienen niveles de testosterona más propios de los hombres, por lo que su participación en el deporte femenino también ha generado controversia.

Las autoridades deportivas no han manejado bien esta controversia. A lo largo de los años han estigmatizado a deportistas al poner en tela de juicio su sexo y género. Y los han sometido a exámenes físicos degradantes. No describiré en detalle las cosas que han hecho, porque en su mayor parte me parecen una ignominia. Por la misma razón, no mencionaré los nombres de las deportistas en cuyas vidas han escarbado.

Pero la pregunta que me interesa plantear es: aun suponiendo que las mujeres transgénero e intersexuales tengan ventaja, ¿eso debería preocuparnos? Harper opina que sí, y es de suponer que las autoridades deportivas están de acuerdo, pues de lo contrario no escrutarían el cuerpo de esas deportistas.

Pero ¿por qué debería preocuparnos? Harper afirma que el propósito del deporte femenino es «proporcionar a las mujeres deportistas la posibilidad de competir en condiciones de igualdad».[42] A su juicio, solo debería permitirse que participen mujeres trans e intersex mientras «no alteren demasiado las reglas del juego para las demás mujeres».[43] Y las autoridades deportivas parecen compartir este punto de vista, pues están dando pasos hacia la implantación del sistema que propone Harper, en el que el requisito clave para la participación en los deportes femeninos serían los niveles de testosterona.[44]

Estos se pueden medir con un sencillo análisis de sangre, lo que supone una solución más razonable que las pruebas invasivas. Aun así me parece una mala idea. Algunas mujeres se verán excluidas... y estigmatizadas. Y, lo que es peor, algunas se sentirán presionadas para tratarse con fármacos que no utilizarían en otras circunstancias, solo para reducir el nivel de testosterona. Y no son sustancias inocuas. Como señalan Jordan-Young y Karkazis, disminuir la testosterona puede provocar «depresión, fatiga, osteoporosis, debilidad muscular, descenso de la libido y problemas metabólicos».[45]

Por otra parte, no debemos olvidar lo que aprendimos de Jane English. Cuando se trata de los beneficios escasos del deporte, ningún individuo tiene derecho a competir en condiciones justas o con reglas del juego equitativas. Estoy seguro de que a los rivales de Usain Bolt no les pareció que tuvieran muchas oportunidades de ganar, ni tampoco a quienes se midieron con Michael Phelps cuando estaba en el cénit de su poderío. Y, sin embargo, nadie sugirió que Bolt o Phelps abandonaran a fin de que los demás hombres pudieran participar en condiciones de igualdad.

Para quienes practican el deporte con fines recreativos, sí que es importante que compitan en condiciones de igualdad. Alguien que llega siempre el último en las carreras no se divierte, y además es posible que no desarrolle sus habilidades. Si una persona quiere obtener el máximo beneficio de la actividad física, es fundamental que compita con personas de su mismo nivel. Sin embargo, ningún deportista de élite puede insistir en este punto. Veronica Ivy lo ha dejado claro.[46] Es transgénero y campeona de ciclismo. En los últimos años ha batido récords mundiales para su categoría de edad en pruebas de velocidad. Y... es filósofa.

Ivy observa que los cuerpos de los deportistas presentan muchas diferencias, en estatura, peso, musculatura y demás. La mujer que consiguió la medalla de oro en salto de altura en los Juegos Olímpicos de 2016 medía veinte centímetros más que la que quedó en décimo lugar.[47] Sin duda esto le confería cierta ventaja. Pero a nadie le pareció que la competición fuera injusta por ello. ¿Por qué hemos de tratar de manera distinta las diferencias en los cuerpos de los transgénero?

Ivy denuncia también que a menudo tampoco se permite que las mujeres trans compitan en deportes masculinos, sobre todo cuando su transición ha recibido reconocimiento legal.[48] Excluirlas del deporte femenino implica excluirlas del deporte en general. Esto es malo por el motivo que aduce English: todo el mundo debe gozar de los beneficios básicos de la actividad física. Y también es malo por el motivo que expone Schneider: los deportistas trans deben tener acceso al poder y la influencia que brindan los deportes.

Creo que deberíamos dejar de preocuparnos por los atributos físicos del cuerpo de las personas y segregar los deportes por géneros, no por sexos. Si una persona se considera mujer, debería tener derecho a participar en deportes femeninos.* [49]

* ¿Seguiría opinando lo mismo si las mujeres trans llegaran a predominar en el deporte femenino? Se me antoja una hipótesis descabellada y por eso la he relegado a una nota al pie. Hay pocos motivos para creer que las mujeres trans acabarán por sustituir a las cisgénero en los deportes; ya participan en ellos, y las mujeres cis se mantienen firmes. Pero ¿y si me equivoco? Creo que supondría un problema, pues daría a entender que el éxito deportivo está reservado para personas que nacieron con determinadas partes del cuerpo. Es una idea que intentamos erradicar. Si las deportistas trans acaban por desplazar a las cis, tendremos que buscar nuevas maneras de incluir a todo el mundo en el deporte. Pero dudo que lleguemos a ese extremo.

Pero un momento: si se permite que una persona compita como mujer solo porque afirma serlo, ¿no cabría esperar que los hombres se hicieran pasar por mujeres solo para alcanzar la gloria en el deporte? No. Los hombres no pueden conquistar la gloria que les interesa compitiendo como mujeres.[50] Ha habido algunos casos sospechosos en el pasado. Pero, en retrospectiva, parece probable que las personas implicadas fueran intersex.[51] Que los hombres finjan ser mujeres para ganar medallas no es un problema real.

A menos que sea así como vemos a las mujeres trans e intersex: como hombres que fingen ser mujeres. Por desgracia, así es como mucha gente las ve. De modo que quiero dedicar un momento a explicar por qué esto es un error.

Existe una diferencia entre interpretar un papel e identificarse con él. En el videoclip de *The Man*, Taylor Swift representa el papel de un hombre. Va vestida como un hombre, camina como un hombre e incluso se despatarra en el metro como un hombre. Pero Swift simplemente está actuando. No se identifica con el papel.

Yo también interpreto un rol de masculinidad, todos los días, con mi forma de vestir, de andar, de hablar y mil cosas más (pero no con mi forma de sentarme en el metro; no sé qué gracia le encuentran algunos a despatarrarse). La diferencia estriba en que, para mí, no se trata solo de una interpretación. Me identifico con el rol. Me considero un hombre, no una persona que finge ser un hombre.

Las mujeres trans e intersex no interpretan un rol. Se identifican con él. Se ven a sí mismas como mujeres. Y así deberíamos verlas nosotros también.

Por supuesto, alguien podría reservar la palabra «mujer» para referirse solo a seres humanos nacidos con ciertos órganos. Sin embargo, al utilizarla de esa manera, se limitan las posibilidades vitales de las personas al insistir en que se ciñan al rol que otros eligieron para ellas basándose simplemente en las características de su cuerpo.

Eso es sexismo. Y el hecho de que este uso de la palabra «mujer» venga de antiguo no es una razón para mantenerlo.

Robin Dembroff me ayudó a comprender mejor esta cuestión. Imparte clases de Filosofía en Yale. Escribe sobre el género: qué es y cómo funciona. Según Dembroff, en los debates sobre el género suele reinar cierta confusión. Mucha gente da por sentado que la palabra «mujer» tiene un solo significado, y cada uno intenta hacer prevalecer su interpretación preferida. En realidad hay muchas maneras de definir esta categoría, pues existen muchos conceptos distintos de mujer.[52]

Una vez que tenemos esto claro, podemos plantearnos una nueva pregunta. En vez de preguntarnos qué *es* una mujer, podemos preguntarnos qué concepto de la categoría debemos *utilizar*. ¿El que nos cataloga según los órganos con los que nacemos, o el que respeta nuestra autoidentificación?

Hay un campo de la filosofía que se denomina «ética conceptual».[53] Se ocupa de investigar qué categorías debemos usar para entender el mundo. Pensemos, por un momento, en el matrimonio. Es habitual que quienes se oponen al matrimonio entre personas del mismo sexo afirmen que un matrimonio es *únicamente* la unión de un hombre con una mujer. Desde luego es una forma de verlo, la que imperó durante mucho tiempo. Pero existe una manera más inclusiva de entender esta categoría. Podemos considerar el matrimonio como la formalización de una relación de pareja.

Una vez exploradas las opciones, podemos preguntarnos: ¿qué concepto del matrimonio debemos utilizar? La respuesta puede variar según el contexto. En una comunidad política comprometida con la igualdad de derechos hay motivos para decantarse por la visión inclusiva; permite que la gente se case con quien quiera sin limitaciones en función del sexo. Por el contrario, una iglesia puede tener motivos religiosos para preferir la visión más tradicional.

Si discutimos sobre lo que *es* un matrimonio, solo uno de los lados puede tener razón. En cambio, si reformulamos el debate —de modo que gire en torno al concepto que conviene *utilizar*—, tal vez consigamos satisfacer a ambos lados. Imaginemos, por ejemplo, una comunidad política comprometida tanto con la igualdad de derechos como con la libertad de culto (como por ejemplo la nuestra). Podría establecer que, a efectos legales, el matrimonio se entendiera según la definición inclusiva. Al mismo tiempo podría conceder libertad a las comunidades religiosas para enfocar el matrimonio de acuerdo con su tradición.

¿Y qué ocurre con las mujeres? También en este caso existe una interpretación inclusiva de la categoría... y una restrictiva. Podríamos preguntarnos qué *es* en realidad una mujer, pero esta pregunta pasa por alto algo importante: que el género es lo que nosotros decidimos que sea. Se trata de una categoría social, no biológica. Por lo tanto, resultaría más adecuado preguntarnos qué concepto de mujer debemos utilizar.

En mi opinión, deberíamos optar por el inclusivo. Si respetamos la autoidentificación, más personas tendrán la oportunidad de llevar una existencia más fiel a sus sentimientos..., y menos personas se verán obligadas a vivir una impostura.[54]

Sin duda el lector habrá oído el eslogan «las mujeres trans son mujeres». Si interpretamos el concepto «mujer» de la manera inclusiva, se trata de la simple constatación de un hecho. Sin embargo, la frase es también una invitación para que aquellos que aún no están convencidos utilicen la palabra en ese sentido.

Deberíamos aceptar esta invitación, tanto en los deportes como en el mundo en general.

Tenemos que introducir una última complicación en el relato. Hemos estado reflexionando sobre los deportes masculinos y femeninos. Sin embargo, no todo el mundo se identifica como hombre o como mujer. Sobre todo entre la gente joven existe un grupo reducido pero creciente que desafía los roles de género tradicionales. Se hacen llamar «no binarios».*

* Según una encuesta realizada en 2015 por el Centro Nacional para la Igual-

Estas personas tienen motivos distintos para incluirse en esta categoría. Muchas sienten que no encajan en los roles masculino o femenino. Algunes, como Dembroff, tienen una razón adicional: abrazan esta identidad como una forma de hacer una declaración política.[55] Elle denuncia las maneras en que los roles de género estructuran nuestra vida. Al negarse a asumir uno como propio, aspira a reducir la presión que estos roles ejercen sobre nosotros.

El proyecto de Dembroff puede ayudarnos a entender por qué los roles de género cambiantes causan incomodidad. Hay muchas razones, claro está, como la hostilidad hacia quienes son diferentes. Pero la complejidad que ha alcanzado la cuestión del género provoca desconcierto incluso entre personas bienintencionadas. Creo que eso está muy relacionado con lo determinante que es el género en nuestra vida.

Los roles sociales están por todas partes. Y no podríamos desenvolvernos sin ellos. Aclaran cómo debe actuar cada uno en contextos diferentes. Además, nos proporcionan un guion para nuestras interacciones. Cuando entro en un restaurante, busco al jefe de sala, la persona que puede ayudarme a conseguir una mesa. Cuando entro en un aula, identifico al profesor, la persona con mayor responsabilidad. Si veo que alguien tiene problemas en una piscina, aviso al socorrista, la persona formada para prestar ayuda.

Los roles de género también desempeñan estas funciones. Imaginemos que estamos en una fiesta y conocemos a alguien. ¿Cómo afecta su género a las suposiciones que hacemos sobre sus responsabilidades familiares, su vida profesional, sus intereses o simplemente la experiencia que está viviendo en aquel momento? El género no es una brújula perfecta, por supuesto, pero nos ayuda a formarnos una idea de nuestro interlocutor antes de abrir la boca.

El género influye también de maneras más sutiles en nuestra forma de interactuar. Como le gusta señalar a Julie, empleo un

---

dad Transgénero, poco menos de una tercera parte de quienes se identificaban como transgénero se autodenominaban no binarios.[56]

tono más suave con las mujeres, más profundo con los hombres y aún más profundo con los desconocidos que llaman por teléfono (una costumbre que adquirí cuando era preadolescente y detestaba que me confundieran con mi madre). También adopto posturas corporales distintas según el género de la persona que tenga delante. Si es hombre, tiendo a mantenerme firme, tanto en sentido literal como figurado. No me gusta que me mangoneen. Con las mujeres guardo más las distancias, sobre todo si no las conozco. Me preocupa enviar señales equívocas si me acerco demasiado.

Cuando no somos capaces de detectar el género de alguien, topamos con un pequeño obstáculo. Nos cuesta un poco más interactuar, debido a la ausencia de muchas de las pistas habituales. Dembroff *quiere* que topemos con ese obstáculo para que nos paremos a pensar y luego nos preguntemos si es de recibo que el género cumpla una función tan importante en la organización de nuestras relaciones sociales.[57] Elle cree que sería más conveniente que nos relacionáramos entre nosotros como personas, más que como hombres o mujeres.

¿Y qué ocurre con los deportes? ¿Deberíamos competir *como personas*, en vez de como hombres y mujeres? Creo que no, al menos por el momento. Vivimos en un mundo estructurado por el género, y es probable que esto no cambie en un futuro próximo. Tal como hemos visto, el deporte femenino es necesario para que las mujeres disfruten de los beneficios de la actividad física.

¿Y qué hay de los deportistas no binarios? ¿Dónde encajan? Es una pregunta difícil. Podríamos dejar que cada uno eligiera la competición en la que va a participar.[58] Sin embargo, esto los obligaría a marcar una casilla correspondiente al género, cuando su objetivo es evitarlo. Podríamos instituir una categoría de género neutro. Sin embargo, hoy por hoy no parece haber deportistas suficientes para justificarlo.

Que yo sepa, no existe una buena solución... aún. Pero estoy convencido de que nuestros hijos darán con ella. En cuestiones de género, la sociedad está transicionando a medida que aprendemos a contemplar nuevas posibilidades. A los más jóvenes les resulta más fácil, pues no están lastrados por prejuicios de otras épocas. Tengo fe en que harán del mundo un lugar más justo e inclusivo, tanto en el ámbito del deporte como fuera de él.

Mientras concluía este capítulo, Hank estaba sentado a mi lado, leyendo.

—¿Sobre qué escribes? —preguntó.

—Sobre los chicos, las chicas y el deporte.

Mi respuesta pareció desconcertarlo.

—¿Deporte? Pero ¿no era un libro de filosofía?

—Claro. Todo tiene que ver con la filosofía. Estoy escribiendo sobre si los chicos y las chicas deberían practicar deportes juntos. ¿Tú qué opinas?

—Que sí —dijo Hank—. ¿Por qué te está llevando tanto tiempo?

—No sé cómo terminar el capítulo.

—Yo sé cómo —aseveró Hank.

—¿Ah, sí?

—Pues claro. Primero dices algo superinteresante, y luego escribes «Y entonces...», pero no añades nada más, para obligar a la gente a pasar la página.

Y entonces...

7

RAZA Y RESPONSABILIDAD

El Museo Henry Ford en Dearborn, Míchigan, es alucinante. A menos que vayas en un grupo de tres. Entonces no es alucinante, sino lo siguiente. Por otro lado, es una mierda porque, aunque está lleno de coches, camiones, aviones y trenes, no te dejan tocar nada, excepto —por motivos que se me escapan— el autobús en el que Rosa Parks protagonizó su legendario acto de protesta. No solo puedes tocar el autobús, sino también subir a él y sentarte. Es más, puedes ocupar el asiento en el que viajaba Rosa Parks. Y si vas con otras dos personas, los tres os sentaréis en él. Y en todos los demás. Luego, durante el trayecto de vuelta a casa, cada uno irá sentado en su sitio y comenzará el aluvión de preguntas.

—¿Por qué Rosa Parks no quiso irse a la parte de atrás del bus?

—¿Por qué Rosa Parks no obedeció al conductor?

—¿Por qué iba sentada Rosa Parks en medio del bus?

Vuestro padre os explicará que Rosa Parks estaba aguantando a pie firme en defensa de sus derechos... y los de todos los negros. Esto dará lugar a más preguntas.

—¿Por qué Rosa Parks estaba de pie en el bus?

—¿Por qué Rosa Parks no se sentó?

—¿Por qué iba Rosa Parks en el bus?

Conforme os gane el sueño, vuestras preguntas tomarán un tinte cada vez más existencial.

—¿Por qué Rosa Parks?

—¿Por qué Rosa Parks en el autobús?

—¿Por qué?

Llegados a ese punto, vuestro padre se acercará a una librería y comprará *I am Rosa Parks.*[1] Porque es importante hablar de la raza con los niños. Y no habíamos empezado con buen pie.

Como a Rex le gustó el libro, nos hicimos con un ejemplar de *I Am Martin Luther King Jr.*[2] y luego de *I Am Jackie Robinson.*[3] Después conseguimos *When Jackie and Hank Met*, que no solo aborda el tema del racismo, sino también el del antisemitismo.[4] En el mundo del béisbol. Eso sí que es un *home run*.

Dichos libros nos encaminaron por la buena senda. Rex aprendió mucho acerca de la historia del racismo en Estados Unidos y los héroes que lucharon contra él. Fueron lecciones muy oportunas. El revuelo levantado en torno a la brutalidad policial imprimió un nuevo impulso al movimiento Black Lives Matter, y Rex se enteró de las protestas a través del periódico y la televisión. Así descubrió que los héroes aún no han concluido su labor. Y que necesitamos a más.

Lo que nos lleva a una mañana, muchos meses después, en que Rex realizó una importante declaración durante el desayuno.

—Ojalá fuera negro —dijo.

Le pregunté por qué.

—Porque los blancos tratan muy mal a los negros. Y eso me pone triste.

—Hay muchas cosas por las que ponerse triste —expliqué.

—Ojalá no hiciéramos esas cosas.

El anuncio de Rex no me pilló por sorpresa. Habíamos leído muchos libros con protagonistas negros... y villanos blancos. Por eso quería ser negro. También quería un gato. Tenía un montón de deseos que no podían cumplirse.

Pero fue su última frase la que me dejó de piedra: «Ojalá no hiciéramos esas cosas».

Es una simple oración. Que expresa un sentimiento simple. Pero nótese el subtexto, ese «hiciéramos».

Con ese verbo en primera persona del plural, Rex daba a entender que se consideraba corresponsable de las injusticias sobre las que habíamos leído, como la esclavitud y la segregación.

Muchas personas blancas no usarían la primera persona del plural al hablar de dichas injusticias. Se quedarían calladas, o en todo caso dirían: «Ojalá no hicieran esas cosas». No se responsabilizarían de aquello que critican. Las cosas malas son obra de otros, lo que implica que les corresponde a ellos arreglarlas. Pero ocurre que esas personas están muertas, así que mala suerte, la cosa no tiene arreglo.

Rex, en cambio, se consideraba parte del grupo que había obrado mal. Y lo más sorprendente es que solo tenía cuatro años en aquel entonces. Si había alguien con derecho a presumir de un historial moral limpio, ese era Rex.

Pero él no lo veía así. Su «blanquitud» era algo degradante para él. Tanto, que habría preferido no ser blanco.

¿Tiene razón Rex? ¿El hecho de ser blancos nos degrada?

No es una pregunta fácil. Para responderla, primero tendríamos que aclarar en qué consiste nuestra blanquitud. Rex es blanco, no negro. Pero ¿qué significa ser blanco o ser negro? Todos tenemos una idea intuitiva a la que nos remitimos en nuestra vida diaria. Pero no es fácil definir el concepto de raza. De hecho, algunos piensan que es algo que no existe.

Y según algunos criterios, está claro que es así. Muchos creen que la raza es una cuestión biológica, lo que tiene sentido, pues a menudo identificamos la raza de una persona en función de sus características físicas externas. Nos fijamos en la piel, el cabello y ciertos rasgos faciales. Sabemos que, en gran parte, son heredados. Y durante mucho tiempo la gente pensó que estas particularidades superficiales ponían de manifiesto diferencias más profundas, que bastaba con fijarse en el color de la piel de una persona, por ejemplo, para inferir cosas como su capacidad cognitiva o su personalidad.[5] Y, lo que es más, creían que las diferencias más profundas se debían a factores biológicos y no a otras causas como las circunstancias sociales.

Sin embargo, la biología no funciona así.[6] Apenas existe una correlación entre los marcadores raciales superficiales —la tez, el pelo o las facciones— y otras características. La historia está plagada de intentos de demostrar lo contrario, todos eran pamemas.[7] En palabras de Craig Venter, líder del Proyecto Genoma Humano: «No hay nada en los datos científicos o en el código genético humano que respalde la idea de que el color de la piel puede ser predictivo de la inteligencia».[8] Esto es aplicable también a la personalidad, claro.

Es más, podemos hacer una afirmación aún más contundente: la raza no divide a las personas en subespecies biológicamente significativas. Hay rasgos más frecuentes en algunas razas que en otras, pero dentro de cada grupo racial se dan muchas variaciones. De hecho, en lo que a genes se refiere, los grupos raciales presentan una diversidad interna casi tan grande como la humanidad en su conjunto.[9]

Todos formamos parte de la misma familia..., o por lo menos del mismo árbol genealógico. Según algunos estudios, todos los seres humanos actuales tenemos un antepasado común que vivió hace solo unos pocos miles de años.[10] Si esto se le antoja extraño al lector, vale la pena dedicar un momento a estudiar cómo funciona el asunto de la ascendencia.[11] Tenemos dos padres, cuatro abuelos, ocho bisabuelos y así sucesivamente. Podemos seguir repitiendo esta operación, pero no tardaremos en topar con un problema. El número aumenta de forma exponencial. Si nos remontamos treinta y tres generaciones atrás (un salto de entre ochocientos y mil años), las matemáticas nos dirán que cada uno de nosotros tiene más de ocho mil millones de ancestros. Pero en aquel entonces no había tanta gente. Ni siquiera hoy en día somos tantos.

El enigma resulta fácil de resolver. En cada árbol genealógico hay muchas personas que ocupan múltiples posiciones. Al principio se va expandiendo, pero al cabo de no muchas generaciones tiene que empezar a contraerse. Tal como explica el genetista Adam Rutherford, «Es posible que tu tatara-tatara-tatara-tatarabuela fuera también tu tía tatara-tatara-tatarabuela».[12] En efecto, si trazáramos el árbol genealógico de todos hasta una altura suficiente, llegaríamos a un punto en que compartiríamos todos los antepasados.

Esto no debería sorprendernos. Todos descendemos de una única población que vivía en África Oriental hace unos cien mil años.[13] Pero no hace falta retroceder tanto para dar con el momento en que los ancestros de todas las personas que vivimos en la actualidad eran los mismos. De hecho, algunos estadísticos creen que el «isopunto genético», como ellos lo llaman, se sitúa hace unos siete mil años, o quizá menos.[14]

Desde entonces nos hemos extendido por todo el planeta, viviendo en comunidades que no siempre tenían contacto entre sí. Como consecuencia, los científicos han descubierto que hay poblaciones en las que se concentran ciertos rasgos. Sin embargo, cuando estudian nuestra especie, no perciben una división rígida en un número reducido de razas con diferencias tan marcadas como la gente imaginaba.[15]

De hecho, los grupos que presentan particularidades científicamente relevantes no coinciden con nuestra noción habitual de raza.[16] Mi pueblo —los judíos askenazíes— es bien conocido entre los asesores genéticos, pues ciertas afecciones, como la enfermedad de Tay-Sachs, se dan con mayor frecuencia en esta comunidad. Sin embargo, no por eso nos consideramos una raza. Casi todos somos blancos, denominación que abarca también a los amish y los irlandeses, dos grupos que los genetistas categorizan como poblaciones diferenciadas. Entonces ¿por qué metemos a todos esos grupos en el mismo saco? La ciencia no tiene respuesta para esta pregunta. Las denominaciones raciales no se basan en diferencias significativas desde el punto de vista biológico.

¿Significa eso que en realidad las razas no existen? En cierto sentido, sí. La idea de raza que presupone que los seres humanos pueden clasificarse en un puñado de grupos biológicamente distintos que presentan disimilitudes sociales significativas es simplemente errónea. Cuando los filósofos descubrimos que una categoría está vacía, decimos que debe enfocarse desde la «teoría del error». Es una forma pomposa de decir «ahí va, qué metedura de pata» y luego intentar explicar cómo se produjo este fallo. En lo relativo a la raza como concepto biológico, «ahí va» sería la reacción más adecuada..., si no fuera por las consecuencias catastróficas que ha tenido esta idea.

Pero el caso es que las ha tenido y aún las tiene. Y estas consecuencias hacen necesaria una nueva manera de pensar sobre la raza. Podemos verla como un concepto no biológico, sino social y, más concretamente, como un concepto que establece una jerarquía entre grupos de personas.[17] Desde esta perspectiva, ser negro significa ocupar una posición social determinada, estar sometido a ciertas formas de dominación, como la esclavitud, la segregación o el encarcelamiento masivo. W. E. B. Du Bois dio en el clavo al expresarlo con esta frase tan sucinta: «El hombre negro es la persona que en Georgia tiene que viajar en el vagón para negros».[18]

Si los negros son quienes están obligados a viajar en esos vagones, ¿quiénes son los blancos? Los que no están obligados. O tal vez quienes los obligan a ello. Desde esta óptica, la blanquitud no es más que el negativo fotográfico de la negritud. En efecto, podría decirse que la blanquitud solo existe como contraste con la negritud. El comercio de esclavos llevó a América a personas de diferentes zonas de África. Antes de eso no compartían una identidad común. Pero se les asignó una en el Nuevo Mundo: la de negros. Y su identidad requería la existencia de otra en oposición a ella. Al etiquetarlos como negros, otras personas pasaron a ser blancas.[19] No fue un proceso pacífico. En palabras de James Baldwin: «Nadie era blanco antes de llegar a América. Hicieron falta varias generaciones y una dosis considerable de coacción para que este llegara a ser un país de blancos».[20]

La naturaleza social de estas categorías se refleja también en el modo en que cambian. Los inmigrantes procedentes de Europa no siempre fueron considerados blancos, al menos no desde un primer momento. A los italianos, por ejemplo, se los veía casi como negros, sobre todo si procedían del sur de Italia. De hecho, los linchaban por motivos racistas.[21] El 12 de octubre se instituyó en Estados Unidos como Día de Colón como parte de un esfuerzo por incluir a los italianos en la historia del país de manera que pasaran a ser considerados blancos.[22] Dio resultado. En la actualidad, los inmigrantes italianos y sus descendientes son blancos sin el menor asomo de duda, según el concepto de raza imperante en Estados Unidos.

Las dinámicas sociales son mucho más complejas de lo que se desprende de esta historia condensada, claro está. Y no he mencionado a los nativos americanos, asiáticos, nativos de las islas del Pacífico o cualquier otro de los grupos catalogados como razas diferenciadas en Estados Unidos.* Pero no hace falta analizar el panorama general para entender lo esencial: el concepto biológico de raza no se sostiene. Sin embargo, eso no ha impedido que la raza desempeñe un papel importante en nuestras relaciones sociales.

Hay quienes, para reflejar este hecho, dicen que la raza es un «constructo social».[23] Se trata de una afirmación un poco tramposa porque, en cierto sentido, todos los conceptos son constructos sociales, incluidos los científicos. Pensemos un momento en Plutón. Duran-

* Tampoco he hablado de cómo se conciben las razas en otros lugares del mundo. Según el filósofo Michael Root, «la idea de raza no es universal. Hombres que son negros en la Nueva Orleans actual habrían sido cuarterones de mulato en la América colonial o blancos en el Brasil de hoy. Sócrates no pertenecía a raza alguna en la antigua Atenas, aunque en Minnesota sería blanco».[26] El hecho de que la idea de raza no sea universal evidencia su arbitrariedad y que se trata, en el fondo, de un fenómeno social, no científico.

te mi infancia, era un planeta. De pronto dejó de serlo. ¿Qué cambió? Plutón no, desde luego. Sigue siendo la misma bola de hielo y roca que fue siempre, con una masa seis veces más pequeña que la de la Luna. El cambio tuvo que ver con nosotros. Decidimos adoptar un nuevo concepto de los planetas que excluía a Plutón.

¿Por qué? Bueno, al echar un buen vistazo, descubrimos que hay otros objetos del tamaño de Plutón a las afueras de nuestro sistema solar.[24] Esto nos obligó a tomar una decisión. Podíamos englobarlos a todos dentro de la categoría de planetas, en cuyo caso resultarían ser muchos más de los que pensábamos, o bien modificar nuestra definición de lo que es un planeta. Los científicos se inclinaron por la segunda opción y etiquetaron a Plutón y sus amiguitos como planetas enanos. En parte lo hicieron para preservar la idea de que los planetas son objetos fundamentales del sistema solar. Ahora, para merecer la denominación, un cuerpo celeste tiene que haber sido capaz de «limpiar su órbita» de cuerpos similares.[25] Y este no es el caso de Plutón. Hay muchos otros pedruscos girando en esa órbita, no alrededor del propio Plutón, sino del Sol.

El concepto de planeta es un constructo humano. Y a medida que hemos aprendido más sobre nuestro sistema solar, hemos ido reconstruyéndolo. Pero no nos engañemos: los planetas existen. No son un invento nuestro. Creamos la categoría, pero los objetos que encajan en ella existen con independencia de nosotros.

El caso de las razas es distinto. Cuando alguien afirma que son un constructo social, quiere decir que no existirían si no las hubiéramos inventado. Pero lo mismo ocurre con las pelotas de baloncesto, la cerveza y los puentes, cosas que poseen una existencia independiente de nosotros. Lo que hace que el caso de las razas sea distinto es que *no son nada más* que un constructo social.

¿Significa eso que las razas no son reales? No, son muy reales. Comparémoslas con las deudas. Podemos pedir una hipoteca o un préstamo para la compra de un coche. Estamos hablando de constructos sociales. Nuestras deudas no existen al margen de nosotros; si desapareciéramos de pronto, lo mismo ocurriría con las deudas.

Las deudas son ideas que estructuran las relaciones sociales. Y son reales. Es más, pueden llegar a ser devastadoras.

Lo mismo sucede con la idea de raza. Constituye una manera de estructurar las relaciones sociales. Y, al igual que las deudas, puede ser devastadora.

Así que vale la pena preguntarnos: ¿es posible prescindir de ella?

Mucha gente cree que sí. De hecho, algunos piensan que ya la han superado.

«Yo no me fijo en el color de la piel», aseguran.

Pero todos sabemos que no es verdad. Hasta los niños más pequeños se fijan en el color de la piel. Y a menudo reaccionan de un modo que avergüenza a sus padres.

«Ese hombre es moreno», dijo Hank en más de una ocasión cuando era solo una criatura. También Rex. La piel es un órgano muy visible del cuerpo humano. Sería difícil pasar por alto que se presenta en muchos tonos distintos. Y cuando Rex y Hank eran pequeños, veían a muchas personas de tez clara porque pasaban una parte del día en casa y la otra en la guardería del Centro de la Comunidad Judía. Durante un tiempo ver a alguien con un color de piel diferente representaba una novedad para ellos. Así que hacían comentarios al respecto. Los niños son así.*

Cuando esto ocurría, les enseñábamos varias lecciones. En primer lugar, que existen muchos tonos de piel distintos. De entrada, nos limitábamos a constatar este hecho sin más explicaciones. Sin embargo, las etiquetas causaban cierta confusión. «En realidad no tengo la piel blanca —nos corregía Hank, como si nos hubiéramos equivocado—. Es más bien rosa, tirando un poquito a marrón».

En segundo lugar, les enseñábamos que el color de la piel no

* Cuando empezamos a tener estas conversaciones, aún no habíamos leído el clásico de Beverly Daniel Tatum *Why Are All the Black Kids Sitting Together in the Cafeteria?*[27] Es una lástima, pues hay un capítulo titulado «Los primeros años» que anticipa esta clase de diálogos y aporta modelos que ayudan a encauzarlos.

importa. No hay dos cuerpos idénticos: unos son anchos, otros delgados; unos altos, otros bajos. Tenemos diferentes los ojos, el cabello y la piel. Pero nunca debemos tratar a alguien de un modo distinto debido a estas diferencias.

En tercer lugar, les enseñábamos que el color sí que importa, un montón. Cuando decíamos lo contrario, nos referíamos a que no importa desde el punto de vista moral. Pero por supuesto que importa desde el punto de vista social.

Si se me permite, quisiera aportar unos datos.

En Estados Unidos, la familia negra media posee menos de un quince por ciento del patrimonio que posee la familia blanca media.[28] Los trabajadores negros tienen una tasa de desempleo dos veces superior a la de los blancos y menos probabilidades de encontrar un empleo acorde con su formación.[29]

Invertimos más dinero en la educación de los niños de los distritos escolares predominantemente blancos; unos dos mil doscientos dólares más por alumno al año.[30]

Los blancos viven más que los negros; unos 3,6 años, según los estudios más recientes.[31] Además reciben mejor asistencia sanitaria.[32]

Por último, en Estados Unidos los negros tienen muchas más probabilidades de pasar un tiempo en la cárcel que los blancos. En 2015, el 9,1 por ciento de los hombres jóvenes negros del país estaban presos, mientras que solo lo estaba el 1,6 por ciento de los hombres jóvenes blancos.[33]

Todos estos datos guardan relación entre sí. Es más, se refuerzan unos a otros. Pero además son reflejo de una larga y vergonzosa historia que empezó con la esclavitud pero no acabó ahí.

Por ejemplo, la desigualdad económica es consecuencia del *redlining*, una serie de prácticas discriminatorias que limitaban las posibilidades de los afroamericanos de aumentar su patrimonio por medio del acceso a una vivienda propia. Es un testimonio de violencia, como la masacre racial de Tulsa (en la que se destruyó un distrito comercial que muchos conocían como el Wall Street Negro),[34] y también de la discriminación cotidiana.

Las disparidades en el sistema judicial penal delatan una voluntad deliberada de vigilar y castigar a los negros con más severidad que a los blancos. Por poner solo un ejemplo, la tasa de consumo de drogas entre blancos y negros es más o menos similar. Sin embargo, la probabilidad de que un negro sea detenido por delitos relacionados con las drogas es casi cuatro veces mayor.[35]

No les hablábamos de estas estadísticas a nuestros hijos cuando eran pequeños, pero sí les explicábamos que nuestra sociedad tenía un largo historial de trato indigno hacia los negros.* Y les enseñábamos que los malos tratos no eran cosa de otras épocas, sino que formaban parte del presente.

¿Podemos dejar atrás la idea de raza? Tal vez, pero no es tan sencillo como decir que hay que abandonarla. Si queremos vivir en un mundo en el que la raza carezca de importancia, tenemos que eliminar las desigualdades. No basta con declarar que no las vemos.

¿Deberíamos dejar atrás la idea de raza? No cabe duda de que hay que erradicar esas desigualdades. Pero algunos consideran valiosa la idea de raza, pese a su sórdida historia.

Chike Jeffers es un filósofo que estudia la cuestión de la raza. Está de acuerdo en que tiene su origen en la opresión.[36] De no ser por la esclavitud, quizá no habríamos dividido a las personas en blancos y negros. Pero eso no quiere decir que dichas etiquetas solo resulten significativas en un contexto de opresión. En Estados Unidos, los negros sufren «estigmatización, discriminación, margina-

* Si el lector tiene la sensación de que no sabe mucho acerca de la historia racial de Estados Unidos más allá de los conceptos básicos —la esclavitud y la segregación—, un buen punto de partida para informarse mejor sería el artículo «The Case for Reparations», de Ta-Nehisi Coates, publicado en *The Atlantic* en 2014 (pronto tocaremos el tema de las medidas de reparación, así que leer el artículo sería matar dos pájaros de un tiro). Explica el peso de nuestra historia —y la opresión que ha supuesto para los afroamericanos— de forma más esclarecedora que cualquiera de las lecturas que me mandaban en la escuela pública de Georgia. Cuando mis hijos estén para leerlo, se la recomendaré.

ción y situaciones de desventaja».[37] Sin embargo, Jeffers nos recuerda que «la negritud tiene su atractivo».[38]

El atractivo reside en la cultura negra: la música, la literatura y el arte negros.[39] Emana de las tradiciones y ritos religiosos de los negros. Está bien presente en la forma de hablar, vestir y bailar de los negros. En esta etapa de la historia, la negritud conecta a las personas con una herencia cultural rica y diferenciada. Aunque la identidad hunde sus raíces en la opresión, su importancia va más allá de eso.

Kathryn Sophia Belle incide en esta idea. Es la directora y fundadora del Collegium de Mujeres Negras Filósofas, una organización que aspira a servir de altavoz a un colectivo claramente infrarrepresentado en el mundo de la filosofía. Al igual que Jeffers, Belle opina que «la raza no es solo una categoría negativa utilizada como instrumento de opresión y explotación».[40] Para los negros, es también una «categoría positiva que conlleva un sentimiento de afiliación o pertenencia, recuerdos de lucha y superación, y una motivación para abrirse camino y dirigir esfuerzos hacia la consecución de nuevos ideales y logros».[41]

Jeffers y Belle quieren erradicar el racismo, pero también que la cultura negra sobreviva y florezca. Relacionarnos como iguales, alegan, no implica prescindir de las identidades raciales.

¿Y qué ocurre con la blanquitud? ¿Tiene su atractivo también? ¿Deberíamos aspirar a que la cultura blanca sobreviva y florezca? Creo que no. Y quiero dedicar un momento a explicar por qué.

La belleza de la cultura negra radica en parte en el modo en que reacciona a la opresión... y la trasciende. La historia negra nos dio el jazz y el hip-hop; a Maya Angelou y James Baldwin; a Sojourner Truth y Martin Luther King Jr., entre muchas otras figuras y cosas. Cuando ensalzamos a escritores, activistas y manifestaciones artísticas como pertenecientes a la cultura negra, los relacionamos con esa historia, con la lucha y la superación a las que aludía Belle.

La cultura blanca carece de toda esa belleza. Nació del otro lado de la opresión.

Podemos ensalzar a personas que *son* blancas, de eso no cabe duda. Y es lo que hacemos: admiramos a escritores, artistas, deportistas y demás. También podemos celebrar la cultura de comunidades que además resulta que son blancas: irlandeses, italianos, alemanes y judíos, entre otros. Pero la idea de celebrarlas *por ser blancas* resulta repugnante.

La blanquitud se forjó sobre el dolor de otros pueblos.[42] Y tiene poco recorrido más allá de eso. Es fuente de privilegios, desde luego, pero no de significado.

Hay quienes no piensan así. Se enorgullecen de ser blancos. Pero cometen un error. Representan lo peor de la blanquitud precisamente porque la defienden.

La blanquitud, en efecto, es degradante. Y hemos visto un motivo importante por el que lo es: a diferencia de la negritud, no puede dejar atrás sus orígenes.

Nos queda un largo camino por recorrer, pero cuando llegue el día en que ser blanco no forme parte relevante de la identidad de nadie, deberíamos alegrarnos.

Rex no captaba todos estos matices cuando tenía cuatro años. Se había formado una visión simple a partir de las historias sobre derechos civiles que leíamos. Los personajes negros eran buenos; los blancos, en su mayoría, malos.* Por eso quería ser negro.

Como ya he comentado, esto no me sorprendió. Lo que me llamó la atención fue la segunda parte de lo que dijo Rex: «Ojalá no

* En *Why Are All the Black Kids Sitting Together in the Cafeteria?* (pp. 119-120), Tatum recalca la importancia de presentar a los niños modelos positivos de blancos en el contexto de las conversaciones sobre las razas. Para nosotros, el primer modelo fue Hank Greenberg, que protagoniza junto a Jackie Robinson el libro que he mencionado antes, *When Jackie and Hank Met*. Volveremos a hablar de él en breve.

hiciéramos esas cosas». Con ello daba a entender que se consideraba miembro del grupo que había mostrado un comportamiento reprobable y manifestaba su pesar por los actos cometidos.

¿Tiene sentido eso? Como he dicho al principio, muchos blancos no utilizarían la primera persona del plural como hizo Rex. Si quisieran expresar su pesar por las injusticias sobre las que habíamos leído —la esclavitud y la segregación—, habrían empleado la tercera persona. Y es fácil entender el porqué. Esas injusticias se cometieron hace mucho tiempo y ellos no estuvieron implicados de forma directa en los hechos.

Por supuesto, muchos blancos que aún viven tienen pecados por los que responder. El racismo no es agua pasada, aunque muchas de sus manifestaciones más inhumanas lo sean. La discriminación sigue siendo una lacra enorme en nuestra sociedad, y no pretendo minimizar este hecho. Las personas son responsables de sus propios actos.

Pero me gustaría plantear una pregunta: ¿los blancos son responsables de las barbaridades del pasado, como la esclavitud y la segregación, simplemente por el color de su piel? En otras palabras: ¿la raza es causa de responsabilidad?

He aquí un argumento en favor de la idea de que no lo es.

La responsabilidad moral es una cuestión personal. Cada uno de nosotros es culpable de sus propios pecados, no de los perpetrados por otros. Como he mencionado en el capítulo 5, mi abuela materna no era buena persona. Trataba mal a sus hijos y a sus hermanos. Yo heredé sus genes, pero no sus faltas. No tendría sentido achacarme a mí las cosas malas que hacía ella. Culpamos a alguien cuando sus actos revelan defectos de su carácter.[43] Y los actos de mi abuela no revelan nada sobre el mío.

Esto es aplicable también a injusticias históricas como la esclavitud y la segregación. No hablan bien de las personas implicadas, pero sus actos no pueden servir de base para atribuir la culpa a nadie más, incluidos los blancos actuales.

Creo que es un argumento sólido hasta cierto punto, pero no podemos darnos por satisfechos, pues la responsabilidad no es solo una cuestión personal. A veces incriminamos a grupos, al margen de los individuos que los integran. Pensemos, por ejemplo, en Boeing. La aeronáutica abarató costes en el diseño de sus aviones 737 MAX.[44] Se estrellaron dos y murieron cientos de personas. Podemos culpar a Boeing por ello. Se suponía que la compañía debía velar por la seguridad de sus aeronaves. No lo hizo. Y este fallo reveló un defecto en su carácter: que priorizaba los beneficios sobre las personas.

¿Por qué atribuir la culpa a Boeing y no, por ejemplo, a los individuos que tomaron las decisiones correspondientes? Si podemos identificar a los individuos responsables, también podemos considerarlos culpables. Y así debería ser. Pero Boeing es algo más que la suma de sus partes. A diferencia de cualquier individuo, Boeing puede fabricar modelos 737. Por otra parte, puede garantizar la seguridad de sus aviones, cosa que tampoco puede hacer un empleado por sí solo.

Estoy casi convencido de que en mi calle hay una mayor densidad de filósofos del derecho (per cápita) que en ninguna otra calle del mundo. De los nueve residentes habituales, tres son filósofos del derecho a tiempo completo (sin contar a Rex y Hank, que entre los dos podrían sumar un cuarto). Will Thomas es uno de esos filósofos. Vive en la casa de enfrente a la nuestra. Los niños lo obligan a estar disponible en todo momento para jugar con ellos a algo que llaman fútgolf. Pero, además de eso, tiene un trabajo serio. Thomas da clases en la facultad de Empresariales de Míchigan y estudia los castigos que imponemos a las grandes empresas.

Durante mucho tiempo no les imponíamos ninguno. Cuando Estados Unidos era un país joven, se podía castigar a los individuos que trabajaban para una empresa, pero no a la empresa en sí. Esto cambió hacia finales del siglo XIX. ¿Por qué? Según Thomas, las empresas cambiaron.[45] Adoptaron una organización interna distinta, con lo que adquirieron mayor complejidad que nunca. Si una tienda de comestibles familiar defrauda al fisco, lo más probable es que el responsable sea algún miembro de la familia. Sin embargo, Boeing cuenta con más de cien mil empleados, por lo que la responsabilidad de las tareas complicadas como el diseño y las pruebas de los aviones está repartida entre cientos de ellos.

Debido a esta distribución del trabajo es posible que el origen de los fallos de Boeing no sea rastreable hasta un empleado en particular. Pueden ser resultado de múltiples errores que, por sí solos, no habrían tenido mayor importancia si los otros empleados hubieran cumplido con su deber. Incluso podemos imaginar casos extremos en que la empresa se comporte de manera indebida sin necesidad de que ningún individuo obre mal. El problema podría residir en la organización o el sistema de dotación de personal de la compañía. En casos así, solo la empresa, y no los individuos que trabajan para ella, es imputable.

Pero incluso cuando se demuestra que los empleados han actuado de forma incorrecta, es posible que la compañía sea responsable también. Esto se debe a que cabe considerarla un agente moral independiente. Boeing posee la capacidad de actuar conforme a razones, y podemos juzgar su carácter en función de lo bien o lo mal que lo haga.

¿Podemos culpar a los blancos como colectivo, del mismo modo que culpamos a Boeing? No. Cuando hablamos de los blancos, nos referimos a un conjunto de individuos, no a una empresa. Los grupos raciales no son algo más que la suma de sus partes. No poseen una organización interna que les permita tomar decisiones colectivas. Los individuos blancos son responsables de sus actos, pero el grupo no tiene una responsabilidad al margen de sus miembros.

Si tenemos en cuenta todo lo anterior, la respuesta a nuestra pregunta es: no, la raza no es causa de responsabilidad. No se nos pueden achacar las acciones de otros solo porque formemos parte del mismo grupo racial. Y eso significa que pocas personas blancas que viven en la actualidad son responsables de iniquidades del pasado como la esclavitud o la segregación.

Sin embargo, los blancos deben *asumir* responsabilidad sobre ellas.

Hay una diferencia entre *ser* responsable y *asumir* responsabilidad. Sin duda el lector conocerá a alguien que obró mal pero se negó a reconocerlo o a enmendar su falta. Esa persona no estaba asumiendo responsabilidad sobre sus actos, lo que supone otro tipo de fallo en sí mismo.* Por eso les enseñamos a nuestros hijos que cuando se equivocan, deben admitirlo y corregir el desacierto en la medida de lo posible. De lo contrario vuelven a caer en un error.

En general debemos asumir la responsabilidad cuando somos efectivamente responsables de algo. Pero también es posible, y en ocasiones conveniente, hacerlo cuando no lo somos.

Al menos eso opina David Enoch, otro filósofo del derecho.[46] Da clases en la Universidad Hebrea de Jerusalén, así que no vive en nuestra calle. Es una pena, porque me encanta discutir con él. Discrepamos prácticamente en todo, y a menudo me deja la preocupante sensación de estar equivocado. No se le puede pedir más a un adversario intelectual.

Pero Enoch tiene razón en este caso (que nadie le cuente que he dicho esto). Uno puede asumir la responsabilidad incluso sin ser responsable, y a veces debe hacerlo. Los padres suelen encontrarse en esta situación. Supongamos que tu hijo está jugando en casa de otro chiquillo y rompe algo. Es posible que sea culpa tuya. A lo mejor no le enseñaste a tener cuidado con las cosas de los demás. Pero lo más probable es que no hayas hecho nada malo. Por muy buenos padres que seamos, los críos no siempre son cuidadosos. A pesar de ello, tal vez creas que debes pedir disculpas y ofrecerte a arreglar lo que se ha roto. Es decir, quizá te sientas obligado a asumir la responsabilidad, pese a no ser responsable.

* «Asumir responsabilidad» no significa lo mismo aquí que en el capítulo en que analizábamos las objeciones de Robert Paul Wolff a la autoridad. Él propugnaba que la gente debe responsabilizarse antes de actuar, sopesando los motivos y tomando una decisión. En este caso nos referimos a asumir la responsabilidad después de actuar: admitir nuestros errores.

¿Por qué? Me parece una pregunta interesante. Como progenitores, no queremos que nuestro hijo cause problemas a otras personas. En parte, esto es así por motivos pragmáticos. Nos interesa que el chaval vaya a jugar a casa de otros para gozar de un poco de tranquilidad en la nuestra (o para que tenga amigos, da igual). Si no reparamos sus estropicios, o al menos nos ofrecemos a hacerlo, tal vez no vuelvan a invitarlo. Pero no creo que se trate solo de una cuestión de egoísmo. De hecho, me parece fuera de lugar la actitud de los padres que se niegan a asumir responsabilidad sobre los problemas ocasionados por sus vástagos.

Sin embargo, no sé muy bien por qué. Esta es la mejor explicación que se me ocurre: no queremos que la generosidad de otras personas les acarree un contratiempo inesperado. Si accedes a cuidar de mi hijo, estás aceptando una carga y teniendo un gesto amable conmigo. Tendré que devolverte el favor en algún momento. Pero si el gesto te sale caro —por ejemplo, porque mi hijo rompe algo—, no bastará con devolver el favor para restaurar el equilibrio. Al asumir responsabilidad, me aseguro de que no acabes perjudicado por tu amabilidad.*

Este fenómeno —el de responsabilizarnos cuando no somos responsables— no se limita a los padres. Es más, Enoch expone un ejemplo que resulta instructivo respecto al tema de las razas. Se imagina a una persona que está decepcionada por algo que ha hecho

* El asunto se complica aún más, porque seguramente deberías rechazar mi oferta de pagar por los destrozos. Entre amigos, las cuestiones de dinero son delicadas. De hecho, una buena señal de camaradería es no mantener una cuenta estricta de quién le debe cuánto a quién. Si lo que ha roto mi hijo es un objeto de poco valor, deberías decirme que no me preocupe, al menos si quieres conservar la amistad (o entablarla). Creo que la cosa cambia si se trata de un objeto caro, o si reponerlo supondrá una molestia considerable para ti (en cuyo caso tal vez tengas que pensar en tu propia responsabilidad por haberlo dejado al alcance de los niños). Estas situaciones en las que una persona está obligada a hacer una oferta y otra está obligada a declinarla me parecen fascinantes porque demuestran los complejos matices de las relaciones humanas. En este caso tengo que intentar asumir la responsabilidad sobre algo de lo que no soy responsable y tú tienes que rechazar mi propuesta para que ambos mostremos la actitud adecuada hacia el otro.

su país, como declarar una guerra que ella considera injustificada.[47] Puede que no sea culpa suya, que no votara a los políticos que están al mando. Tal vez incluso se haya manifestado contra la guerra. Aun así, sugiere Enoch, ella debería asumir responsabilidad sobre la cuestión. Esto puede traducirse en pedir perdón por la guerra o en trabajar para mitigar sus efectos. No sería de recibo que ella se lavara las manos del asunto solo porque no lo apoyó.

Creo que la situación de los blancos es comparable. Da igual si colaboramos con la segregación, protestamos contra ella o ni siquiera habíamos nacido cuando se practicaba. No podemos desentendernos de ella solo porque no seamos responsables. Debemos asumir responsabilidad.

¿Por qué? Hay una vieja máxima del derecho consuetudinario que reza: *Qui sentit commodum, sentire debet et onus*, lo que significa: «Quien obtiene el beneficio también debe soportar la carga». Se recurre a ella para zanjar algunas disputas sobre la propiedad, pero creo que el principio también es válido en este caso. Los blancos ocupamos una posición de privilegio en lo alto de una jerarquía social que no debería existir. Por tanto, nos corresponde poner de nuestra parte para abolirla.

El segundo motivo es más sencillo y aplicable a todos, con independencia de su raza. La explica Isabel Wilkerson en su reciente libro *Casta: el origen de lo que nos divide*. Ella visualiza Estados Unidos como una casa muy bonita por fuera, pero que tiene problemas por dentro. Hay «grietas por tensión, paredes inclinadas y fisuras en los cimientos».[48]

La culpa no es de los residentes actuales. Tal como observa Wilkerson: «Mucha gente alegaría, con razón: "Yo no tuve nada que ver con el origen de esto. Los pecados del pasado no son cosa mía. Mis antepasados no atacaron a los pueblos indígenas ni tuvieron esclavos"».[49] No se equivocan, pero eso da igual. Hemos heredado la casa, lo que nos convierte en «propietarios de sus cosas buenas y sus defectos. No erigimos las columnas ni las vigas torcidas, pero ahora nos pertenecen y nos toca apechugar con ellas».[50]

Podemos dejar que la casa se caiga a pedazos... o podemos arreglarla.

¿Qué debemos hacer si queremos arreglarla? No existe una respuesta fácil para esta pregunta. Sin embargo, una de las medidas más potentes que podemos tomar es hablar con nuestros hijos. Los blancos debemos educar a nuestros vástagos sobre el racismo, no solo en el pasado, sino también en el presente. Cuando los chicos vieron las protestas de Black Lives Matter en los noticiarios, conversamos con ellos sobre el hecho de que la policía a veces mata a personas negras sin una buena razón o directamente sin razón alguna.

Fue una lección difícil de enseñar... y de asimilar. A Hank, en particular, le costó hacerse a la idea de que los policías pudieran ser los malos.

—Si la policía hace algo malo —dijo—, otros policías los detienen. —Era una pregunta tanto como una afirmación.

—Los policías que matan a personas negras rara vez son castigados —respondí, y en ese momento advertí que él perdía un poco de su inocencia.

Los buenos son los buenos. Los malos reciben su merecido. Así sucede en los cuentos. Pero no en el mundo externo a ellos.

Por muy duras que nos resultaran estas conversaciones, no tienen comparación con las dificultades que afrontan los padres negros al hablar con sus hijos sobre la raza. Cuando Hank me pide confirmación de que la policía no le hará daño, puedo dársela. Los padres negros no pueden ofrecérsela a sus hijos. Tienen que enseñarles a ir con cuidado, y saben que nada de lo que les digan los protegerá por completo del peligro.

Hace poco estaba charlando con mi amigo Ekow Yankah, otro filósofo del derecho y experto, entre otras cosas, en vigilancia policial y castigo. Mantuvimos un diálogo sobre los desafíos a los que nos enfrentábamos —como padres blanco y negro, respectivamente— cuando charlábamos con nuestros hijos sobre el tema de la raza. Para mí, lo principal es conseguir que mis críos sean conscientes de las ventajas que tienen por el hecho de ser blancos y lo injusto que es que las tengan, así como que acepten su responsabilidad de hacer del mundo un lugar más equitativo.

Para Yankah, los retos son mucho más acuciantes. Tiene que preparar a sus hijos para la hostilidad con que se toparán; debe ayudarlos a asumir que esto no es justo y a reflexionar sobre todo ello, a encontrarle sentido a algo que en realidad carece de él.

Centra buena parte de su atención en una pregunta: ¿qué deben sentir los negros hacia un país que los ha tratado tan mal durante tanto tiempo?

Algunas respuestas son evidentes: tristeza y rabia. El rechazo también podría estar justificado. Sin embargo, Yankah no llega hasta ese extremo ni es lo que desea para sus hijos. La historia de Estados Unidos aún se está escribiendo, arguye. Ha sido una historia aciaga para los afroamericanos, al menos hasta ahora; siglos de una opresión que ha cambiado de forma, pero que nunca se acaba. No obstante, sí que ha habido avances que pueden servir como punto de partida, como la semilla de algo mejor.

La inspiración de Yankah procede del famoso discurso de Frederick Douglass «¿Qué significa el Cuatro de Julio para el esclavo?». En las primeras frases, Douglass rinde homenaje a Estados Unidos —sus fundadores y sus principios fundacionales— en términos que resultan sorprendentes para un exesclavo:

> Los firmantes de la Declaración de Independencia eran hombres valerosos. También grandes hombres..., estadistas, patriotas y héroes, y en virtud tanto de sus buenas obras como de los principios por los que batallaron, me uno a vosotros para honrar su memoria.[51]

Y son palabras sinceras: Douglass ensalza las virtudes de aquellos hombres y su lucha por la libertad.

Sin embargo, poco después declara que el país no ha sabido estar a la altura de sus ideales iniciales. «El valioso legado de justicia, libertad, prosperidad e independencia que os dejaron vuestros padres ha pasado a vuestras manos, no a las mías».[52]

Douglass no se muerde la lengua. Describe la esclavitud como «el gran pecado y la gran vergüenza de Estados Unidos»[53] y responde a la pregunta que da título a su discurso con una acusación demoledora:

> ¿Qué significa el Cuatro de Julio para el esclavo norteamericano? Mi respuesta: un día que le revela, más que ninguna otra efeméride del año, la injusticia y la crueldad flagrantes de las que es víctima incesante. Para él, vuestra celebración es una farsa; vuestra cacareada libertad, una licencia infame; vuestra grandeza nacional, pura vanidad henchida; vuestras manifestaciones de júbilo, huecas y sin alma; vuestras denuncias de los tiranos, descarada insolencia; vuestro clamor de libertad e igualdad, una burla vacua; vuestras oraciones e himnos, sermones y acciones de gracias, con toda vuestra ostentación y solemnidad religiosas no son para él más que muestras de pomposidad, una estafa engañosa, impía e hipócrita; un fino velo con el que disimular crímenes que deshonrarían hasta a una nación de salvajes.[54]

A pesar de todo, al final del discurso, Douglass añade: «No pierdo la esperanza en este país».[55]

¿Por qué no? Alude a los «nobles principios» expresados en la Declaración de Independencia... y mantiene abierta la posibilidad de que algún día Estados Unidos esté a la altura de estos ideales.

Cuando Yankah habla con sus hijos, intenta seguir el ejemplo de Douglass. No se muerde la lengua. No obvia la enormidad de la injusticia ni intenta minimizar su impacto. Pero también quiere que sus críos sepan que el progreso es posible. La idea de la igualdad no es ajena a nuestro país; está plasmada en nuestros documentos fundacionales. Estamos por debajo del listón que estos fijaron, pero la historia aún no ha llegado a su fin, ni tampoco la lucha.

Le pregunté a Yankah qué le gustaría que aprendieran mis hijos.

—Muy fácil —dijo—: que no basta con ser amable. —Desde

luego, es importante que seamos amables unos con otros, pero si hacemos creer a los niños que esa es su única obligación, dejaremos la mayor parte de nuestros problemas sin resolver. La amabilidad no mejorará el acceso a la atención sanitaria, ni reducirá las desigualdades económicas, ni igualará la financiación de las escuelas. Y la amabilidad tampoco bastará para que los padres negros tranquilicen a sus hijos como yo tranquilizo a Hank cuando le preocupa la policía.

El modo en que nos comportamos los unos con los otros es importante, pero lo es mucho más el modo en que nos comportamos como comunidad. Si queremos arreglar lo que va mal, tenemos que presionar a nuestro país para que se responsabilice de sus fallos... y los enmiende.

Estados Unidos es un agente moral independiente de sus integrantes por los mismos motivos por los que Boeing lo es. Un país no es solo un conjunto de personas. La organización de nuestro gobierno le permite actuar conforme a razones, y esto lo hace responsable de sus actos. En materia de raza, su trayectoria es nefasta. Estados Unidos es responsable de esclavitud, segregación, discriminación en la prestación de bienes y servicios, y encarcelamientos masivos, entre muchas otras lacras. Y nunca ha asumido la menor responsabilidad sobre ello.[56] Todos debemos aprovechar la poca o mucha influencia que tengamos para exigir que lo haga.

¿En qué se traduciría esto? En los últimos años se ha avivado el interés por las reparaciones. En 2014, Ta-Nehisi Coates publicó un artículo en *The Atlantic* titulado «The Case for Reparations».[57] Toca el tema de la esclavitud, pero se centra sobre todo en lo que vino después y, más concretamente, en los pecados del siglo XX. Coates explica cómo funcionaban las medidas discriminatorias conocidas como *redlining*, y describe con todo detalle cómo esta política ha afectado a personas concretas hasta el día de hoy, con las ejecuciones hipotecarias concentradas en barrios segregados.

Es difícil leer a Coates sin pensar: «Tenemos que corregir estas injusticias». Forman parte tanto de nuestro pasado como de nuestro presente. Y también formarán parte del futuro si no asumimos responsabilidad cuanto antes. Pero ¿cómo? Pedir perdón ayudaría. Deberíamos abominar de nuestros errores. Pero una disculpa sonaría vacía si no va acompañada de un esfuerzo por reparar los daños causados.*

Es imposible subsanarlo todo. Muchas de las personas más afectadas ya no están entre nosotros. Sin embargo, podemos construir una sociedad que trate a las personas por igual.

Ese es el auténtico propósito de las reparaciones. Daniel Fryer es el tercer filósofo del derecho que vive en mi calle. Estudia las reparaciones y la justicia racial en general. Y rechaza la idea de aspirar a que las reparaciones coloquen a las personas negras en la situación en que se encontrarían si la esclavitud y la segregación no se hubieran producido. Eso es imposible. No hay manera de volver a como eran las cosas o a como habrían podido ser. De todos modos, según Fryer, ese tampoco sería el objetivo más indicado. Sostiene que las reparaciones deben intentar sanar nuestras relaciones.[58] La meta debería ser construir una sociedad en la que los negros reciban un trato igualitario y gocen de las mismas libertades que los blancos.

¿Cómo? No es una pregunta fácil. El dinero sería parte de la solución. Las ayudas económicas pueden disminuir la brecha entre ricos y pobres. También podemos invertir en la mejora de las escuelas y el acceso a la atención sanitaria. Pero la pasta no nos sacará de todos nuestros apuros. No resolverá el problema de los encarcelamientos masivos, la brutalidad policial o la obstaculización del voto. Las reparaciones deben eliminar de raíz todos los aspectos en que nuestra sociedad trata a los negros como ciudadanos de segunda. Se habla de un proyecto, no de una indemnización. No resulta-

* Se trata de la idea contraria a castigar al malhechor con dureza para transmitir el mensaje adecuado sobre su mala conducta. Una vez más, obras son amores, y no buenas razones.

rá fácil. Y no podremos considerar que lo hemos conseguido hasta que hayamos construido lo que exigía Frederick Douglass: una sociedad a la altura de sus ideales fundacionales.

Más arriba mencionaba el libro *When Jackie and Hank Met*. Cuenta la historia de Jackie Robinson y Hank Greenberg, dos de los mejores beisbolistas de la historia. Sin embargo, ambos fueron objeto de graves injurias; Greenberg por judío y Robinson por negro.

El primero llegó a las grandes ligas antes que el segundo. Era mayor, pero, además, el béisbol estaba segregado. Robinson jugaba en las ligas de negros hasta que Branch Rickey lo fichó para los Brooklyn Dodgers. Debutó en 1947. Para entonces, Greenberg, en el ocaso de su carrera, jugaba con los Pittsburgh Pirates.

Cuando los dos equipos se enfrentaron por primera vez, los caminos de ambos hombres se cruzaron... literalmente. En su primer turno al bate, Robinson realizó un toque de bola.[59] Un mal tiro obligó a Greenberg a apartarse de la primera base. Chocó contra Robinson y lo derribó.[60]

En la siguiente entrada, Greenberg recibió una base por bolas. Al llegar a la primera base, le preguntó a Robinson si se había hecho daño. Cuando este respondió que no, Greenberg le aseguró que no había sido su intención tirarlo al suelo. Acto seguido, añadió: «Oye, no les hagas ni caso a esos tíos que intentan ponerte las cosas difíciles. Tú aguanta ahí. Lo estás haciendo muy bien».[61] Además, Greenberg invitó a Robinson a cenar.[62] Como era la primera muestra de apoyo que este recibía de un jugador rival, le dejó claro lo mucho que significaba para él.[63]

A Rex le encantaba esta historia. La releíamos una y otra vez. Y me pidió que se la leyera en voz alta a su clase de preescolar. Pero le costaba entender el contexto, al igual que a los demás niños de la escuela infantil del Centro de la Comunidad Judía. Me acribillaron a preguntas.

—¿Por qué la gente no quiere a los judíos?

—¿Por qué la gente no quiere a los negros?

—¿Qué es un toque de bola?

Agradecí la tercera pregunta, pues las dos primeras eran complicadas de responder.

—A algunos no les gustan las personas que no son como ellos —dije. Era una afirmación simplista, pero cierta.

Seguimos teniendo el ejemplar de *When Jackie and Hank Met* en nuestra librería, a pesar de que los chicos cada vez leen menos libros ilustrados. Desempeñó un papel demasiado importante en nuestra vida para deshacernos de él. Fue la primera toma de contacto de los críos con el hecho de que algunas personas tenían poca simpatía por los judíos.

Yo no aprendí esa lección hasta que estaba en primero de primaria. Era el único chico judío del colegio (y lo seguí siendo hasta segundo de bachillerato). Me gustaba la niña que se sentaba junto a mí, y creía que yo también le gustaba. En cierta ocasión me enseñó el ombligo, lo que me pareció una buena señal. Por eso, cuando un día se volvió para decirme algo, me emocioné. «Los judíos matasteis a Cristo», me dijo entonces.

No sabía de qué me estaba hablando, pero sentí el impulso de defender a mi pueblo. Como solo tenía una idea muy vaga de quién era Cristo, no podía discutir sobre la viabilidad de la imputación, así que aludí al carácter de los acusados.

—No creo —repuse—. Somos muy buena gente.

—Mamá dice que lo matasteis.

(Invito al lector a reflexionar un momento sobre ese uso de la segunda persona en el contexto de lo que hemos aprendido sobre la responsabilidad colectiva).

Su mamá se equivocaba. Los judíos no mataron a Cristo; fueron los romanos. Sin embargo, esta acusación ha alimentado el antisemitismo desde hace siglos.

Así que los judíos hacemos chistes sobre ello, en parte para poner en evidencia lo absurdo que resulta culpar a unas personas de algo que se dice que hicieron hace dos mil años (aunque no sea cierto).

Uno de los más conocidos es este de Lenny Bruce: «Sí, lo hicimos nosotros. Soy culpable. Toda mi familia lo es. Encontré una nota en el sótano que decía: "Lo matamos nosotros. Firmado: Morty"».[64]

Más graciosa todavía es esta frase de Sarah Silverman: «Todo el mundo les echa la culpa a los judíos de haber matado a Jesucristo. Y los judíos intentan cargarles el muerto a los romanos. Soy una de las pocas personas que creen que lo mataron los negros».[65]

La broma de Silverman refleja algo importante sobre la posición social de los judíos en Estados Unidos, una extraña mezcla de privilegio y precariedad. El privilegio deriva de que la mayoría de los judíos somos blancos. Esto influye en el trato que recibimos. Los vigilantes de seguridad no nos siguen en las tiendas. No tenemos problemas para conseguir taxi. No nos preocupa que la policía nos hostigue, y mucho menos que nos haga daño. Y la lista sigue y sigue. Sin embargo, no somos miembros de pleno derecho del club. Los supremacistas blancos que se manifestaron en Charlottesville coreaban «Los judíos no nos remplazarán»[66] y desenterraron viejas consignas nazis, lo que nos recuerda que las cosas siempre pueden irse al garete, incluso en una sociedad que supuestamente nos acepta.

Como reacción a la precariedad, algunos judíos intentan reforzar su blanquitud. Y existen pocos pasatiempos más blancos que culpar a los negros de cosas que no han hecho. De ahí el chiste de Silverman, que tiene gracia por su absurdidad. Pero al mismo tiempo es trágico, pues apunta a algo real. Al competir por el estatus social, los colectivos marginados a menudo se atacan entre sí. En el caso de estadounidenses judíos y negros, esto se produce en ambas direcciones.[67] Hay judíos racistas y negros antisemitas. No todo se debe al posicionamiento social. El odio tiene muchas causas, pero esta es sin duda una de ellas.*

No obstante, hay otro camino posible: el que se desprende de la

* Y hay ocasiones en que el rencor está justificado. Todos los judíos de Estados Unidos deberían leer el ensayo que James Baldwin escribió en 1967 titulado «Negroes Are Anti-Semitic Because They're Anti-White».[71]

parábola. Cuando Jackie y Hank se conocieron, establecieron un vínculo de solidaridad, tanto en la primera base como más allá. Greenberg llegó a ser gerente general de los Cleveland Indians. No permitía que su equipo se alojara en los hoteles que no admitían a jugadores negros. Y acabó con la segregación en la Texas League.[68]

Robinson se convirtió en una voz crítica contra el antisemitismo, sobre todo en la comunidad afroamericana. Censuró con severidad la negativa de otros líderes negros a apoyar a un empresario judío que era objeto de protestas antisemitas.[69] En su autobiografía se preguntaba: «¿Cómo vamos a combatir los prejuicios contra los negros si estamos dispuestos a practicar o aprobar un tipo de intolerancia similar?».[70]

La solidaridad es el mensaje principal de *When Jackie and Hank Met*. La lucha de Jackie no era la de Hank, y viceversa. Jackie lo tenía mucho más difícil, y Hank era consciente de ello.[72] Pero ambos sabían que llegarían más lejos apoyándose mutuamente que odiándose mutuamente. Además creían que era lo correcto.

Quiero que mis hijos piensen así. Quiero que se solidaricen con los oprimidos. Quiero que defiendan a quienes son víctimas de injusticias. De hecho, si alguien me garantizara que así es como van a actuar, no me haría falta saber nada más sobre ellos. Sentiría que he cumplido con mi papel de padre.

TERCERA PARTE

EL SENTIDO DEL MUNDO

8

EL CONOCIMIENTO

—Me pregunto si toda mi vida ha sido un sueño —dijo Rex. Tenía cuatro años y ya era un filósofo consumado, por lo que su reflexión no me escandalizó. Estábamos cenando, y es muy posible que la pregunta fuera una estrategia para eludir las verduras. Si lo era, funcionó. Rex conocía bien a su público.

—¡Qué idea tan chula, Rex! Un señor llamado Descartes se preguntaba lo mismo. ¿Crees que estás soñando?

—No lo sé. Tal vez.

—Si estás soñando, ¿dónde crees que estás ahora?

—A lo mejor sigo en la barriga de mamá. A lo mejor todavía no he nacido.

Su respuesta no me convenció.

—¿Los bebés que aún no han nacido saben hablar? —inquirí.

—No.

—¿Y aun así crees que sueñan con conversaciones como esta?

—No —reconoció.

Pero no me costó mucho darle un toque más verosímil al argumento de Rex.

—¿Y si solo estás soñando hoy? —aventuré—. ¿Y si no te has despertado desde que te fuiste a dormir anoche? ¿Lo notarías?

—¡No! —exclamó, entusiasmado por la posibilidad de estar alucinando.

Todos somos escépticos en algún momento. Un amigo nos comunica una noticia, pero no le creemos. O bien nos entran dudas sobre algo que creíamos saber.

La hipótesis planteada por Rex —que su vida entera ha sido un sueño— conduce al escepticismo radical, a dudar de casi todo.

Descartes no fue el primer defensor del argumento del sueño. La idea surgió en la antigüedad en numerosas ocasiones. Mi formulación favorita procede del *Zhuangzi*, un texto taoísta escrito hace más de dos mil años.

> Una noche, Zhuang Zhou soñó que era una mariposa, una mariposa que iba y venía revoloteando por ahí, feliz consigo misma y con su libertad. No sabía que era Zhuang Zhou. De pronto, despertó, y ahí estaba él, el inconfundible Zhuang Zhou de carne y hueso. Pero no sabía si era Zhuang Zhou tras haber soñado que era una mariposa, o una mariposa que soñaba que era Zhuang Zhou.[1]

Le pregunté a Hank (que entonces contaba ocho años) si Zhuang Zhou tenía algún modo de averiguarlo. Se devanó los sesos por un momento y luego preguntó: «¿Está cansado? Si no, es que acaba de despertar, así que ha soñado que era una mariposa».

Es una respuesta ingeniosa, pero no lo suficiente. Como reconocería el propio Hank más tarde, es posible soñar que uno está despierto y fresco como una lechuga. Pero no le parecía probable. Y, por supuesto, no es probable que toda nuestra vida sea un sueño, ni de un bebé en el útero ni de una mariposa. El motivo para tomarnos en serio el argumento del sueño no es que represente una preocupación importante, sino lo que nos enseña acerca del estado de nuestro conocimiento y nuestra relación con el mundo que nos rodea.

Sobre eso cavilaba Descartes cuando concibió el argumento del sueño. René Descartes, que vivió en el siglo XVII, sigue siendo uno de los pensadores más influyentes de la historia. Esto se debe en parte a su contribución a las matemáticas y sobre todo al desarrollo del tratamiento algebraico de la geometría (repaso rápido de mates de quinto curso: dibuja $y = x + 2$ en coordenadas cartesianas; me esperaré a que acabes). Pero tiene que ver sobre todo con los esfuerzos de Descartes por liberarse de las creencias falsas.

En vez de dudar de esto o de aquello, Descartes se propuso dudar de todo.[2] ¿Por qué? Quería asentar sus conocimientos sobre una base firme y decidió que la mejor manera de conseguirlo consistía en dudar de todo lo que creía saber. Si al final del proceso quedaba algo —si descubría alguna cosa de la que no podía dudar—, dispondría de unos cimientos sólidos sobre los que volver a construir el conocimiento.

El argumento del sueño constituía una poderosa causa de duda para Descartes. La posibilidad de que estuviera soñando —ya fuera en un momento determinado o a lo largo de toda su vida— ponía en tela de juicio casi todo lo que creía saber. ¿Por qué? Invito al lector a hacerse unas sencillas preguntas: ¿dónde se encuentra? ¿Qué está haciendo en este instante?

Cuando Descartes escribió sobre el argumento del sueño, estaba sentado al amor del fuego, vestido, con un papel en la mano. ¿O tal vez no? Empezó a preguntarse si no estaría en la cama, dormido. Le daba la impresión de que no. De hecho, dudaba que un sueño pudiera ser tan nítido como su vivencia en ese momento. Pero entonces recordó que en muchas ocasiones un sueño lo había llevado a creer que estaba despierto y que no existía un indicador infalible de si dormía o estaba en vigilia.[3]

Tú estás en una situación parecida. No me cabe duda de que crees estar despierto, pero apuesto a que, al igual que Descartes, a veces has sentido sorpresa o incluso alivio al descubrir que soñabas. Eso te impide estar seguro al cien por cien de que ahora mismo no estás soñando. Y si no puedes tener la certeza de estar despierto, ¿qué te hace pensar que puedes tenerla sobre nada de lo que has vivido? Claro, recuerdas aquella vez que [introduce aquí uno de tus recuerdos favoritos]. Pero ¿estás seguro de que no lo soñaste?

Si esto te resulta desconcertante, te aliviará saber que existen conocimientos inmunes al argumento del sueño. Tal como observaba Descartes, hay cosas que son ciertas tanto si estamos dormidos como despiertos. Un cuadrado tiene cuatro lados, incluso en un sueño. Y el dormir no cambia el hecho de que 2 + 3 = 5.[4] Así que podemos aferrarnos a estas verdades, aunque no haya mucho más a lo que agarrarnos.

Pero no conviene aferrarnos con demasiada fuerza, pues Descartes tenía una manera de poner esto en duda también. En cuanto descubrió los límites del argumento del sueño, lanzó una hipótesis escéptica más fuerte, la más potente que se haya propuesto hasta ahora. Se imaginó que un genio maligno —al que llamaremos doctor Doofenshmirtz, en honor del villano preferido de mis hijos— controlaba sus pensamientos.*[5] En efecto, es posible que Doofenshmirtz se propusiera engañar a Descartes llenándole la cabeza de falsedades.

¿Por qué? Descartes nunca explicó qué interés tenía Doofenshmirtz en embaucarlo y, para ser sinceros, no parece un modo genial de pasar el rato. Pero la mera posibilidad de que Doofenshmirtz estuviera engañándolo le planteaba un problema. Implicaba que no podía confiar en nada de lo que creía, ni siquiera en las más simples realidades matemáticas. Nada le garantizaba que Doofenshmirtz no estuviera dándosela con queso.

Y nada te garantiza que no te esté engañando a ti también. A lo mejor Doofenshmirtz te extirpó el cerebro, lo metió en un frasco y le enchufó unos electrodos para simular todas las experiencias que has vivido. No te habrías enterado.

Ya lo sé: crees que estás vestido, sentado o tumbado, leyendo este libro. Pero nada de eso es verdad. No estás vestido. Ni siquiera estás desnudo. No tienes cuerpo. No eres más que un cerebro incorpóreo.

* Si la referencia no le dice nada al lector, le recomiendo que, usando un niño como pretexto, vea un maratón de *Phineas y Ferb*. Hank la puntúa con un 14 sobre 10.

Y aunque te parezca que estás leyendo un libro, el libro no existe. Todo está en tu mente.

O, para ser más exactos, es posible que así sea. No puedes descartarlo. Hasta donde sabes, el mundo externo podría ser una ilusión muy elaborada. Lo percibirías todo igual tanto si existiera como si no.

Después de hablar sobre Zhuang Zhou, Hank y yo charlamos sobre Descartes y Doofenshmirtz.

—¿Hay algo de lo que Descartes pueda estar seguro, incluso si Doofenshmirtz intenta engañarlo? —le pregunté.

Hank lo pilló de inmediato.

—Sabe que está pensando —dijo.

—¿Por qué no puede Doofenshmirtz engañarlo sobre eso?

—Bueno, Doofenshmirtz puede hacer que piense cosas —dijo Hank—, pero si él cree que está pensando, entonces está pensando.

En efecto. Descartes también lo pilló.[6] Hasta el escepticismo más extremo tiene sus límites. «Estoy pensando —se dijo Descartes— y no puedo estar confundido respecto a eso». De esta idea infirió otra que no podía ser un engaño de Doofenshmirtz: «Pienso, luego existo».

Cuando todo lo demás estaba en entredicho, al menos Descartes había llegado a una certeza. Sabía que existía.

Vale: esta reflexión, tal vez más atribuible a Hank que a Descartes, no está nada mal.[7] Pero ¿de verdad es el *cogito* lo único que sabemos?

Nadie se comporta como si lo fuera. Analicemos las siguientes preguntas:

> ¿Sabes a qué hora empieza la película?
> ¿Sabe usted cómo llegar a High Street?
> ¿Sabes si queda pasta en la despensa?

Formulamos preguntas como estas a todas horas, y nadie replica que es imposible que sepa si queda pasta en la despensa dado que tal vez soñó que estaba allí o que algún tipo de demonio le metió la idea en la cabeza.

Sin embargo, sueño con responder así a mis hijos:

—¿Sabes dónde están mis calcetines?

—¿Acaso sabe alguien algo en realidad?

—¡Papá!

—Es decir, creo haber visto unos calcetines, pero ¿cómo puedo estar seguro? Tal vez estaba soñando.

—¡¿Dónde los has visto!?

—¿Estás seguro de que los calcetines existen? A lo mejor lo que buscas es una quimera.

Eso sí que sería divertido. Pero los volvería locos, porque nadie supone que el escepticismo cartesiano desplaza el conocimiento en nuestra vida cotidiana.

Entonces ¿se equivocó Descartes sobre lo que se necesita para saber algo? ¿O estamos sistemáticamente confundidos, creyendo que sabemos cosas cuando, en realidad, no las sabemos?

La respuesta depende de lo que sea el conocimiento. Durante mucho tiempo pensamos que lo sabíamos. Pero resulta que, al parecer, no.

Hace poco le planteé la pregunta a Rex.

—¿Cuándo sabes algo?

—¿Qué quieres decir? —inquirió.

—Bueno, sabemos que ahora mamá está en el súper. Pero ¿a qué nos referimos cuando decimos que lo sabemos?

—A que lo pensamos.

—¿Todo lo que piensas es algo que sabes?

—No, solo lo que es verdad. Si mamá no estuviera en el súper, no sabríamos que está ahí.

—Así que, si lo piensas y es verdad, ¿entonces lo sabes?

—Eso creo —dijo Rex.

—No lo veo claro. Supongamos que piensas que va a llover mañana. Y supongamos que, en efecto, mañana llueve. Pero tú no has visto el pronóstico del tiempo, simplemente crees que va a llover porque mañana es martes, y crees que todos los martes llueve. Pero eso no es cierto. De hecho, es una bobada. ¿Sabes si va a llover mañana?

—No —dijo Rex después de repasar mentalmente el planteamiento—. Si no tienes una buena razón para creer que va a llover, en realidad no lo sabes.

Aunque mi última pregunta era un poco capciosa, conseguí llevar a Rex por el camino que quería. En solo unos pasos, él había recreado el concepto tradicional del conocimiento. Durante mucho tiempo los filósofos consideraban que saber algo significaba tener una *creencia justificada* sobre ello.[8]

Sigamos el razonamiento inverso. Para saber algo, tenemos que pensarlo, como decía Rex. Pero no basta con pensarlo de cualquier manera. *Querer* que algo sea cierto no implica que lo sepamos. Para ello, hace falta *creer* que lo es.

En segundo lugar, no es posible saber aquello que no es cierto. La creencia tiene que ser verdadera.

En tercer lugar, la creencia tiene que estar justificada. Es decir, debe estar respaldada por pruebas adecuadas. El saber no se basa en meras suposiciones, ni tampoco en información claramente errónea, como la idea de que llueve todos los martes.

Esta definición del conocimiento como creencia verdadera justificada (o CVJ, para abreviar) contó con una aceptación generalizada hasta que un tipo llamado Edmund Gettier topó con un problema.

Gettier daba clases en la Universidad Estatal Wayne. Aspiraba al puesto de profesor titular pero no había escrito nada, por lo que era imposible que lo consiguiera.[9] Como dice el dicho, «publica o perece». Los colegas de Gettier le advirtieron que si no hacía algo al respecto, perdería el empleo. Así que escribió sobre la única idea que se le había ocurrido. El artículo, publicado en 1963, tenía una extensión de solo tres páginas. El título, «Is Justified True Belief Knowledge?», planteaba una pregunta: ¿es conocimiento la creencia verdadera justificada?

Gettier opinaba que no y aportaba dos contraejemplos.[10] Como son bastante complicados, expondré uno más sencillo, inspirado en los suyos. Crees que tienes en casa un ejemplar del libro de cocina *The Joy of Cooking*. Lo compraste hace años y lo has utilizado un montón de veces. Es cierto: tienes un ejemplar en casa. Sin embargo, no se trata del ejemplar que compraste. Tu pareja se lo prestó a alguien que aún no lo ha devuelto. Resulta que un amigo te regaló el libro por tu cumpleaños, pues no sabía que ya lo tenías. Está en el salón, aún envuelto, esperando a que lo abras.

¿Sabes que tienes en casa un ejemplar de *The Joy of Cooking*? Crees que lo tienes, y da la casualidad de que tu creencia es verdadera. Por otro lado, tu creencia de que tienes un ejemplar está justificada, pues lo compraste tú y lo has usado a menudo. Sin embargo, Gettier dice que este razonamiento es erróneo, y casi todos los que estudian este tipo de casos está de acuerdo con él. Simplemente da la casualidad de que hay un ejemplar en tu casa. No es algo que sepas.

El artículo de Gettier escandalizó a los filósofos; demostraba que ignoraban lo que era el conocimiento. Esto desencadenó una oleada de intentos frenéticos por complementar la definición de conocimiento como CVJ —es decir, por determinar qué otra condición era necesaria para saber algo— a fin de eludir lo que llegó a conocerse como el problema de Gettier.* Los filósofos han propuesto decenas de soluciones, pero ninguna funciona.[11]

Linda Zagzebski encontró una explicación para ello que dio al traste con las esperanzas de muchas personas de hallar una solución al problema de Gettier. Afirmaba que, mientras partamos de la (sen-

* El otro problema de Gettier —conseguir el puesto de profesor titular— se resolvió con la publicación del artículo.

sata) premisa de que una creencia falsa puede estar justificada, seguiremos topando con casos de Gettier, por mucho que intentemos complementar la definición de conocimiento como CVJ. De hecho, ideó una receta para crearlos.[12]

Para empezar, se inventa una historia sobre una creencia justificada. A continuación se añade una pizca de mala suerte que hace que la creencia resulte ser falsa. ¡Pero la cosa no acaba ahí! Para poner la guinda, se agrega una cucharadita de buena suerte, de modo que la creencia resulta ser verdadera a pesar de todo.

Una de las historias de Zagzebski dice así: Mary cree que su marido está en el salón. ¿Por qué? Porque ella acaba de pasar por ahí y lo ha visto. Pero... ¡mala suerte! Mary se equivoca. En realidad, no ha visto a su esposo, sino a su gemelo, desaparecido años atrás, que se ha presentado de improviso. Pero... ¡buena suerte! Su marido también se encuentra en el salón, pero sentado fuera del ángulo de visión que tenía Mary al pasar.[13]

¿Sabe Mary que su esposo está en el salón? Bueno, cree que está allí y es verdad. ¿Está justificada su creencia? Sí. Ha pasado por ahí y ha visto a una persona idéntica a su marido. Ahora bien, si Mary sabe que su esposo tiene un gemelo (podría ignorar el dato), sabrá que existe al menos una persona idéntica a él. Por otra parte, no tiene motivos para suponer que el gemelo estará ahí esa noche, puesto que le perdieron la pista hace tiempo. Por consiguiente, Mary tiene la creencia verdadera justificada de que su marido está en el salón. Aun así no *sabe* que está ahí. Simplemente da la casualidad de que tiene razón.

Hay gente que sigue proponiendo soluciones al problema de Gettier. No las exploraremos aquí, pues algunas resultan bastante complejas. Sin embargo, muchos filósofos han acabado por coincidir con Zagzebski en que el problema nunca se resolverá. Y algunos de ellos consideran que intentar analizar el conocimiento a partir de ideas más simples como la justificación, las creencias y la verdad fue un error desde el primer momento.[14]

No siempre es posible descomponer las ideas en otras más sencillas.

Piensa rápido: ¿qué es una silla?

Si dices «una cosa en la que puedes sentarte», tu cama querrá tener unas palabras contigo. Y también un montón de piedras grandes. Y si ahora quisieras añadir «¡con patas; tiene que tener patas!», te aconsejo que vayas a Google y busques «silla sin patas». Encontrarás numerosos contraejemplos.

A pesar de todo, identificas las sillas sin la menor dificultad, aunque no sepas explicar qué son. Algunos creen que lo mismo ocurre con el conocimiento.

¿Qué opina Gettier? ¿Cómo solucionaría él su problema? No lo sabemos. Edmund Gettier es uno de los filósofos más admirados del siglo XX, y todo aquel que haya incursionado en este campo lo conoce. Pero también fue un artista de un solo éxito. Gettier siguió impartiendo clases durante décadas después de la publicación de su artículo, pero jamás volvió a escribir una palabra.

¿Por qué? Muy sencillo: no le quedaba «nada que decir».[15]

Debe de ser una de las respuestas más lapidarias de la historia.

Pero te contaré un secreto: Gettier no fue el primero en detectar el problema que lleva su nombre.

En el siglo VIII, un filósofo indio llamado Dharmottara planteaba la siguiente situación: vas caminando por el desierto y te entra sed. Divisas una laguna más adelante. Por desgracia es un espejismo. Sin embargo, cuando te acercas, descubres agua bajo una roca. ¿Sabías que había agua allí antes de llegar? Dharmottara diría que no; que simplemente has tenido suerte.[16]

Gettier no plagió a Dharmottara, simplemente dio con la misma idea, mil doscientos años después. En el ínterin, Pietro de Mantua, un filósofo italiano, también tropezó con la idea.[17] Vivió en el siglo XIV. Pero Gettier tampoco lo sabía. Los textos antiguos no siempre están traducidos. Además, la gente se olvida de su contenido.

Esto representa un problema para la filosofía, o, mejor dicho, varios problemas en uno. A menudo pasamos por alto a los filósofos de épocas y lugares remotos. Y no solo a ellos. Durante demasiado tiempo, las mujeres también se vieron excluidas de nuestro campo. Más arriba he atribuido a Descartes la idea de que tal vez un genio maligno le había llenado la cabeza de falsedades. Estudios recientes parecen indicar que estuvo influido por la religiosa española Teresa de Jesús, que introducía demonios en sus textos sobre el conocimiento con propósitos distintos.*[18] Sin embargo, mientras que a Descartes lo leen casi todos los estudiantes, a sor Teresa de Jesús no la lee casi nadie.

Una nueva generación de filósofos está trabajando para subsanar esto. Buscan nuevas ideas en tradiciones antiguas de todo el mundo. Como consecuencia, los filósofos del mundo anglosajón sabemos ahora quién era Dharmottara. Por otra parte, se están llevando a cabo esfuerzos por desenterrar y rendir homenaje a la obra de mujeres que quedaron borradas de la historia de la filosofía... o gozaron de menos preeminencia de la que merecían.[19] Resulta que Teresa de Jesús no fue la única mujer que influyó en Descartes y en las ideas filosóficas de su época. Más tarde hablaremos sobre una princesa que debatió con él sobre la conciencia.

Expandir el ámbito de la filosofía no es tarea fácil, al menos si tomamos como referencia el pasado. Buena parte del trabajo queda sepultado en el olvido. Pero podemos asegurarnos de no volver a cometer el mismo error escuchando a una mayor variedad de filósofos actuales.

Con esto en mente llega el momento de pasar página de Descartes. Conozco a la mujer indicada para ayudarnos. Al igual que Gettier, Gail Stine daba clases en la Universidad Estatal Wayne. Falleció demasiado joven, con solo treinta y siete años, en 1977.[20] Era espe-

* Los demonios de Teresa de Jesús confieren a sus creencias falsas un atractivo extraordinario, le recuerdan los placeres terrenales e intentan desviarla de su camino meditativo hacia el conocimiento sobre Dios y sobre sí misma.

cialista en epistemología, una rama de la filosofía que estudia el conocimiento: qué es y cómo lo adquirimos.

A Stine la desconcertaba la discrepancia que señalábamos antes. En nuestras conversaciones cotidianas damos por sentado que sabemos un montón de cosas. En cambio, cuando hablamos de filosofía, nos da la impresión de que el conocimiento se nos escurre entre los dedos. Y una vez que leemos a Descartes, ya no estamos seguros de saber nada de nada.

¿Qué?

A Stine se le ocurrió una idea, sencilla pero poderosa.[21] El significado de algunas palabras cambia en función del contexto. A menudo, esto salta a la vista. En casa soy alto, pero en el trabajo no. ¿Por qué? El marco de referencia cambia. Los chicos son más bajos que yo y Julie también, así que soy alto en comparación con ellos. Sin embargo, mi estatura es inferior a la del hombre estadounidense medio, por tanto en el trabajo nadie me considera alto.

Con su metro noventa, mi amigo J. J. es alto... en el trabajo. Pero no lo sería para jugar al baloncesto profesional. Ni siquiera el tipo más alto del mundo es alto en todos los contextos. Al lado de una jirafa, sería más bien bajo de estatura.

Resulta evidente que el significado de los términos «bajo» y «alto» varía. También el de «grande» y «pequeño». Pero hay palabras especialmente sensibles al contexto, como por ejemplo «vacío».

Si un día cualquiera comento que «el frigorífico está vacío», lo que quiero decir es: «No tenemos comida suficiente para el almuerzo». Si echas una ojeada al interior, tal vez veas toda clase de cosas: refrescos, salsas y demás. Sin embargo, si compartimos el contexto de la conversación, convendrás conmigo en que está vacío, ya que no hay nada con lo que preparar un almuerzo.

Modifiquemos ahora el contexto: los de las mudanzas están a punto de llegar, y vamos de cabeza para intentar tenerlo todo a punto. «¿Está vacío el frigorífico?», pregunto. «Vacío» significa algo distinto en este caso. Si quedan cosas bailando dentro, tendremos mucho que limpiar una vez concluido el traslado.

Resulta tentador pensar que este es el auténtico significado de «vacío» y que en el primer caso estaba empleando la palabra en un sentido menos riguroso. Pero deberíamos resistir la tentación, porque ni siquiera una nevera desprovista de comida y líquidos podría considerarse vacía en todos los contextos. Si quisiéramos realizar un experimento y crear el vacío en el interior de la nevera, no estará realmente vacía mientras quede aire dentro. Sin embargo, en casi todos los contextos, «vacío» no tiene el significado de «carente por completo de materia», sino el que le corresponde, lo que varía según la situación.

Stine aventuró que la palabra «saber» es en cierto modo tan sensible al contexto como la palabra «vacío».[22] En circunstancias diferentes, criterios distintos determinan si alguien sabe algo o no. Según ella, los criterios dependen de las «alternativas relevantes», que cambian en función de la situación.

He aquí un ejemplo típico: estás en el zoológico de San Diego, y divisas al frente unos animales de rayas blancas y negras. «¡Son las cebras!», exclamas, y te encaminas hacia allí para verlas. ¿Sabes que lo que tienes delante son unas cebras? Claro. Si suponemos que es un día soleado y que estás bien de la vista, parece improbable que confundas a otros animales del zoo con cebras.

Pero... ¿puedes descartar la posibilidad de que se trate de asnos hábilmente disfrazados? Desde esta distancia, no. Tendrías que estar mucho más cerca para confirmar si lo que parece una cebra es en realidad un burro que ha ido al estilista. Pero Stine sostiene que no hace falta desechar esa posibilidad para saber que te encuentras ante una cebra, pues no constituye una alternativa relevante.[23] No tienes motivos para sospechar que el zoo se dedique a disfrazar a asnos de cebras.

Hay lugares donde sí los tendrías. En Tijuana, México, hace tiempo que se usa como reclamo turístico a burros pintados como cebras.[24] Así que si visitas el lugar y crees ver una cebra, desconfía. No sabrás si has visto una o no hasta que no compruebes que no se trata de un jumento disfrazado.*

* Dato curioso: los asnos disfrazados de Tijuana son conocidos como bu-

¿Cómo nos ayuda esto a mitigar el escepticismo? Bueno, imagínate que acabas de ir al zoo y que le comentas a una amiga que lo has pasado bien mirando a las cebras.

—No estás seguro de que fueran cebras —señala.

—Claro que lo estoy —replicas.

—A lo mejor eran burros hábilmente disfrazados —explica, dando a entender que o está mal de la cabeza... o es epistemóloga.

En una situación así, Stine dice que tienes dos opciones: puedes insistir en que *sabes* que has visto cebras, pues no hay razón para creer que los burros disfrazados representan una alternativa relevante, o puedes permitir que tu amiga modifique el contexto conversacional de manera que la hipótesis de los burros disfrazados cobre relevancia.[25] ¿En qué casos vendría a cuento? Si tu amiga carece de pruebas de que los zoológicos están disfrazando a los asnos, entonces está jugando a hacerse la escéptica y busca motivos de duda. ¡Y es un buen juego! Nos enseña algo sobre los límites de nuestra capacidad para reunir información sobre el mundo. Pero tú no tienes por qué seguirle el juego.

A grandes rasgos, la idea de Stine se resume en lo siguiente: el escéptico tiene razón —no sabemos nada— *cuando nos expresamos a su manera*. Pero fuera del terreno de la filosofía, no tenemos motivos para hablar así. De hecho, en la vida diaria sería absurdo expresarnos como escépticos. Desde un punto de vista pragmático sabemos muchas cosas y tenemos que poder comunicarlas.[27]

Debemos andarnos con ojo con los aficionados al juego del escepticismo. Hay más de los que imaginamos. Y aunque el juego es divertido dentro del ámbito de la filosofía, puede resultar insidioso fuera de él.

---

rros-cebra, y, en inglés, como *zonkeys*. Otro dato curioso: en realidad, la palabra *zonkey* designa a un animal híbrido llamado cebrasno en castellano, hijo de una cebra y un asno.[26] Parecen burros con mallas acebrados. Son chulísimos.

N. Ángel Pinillos hizo esta observación en el contexto del cambio climático.[28] También epistemólogo, está interesado en las maneras en que algunas personas siembran dudas sobre la ciencia.

Las pruebas de que nuestras emisiones de carbono son responsables de las alteraciones en el clima son abrumadoras.[29] Nos estamos cargando el mundo a cámara lenta. Y no estamos dando pasos suficientes para acabar con este problema. ¿Por qué? Hay muchas razones, pero buena parte de la respuesta se reduce a que hay personas que obtienen beneficios al liberar carbono a la atmósfera y no tienen la menor intención de dejar de hacerlo. No lo dicen abiertamente, claro. Eso no daría buena imagen. En vez de ello afirman que no sabemos lo suficiente para actuar.

Hay políticos que adoptan la misma estrategia. En 2017, un elector le preguntó a Chris Sununu, gobernador de Nuevo Hampshire, si las emisiones de carbono eran causantes del cambio climático. He aquí su respuesta:

> No lo sé con seguridad. Y es algo que estudié en el MIT. Estudié Ciencias de la Tierra y de la Atmósfera con algunos de los mejores del mundo. Y he examinado los datos por mí mismo... Creo que deberíamos seguir investigando. Debemos seguir estudiando todos los impactos ambientales, sociales y económicos, entre otros factores en juego, para comprenderlos mejor. No estoy seguro de que el carbono sea el principal motivo por el que las temperaturas del planeta han aumentado de forma bastante continua en los últimos ciento cincuenta años. Podría ser.[30]

Parece una postura muy razonable. Sununu ha estudiado el asunto. Las emisiones de carbono podrían ser responsables. Él no lo descarta. Sencillamente no lo sabe con certeza.

Pero nótese cómo Sununu introduce las palabras «con seguridad» para poner bien alto el listón del conocimiento. ¿Sabemos con seguridad que las emisiones de carbono provocan el cambio climático? Tal vez no. Pero hay otra cosa que no sabemos «con seguridad»:

que no estamos soñando en este momento. La pregunta es: ¿por qué es imprescindible saberlo «con seguridad»? Si no actuamos cuanto antes, las consecuencias podrían ser devastadoras. Y aunque no estamos seguros al cien por cien, estamos bastante seguros.

Se trata de una estrategia deliberada y que viene de largo. En la década de los ochenta, Exxon había decidido «hacer hincapié en la incertidumbre de las conclusiones científicas»,[31] a pesar de que sus propios científicos estaban convencidos de que el cambio climático antropogénico representaba una amenaza real. Pero ellos no fueron los creadores de este argumentario táctico, sino las compañías tabacaleras, que cuestionaron la relación entre fumar y el cáncer, a pesar de que sus investigadores la habían confirmado. Una circular interna de Brown & Williamson declaró: «Nuestro producto es la duda».[32]

¿Cómo debemos lidiar con los siembradudas? Es una pregunta complicada. Como filósofo, estoy profesionalmente comprometido con la duda, un poco como Descartes.* Me parece importante poner en tela de juicio lo que sabemos, intentar detectar cosas en las que estemos equivocados. Los científicos comparten esta inclinación, hasta tal punto que cuantifican su incertidumbre, lo que los convierte en objetivo fácil para los siembradudas.

Rex y yo comenzamos a hablar de este tema hace poco. Lo animo a dudar, a hacerse preguntas. Pero quiero que advierta que no todas las preguntas están formuladas de buena fe, así que he enseñado a cuestionar a los cuestionadores. ¿De verdad quiere entender las cosas esa persona? ¿Le interesan las pruebas? ¿Puedo confiar en que si le demuestro que su opinión es incorrecta, lo reconocerá, o creo que intentará ocultarlo?

* Aunque no exactamente de la misma manera. Descartes se propuso dudar de todas las cosas a la vez. Yo creo que no somos capaces de eso y que, aunque lo fuéramos, no nos llevaría a ninguna parte. Todo se presta a la duda, pero no podemos cuestionarlo todo al mismo tiempo, pues no tendríamos manera de determinar si las dudas están justificadas.[33] La duda debe plantearse más bien como un proyecto gradual.

Pinillos propone otra estrategia.[34] En público debemos hablar de probabilidades, más que de lo que sabemos. Por supuesto, existe la posibilidad de que el consenso científico esté equivocado y las emisiones de carbono no sean la causa del cambio climático. No obstante, los científicos la han cuantificado, y es baja. ¿Debemos jugarnos el futuro de nuestros hijos a la improbable carta de que la ciencia haya metido la pata? Es lo que los siembradudas quieren que hagamos.

No necesitamos *saber* para actuar. Obramos basándonos en probabilidades en todo momento. Pinillos establece una analogía con la lotería. No *sabemos* que vamos a perder. Claro, tenemos las estadísticas en contra, pero hay una alternativa relevante que no hay que descartar: ¡podría tocarnos! Así que soñamos con ello, pero no trazamos planes en función de ello.

Los escépticos del clima insisten en que no *sabemos* que las emisiones de carbono provocan el cambio climático. Desde cualquier perspectiva razonable se equivocan. Sí que lo sabemos. Pero es inútil enzarzarnos en una discusión sobre lo que sabemos, pues los escépticos siempre pueden exigir niveles de certeza imposibles de alcanzar. En vez de ello debemos lanzar la pelota a su tejado y preguntarles por qué están dispuestos a poner en riesgo nuestro futuro ante la minúscula posibilidad de que la ciencia esté errada. Tal vez nos toque la lotería, pero no debemos contar con ello.

Es importante preparar a los niños para la propaganda; enseñarles a valorar las pruebas e identificar fuentes de información fiables. Aunque a veces Rex participa en estas conversaciones de buen grado, le gustaría más explorar alguna idea estrambótica. La que lo tiene fascinado últimamente guarda muchas semejanzas con la hipótesis de que somos cerebros en frascos. Quiere saber si vivimos en una simulación informática. Es más, está obsesionado con la idea de que todo en el mundo (incluidos nosotros) no es más que una serie de operaciones de un ordenador, o sea, que vivimos en una versión en superalta resolución de *Los Sims* (o algo por el estilo).

Es un tema candente desde que Nick Bostrom, un filósofo de Oxford, dijo que, a su juicio, es bastante posible que en efecto vivamos en una simulación informática. El argumento ha captado la atención de varias lumbreras, entre ellas Elon Musk, que declaró probable que fuéramos Sims.[35]

Bostrom es director fundador del Instituto del Futuro de la Humanidad de Oxford, un grupo interdisciplinario preocupado por las maneras en que el mundo podría irse al garete. Algunos de los escenarios más aterradores de la lista son catástrofes climáticas, alienígenas e inteligencias artificiales descontroladas. En otras palabras, el instituto intenta evitar que acabemos viviendo en una película de Keanu Reeves.

Sin embargo, Bostrom es conocido sobre todo por su teoría de que ya vivimos en una. Cree que tal vez nuestra realidad es una simulación, un poco como *Matrix*. ¿Por qué? He aquí una versión aproximada de su razonamiento: si algún día la gente posee la capacidad de simular mundos, seguramente lo hará. Y, si lo hace, seguramente lo hará más de una vez. Tal vez incluso simulen mundos distintos —cientos, miles, puede que millones— si resulta lo bastante ilustrativo (o divertido). En ese caso habrá muchos más mundos simulados que mundos reales. O sea que lo más probable es que vivamos en uno simulado.

Como he dicho, esto no era más que un resumen esquemático del argumento.[36] Bostrom no suscribe del todo la conclusión, pues hay margen para la duda en cada paso del razonamiento.

Para empezar, tal vez no sea posible simular mundos como el nuestro. Muchos creen que lo será. Impresionados por los avances realizados desde la aparición del *Pong*, los proyectan hacia el futuro. Pero el progreso podría ralentizarse.

O tal vez ejecutar una simulación realista requiera una energía excesiva (según algunos cálculos, los ordenadores tendrían que ser grandes como planetas).

O quizá no sea posible crear a seres dotados de conciencia en un ordenador.

A estas objeciones podríamos añadir que, incluso si fuera posible simular mundos como el nuestro, quizá nadie se tomaría la molestia de hacerlo. Bostrom aventura que los científicos podrían valerse de simulaciones para aprender más sobre sus antepasados. Pero tal vez preferirían aprovechar la potencia de cálculo de otras maneras. O a lo mejor tendrían reticencias éticas respecto a crear seres capaces de sufrir como nosotros. No es fácil predecir qué ocurriría.

No obstante, Bostrom cree que hay una cosa que sí que podemos afirmar con certeza. Al menos una de las siguientes proposiciones es verdad:[37]

(A) No es posible simular mundos como el nuestro.
(B) Es posible, pero no sería habitual.
(C) Casi con toda seguridad somos Sims.

Le pregunté a Rex cuál le parece aceptable. Dice que (A) o (C). La opción (B) le parece una bobada. «Por lo que sé de la gente, si pudiéramos hacerlo, lo haríamos», aseveró. Así que se decanta por la (C). Cree que somos Sims. En alguna realidad más profunda, la gente descubrió la manera de simular mundos y creó el nuestro.

Yo soy más escéptico que Rex. Sospecho que, aunque fuera posible simular mundos como el nuestro, el consumo energético necesario sería altísimo, lo que impediría hacerlo con frecuencia. Simular el universo entero hasta en la escala cuántica exigiría demasiada energía, desde luego, por lo que la gente tendría que seleccionar los elementos que quiere incluir, como cerebros humanos, por ejemplo, y sus entornos inmediatos. Esto plantea otro problema. Tendrían que comprender hasta el último detalle de cómo funciona nuestro cerebro, y estamos muy lejos de eso.*

Los avances en inteligencia artificial quizá ayudarían a solucio-

* En cierto sentido resultaría más fácil simular un universo entero. Establecemos las condiciones iniciales, ponemos en marcha la simulación y vemos qué pasa.

nar algunos o la totalidad de estos problemas. Pero «quizá» es la palabra clave en cada paso del razonamiento.

El argumento de la simulación es especulativo, pero reviste un interés innegable.

Da pie a preguntas de orden ético. ¿Crearías tú un mundo poblado por seres que sintieran dolor? ¿Qué motivo podría justificar que estos sufrieran los horrores de la esclavitud o el Holocausto? Si, tal como imagino, la respuesta es «ninguno», ¿influiría esto en las probabilidades de que estemos en una simulación?

Da pie a preguntas de orden teológico. Si el argumento de la simulación es correcto, casi todos los mundos tienen creadores, los ingenieros que los diseñaron. Y dichos creadores son omnipotentes y omniscientes en relación con esos mundos. ¿Cabe considerarlos dioses?

Da pie a preguntas de orden metafísico. ¿Gozamos de libre albedrío si los creadores controlan el desarrollo de la historia? Si solo existimos para servir a sus fines y durante el tiempo que les interese mantenernos con vida, ¿somos sus esclavos, en cierto sentido?[38]

Da pie a preguntas de orden práctico. Si crees que vives en una simulación, ¿cómo debes actuar? Rex quiere escribirles un mensaje a los Ingenieros Todopoderosos. Se imagina las palabras trazadas en medio de un campo, como los círculos en los cultivos. «¡Hola! Sabemos que estamos en una simulación. Más sucursales de Shake Shack, por favor». Pero esto podría resultar peligroso. ¿Y si ellos no quieren que lo sepamos? Podrían destruir el mundo entero o borrarlo a él. Huy.

Por último, el argumento de la simulación da pie a preguntas sobre qué podemos llegar a saber. En realidad, parece una versión tecnificada de la historia del genio maligno. Es como lo del cerebro en el frasco pero sin frasco, pues el cerebro también es simulado.

Una vez más, da la impresión de que todo lo que creemos saber es erróneo. Si estás en una simulación, no sostienes este libro entre tus manos. No hay libro, ni manos con qué sostenerlo. Todo es una elaborada ilusión.

O tal vez no.

David Chalmers es una especie de estrella del rock entre los filósofos. Durante mucho tiempo incluso tenía la pinta de una, con su chaqueta de cuero y su larga melena (más recortada ahora que ha encanecido). Es profesor de Filosofía y Neurociencia en la Universidad de Nueva York, además de un destacado experto en la conciencia, entre otros temas.

A Chalmers no le preocupa mucho la posibilidad de que vivamos en una simulación informática. Tampoco piensa que ponga en cuarentena nuestro conocimiento. Creemos tener manos, afirma, y las tenemos, incluso si vivimos en una simulación. Y, lo que es más, se componen de materia —electrones, quarks y demás—, tal como pensabas. Simplemente resulta que esa materia se compone de algo inesperado: ¡bits informáticos![39]

Pero no por eso tus manos dejan de ser reales. No son de mentira, como el atrezo de las películas, ni imaginarias, como las manos de tu personaje de ficción favorito. Las manos imaginarias no sirven de mucho, salvo en los mundos imaginarios. En cambio, tus manos sirven para muchas cosas. Pueden sostener libros, preparar la cena y realizar decenas de tareas más con destreza. No cabe duda de que las echarías en falta si las perdieras. Esa es la marca de algo real.

«¡Pero mis manos no son reales!», insistes. Son solo simulaciones. Tal vez los Ingenieros Todopoderosos estén dotados de manos reales, pero nosotros tenemos que conformarnos con estas tristes falsificaciones. De hecho, nosotros mismos somos tristes falsificaciones.

Nos encontramos aquí ante una confusión sutil.[40] Tenemos manos tal como las hemos conocido siempre. Eso no cambiaría aunque descubriéramos (o simplemente supusiéramos) que vivimos en un mundo simulado. Lo único que cambiaría respecto a lo que sabemos es que la realidad posee una esencia distinta de la que suponíamos; no física, sino fundamentalmente computacional.

Para entender mejor a qué me refiero, imagínese el lector las manos de Rex. Él sabe que las tiene desde tiempo atrás. Incluso sabe algunas cosas sobre ellas, como que contienen huesos y músculos. Y desde hace poco sabe un poco más: que sus huesos están formados por moléculas, que a su vez están formadas por átomos.

En algún momento aprenderá que los átomos se componen de protones, neutrones y electrones. Luego aprenderá que los protones y los neutrones se componen de quarks. Y después, tal vez aprenda que en realidad los electrones no son pelotitas que giran en torno al núcleo del átomo, como suelen representarse en los libros de texto, sino que están dispersos, más o menos como en una nube.

A cada paso, Rex aprenderá un poco más sobre la naturaleza de sus manos. Sin embargo, en ningún momento tendrá sentido que exclame: «¡Ay, no! ¡No tengo manos! ¡Las manos son de carne y hueso, y en cambio estas cosas que tengo en el extremo de los brazos están hechas de electrones y quarks!». Si lo dijera, le responderíamos que sus manos sí son de carne y hueso, pero que además la carne y el hueso están hechos de electrones y quarks.

Si resulta que vivimos en una simulación, alargaremos esta explicación un paso más. La materia física que nos conforma estará integrada por unidades informáticas, como los bits. Si Rex se entera de esto, habrá aprendido algo más sobre la naturaleza de sus manos. No habrá descubierto que no son reales o que carece de ellas.

Todo esto puede parecer un poco confuso porque nos sentimos tentados de asumir la perspectiva de los Ingenieros Todopoderosos. Si ellos viven en un mundo fundamentalmente físico, entonces considerarán que el nuestro es virtual, una versión simulada de su realidad. Sin embargo, desde nuestra perspectiva, no somos más que personas con manos, como hemos sido siempre.

Iré un paso más allá que Chalmers y afirmaré que, desde la perspectiva de los Ingenieros Todopoderosos, no somos personas virtuales, sino personas a secas. La condición de persona lleva aparejado cierto estatus moral, nos confiere una serie de derechos y responsabilidades. Dicho estatus moral no depende de si estamos formados por materia o por bits, sino, entre otras cosas, de si somos capaces de reconocer razones o experimentar dolor.

Cualquiera que proponga simular mundos poblados de personas deberá enfrentarse a cuestiones morales serias, pues dichas personas serán objeto de preocupaciones morales. Estas cuestiones tienen algo en común con las que afrontan los futuros padres cuando deciden tener un hijo, pues toda vida humana implica cierto grado de sufrimiento. También tienen algo en común con las preguntas a las que se enfrenta Dios cuando decide crear el mundo (si de verdad existe un dios). Una simulación es un acto de *creación*, no de imaginación. Me gustaría pensar que cualquier sociedad lo bastante avanzada para simular mundos sabría reconocer este hecho.

Sea como sea, el argumento de la simulación no amenaza nuestra realidad ni la mayor parte de nuestras creencias. No es una hipótesis *escéptica*, sino *metafísica*. Describe una de las posibles formas en que funciona nuestro mundo; no establece que el conocimiento sea imposible.

A los niños les encanta imaginar otras realidades, jugar a que el mundo no es lo que parece. Sospecho que por eso les atraen los argumentos escépticos y la hipótesis de la simulación.

Durante una temporada el argumento del sueño fue la idea filosófica favorita de Rex y, de rebote, también la mía. Por otro lado, uno de mis momentos preferidos como padre se lo debo a Descartes.

Rex tenía siete años. Me hizo una tarjeta por mi cumpleaños. En el interior escribió: «Te quiero, luego existo».

Propongo que, a partir de ahora sustituyamos el *cogito* por *te amo*. Transmite igual de bien el mensaje. Cualquier estado mental cumple esa condición. Así que cuando eches un vistazo al interior, busca amor.

Sin embargo, antes de que el lector se derrita de ternura por mi relación con Rex, he de reconocer que él quiere más a Julie.

Lo confirmó un día, cuando volvíamos a casa andando desde el colegio. Rex estaba en segundo curso, y charlábamos sobre el argumento del sueño. En aquella época teníamos un juego: Rex intentaba discurrir una manera de demostrar que no estaba soñando, y yo se la echaba abajo.

—Sería rarísimo que tú y yo estuviéramos soñando lo mismo —dijo—. Y tendría que ser así para que pudiéramos hablar el uno con el otro.

—Sí, sería muy raro —admití—. Pero ¿y si yo no soy real? ¿Y si no soy más que un personaje de tu sueño?

Esto lo dejó flipando. Le llevó un rato digerirlo, repetirlo y ampliarlo.

—¿O sea que mis amigos podrían ser personajes también? —dijo.

—Sí, exacto.

Doblamos la esquina del camino de acceso para el coche. Julie acababa de llegar con Hank.

—¿Y mamá? —inquirió Rex señalando al frente.

—Ella podría ser un personaje más.

A Rex se le puso la cara larga.

—Entonces no quiero despertar —murmuró.

9

LA VERDAD

—He aprendido un nuevo animal —anunció Hank.

—¿Cuál?

—Se llama «du-o-bra-quiun es-par-sa-e» —(Imposible plasmar con fidelidad la pronunciación de un chico de segundo curso).

—Qué guay —comenté—. ¿Sabías que había un *Duobrachium sparksae* en mi clase de segundo?

—No es cierto —repuso Hank—. Acaban de descubrirlos. Los científicos ni siquiera habían visto uno antes de 2015.

—Deberían haber echado un vistazo a la clase de la seño Doseck —dije—, porque uno de los chavales era un *Duobrachium sparksae*. Se llamaba Sparky.

—Eso no es verdad —dijo Hank.

—Claro que sí —terció Rex—. En el colegio de papá había mogollón de animales. En preescolar se sentaba junto a un pingüino, y su mejor amigo era un mono.

Yo ya había montado este número antes. Aunque Rex era demasiado mayor para tragárselo, me alegró que me siguiera el juego.

—¿Cómo de grande era? —preguntó Hank.

—La repera de grande —respondí.

—No son la repera de grandes —replicó Hank—. Son pequeñitos.

—Ya lo sé —dije—.* Solo quería guardar el secreto de Sparky. En

* No lo sabía.

realidad eran tres *Duobrachium sparksae* subidos uno encima de otro y tapados con una gabardina. Se turnaban para estar arriba del todo.

—Viven en el agua —declaró Hank con aire desdeñoso—. Son como medusas pequeñas.

Me habría sido útil conocer ese dato desde el principio.

—Ya —dije—. Se les oía chapotear dentro de la gabardina. Un día, Sparky me dejó echar una ojeada dentro, y cada uno estaba en una pecera sosteniendo al que tenía justo encima.

—¿Y cómo caminaban? —inquirió Hank.

—¿Sabes? Eso no conseguí averiguarlo. La gabardina era tan larga que la iba arrastrando por el suelo.

—Seguro que el de abajo usaba los tentáculos —dijo Rex.

—O a lo mejor Sparky tiene un patinete —aventuré, lo que me valió un gesto de asentimiento de Rex—. Si alguna vez me lo encuentro en una reunión de antiguos alumnos, se lo preguntaré.

—No tienen cara —dijo Hank con severidad.

—Bueno, en el mar no —puntualicé—, pero Sparky se dibujó una cara con un rotulador.

Hank pegó un puñetazo en la mesa.

—¡Mentiras! —gritó—. ¡¡¡DEJA DE MENTIRME!!!

Me siento culpable cuando me paso de rosca con Hank. Pero no me arrepiento de hacerlo. Aquello fue divertido y le brindó la oportunidad de demostrar que es más listo que yo. En vez de repetir lo que había aprendido, lo puso en práctica para refutarme.

Pero se quedó un poco frustrado. Creyó que le había mentido. ¿Estaba en lo cierto? En mi opinión, no. Claro, dije cosas que no eran ciertas... a sabiendas de que no lo eran. Pero solo estaba haciendo comedia, y Hank se dio cuenta. Así que no considero haberle mentido. Sin embargo, la frontera es más difícil de definir de lo que parece.

—¿Qué diferencia hay entre mentir y hacer comedia? —le pregunté a Rex unos días después.

—Cuando mientes, dices algo que no es verdad —contestó.

—¿Y cuando haces comedia no dices cosas que no son verdad?

—Sí, pero cuando mientes, intentas engañar a alguien.

—¿Y no es posible hacer comedia para engañar a alguien, después de un control de mates, por ejemplo? —La señal más infalible de que Rex lo ha petado en un examen de matemáticas es la cara triste que pone antes de enseñarnos la nota.

—Supongo —dijo Rex pausadamente. Había reparado en lo difícil que era la pregunta.

En cierto sentido mentir siempre es hacer comedia. Cuando mientes, actúas como si algo fuera verdad cuando no lo es, así que hay fingimiento de por medio. No obstante, Rex se equivocaba. Mentir no siempre implica decir algo que no es verdad.

Se dio cuenta él solo unos días más tarde.

—He estado pensando sobre las mentiras y el tal Gettier —me dijo a la hora de irse a dormir—, y tengo un caso para ti.

—Soy todo oídos —dije.

—Vale, es lunes por la noche y me preguntas si he sacado la basura. Yo creo que no, pero te digo que sí de todos modos, porque no quiero que me eches la bronca. En realidad resulta que sí la saqué, pero se me había olvidado. ¿Te estoy mintiendo entonces?

—¿Tú qué crees?

—Que he dicho algo que es verdad —respondió Rex—, pero por casualidad. Yo creía que no era cierto. Así que me parece que te he mentido.

—Estoy de acuerdo contigo —dije. Entonces me percaté de que era lunes por la noche—. Rex, ¿has sacado la basura?

—Tal vez —contestó con una sonrisa. (Sí que la había sacado).

Me pareció una pasada que Rex hubiera relacionado las mentiras con el problema de Gettier. A simple vista, una cosa no parece tener mucho que ver con la otra. El citado problema se refiere a lo que sabemos, no a lo que decimos. Pero sí que existe una relación. En un caso de Gettier creemos que algo es cierto y resulta serlo, pero por pura suerte, pues nuestros indicios no son tan sólidos como pensamos.* En el caso de Rex, él dice algo que es cierto, pero solo por casualidad, pues él cree que su afirmación es falsa. (Una de las razones de la popularidad de Gettier es que su estrategia general —basada en que las cosas salen bien, pero por chiripa— resulta fructífera en todos los campos de la filosofía).

Y lo que es aún más impresionante: Rex tenía razón. Una mentira puede ser verdadera. Pero toda mentira entraña una falsedad: está en nuestra actitud. Cuando mentimos, afirmamos creer algo que en realidad no creemos.[1]

Por lo general, el objetivo es engañar a nuestro interlocutor, pero no siempre. Lo aprendí de mi amiga Seana Shiffrin. También es filósofa del derecho. Hace varios años me dejó alucinado al introducirme en el *candlepin bowling*, un tipo de boliche que se juega con bolos cilíndricos y alargados como velas, y que es mucho mejor que la variante habitual. (Shiffrin dice que me llevará también a un garito de *duckpin bowling*, donde los bolos son achaparrados y tienen una forma que recuerda la de un pato, pero me niego a creer que eso exista). Pero este deporte es solo una actividad secundaria para ella. En realidad se dedica a estudiar promesas, contratos, la libertad de expresión... y las mentiras.

El objetivo de la mayoría de los mentirosos es engañar. Pero es posible tener otros motivos para falsear nuestro estado mental. Shiffrin pone el ejemplo de un testigo en un juicio que comete perjurio a pesar de que es consciente de que todos saben que su versión de los hechos es falsa.[2] No tiene la menor posibilidad de engañar a nadie,

* Un repaso rápido, para que el lector no tenga que volver al capítulo anterior. En un caso de Gettier partimos de una creencia verdadera justificada pero algo falla, de modo que esa creencia no puede considerarse conocimiento. He aquí el ejemplo que utilizamos: crees que tienes un ejemplar del libro de cocina *The Joy of Cooking* en casa, ya que adquiriste uno hace años y lo has usado muchas veces. Pero resulta que tu pareja se lo ha prestado a alguien. Por otro lado, un amigo te ha regalado un nuevo ejemplar; está envuelto en tu habitación esperando a que llegue tu cumpleaños. Tu creencia es tan justificada como verdadera, pero no *sabes* que hay un ejemplar de *The Joy of Cooking* en tu casa. Has acertado solo por un golpe de suerte.

y tal vez ni siquiera sea esta su intención. Entonces ¿por qué miente? Tal vez porque quiere soslayar la verdad. Al decirla, podría incriminar a otra persona. O enfurecer a la multitud. Así que urde una patraña, pese a que sabe que nadie le creerá.

Si combinamos la historia de Rex sobre la basura con el juicio de Shiffrin, comprobamos que el primer intento de Rex por definir la mentira (como una afirmación falsa formulada con ánimo de engañar) estaba basado en dos premisas erróneas. Pero nos acercamos a una teoría mejor. Según Shiffrin, una persona miente cuando afirma algo que no cree en una situación en la que resulta razonable esperar sinceridad.[3] Esta última parte es superimportante. No siempre esperamos sinceridad. En un espectáculo de comedia improvisada sé que los actores dirán cosas que no creen.[4] Si no, la iniciativa tendría poco sentido. Del mismo modo, cuando leo una obra de ficción, no espero que el autor solo escriba cosas que considera ciertas.

Shiffrin califica las situaciones en las que no se espera sinceridad como «contextos suspendidos».[5] Pero debemos tener cuidado con la idea de la sinceridad no esperada. Si me mientes mucho, no esperaré que me digas la verdad.[6] Sin embargo, no es a eso a lo que se refiere Shiffrin. Le interesan las situaciones en las que existe una buena razón para aceptar la insinceridad. Los denomina «contextos suspendidos justificados».[7] En dichas circunstancias, sostiene, nadie debe a los demás la verdad, así que los falseamientos no cuentan como mentiras.[8]

Los contextos suspendidos justificados son más frecuentes de lo que imaginamos. Cuando nos encontramos con un conocido, intercambiamos una serie de cortesías: «Me alegro de verte», «Estoy muy bien», «Me gusta tu peinado». Según Shiffrin, las frases de ese tipo vienen «exigidas por el contexto social».[9] Se trata, en líneas generales, de saludarnos y ratificar nuestra relación. Sin embargo, matiza Shiffrin, un «oyente competente» sabe que esa clase de afirmaciones «no se emiten con la intención de que su contenido sea asimilado como verdadero».[10] Así que no pasa nada si somos insinceros. Podemos asegurar «estoy muy bien» aunque en realidad todo nos vaya de pena. De hecho, Shiffrin ni siquiera considera que estemos mintiendo en esos casos.

A algunos esto les parece extraño. Para ellos, se trata de «mentiras piadosas». Pero presumiblemente están de acuerdo en que decirlas es válido (no le debemos a todo el mundo una explicación sobre cómo nos va la vida, aunque nos lo pregunten). Así que no vale la pena obsesionarnos con las etiquetas. Podemos emplear la palabra «mentir» con diferentes sentidos. Lo importante es la cuestión moral. En un contexto suspendido justificado no tiene nada de malo decir cosas que no creemos.

Retomemos, pues, la pregunta: ¿qué diferencia hay entre mentir y fingir? Más arriba decíamos que, en cierto modo, mentir es fingir. Pero muchos fingimientos se dan en contextos suspendidos justificados. Cuando jugamos con un crío, por ejemplo, fingiendo que somos superhéroes o hechiceros, suspendemos nuestras expectativas de sinceridad para poder divertirnos explorando mundos imaginarios. Es lo que pretendía conseguir cuando le aseguré a Hank que había un *Duobrachium sparksae* en mi clase de primero.

Durante mucho tiempo mis hijos lo pasaban bomba con los cuentos chinos que les contaba. Y aún se inventan los suyos propios. Pero poco a poco van abandonando esos mundos. Creo que es lo más triste de verlos crecer.

A los tres años descubrí que mentir no estaba bien. Mi hermano Marc tenía siete. Nuestros padres consideraron que estábamos armando demasiado jaleo, así que nos dijeron que jugáramos fuera. Sin embargo, Marc no estaba dispuesto a darles un respiro. Me indicó que me colocara frente a la puerta e hiciera todo el ruido que pudiera. Me pareció una idea divertida. Me puse a gritar, a cantar, a aporrear cosas. De pronto mi madre abrió la puerta y pegó un berrido. Nos conminaron a entrar de nuevo.

—Marc me ha dicho que chillara —declaré al percatarme de que estaba molesta.

Él me echó la culpa a mí, y entonces comprendí por qué no se había unido al alboroto.

Guardo un recuerdo difuso de lo que sucedió después. Nos interrogaron en habitaciones separadas. Él se aferró a su versión durante un rato, pero en algún momento se vino abajo y reconoció que la orden había salido de él.

No recuerdo en qué consistió el castigo, pero sí que el suyo fue más severo que el mío. Y me acuerdo de la razón: él *había mentido* (sí, lo pronunciaron en cursiva). No sabía muy bien por qué eso era importante, pero su error, fuera el que fuese, me libró de una buena. Así que tomé nota mental de no cometerlo también.

Pero ¿por qué? No me lo explicaron con claridad. Y los filósofos tampoco tienen una respuesta clara. Por lo menos los que viven en mi casa.

—¿Por qué es malo mentir? —le pregunté a Hank una noche mientras cenábamos.

—Porque no estás diciendo la verdad.

—Ya —asentí—, pero ¿por qué es malo eso?

—Porque estás mintiendo —respondió Hank.

Me dio la impresión de que la discusión no llevaba a ninguna parte.

—Pero eso ¿qué tiene de malo?

—Que intentas hacerle creer a alguien una cosa que no es verdad.

Esto supuso un avance. Además alineaba a Hank con un montón de filósofos. Muchos creen que mentir está mal porque resulta engañoso.

Pero a ver una cosa: ¿qué tiene eso de malo? He aquí un razonamiento bastante socorrido: cuando engañamos a alguien, manipulamos sus estados mentales para favorecer nuestros fines. Al hacerlo, interferimos su capacidad para manifestar su voluntad en el mundo.[11] Es un eco de la idea kantiana que hemos analizado antes: debemos tratar a las personas como tales, no como objetos a nuestro servicio.

El razonamiento se sostiene hasta cierto punto, pero no cubre todos los casos. Tal como nos ha enseñado Shiffrin, no todas las mentiras son engañosas. Su testigo perjuro no tenía la intención de inducir a error a nadie. Sin embargo, eso no lo exculpa del todo. Mentir ante un tribunal está mal, sea cual sea el motivo. Y ese no es el único problema con la idea de que las mentiras son reprobables porque engañan. La mayoría de la gente cree que mentir es peor que simplemente llevar a alguien a formarse una idea equivocada. De hecho, a menudo la gente evita decir mentiras incluso mientras embauca a su público.

A los filósofos les encanta relatar la historia de Atanasio de Alejandría.[12] Un día lo abordaron unas personas que querían apresarlo, tal vez con la intención de matarlo. Sin embargo, no lo reconocieron, así que cuando le preguntaron dónde estaba Atanasio, él respondió: «No muy lejos», de modo que se marcharon en su busca. Se supone que hemos de pensar que Atanasio demostró una gran astucia. ¡Logró despistar a sus perseguidores sin decir una mentira! Pero ¿qué problema habría en mentirles a unas personas que quieren acabar contigo? ¿Por qué no les dijo que Atanasio estaba a varios días de distancia o que ya había muerto?

«No te cortes: miente», dice Jennifer Saul, una filósofa del lenguaje. Escribió un artículo con ese consejo en el título.[13] En él alega que mentir no es peor que simplemente inducir a error. Lo ilustra con el siguiente ejemplo: Dave y Charla están a punto de acostarse por primera vez. Dave le pregunta a Charla si tiene sida. Da la casualidad de que ella está infectada con el VIH y lo sabe, pero también sabe que aún no ha desarrollado la enfermedad. Como no quiere asustar a Dave, le responde: «No, no tengo sida». Más tranquilo, Dave accede a mantener relaciones sexuales sin protección.[14]

Charla no ha mentido. Su respuesta es veraz. No obstante, ha engañado a Dave de forma bastante rastrera. Claro, él podría ser más cuidadoso al formular la pregunta: existe una diferencia entre estar infectado con el VIH y tener sida. Sin embargo, Charla entiende perfectamente a qué se refiere y su respuesta induce inevitablemente a error. «Me parece una absurdidad absoluta suponer que el engaño de Charla es un poco más aceptable solo porque se abstiene de mentir», señala Saul.[15]

Según su punto de vista, mentir está mal porque es engañoso. Y, en general, la forma que adopte el engaño carece de importancia. Ya puestos a engañar a alguien, dice Saul, mejor miente directamente.[16] Si tu engaño es reprobable, no empeorará por el hecho de decir una falsedad. Y si tu engaño está justificado —si tienes buenas razones para llevarlo a cabo—, no habrás hecho nada malo. En efecto, eso es lo que opinaría sobre Atanasio: no mintió, pero habría sido del todo aceptable que lo hiciera.

Estoy de acuerdo con esta última parte. No creo que Atanasio les debiera la verdad a sus agresores. Pero no me acaba de convencer la idea de que mentir está al mismo nivel de las otras formas de engaño. Por supuesto, una mentira cuyo objetivo es engañar es tan inmoral como el engaño que se pretende perpetrar. Pero, tal como explica Shiffrin, hay otros motivos por los que mentir está mal.

Para entenderlos, debemos retroceder hasta la introducción, donde hablamos del desplazamiento del espectro cromático. Nos preocupaba nuestra incapacidad para acceder a la mente de otras personas. No disponemos de una conexión directa con los estados mentales de nadie. Y en ocasiones necesitamos conocerlos. Difícilmente podríamos convivir, y mucho menos trabajar juntos, si no contáramos con una manera de saber lo que piensan los demás. Según Shiffrin, el lenguaje es nuestra mejor herramienta para superar la opacidad de las mentes ajenas. Nos ayuda a alcanzar una comprensión más profunda de la que podríamos adquirir sin él.

Gracias a esta comprensión podemos cuidar unos de otros, aprender de los demás y colaborar en proyectos y planes. Sin ella llevaríamos vidas más pobres. Así pues, tenemos motivos para respetar el lenguaje y proteger su capacidad de volvernos mutuamente inteligibles.

Shiffrin afirma que mentir está mal porque ofrece una imagen falsa de los estados mentales del mentiroso. Como consecuencia socava la función exclusiva del lenguaje: ayudarnos a entendernos unos a otros. Mentir introduce ruido en la señal y pone en duda la veracidad de comunicaciones futuras. Según Shiffrin, perderíamos el «acceso fiable a un conjunto esencial de verdades».[17]

La explicación de Shiffrin no es excluyente. Hay otras razones por las que las mentiras pueden ser inmorales. Unas son irrespetuosas, otras minan la confianza y algunas resultan engañosas. En casos determinados, cualquiera de estas razones puede superar en inmoralidad a la que subraya Shiffrin. El engaño de Charla exponía a Dave a un grave peligro. Eso por sí solo es terrible; el hecho de mentir apenas lo empeoraría. Sin embargo, en muchos casos inducir a error es un pecado menor (por ejemplo, sabemos que los críos nos ocultan el tiempo que dedican a jugar al *Minecraft*). Y en esas ocasiones podemos romper una lanza a favor de evitar las mentiras descaradas. Mantienen abierta la posibilidad de una comunicación sincera.

—Eh, chicos, tengo una pregunta para vosotros. Imaginaos que alguien quiere matar a un amigo vuestro, así que lo tenéis escondido en el desván.

—¿Cómo se llama? —quiso saber Hank.

—Jack —dije—. Y entonces el tipo que quiere cargárselo se presenta y os pregunta dónde está.

—¿Cómo se llama el tipo? —inquirió Hank.

—Eso da igual.

—Lo llamaremos Bob —propuso Rex.

—Muy bien. Bob quiere saber dónde está Jack. ¿Qué le decís?

—¡Que no está aquí! —dijo Rex.

—¿O sea que le mentirías?

—Eso no es una mentira.

—Pero Jack está en el desván...

—Sí, pero al decir que no está aquí, me refiero a que no está aquí mismo, junto a nosotros.

Al parecer, estamos criando al Atanasio de Ann Arbor. A dos, de hecho.

—¿Tú qué le dirías, Hank?

—Que he visto a Jack en la calle hace un rato.

—¿Y es cierto?

—Sí, lo he visto en la calle cuando venía hacia aquí, antes de subir al desván.

—¿Por qué no le mentís? Podríais decirle que Jack se ha ido de la ciudad.

—Creo que no haría falta mentir —dijo Rex.

—¿Estaría justificado mentir si con eso lo ayudarais?

—Sí, creo que sí —contestó Rex—. No tengo por qué ayudar a Bob a matar a Jack.

Kant habría rechazado de plano esta teoría, al menos según la lectura más habitual de su ensayo breve «Sobre un presunto derecho a mentir por filantropía».[18] En él, Kant examina el caso que expuse a mis hijos: un asesino llama a la puerta y pregunta dónde se encuentra la persona a la que pretende matar. Y, al parecer, sostiene que no se debe mentir, ni siquiera al asesino.

Eso es una locura. Nadie cree que esa idea sea correcta, ni siquiera los kantianos más acérrimos. Y seguramente tampoco Kant lo pensaba. El relato surgió a raíz de una discusión que mantuvo con Benjamin Constant, teórico político francosuizo. Allen Wood, un destacado estudioso de Kant, investigó los antecedentes y concluyó que ambos hombres estaban interesados más que nada en el «deber de hablar con sinceridad... en *contextos políticos*».[19] Es más, Wood era del parecer que Kant no se imaginaba que quien llamaba a la puerta era un asesino cualquiera, sino un agente de policía que pedía información sobre el paradero de un sospechoso.[20] En su opinión, Constant discrepaba de Kant en parte debido a que sus experiencias durante la Revolución francesa lo habían llevado a recelar de la fina línea que separa a la policía de los delincuentes.[21]

Wood cree que hay una mejor manera de ilustrar lo que Kant intentaba decir: eres testigo en un juicio, has jurado decir la verdad y te plantean una pregunta «cuya respuesta veraz conducirá previsiblemente a la condena por homicidio de un amigo tuyo... que sabes que es inocente».[22] Es una situación que no le desearías a nadie. Pero, según Wood, tienes que decir la verdad a menos que «el proceso legal sea ilegítimo o una mera farsa»,[23] pues de lo contrario serías tú quien estaría «convirtiendo el juicio en una farsa»[24] al ocasionar que se desarrollara sobre la base de una mentira.

Tal vez Kant estaría de acuerdo, pero no sé si yo lo estoy. No me cierro a la idea de que, en casos extremos, una mentira puede estar justificada; dependería de los detalles del caso. Pero, dejando eso a un lado, ¿a qué conclusión nos lleva el ejemplo original, el que ha sido objeto de tanta polémica... y escarnio? Resulta evidente que podemos mentir. Y Shiffrin nos proporcionó las herramientas para explicar por qué. Nos encontramos en un contexto suspendido justificado. El asesino no tiene derecho a contar con nuestra colaboración, pues no alberga buenas intenciones. Tal como dice Rex, no tenemos por qué ayudar a Bob a matar a Jack.

El asesino a la puerta recibe más atención de la que merece. Pocos de nosotros tendremos que hacerle frente. Incluso Kant y Constant estaban interesados sobre todo en otra cosa: «el deber de políticos y estadistas de ser fieles a la verdad».[25]

Es una cuestión que también le interesa a Rex.

«Me parece increíble que mienta tanto», ha comentado respecto a Donald Trump en varias ocasiones. Le gustaba repasar la lista de mentiras que publicaba el periódico.[26]

Muchos políticos mantienen una relación intermitente con la verdad, desde luego. Lo sorprendente de Trump era su hostilidad hacia ella. En su primer día en el cargo mintió acerca de la lluvia en su ceremonia de investidura... y permitió que su secretario de prensa mintiera sobre el número de asistentes.[27] A partir de entonces, las mentiras no hicieron más que aumentar. Al final de su mandato, Trump se empeñó, contra toda evidencia, en que le habían robado las elecciones, lo que dio pie al asalto al Capitolio por parte de algunos de sus seguidores.[28]

—Donald Trump es un mal presidente —sentenció Rex una noche, durante la cena, poco después de la insurrección.

—Es un mal presidente para nosotros —dijo Hank—, pero un buen presidente para los que lo votan.

—No, es un mal presidente —repuso Rex.

—Es malo para nosotros —insistió Hank—, pero bueno para los que lo votan.

—Hank, ¿quieres decir que las personas que votan a Donald Trump *creen* que es bueno... pero se equivocan? —pregunté.

—No —contestó con rotundidad—. Ellos creen que es bueno, y nosotros creemos que es malo, *y no hay nada en medio que indique quién tiene razón.*

—Pero alguien debe tenerla, ¿no? —inquirí—. O es un buen presidente o no lo es.

—No —dijo Hank—. Nosotros tenemos razón desde nuestro punto de vista, y ellos desde el suyo.

En eso consiste el relativismo, en la idea de que cada persona tiene su verdad. Me quedé a cuadros al oírla en mi propia casa. No se corresponde con mi visión del mundo, ni le hablo de ella a los chicos.

Entonces me pregunté hasta dónde llegaba el relativismo de Hank. Muchos dudan que exista una verdad única en cuanto a cuestiones éticas o juicios de valor, como si Donald Trump es un buen presidente o no. ¿Era esta la postura de Hank, o su relativismo era más profundo?

—Hank —dije—. Supón que vamos fuera, y yo digo que llueve y tú dices que no. ¿Tiene razón uno de los dos?

—Yo tengo razón desde mi punto de vista —respondió—, y tú desde el tuyo.

—Pero o caen gotas del cielo o no caen —señalé—. Nosotros no decidimos si llueve o no.

—Tú crees que caen, pero yo no —dijo Hank.

Al principio no estaba seguro de hasta qué punto hablaba en serio Hank. Le gusta hacer el tonto. Durante años yo no tenía manera de saber si se había aprendido la canción del abecedario o no. Cada vez que le pedía que la cantara, él desordenaba las letras. Creía que me tomaba el pelo, pues yo solía hacer lo mismo con Rex. Pero era tan contumaz en el error, tan impermeable a las correcciones, que empecé a preguntarme si era consciente de la importancia del orden.

Cuando empezó a ir al jardín de infancia, quedó claro que había estado troleándome desde que tenía tres años. Delante de su maestra demostró un dominio indiscutible del alfabeto, entre muchas otras habilidades que ignorábamos que tenía.

Así que no me acabo de fiar del tío... y siempre estoy atento a la sonrisilla que esboza cuando se trae algo entre manos. «Este podría ser un troleo como una catedral —pensé—. A sus ocho años ha identificado la idea que más me irrita». Sin embargo, conforme avanzaba la tarde, resultaba más evidente que Hank hablaba en serio. Lo había meditado a fondo y había concluido que cada uno tiene su verdad.

¿Por qué? La clave de su forma de pensar está en lo que le dijo a Rex: «Ellos creen que es bueno y nosotros creemos que es malo, *y no hay nada en medio que indique quién tiene razón*».

Mientras pronunciaba estas últimas palabras, Hank alineó la mano con su nariz y la movió arriba y abajo para ilustrar la idea de que no había nada en medio. Pero lo que quería decir en realidad era que no había *nadie* en medio, ningún árbitro neutral que zanjara la disputa.

En el capítulo sobre los derechos comentaba que a Hank le gusta oírme hablar de los casos que enseño en clase, y siempre me pregunta: «¿Qué decidió el juez?». Quiere saber la respuesta correcta y cree que el magistrado tiene la última palabra. En ausencia de uno, no hay más que respuestas distintas para cada persona.

Muchos de mis alumnos se ven atraídos por argumentos similares, sobre todo (pero no exclusivamente) los que practican deportes de competición. Durante toda su vida han estado sometidos a los dictámenes de los árbitros o jueces: dentro o fuera, bola o strike, pase completo o incompleto. Y estas decisiones eran inapelables; no podían recurrirse. Lo que dice un árbitro va a misa. Si dice que era dentro, era dentro. Desde luego da la impresión de que tiene el poder de hacer realidad sus deseos.

Pero si algo nos ha enseñado la repetición instantánea, es que en realidad no es así. En un partido de tenis, si una pelota bota dentro o fuera depende del lugar donde cae en relación con las líneas de la cancha, no del capricho del árbitro. En circunstancias ideales, este constata la realidad, no la determina.[29]

No está de más recordar que es posible jugar sin árbitros. Podemos ir, pegarle un raquetazo a una pelota de tenis y decidir por nosotros mismos si ha botado dentro o fuera. Por lo general estaremos de acuerdo. De vez en cuando discreparemos. Tenemos puntos de vista distintos, y el interés propio influye en nuestra manera de ver las cosas. Los árbitros existen por una razón, pero no son más que personas como las demás, capaces de acertar o equivocarse. La realidad es independiente de ellos.

Esto puede resultar un poco confuso porque, de algún modo, es cierto que lo que dice el árbitro va a misa. Si en un partido de fútbol indica que un jugador estaba en fuera de juego, todos se comportan como si de verdad estuviera en fuera de juego, tanto si lo estaba como si no. Un árbitro posee el poder de determinar lo que consideraremos cierto a partir de ese momento. Sin embargo, existe un hecho previo a su decisión que sería exactamente el mismo si se tratara de un partido no arbitrado. La ausencia de un juez neutral no implica en modo alguno ausencia de la realidad.

A pesar de todo, hay muchos escépticos respecto a la idea de la realidad objetiva. En algunos círculos está de moda decir que la realidad es un constructo social. Sin embargo, tal como aprendimos en el capítulo sobre la raza, el hecho de que nuestros conceptos sean constructos sociales no significa que los objetos que designan lo sean. Los humanos decidimos qué es un planeta y qué no, pero una vez tomada la decisión, que Plutón encaje o no es algo que no depende de nosotros. Además podemos equivocarnos si hemos calculado mal los datos.

Aparte de Hank, existen pocos relativistas de la lluvia. Por lo que respecta al mundo físico, casi todos nos sentimos cómodos con la idea de que existe una realidad indiscutible. Si en medio de un aguacero Hank insiste en que no llueve, yo no pensaré que esa es su verdad, sino que está como una chota... o tomándome el pelo otra vez.

Sin embargo, en lo tocante a los juicios de valor, Hank no está solo. ¿Fue Donald Trump un buen presidente? ¿Es inaceptable el aborto? ¿Era Beethoven mejor que Bach? Algunos dirán que no hay respuestas correctas y que, para gustos, los colores.

Quienes opinan así no rechazan la realidad por completo, sino solo la verdad objetiva, la que es válida para todos, seamos quienes seamos. Para salvar la verdad, la relativizan. No hay una única respuesta a la pregunta de si el aborto es aceptable o no, afirman. Sin embargo, existen respuestas correspondientes a visiones del mundo distintas. Para la feminista que prima la libertad reproductiva, el aborto es una opción válida. Para el católico que sigue la doctrina de la Iglesia, es algo inadmisible. ¿Cuál de esas dos perspectivas es la correcta? Esta pregunta no procede, dicen. La feminista tiene su verdad, y el católico la suya.

Es una manera un tanto siniestra de ver el mundo como un sitio en el que todos estamos metidos en trincheras diferentes. Es un mundo en el que podemos entrar en conflicto, pero no entablar una conversación. En este panorama, la feminista y el católico mantienen, en un sentido importante, un diálogo de sordos. Cada uno de ellos hace aseveraciones ligadas a su visión del mundo. Los dos tienen razón en sus respectivos marcos morales, pero según los que piensan como Hank, no hay nada en medio que demuestre que un marco es mejor que el otro. Por consiguiente, de poco sirve discutir sobre ello. Ningún intento de persuadir al otro puede apelar a la razón, pues las razones también están ligadas a la visión del mundo de cada uno. (Las consideraciones que convenzan a la feminista serán diferentes de las que convenzan al católico. Y no hay nada en medio que indique quién tiene razón).

Esta mentalidad es más habitual fuera del terreno de la filosofía que dentro de él. En realidad, la mayoría de los filósofos consideran que el relativismo sistemático (es decir, el que se aplica absolutamente a todo) es incoherente.[30] ¿Qué clase de afirmación sería «la realidad objetiva no existe»? ¿Una afirmación objetiva, válida para todo el mundo? En ese caso se refutaría a sí misma. ¿O se trata más bien de una afirmación subjetiva, cuya veracidad está supeditada al punto de vista de quien la hace? De ser así, no contradice la idea de que las verdades objetivas existen. Solo nos dice algo sobre la psicología de quien esgrime el argumento.

Un relativismo más modesto no se pegaría un tiro en el pie de esa manera. El relativismo moral puede tener sentido. La afirmación de que «no existen verdades morales objetivas» no es contradictoria en sí misma. La pregunta es si es cierta.

El argumento estándar parte de premisas sensatas. Nuestras opiniones morales divergen, a veces en grado extremo. Esto es verdad en todas partes, pero las diferencias son aún más acusadas en países lejanos o en el pasado remoto. Los juicios morales que emitimos están condicionados en gran medida por la cultura y la comunidad en las que nos criamos. Si hubiéramos nacido en otra época y otro lugar, pensaríamos de forma distinta respecto a muchas cuestiones morales. De hecho, algunas de nuestras convicciones morales más profundas eran poco comunes en otros tiempos. En muchos momentos de la historia la esclavitud estaba ampliamente aceptada. Ahora nos parece una abominación.

Por si fuera poco, muchas discrepancias morales se antojan irreconciliables. Basta con recordar cuánto tiempo llevamos debatiendo sobre el aborto y si debe ser legal. Ya hace décadas —siglos, en realidad—, y sigue habiendo defensores a ultranza de una y otra postura.

El relativista nos ofrece una explicación que vendría a ser más o menos la de Hank: no hay nada en medio que determine quién está en lo cierto. Cada uno tiene su marco de referencia, y ninguno es mejor que otro. Pero nótese que esta idea tiene un precio. Significa que no hay una verdad absoluta sobre si la esclavitud está mal, salvo en relación con las opiniones morales de cada uno. Lo mismo ocurre con el genocidio. Podemos decirle a un nazi: «Creemos que no deberías matar judíos», pero, si no comparte nuestra visión del mundo, no podemos darle una razón. Nos vemos obligados a reconocer que tiene su propia verdad, como nosotros. Lo que había empezado como una proposición sensata, de pronto se ha vuelto absurdo.

Así que tal vez hemos extraído una conclusión errónea de las premisas iniciales. Eso es lo que creía Ronald Dworkin.[31] Le gustaba señalar que la discrepancia no implica indeterminación. De hecho, parece indicar lo contrario. Si discutimos sobre si el aborto está mal, es casi con total seguridad porque creemos que existe una respuesta correcta. Y eso es importante. Tal vez no logremos ponernos de acuerdo, pero el consenso no determina la verdad. Y el desacuerdo no implica que esta no exista.

Es cierto: tal vez pensaríamos de otra manera si hubiéramos nacido en una época o un lugar distintos. Pero no solo serían diferentes nuestros valores morales, sino también nuestros conocimientos científicos. Siglos atrás habríamos estado convencidos de que el Sol gira alrededor de la Tierra. Ahora sabemos que es la Tierra la que gira alrededor del Sol. El hecho de que en otro tiempo creyéramos otra cosa no arroja dudas sobre este hecho. Podemos explicar en qué nos equivocamos y por qué nuestra creencia actual está mejor fundamentada. Creo que este criterio debería ser aplicable también a la esclavitud.

El hecho de que nuestros valores morales sean circunstanciales no pone en duda su validez, pero nos invita a adoptar una actitud más humilde respecto a ellos. Debemos preguntarnos si estamos equivocados, hablar con personas de ideas distintas y estar abiertos a modificar nuestros puntos de vista en función de lo que aprendamos. Pero no debemos renunciar a la idea de la verdad ni a su búsqueda.

Pero ¿qué buscamos, exactamente? ¿En qué consiste la verdad moral? Es una de las preguntas más complicadas en el campo de la filosofía. Como observa Dworkin, nadie cree que «el universo contenga entre sus numerosas partículas de energía o materia, unas partículas especiales —los morones—, cuya energía y momento generen campos que... constituyan la moralidad o inmoralidad, virtud o vicio de actos o instituciones humanos concretos».[32] Pero si la moralidad no emana de los morones, entonces ¿de dónde? No puedo detallar aquí los argumentos del debate como se merecen, pero sí esbozar mi perspectiva sobre el problema. Es muy similar a la de Dworkin.

A mi juicio, la verdad moral reside en las razones que aducimos en defensa de afirmaciones morales. Como señalaba Dworkin, si le preguntamos a una persona por qué cree que el aborto está mal, ella no aludirá a una maldad imbricada en el tejido del universo, sino que nos presentará razones.[33] Tal vez diga que Dios lo prohíbe, que es una falta de respeto a la dignidad inherente a la vida humana o que matar a un inocente está mal. Una vez que nos haya expuesto sus razones, podemos preguntarnos: ¿resultan convincentes? ¿Ha pasado por alto alguna? ¿Ha reflexionado con detenimiento sobre el problema? Lo ideal sería acompañarla en el proceso: razonar junto con ella.

Imaginemos ahora que nos encontramos en medio de esa conversación cuando interviene un escéptico. «Estáis gastando saliva —nos dice—. Las razones no son reales». Cuando le preguntamos por qué lo cree así, él nos da sus... razones. Entonces podemos analizar si resultan convincentes, si ha pasado por alto alguna y si ha reflexionado con detenimiento sobre el problema.

No es posible escapar a la razón. En palabras de Dworkin: «Lo mejor que podemos hacer respecto a cualquier afirmación, incluida la tesis o argumento escéptico más complejo, es comprobar si una vez analizada la mejor reflexión que nos parece pertinente, seguimos considerándola válida».[34] En caso afirmativo, más vale que la creamos... a menos o hasta el momento en que veamos una razón para descartarla.

El relativismo de Hank no duró mucho. Vencí su resistencia una noche, a la hora de irse a la cama.

A veces, en lugar de leer, entablamos lo que él llama una charla de hombre a hombre. Por lo general son más bien tontas, pero a veces tocamos temas serios. Aquella noche retomamos la conversación sobre el relativismo. Yo intentaba hacerlo bajar del burro, con poco éxito. Pero tenía un arma secreta que me había guardado hasta ese momento.

Apagué la luz. Le canté su canción de cuna. Me dispuse a salir de su habitación.

—Buenas noches, Hank —dije—. Eres el chico de seis años más tierno que conozco.

—No tengo seis años —replicó—, sino ocho.

—¿Ah, sí? —dije—. Esa es tu opinión. Para mí, tienes seis.

—Que tengo ocho —insistió, cada vez más nervioso.

—Para mí eso no es verdad —insistí—. Desde mi punto de vista, tienes seis.

—Tengo ocho —dijo con rotundidad—. *Hay cosas que son ciertas sin más.*

Con eso queda todo dicho. Pero ¿por qué nos cuesta tanto ponernos de acuerdo sobre la verdad? C. Thi Nguyen piensa mucho sobre eso. Era periodista gastronómico para el *L. A. Times*, lo que vendría a ser el trabajo de mis sueños. (Nota para los editores de las secciones gastronómicas de todo el mundo: Rex y yo estamos disponibles para críticas de gastronetas de tacos. Hank se apunta al sushi). Sin embargo, Nguyen abandonó el mundo de la cocina por la filosofía. Escribe acerca de la confianza, los juegos y las comunidades.

La clave de su pensamiento es la distinción que establece entre las «burbujas epistémicas» y las «cámaras de eco». Una burbuja epistémica, dice, es «una red informacional de la que voces relevantes se ven excluidas por omisión».[35] Vivimos cada vez más encerrados en dichas burbujas. Nos hemos separado geográficamente, por lo que estamos rodeados de personas de ideas afines a las nuestras. En las redes sociales interactuamos con muchos amigos que comparten puntos de vista parecidos. Los algoritmos personalizan nuestra experiencia en internet según nuestras preferencias.

Las burbujas epistémicas no son buenas. Filtran la información que contradice nuestras opiniones, con lo que refuerzan en exceso nuestra confianza. Nos convencen de que todo el mundo piensa lo mismo que nosotros, aunque eso esté muy lejos de la realidad. Incluso pueden ocultarnos todo lo relacionado con temas determinados. A pesar de todo, a Nguyen no le preocupan demasiado las burbujas epistémicas. Sostiene que «estallan con facilidad»; para reventar una, basta con exponer a la gente «a los datos y argumentos que han pasado por alto».[36]

Le inquietan mucho más las «cámaras de eco». Parecen conceptos similares, pero hay una diferencia importante. Una cámara de eco es «una estructura social en la que se han desacreditado activamente otras voces relevantes».[37] El problema de las cámaras de eco no es que omitan información, sino que desprestigian fuentes de información fidedignas.

Nguyen pone a Rush Limbaugh como ejemplo de alguien que ha trabajado de forma activa para crear una cámara de eco. Durante décadas fue presentador de un popular programa de radio que utilizaba como plataforma para su discurso conservador. Sus oyentes tenían acceso a información variada. Muchos consumían otros medios, por lo que no vivían en burbujas epistémicas. Sin embargo, Limbaugh adoctrinaba a sus oyentes para que no se fiaran de nadie que no estuviera de acuerdo con él.[38] Les hacía creer que sus adversarios se la tenían jurada a él y a su audiencia. Ponía en duda su integridad para que los vieran como a personas no solo equivocadas, sino malintencionadas. Aunque Limbaugh ya no está, la cámara de eco derechista que ayudó a crear permanece. Es más, ha crecido de forma espectacular, alimentada por las cadenas de noticias por cable y las redes sociales. La desconfianza sembrada por Limbaugh y otros como él preparó el terreno para el asalto al Capitolio; un grupo numeroso de personas estaba dispuesto a creerse cualquier mentira que le dijeran, siempre y cuando procediera del bando indicado.

También hay cámaras de eco en la izquierda (aunque ninguna ha tenido tanta resonancia como la de Limbaugh). En su libro *Nice Racism: How Progressive White People Perpetuate Racial Harm*, Robin DiAngelo presenta una lista de acciones y actitudes racistas.[39] Algunos elementos de la lista son casos paradigmáticos, como pintarse la cara de negro o negarse a aprender la pronunciación correcta de los nombres de otras personas. Hay otros menos evidentes. Hay margen para dudar, por ejemplo, que sea racista incluir la neurodiversidad en las cuotas de diversidad de una organización.[40] (Al fin y al cabo no se trata de un juego de suma cero; erradicar el racismo es compatible con convertir el lugar de trabajo en un lugar acogedor para las personas con un cerebro que funciona de manera diferente). Sin embargo, DiAngelo no quiere oír ni una duda sobre los ítems de su lista. Es más, considera que dudar de ellos es racista de por sí. El último ítem reza: «no entender por qué algún elemento de esta lista es problemático».[41] Con ello, DiAngelo intenta blindar sus opiniones contra las críticas, desacreditar cualquier posible discrepancia antes de que se produzca, con independencia de la razón en que se base.[42] Es una buena manera de poner en marcha una cámara de eco.

Seguramente la política iría mejor si tuviéramos menos cámaras de eco. Pero, como señala Nguyen, no todas son de carácter político.[43] La comunidad antivacunas es una cámara de eco. Incita a la gente a ver conspiraciones donde no las hay y mina la confianza en médicos y científicos. También hay cámaras de eco relacionadas con las dietas, el ejercicio y las estrategias de marketing multinivel. Nguyen dice que es posible identificarlas con una sencilla pregunta: «¿El sistema de creencias de una comunidad cuestiona la fiabilidad de personas ajenas a ella que no se adhieren a sus dogmas centrales? Entonces seguramente se trata de una cámara de eco».[44]

Las cámaras de eco son más resistentes que las burbujas epistémicas. Es inútil exponer a las personas a información exterior a su cámara de eco, pues la ven a través del cristal que esta les proporciona. Dicho esto, hay maneras de salir. Según Nguyen, la gente puede liberarse de las cámaras de eco si asume un proyecto similar al de Descartes: la duda radical. Debe suspender las creencias adquiridas en la cámara de eco y reconstruir su ideario a partir de ahí.

Sin embargo, Nguyen cree que el método de Descartes no funciona. Si nos empeñamos en buscar la certeza absoluta, no dispondremos de una base sobre la que reconstruir nada. Él propone un reinicio del sistema operativo epistémico, en el que empecemos por fiarnos de nuestros sentidos y de los demás, por igual y sin reservas.[45] Debemos exponernos al mundo y consultar múltiples fuentes de información, sin dar por sentado de forma automática que algunas de ellas son poco fiables. A la larga tendremos que decidir cuáles merecen nuestra confianza. Pero, en opinión de Nguyen, si lo analizamos todo con la mente abierta, es más probable que acabemos por fiarnos de lo que es fidedigno.

Nguyen influyó en mi visión de la paternidad. Las familias son burbujas epistémicas, al menos para los niños pequeños. Al principio, estos obtienen todos sus conocimientos de los padres y, tal vez, de los hermanos. Es fundamental que los críos reciban una buena información. Pero también es importante no crear una cámara de eco enseñándoles a desconfiar de las fuentes con las que no estamos de acuerdo.

Se trata de intentar encontrar un equilibrio. Quiero que mis hijos sean conscientes de que no todo el mundo es de fiar, que aprendan a identificar a las personas que no lo son y que sepan qué fuentes me parecen serias. Pero, sobre todo, quiero que sean capaces de evaluar las fuentes de información por sí mismos.

En el capítulo anterior contaba que animo a Rex a cuestionar a los cuestionadores: ¿de verdad quiere entender las cosas esa persona? ¿Le interesan las pruebas? ¿Puedo confiar en que si le demuestro que su opinión es incorrecta, lo reconocerá, o creo que intentará ocultarlo? Estas preguntas resultan igual de útiles para valorar medios informativos. Podemos añadir otras: ¿se trata de periodistas formados? ¿Consultan a expertos? ¿Publican rectificaciones? ¿Intentan informarme o indignarme?

Rex ya ha abandonado nuestra burbuja epistémica. Navega por internet solo. Hank pronto seguirá sus pasos. Esperamos haberlos inmunizado contra las cámaras de eco al enseñarles a ser abiertos de mente y proporcionarles herramientas para practicar el pensamiento crítico a la hora de decidir en quién confiar.

El hecho de que las familias formen burbujas epistémicas es clave para mantener el pensamiento mágico de la infancia. Mientras los padres controlen la información, la idea de un Papá Noel no parece tan inverosímil. Es cuando los niños se encuentran con otros niños que saben —o albergan dudas— cuando empiezan a dudar también.

Lo de Papá Noel no nos iba mucho, pero nos sentíamos obligados a alimentar la creencia en él. No queríamos que los chicos les arruinaran la Navidad a sus amigos. Esto dio lugar a muchas conversaciones graciosas en las que Rex proponía tretas para atraer a Papá Noel a casa. Aunque no lo consiguió, el ratoncito Pérez sí que se pasaba de vez en cuando. Los niños lo adoraban. Esperaban ansiosos la nota y la moneda de dólar que les dejaba. Una vez, Rex y yo nos pasamos todo el trayecto de vuelta a casa intentando dilucidar qué hace el ratoncito Pérez con los dientes. Él aventuró que eran moneda de curso legal en el país de los ratones. Traté de explicarle que a una sociedad de roedores mágicos sin duda le interesaba controlar la masa monetaria. Acumular dientes era como acumular oro: una forma poco eficaz de gestionar una economía desarrollada.

Hank empezó a albergar dudas sobre el ratoncito Pérez bastante antes de que se le cayera el primer diente. Un amigo le dijo que no existía, que en realidad eran los padres (he aquí un ejemplo de la facilidad con que se revientan las burbujas epistémicas). No queríamos que Hank perdiera la ilusión, así que le mentimos. Es más, creamos una pequeña cámara de eco.

«Ve tú a saber por qué te habrá dicho eso, Hank. Estará confundido. El ratoncito Pérez visita a Rex, y también visitaba a mamá y papá».

Esto nos dio un respiro de una media docena de dientes antes de que las dudas reaparecieran. Pero, en retrospectiva, me pregunto: ¿estuvo bien mentirle así? Hank nos formuló una pregunta directa y no le respondimos la verdad.

A lo mejor estábamos en un contexto suspendido. Más arriba señalaba que, al fingir, entramos en uno de estos contextos. Pero en la mayor parte de los casos los niños saben que estás fingiendo. En este caso intentábamos ocultarle activamente la realidad a Hank. Estábamos jugando con él, pero en un sentido de todo punto distinto. Y tal vez no deberíamos. Shiffrin considera que un contexto suspendido justificado requiere que todo el mundo sepa que se ha suspendido la presunción de sinceridad... o pueda deducirlo.[46]

Pero creo que se equivoca en este punto. Y no solo en lo que respecta a los niños. Cuando engañas a alguien para llevarlo a su fiesta sorpresa de cumpleaños, no estás mintiendo. Bueno, es posible que digas algo que no es verdad, como que vais a salir a cenar en pareja o que tenéis que volver a casa a toda prisa por una emergencia. Pero, dentro de ciertos límites, resulta justificable contar pequeñas falsedades para sorprender o darle una alegría a alguien. Y eso es lo que intentábamos hacer con Hank. Queríamos que disfrutara con la fantasía, al menos durante un tiempo. Así que no creo que le mintiéramos, al menos en un sentido moralmente significativo.

Tejer mundos de fantasía para Hank es uno de mis pasatiempos favoritos. En cierta ocasión le dije que Kirby Smart, el entrenador del equipo de fútbol americano de la Universidad de Georgia, quería que jugara el próximo partido.

—¿En qué posición? —preguntó Hank.

—*Running back* —dije—. Cree que se te daría bien correr entre las piernas de los adversarios.

—También podría subirme a caballito de alguien —sugirió.

—Buena idea. Nadie te vería.

—O podría ponerme de pie sobre los hombros del *quarterback* y lanzar.

—Ten cuidado ahí arriba —dije—. Debe de ser peligroso.

Y así seguimos durante un buen rato. Pero Hank debía de saber que no hablaba en serio. Tenía seis años y había visto muchos partidos de fútbol americano.

Por eso me sorprendió cuando preguntó:

—Estamos fingiendo, ¿verdad?

—¿Tú que crees?

—Dímelo —exigió.

—Hank, ya lo sabes.

—Que me lo digas.

Así que se lo dije. Y durante años tuve que hacer lo mismo cada vez que hacíamos el tonto. En algún momento, él decía «estamos fingiendo, ¿verdad?». Si no se lo confirmaba enseguida, se sentía frustrado y me suplicaba que le dijera lo que él ya sabía.

Shiffrin me ayudó a entender a Hank. Aceptamos la insinceridad en contextos suspendidos justificados. Sin embargo, Shiffrin indica que necesitamos maneras de salir de esos contextos, de levantar la suspensión y volver a dar por sentado que todos están diciendo la verdad.[47]

Supón que una amiga te pregunta si te gusta su conjunto. A lo mejor te está pidiendo tu opinión sincera. O tal vez solo quiere que la animes. Si la conoces bien, seguramente sabrás con qué intención te lo pregunta. Si lo que busca son palabras de aliento, te encontrarás en un contexto suspendido justificado. Puedes decirle: «¡Estás estupenda!» aunque no lo pienses.

Pero imagínate que tu amiga te replica: «No, en serio. Dime lo que piensas. Quiero saberlo». Entonces debes responderle con sinceridad. Ella ha puesto fin al contexto suspendido.

Shiffrin cree que mentir está mal, pero que es mucho peor engañar a alguien después de asegurarle que estás diciendo la verdad.[48] Establece una analogía con el modo en que se utilizan las banderas blancas en la guerra. Es señal de rendición o de alto el fuego, así como una invitación a negociar. Hacer un mal uso de la bandera blanca —fingir que uno se rinde para sorprender o sabotear al enemigo— se considera un crimen de guerra.[49] ¿Por qué? «Incluso cuando estamos a la greña —dice Shiffrin— debemos mantener abierta una puerta a la negociación y el fin del conflicto».[50]

Por supuesto, la guerra es un tipo distinto de contexto suspendido. Sin embargo, la analogía de Shiffrin me ayudó a comprender qué quería Hank en realidad: la confirmación de que tenía una salida. Le encanta hacer el tonto, pero necesita saber que le diremos la verdad cuando nos lo pida. Necesita la certeza de que su bandera blanca funcionará.

Una noche, a la hora de irse a dormir, Hank así nos lo dio a entender y de paso nos reafirmó en la decisión que habíamos tomado respecto al ratoncito Pérez. Julie estaba arropándolo en la cama, y él estaba hablando del diente que se le había caído ese día.

De pronto se puso muy serio.

—¿Me diréis si el ratoncito Pérez existe de verdad antes de que yo sea papá? —preguntó.

—Claro —contestó Julie—. Te lo diré antes de que seas papá.

—Vale —dijo Hank—. Si se supone que tengo que hacer algo, quiero saberlo, para no meter la pata. —Entonces se quedó dormido sin preguntarnos si el ratoncito Pérez existía de verdad.

Hank quería saber que podía saber. Pero no quería saber... todavía.

10

LA MENTE

¿Qué se siente al ser *Bailey*? En casa dedicamos mucho tiempo a especular sobre eso. Como recordará el lector, *Bailey* es nuestra goldendoodle mini.

A Rex le encanta retransmitirnos la vida de *Bailey*. Pero no lo hace con voz de comentarista deportivo, en plan «*Bailey* le pisa los talones a *Sammy* la ardilla... ¿La atrapará? Está más cerca que nunca... ¡No! Una vez más se le ha escapado, por un pelo...».

En vez de ello, le pone voz a la propia *Bailey*. «Ooh, una ardilla. Voy a cazarla. ¡A correr! Oooh, otra ardilla... ¡Allá voy! O mejor descanso un poco».

Resulta gracioso porque estamos seguros de que *Bailey* no mantiene un monólogo interior similar a ese. Reconoce un puñado de palabras, pero nada más. También nos divierte atribuir a *Bailey* pensamientos y motivaciones humanas, cuando lo más probable es que lleve una vida interior muy distinta. ¿Por qué? Para saludar a otros perros, les olisquea el culo. Come caca de conejo (gracias a lo cual tiene parásitos). Y les ladra a los globos sin motivo aparente.

A veces nos damos cuenta de lo que está pensando. Sabemos cuándo tiene hambre, necesidad de hacer pis o ganas de jugar. Sabemos que no le gustan los baños. Adora a Julie y a los niños. A mí no tanto, lo que demuestra su buen criterio.

Pero apenas tenemos idea de qué se siente al ser *Bailey*. Ya solo desde el punto de vista perceptual, su experiencia del mundo debe de ser muy distinta de la nuestra. Obtiene mucha información a través del olfato; mucha más que nosotros. Los científicos creen que la nariz canina es entre diez mil y cien mil veces más sensible que la humana.[1] La parte del cerebro de un perro que procesa los olores es (proporcionalmente) unas cuarenta veces más grande que la zona equivalente del cerebro humano. Además, a diferencia de nosotros, los canes poseen un órgano dedicado a la detección de feromonas.

¿Qué se siente al vivir con un sentido del olfato tan desarrollado? Puedo imaginármelo, pero no tengo una idea muy clara. Si hubiera una manera de colarme en la cabeza de *Bailey* —y percibir el mundo como ella—, seguro que me sorprendería lo distintas que parecen las cosas. Pero incluso entonces seguiría sin saber qué se siente al ser *Bailey*. Para ello, necesitaría algo más que sentidos perrunos: creencias perrunas, deseos perrunos y demás.

—¿Qué se siente al ser *Bailey*? —le pregunté una vez a Hank.

—Debe de ser bastante diferente.

—¿En qué sentido?

—Sigue reglas distintas.

Seguíamos sin estar en la misma onda, pero me picó la curiosidad.

—¿A qué te refieres?

—Tiene que mear fuera. Yo no. Y yo puedo comer chocolate. Ella no.

—¿Crees que su experiencia del mundo es diferente de la nuestra?

—Sí —dijo Hank—. Ella no ve todos los colores que vemos nosotros.

Eso es verdad. Los perros ven sobre todo en tonos de azul, amarillo y gris.[2]

—¿Qué crees que le está pasando por la cabeza ahora mismo?

Bailey nos miraba, inexpresiva, mientras roía un juguete.

—No lo sé —respondió Hank—. Pregúntaselo a ella.

Eso hice. Se volvió hacia mí, pero no se dignó responder.

Aunque *Bailey* es un miembro fundamental de la familia, su mente constituye en gran parte un misterio para nosotros.

La mente de los críos también fue un enigma para nosotros durante mucho tiempo. Ahora que hablan, no tanto, pues a veces expresan lo que les viene a la cabeza. Sin embargo, cuando eran bebés, representaban misterios aún más insondables que *Bailey*. Como ella se mueve, a menudo nos da una idea de lo que piensa. En cambio, los bebés se pasan el día acostados mirando las musarañas.

Mi madre estaba obsesionada con la misteriosa mente infantil.

—¿Qué le pasará por la cabeza? —preguntaba siempre, cuando mis hijos aún eran unos recién nacidos.

—Quiere saber cuándo dejarás de preguntar eso —respondía yo.

Sin embargo, en el fondo, yo también me lo planteaba. Creo que todo el mundo que pasa tiempo con niños muy pequeños lo hace. Contemplan el mundo con una mirada muy intensa. No obstante, sus pensamientos son totalmente inaccesibles para nosotros.

Bueno, no totalmente. Los psicólogos estudian cómo funciona la mente de los bebés. No es tarea fácil, dado que estos no pueden contárnoslo. De modo que los observan con el mismo detenimiento con que los bebés contemplan el mundo. Toman nota de dónde posan la mirada y cuánto rato la mantienen fija. Cuando son un poco más mayores, les proporcionan objetos con los que jugar para averiguar qué capacidades cognitivas poseen.

A pesar de sus limitaciones, estos métodos nos han revelado muchas cosas. En un curso sobre psicología del desarrollo podemos aprender cómo concentran su atención los bebés, cómo funciona su memoria y cómo establecen relaciones de causa-efecto. Sin embargo, no podemos aprender qué se siente al *ser* un bebé... o incluso un niño pequeño. Nadie lo sabe. Son tan desconocidos para nosotros como los perros, o tal vez incluso más.

Resulta tentador pensar que la mente de los lactantes es como la de los adultos, pero menos desarrollada. Sin embargo, esto no es verdad. En palabras de Alison Gopnik, una eminente psicóloga del desarrollo:

> Los niños no son adultos defectuosos o primitivos que alcanzan poco a poco la perfección y la complejidad... Poseen una mente, un cerebro y una forma de conciencia muy distintos, pero igual de potentes y poderosos, concebidos para desempeñar funciones evolutivas diferentes. El desarrollo humano es más como una metamorfosis, como la transformación de orugas en mariposas, que un simple crecimiento, aunque pueda parecer que los niños son lepidópteros errantes de vivos colores que se convierten en orugas que avanzan lentamente por el camino hacia la edad adulta.[3]

La mente infantil es capaz de proezas asombrosas inalcanzables para la mente adulta. Basta con observar cómo una criatura aprende el lenguaje para sentir una envidia nostálgica por su facilidad.

Y no son solo sus habilidades las que diferencian a los críos de nosotros. Poseen una imaginación más fecunda. Crean mundos constantemente. Nosotros ya no somos así. Tenemos que trabajar, lo que nos deja poco tiempo para fingir y jugar. Pero el trabajo no constituye el único obstáculo. Nuestro cerebro funciona de otra manera. Estamos encerrados en este mundo. Podemos imaginar otros, pero explorarlos no nos produce tanto deleite como a ellos.

Cuando mis hijos eran pequeños y jugábamos a simular situaciones imaginarias, me maravillaba lo bien que lo pasaban y me habría gustado experimentar el mismo gozo. A veces me divertía, pero era más que nada que me gustaba verlos disfrutar. Y a menudo me aburría como una ostra y estaba deseando que el juego terminara para que pudiera ocuparme de alguna tarea sensata.

Se supone que debería sentirme culpable por ello.

«Añorarás estos días», me advierte la gente.

Es cierto. Ya echo de menos a mis hijos. Y así se lo expreso.

—¿Cómo puedes echarme de menos? —pregunta Hank—. Sigo aquí.

—Estás aquí —explico—, pero el chico que eras hace un minuto se ha ido para no volver.

Añoro mucho a los niños, pero también a mí mismo. En otro

tiempo yo también fui un chaval alocado que creaba sus propios mundos, y eso es algo que no puedo recuperar. Apenas guardo algunos recuerdos sueltos de lo que sentía al ser esa persona. Cuando uno pasa un rato en compañía de críos pequeños, no puede evitar desear ver el mundo a través de sus ojos, abandonarse al juego.

Hasta los científicos que más saben acerca de los niños comparten ese deseo. John Flavell, otro destacado psicólogo del desarrollo, le dijo a Gopnik que «renunciaría a todos sus títulos y distinciones a cambio de la oportunidad de pasar solo cinco minutos dentro de la cabeza de un niño pequeño; de volver a experimentar de verdad el mundo como un niño de dos años».[4]

Me encanta la imagen de un científico ilustre exiliándose a la mente de un chiquillo, intentando revivir lo que todos tuvimos alguna vez. Demuestra lo poco que sabemos sobre lo que se siente al ser una personita. Pese a todo lo que Gopnik, Flavell y otros han descubierto sobre el funcionamiento de la mente de los bebés, su vida interior sigue envuelta en un manto de misterio.[5] Todos fuimos bebés, pero ninguno de nosotros sabe qué se siente al serlo.

Las preguntas que hemos estado planteándonos —¿qué se siente al ser *Bailey*? ¿Qué se siente al ser un bebé?— recuerdan el título de uno de los artículos más famosos de la filosofía del siglo xx, de Thomas Nagel, «What Is It Like to Be a Bat?».

Nagel ha abarcado una extraordinaria variedad de temas como filósofo. Ha escrito sobre el altruismo, la objetividad, la naturaleza de las razones y... política fiscal. Sin embargo, es conocido sobre todo por preguntarse qué se siente al ser un murciélago. Es una pregunta interesante, porque los murciélagos son capaces de hacer cosas que están fuera de nuestro alcance. Vuelan. Y utilizan la ecolocalización. Esto último es lo que le llamó la atención a Nagel. Los murciélagos emiten chillidos de alta frecuencia y se valen de los ecos para obtener información sobre su entorno. Este sonar les permite «realizar valoraciones precisas respecto a distancias, tamaños, movimientos y texturas, comparables a las que llevamos a cabo por medio de la vista».[6]

¿Qué se siente al ser un murciélago? No lo sabemos. Y no está claro cuál sería el camino para averiguarlo. Nagel lo explica:

> De nada sirve intentar imaginar que tenemos bajo los brazos una membrana que nos permite volar por ahí al crepúsculo y al amanecer, cazando insectos con la boca; que tenemos muy mala vista y percibimos el mundo que nos rodea mediante un sistema de señales sonoras de alta frecuencia reflejadas; y que nos pasamos el día en el desván, colgados cabeza abajo por los pies.[7]

Según Nagel, imaginar todo eso nos serviría (en el mejor de los casos) para formarnos cierta idea de lo que sentiría una persona que vive como un murciélago. Pero eso no es lo que él querría saber. Tiene curiosidad sobre «qué siente un *murciélago* al ser un murciélago»[8] y no se le ocurre una manera de averiguarlo, pues solo cuenta con los limitados recursos de su mente.

Algunos filósofos opinan que Nagel es demasiado pesimista, en parte porque hay personas que sí utilizan la ecolocalización. Es posible que el más famoso sea Daniel Kish, conocido como el Batman de la vida real.[9] Kish es ciego: perdió la vista a los trece meses de edad, pero, al poco tiempo, empezó a chasquear la lengua y, al igual que un murciélago, a reunir información sobre el lugar donde se encuentra a partir de la reflexión del sonido. Domina la técnica hasta tal punto que incluso monta en bici. De hecho, él afirma que ve. Los escáneres del cerebro parecen indicar que las zonas que procesan la información visual están, en efecto, activas, por lo que resulta verosímil que la ecolocalización genere en él una experiencia similar a la de la visión.[10]

Así pues, ¿podría Kish *decirnos* qué se siente al ser un murciélago? Según Nagel, no.[11] Las personas con el don de la ecolocalización quizá cuenten con una comprensión parcial de lo que supone ser un murciélago. Tienen más cosas en común con los quirópteros que las demás personas, por lo que están en mejor situación para asumir la perspectiva de uno de ellos. Sin embargo, no pueden adoptarla por completo. Lo que Kish sabe es qué se siente al ser un humano que comparte una habilidad con los murciélagos. Sin embargo, no sabe qué sienten estos al utilizarla, del mismo modo que tampoco sabemos qué sienten los niños pequeños al hacer cosas que también somos capaces de hacer nosotros.

El problema que empieza a asomar aquí es el mismo que descubrí en el jardín de infancia, cuando me percaté de que no sabía cómo veía mi madre el color rojo. Por emplear la expresión recurrente en este capítulo, quería saber qué se sentía al ser ella cuando veía algo rojo. Entonces caí en la cuenta de que no había manera de saberlo.

¿Y qué?, se preguntará el lector. Hay muchas cosas que no sabemos sobre el mundo. ¿Por qué nos ha de afectar el hecho de no saber cómo ven el rojo los demás? No sabemos si hay vida en otros planetas, si la fusión fría es posible o por qué a la gente le importan las Kardashian. El mundo es un lugar desconcertante.

Es cierto. Pero *podríamos* averiguar esas otras cosas si dispusiéramos del tiempo y los recursos necesarios para investigar sobre ello. El hecho de que yo no sepa cómo ve mi madre el rojo deriva de problemas diferentes y aparentemente insalvables. No está claro si dedicar tiempo o dinero ayudaría a desentrañar el misterio. Tampoco serviría de mucho preguntárselo, pese a que ella lo sabe. Mi madre no puede explicarme cómo ve el rojo, pues no disponemos de palabras que describan la rojez de este color. En la jerga filosófica diríamos que la vivencia es «inefable». Las vivencias de mi madre son personales e intransferibles; no puedo echarles un vistazo por un agujerito.

Cada uno tiene su perspectiva particular del mundo, y nadie puede acceder a la de los demás. No es casualidad que resulte imposible meterse en la cabeza de otra persona. Es más, si lo pensamos bien, la idea carece de sentido. Para experimentar el mundo como un niño pequeño, tendrías que *ser* un niño pequeño sin dejar de ser tú mismo. Sin embargo, si eres tú mismo, no puedes ser un niño pequeño.[12] No es posible vivir experiencias ajenas.[13]

No debemos sobredimensionar el problema. Se nos da bien leernos la mente unos a otros. Sé distinguir cuándo Hank está contento o triste; cuándo tiene hambre o cuándo está enfadado. Su cara refleja muy bien sus sentimientos:

Y sé reconocerlos en parte porque experimento sentimientos parecidos y los expreso de manera similar. Cuando los estados mentales se manifiestan en el comportamiento, somos bastante buenos para detectarlos.

Pero a veces nos equivocamos. No todos los estados mentales se manifiestan, por lo que no conviene subestimar el problema tampoco. En realidad, nuestra incapacidad para asomarnos a la mente de los demás afecta de manera profunda a nuestras relaciones. Me brinda un poco de privacidad. Me permite guardarme mis pensamientos. Y, gracias a ello, la gente me sorprende a veces, pues no siempre sé qué piensa. En gran parte, esto es bueno, pero tiene sus desventajas. El hecho de que no podamos percibir lo que sienten los demás hace que nos resulte más fácil pasar por alto el dolor de otras personas.

Esta afirmación parte del supuesto de que las otras personas sufren dolor. Y tal vez es mucho suponer. Desde el principio, hemos dado por sentado que se siente algo al ser un bebé, *Bailey*, un murciélago... o incluso otra persona. Pero ¿por qué estamos tan seguros? Yo sé que soy un ser consciente. Es decir, sé que se siente algo al ser yo. De hecho, tengo una certeza más íntima de eso que de cualquier otra cosa. Pero ¿por qué habría de pensar que tú también eres un ser consciente, que se siente algo al ser tú?

A lo mejor el demonio de Descartes ha poblado mi mundo de seres que parecen pensantes y sensibles pero que en realidad no tienen percepción del mundo. O tal vez soy el protagonista de una simulación informática, el único al que los programadores han dotado de conciencia. Quizá todas las personas que me rodean son entes vacíos, una mera fachada, como los personajes de un videojuego. (Advierta el lector que nunca se ha preguntado qué se siente al *ser* Mario, embarcado en una misión interminable para salvar a la princesa Peach, o el comecocos, que come lo mismo una y otra vez).

Cuando los filósofos cavilamos sobre estas cuestiones, pensamos en zombis. Pero no el tipo de zombis que forma parte de la cultura pop. Los zombis de la filosofía no te devoran el cerebro. También resultan inquietantes, pero por un motivo totalmente distinto.

¿Qué es un zombi filosófico? La forma más sencilla de comprender la idea es mediante el ejemplo del Gemelo Zombi. Es clavado a mí en todos los aspectos salvo uno. Tiene la misma estatura, el mismo peso, la misma edad... En resumen, es un doble exacto en todos los detalles, hasta la última partícula elemental (electrones, quarks, etcétera). Además se comporta como yo. Se mueve y habla exactamente igual que yo e incluso dice las mismas cosas justo en los mismos momentos. Está escribiendo un libro idéntico a este, palabra por palabra. Es mi doble, con una única diferencia: no es un ser consciente.[14]

Me parece importante aclarar a qué me refiero con eso, pues la conciencia es un concepto escurridizo. A veces, cuando comentamos que alguien está consciente, queremos decir que percibe el mundo que lo rodea. En este sentido estamos conscientes durante la vigilia, cuando no estamos dormidos o en coma. Y, en este sentido, mi Gemelo Zombi sí que está consciente, al menos buena parte del tiempo. Cuando está despierto, es consciente de lo que sucede en torno a él y reacciona a ello; de hecho, reacciona tal como lo haría yo.

¿En qué se diferencia de mí? Carece de lo que los filósofos llaman «conciencia fenoménica». Actúa de forma automática, sin experimentar sensaciones. Pensemos por un momento qué se siente al comer un taco: el festival de sabores en la boca. O lo que se siente al escuchar a Bach o a Bachman-Turner Overdrive. O al notar la brisa en el cabello. Mi Gemelo Zombi no ha conocido ninguna de esas vivencias. Su conducta es la que es porque se comporta como yo en todas las circunstancias. Sin embargo, está vacío por dentro. Los parámetros de entrada determinan los de salida, como en un ordenador o una calculadora. Pero en el proceso no interviene una experiencia, una vida interior. En el fondo solo reina la oscuridad.

Así que la cuestión es: sé que no soy un zombi, pues sé que experimento sensaciones.* Pero ¿por qué he de creer que a otras personas les sucede lo mismo? Como me es imposible acceder a las vivencias de nadie más, no puedo distinguir un mundo donde los demás poseen una vida interior de otro donde carecen de ella. Todos los que me rodean podrían ser zombis, y yo no tendría manera de saberlo.

Se trata de una hipótesis escéptica similar a las que analizamos en el capítulo sobre el conocimiento. Y creo que la cuestión quedó liquidada. Resulta interesante constatar que hay una posibilidad que no puedo descartar, dada mi perspectiva sobre el mundo, pero seguiré yendo por la vida como si las demás personas fueran conscientes. De hecho, es lo que creo. Y tengo buenas razones para ello.

Como ya he dicho, sé que soy un ser consciente. Dudar que los

* Mi Gemelo Zombi diría lo mismo, claro.

demás también lo son requiere que me crea especial. Pero la hostia de especial. ¿Por qué habría de ser yo la única persona que experimenta sensaciones? No soy más que un panoli nacido en un barrio periférico de Atlanta en 1976. No he vuelto a acariciar la idea de que el mundo existe para que lo disfrute yo, y solo yo, desde que iba al instituto. Podría ser verdad, pero cuesta imaginar cómo. Además no debería tomarme esa idea en serio, considerando lo que esta implica para ti.

Así que no, no creo que seas un zombi. Pero la mera posibilidad de que lo seas plantea un problema difícil de la conciencia.

El problema no reside en concluir si eres un ser consciente, sino en determinar por qué. ¿Por qué tenemos vida interior? ¿Por qué se siente algo al ser tú o yo? ¿O un bebé, un murciélago o *Bailey*? ¿Por qué ha de estar dotado de conciencia alguno de nosotros? ¿Por qué no somos todos zombis?

Se lo pregunté una vez a Hank de manera indirecta, cuando tenía ocho años.

—¿Puedes tocar un do central en el piano?

—Claro —dijo. Llevaba años recibiendo clases.

Se acercó al instrumento y pulsó la tecla correspondiente.

—¿Cómo produce ese sonido que oímos? —le pregunté.

Hank me explicó cómo funcionan los pianos: la tecla acciona el martillo, que al golpear una cuerda ocasiona en ella una vibración que genera el sonido.

—Ya —dije—, pero ¿eso hace que ocurra algo dentro de tu cabeza?

—Mmmm... ¿Ondas sonoras?

—¿Qué son las ondas sonoras?

—Unas cosas así como olas —respondió Hank con una sonrisa.

Así que se lo expliqué:

—Cuando la cuerda vibra, choca con unas moléculas de aire que chocan con otras, y luego estas con otras, y así se desplaza la onda hasta que llega a las moléculas de aire que tienes dentro del oído.

—Y entonces chocan contra mi tímpano —dijo Hank.

—Sí. Eso estimula los nervios del oído, que envían una señal al cerebro.

—Eso tiene sentido —declaró Hank.

—Sí, bueno, mi pregunta es: cuando tu cerebro recibe esa señal, ¿por qué lo experimentas como la sensación de oír ese sonido?

—Ni idea —respondió Hank encogiéndose de hombros—. No soy un experto ni nada.

Es verdad, pero resulta que conoce la respuesta a esta pregunta tan bien como el que más, pues *nadie sabe cuál es*.

Thomas Henry Huxley, un biólogo que vivió hace más de cien años, lo expresó de forma muy elocuente: «El hecho —escribió— de que algo tan extraordinario como un estado de conciencia sea consecuencia de una irritación de tejido nervioso resulta tan inexplicable como la aparición del genio cuando Aladino frota su lámpara en el cuento».[15]

Intentemos perfilar el misterio de forma un poco más precisa. Las señales que viajan del oído al cerebro de Hank se procesan en zonas con funciones distintas. Una parte del cerebro descodifica la duración, intensidad y frecuencia del sonido. Otra identifica su procedencia. Y otras desentrañan la naturaleza de los sonidos: ¿son sirenas, canciones, gemidos o palabras? Los científicos saben mucho acerca de este proceso y siguen aprendiendo sobre ello. Lo que no saben es por qué cuando eso ocurre, experimentamos la sensación de oír. Es decir, no saben por qué se siente algo al oír un do central. No saben por qué no impera el silencio en nuestro interior.

David Chalmers (que nos ayudó a meditar sobre la hipótesis de la simulación) llama a esto «el problema difícil de la conciencia».[16] Con ello pretende diferenciarlo de otros problemas comparativamente más fáciles de resolver (aunque aún no conocemos todas las respuestas). Estos guardan relación con la manera en que el cerebro procesa la información: la identifica, la integra con otros datos, la almacena, hace que sea posible acceder a ella para usos posteriores, etcétera. Esta es la clase de procesos que estudian los neurocientíficos, y hay motivos de sobra para suponer que, si continúan investigándolos, algún día llegarán a comprenderlos. De hecho, ya entienden muchas cosas sobre ellos.

El problema difícil de la conciencia consiste en por qué ese procesamiento de información lleva aparejado una sensación. Tengo un sistema en el cerebro que no solo detecta ondas sonoras con una frecuencia de doscientos sesenta y dos hercios, sino que comunica la detección de dichas ondas a otras regiones cerebrales para que utilicen también esa información. Pero ¿por qué me produce todo esto la sensación que percibo al oír un do central? ¿Por qué tiene que producirme una sensación, sea la que sea?

Los científicos llevan mucho tiempo reflexionando sobre la mente. Descartes creía que mente y cuerpo eran sustancias separadas (esto se conoce como «dualismo»). Como era capaz de imaginar una mente sin cuerpo —y un cuerpo sin mente—, concluyó que debía de tratarse de cosas distintas.[17] La mente es una cosa que piensa, decía. El cuerpo es una cosa que se extiende en el espacio.[18] Ambos están relacionados entre sí, por supuesto, pero el cómo resultó no ser una cuestión trivial. Descartes consideraba que la mente no está *dentro* del cuerpo, como un marinero dentro de un barco, sino entremezclada con él, formando una unidad.[19] Creía que la interacción tenía lugar en la glándula pineal, una pequeña estructura situada en el centro del cerebro.[20]

Eso es absurdo desde el punto de vista anatómico. Ahora sabemos que la principal función de la glándula pineal es sintetizar melatonina. Sin embargo, mucho antes de que los científicos descubrieran este dato, los filósofos veían motivos para rechazar la idea de Descartes. Uno de sus primeros críticos fue una princesa, Isabel de Bohemia, con quien mantenía correspondencia.[21] Ella lo presionó para que le explicara cómo una sustancia inmaterial como la mente podía influir en una sustancia material como el cuerpo. No lo creía capaz de darle una explicación convincente.

Formulado en términos más modernos, el argumento de Isabel

viene a decir que el cuerpo es un objeto físico y, hasta donde sabemos, el mundo físico está «causalmente cerrado». Todo suceso físico tiene una causa física.[22] Eso no deja margen para que una mente no física influya en los actos de un cuerpo físico.

Podemos plasmar esta crítica en una pregunta: ¿qué imaginaba Descartes que sucedía en la glándula pineal? ¿Cómo conseguía el fantasma en la máquina mover la máquina?[23]

En la actualidad quedan muy pocos dualistas cartesianos. Predomina la opinión contraria: que solo existe un tipo de materia —más o menos la misma que estudian los físicos— y que todo en el mundo es esa materia o está formado por ella. En resumen, según esta idea (comúnmente conocida como materialismo), la mente es el cerebro. Y los estados mentales (creencias, deseos, sensaciones) son estados del cerebro.*

Esta perspectiva tiene muchas ventajas. Es compatible con la ciencia, pues no introduce un fantasma en la máquina. Para saber más sobre la mente, basta con estudiar el cerebro. Por otra parte, salta a la vista que existen muchas conexiones entre la mente y el cerebro. Los daños cerebrales suelen afectar a la mente. Muchas enfermedades mentales tienen su origen en la biología del cerebro. Y cada vez aprendemos más sobre cómo el cerebro realiza las funciones de la mente, como almacenar recuerdos.

Dicho esto, no todo el mundo suscribe la idea materialista de que la mente es el cerebro. Para entender por qué, podemos pedir ayuda a Rex... y a Frank Jackson, un destacado filósofo de la mente y autor de una de las historias más influyentes en la filosofía contemporánea.[25]

Una noche se la relaté a Rex.

* Una visión alternativa es la de quienes creen que los estados mentales son funciones de los estados cerebrales.[24] El objetivo de esta distinción es mantener abierta la posibilidad de que seres con una morfología distinta de la nuestra —por ejemplo, robots con CPU de silicio— experimenten los mismos estados mentales que nosotros, como el dolor. Seguramente es la visión materialista más verosímil, pero la del texto es más sencilla, así que me ceñiré a ella.

—Hay una científica llamada Mary —empecé a contarle— que vive en una habitación totalmente en blanco y negro. Son los únicos colores en el cuarto.

—¿Por qué? —preguntó Rex.

—Porque Mary es objeto de un experimento. Las personas que la metieron en la habitación no quieren que vea otros colores aparte del blanco y el negro.

—¿Qué lleva puesto? —quiso saber.

—Solo ropa en blanco y negro. Y le tapa hasta el último centímetro de piel. Además no hay un solo espejo en todo el cuarto, por lo que no puede verse a sí misma.

—Qué experimento más raro —comentó Rex.

—Y más raro que se va a volver. Porque Mary estudia los colores y la manera en que los percibimos. Además, esto ocurre en un futuro muy lejano, así que los científicos lo saben absolutamente todo sobre los colores y lo que sucede en nuestro cerebro cuando los vemos. Mary lo ha aprendido también..., en sus libros y su televisor en blanco y negro. Pero nunca ha visto otros colores.

—Vale —dijo Rex.

—Hasta que, un día, deciden que ha llegado el momento de que Mary vea algo rojo, así que le dan una manzana.

—Seguro que eso le molará —afirmó Rex anticipándose a la conclusión de Jackson.

—¿Por qué?

—Porque así por fin sabrá cómo es el rojo.

—¿Estás seguro de que no lo sabía antes? No olvides que Mary ya lo sabe absolutamente todo sobre lo que ocurre en el cerebro de una persona cuando ve algo rojo.

—Ya —dijo Rex—, pero no sabe *cómo se ve* el rojo. Para eso tendría que haberlo visto antes.*

* Comentario al margen sobre Mary: montar ese experimento mental en el mundo real requeriría mucho esfuerzo y sería del todo inviable. Habría que envolver a Mary en ropa blanca y negra, impedirle que se vea a sí misma y confiar en que no perciba algún destello de color al cerrar los ojos. Por esa razón creo que es

Si Rex está en lo cierto, el materialismo se equivoca. Mary conocía bien los datos físicos, sabía cómo reaccionarían las neuronas de su cerebro al ver algo rojo. Sin embargo, no sabía qué se siente al ver algo rojo. Esto significa que hay datos que no son de índole física, como, por ejemplo, qué se siente al ver el rojo. Significa, asimismo, que la mente no reside solo en el cerebro, pues resulta que es posible saber todo lo que puede saberse sobre el cerebro sin saber nada sobre la mente.

¿Tiene razón Rex? Antes de abordar esa pregunta expondré dos argumentos más contra el materialismo.

En primer lugar está el argumento que le presenté a mi madre cuando le dije que no sabía cómo veía ella el rojo. Imaginemos dos versiones de ella. Físicamente son iguales en todos los aspectos. Una de ellas percibe el rojo igual que yo, pero la otra lo percibe como yo percibo el azul. Si ambas versiones de mi madre son posibles —en otro mundo, no en este—, entonces el materialismo está equivocado, pues la realidad física de su cerebro no determina del todo lo que percibe.

Para estudiar el segundo argumento, imaginemos una tercera versión de mi madre. Desde el punto de vista físico es idéntica a las dos primeras. Sin embargo, no experimenta sensación alguna. Es una zombi. También en este caso, si cabe la posibilidad de que exista esta versión —en un mundo distinto de este—, el materialismo no tiene sentido, justo por la misma razón. La realidad física del cerebro de mi madre no determina las sensaciones que percibe.

Una manera sencilla de enfocar esta idea es preguntarnos cuánto tiene que trabajar Dios para crear el mundo.[26] (Supongamos, por un

---

mejor imaginar que Mary es experta en sexualidad humana. Sabe todo cuanto puede saberse sobre nuestra respuesta física a la estimulación sexual. Da la casualidad de que, por motivos religiosos, nunca ha experimentado un orgasmo. Hasta que, un día, tiene uno. ¿Aprende algo? Creo que sí. Aprende qué se siente al tener un orgasmo. En efecto, no cuesta imaginar su sorpresa ante la experiencia; el placer (o la desilusión) al descubrir las sensaciones que acompañan la actividad neural que ha estudiado.

momento, que Dios existe. Ya volveremos a ello). Según la mentalidad materialista, la labor de Dios concluye en el momento en que crea el mundo físico, pues no existe nada más. La mente aparece de rebote, pues en el fondo no es más que el cerebro. En contraste, los argumentos que hemos analizado parecen indicar que a Dios aún le queda trabajo por hacer una vez creada la realidad física. Tiene que decidir si algunas criaturas deben ser conscientes y, en caso afirmativo, qué sensaciones deben experimentar.

Estos argumentos —y otros por el estilo— tientan a algunos filósofos a abrazar de nuevo el dualismo.[27] En años recientes, David Chalmers ha contribuido más que nadie a reavivar el interés en él. Sin embargo no abraza el dualismo cartesiano. No cree que haya un fantasma en la máquina. En vez de ello considera que la mente y el cerebro podrían constituir dos aspectos distintos de una realidad más profunda que no es ni física ni fenoménica. Cree que la *información* podría ser el elemento constitutivo fundamental del mundo, y que se manifiesta como materia y también como mente.[28] De hecho, sugiere que toda la materia podría llevar aparejada la conciencia, una idea conocida como panpsiquismo.[29] Así que, además de elucubrar sobre si nuestros familiares y amigos son conscientes, a lo mejor deberíamos preocuparnos también por la báscula del baño.

Antes de que nos preocupemos más de la cuenta, aclararé que muchos filósofos rechazan los argumentos contra el materialismo que acabo de describir, y nadie con más vehemencia que Daniel Dennett. Marinero entusiasta, Dennett es uno de los filósofos más eminentes de Estados Unidos. Ha escrito sobre el libre albedrío, la religión y la evolución. Es especialmente conocido por su trabajo sobre la conciencia.

En su opinión, Rex se equivoca respecto a Mary. No cree que ella aprenda nada nuevo al ver por primera vez la manzana roja. Además se divierte alargando el final de la historia. Se imagina que intenta engañar a Mary dándole una manzana azul en vez de una roja. Dice que ella descubriría el engaño al instante, pues sabría que su cerebro ha entrado en el estado correspondiente al azul cuando se supone que las manzanas son rojas.[30]

¿Cómo es posible? Dennett subraya que si Mary lo sabe *todo* sobre la realidad física, podrá identificar las sutiles diferencias en su reacción al azul o al rojo (por ejemplo, el azul podría afectar a su estado de ánimo de manera distinta que el rojo), lo que le proporcionará pistas sobre el tipo de experiencia cromática que está viviendo. Estoy de acuerdo con Dennett en esto, pero no creo que sea suficiente para demostrar que Rex se equivoca. La cuestión no es si Mary podría determinar de alguna manera que está experimentando la sensación de ver el color rojo, sino si ya sabe qué se siente al experimentarla. Y no basta con que esté informada de cómo la afectaría en ciertos aspectos. Tendría que saber cómo le afectaría en *todos*. De lo contrario aprendería algo nuevo. Y, como dice Rex, cuesta imaginar que pueda conocer de antemano la rojez del color rojo.

Por otra parte, Dennett niega que exista algo que encaje en la descripción de «la rojez del color rojo». Los filósofos de la mente hablan de los *qualia*. Es una palabra pomposa que designa las cualidades de nuestras vivencias: la rojez del rojo, la azulidad del azul, las sensaciones que experimentamos cuando estamos cansados, hambrientos o nerviosos o el dolor que sentimos cuando nos hacemos daño. En resumen, los *qualia* son aquello de lo que se compone la conciencia fenoménica. O eso dice la mayoría de la gente, pero no Dennett, que niega que los *qualia* existan.[31]

Según él, lo que consideramos *qualia* no son más que juicios y predisposiciones.[32] Juzgamos que las cosas son rojas y estamos predispuestos a reaccionar de determinada manera a las cosas rojas. Pero, más allá de eso, no existe la experiencia de ver el rojo y menos aún la rojez del rojo. Si creemos que las vivencias que experimentamos son privadas e inefables, simplemente estamos equivocados.

¿Qué opina Dennett del desplazamiento del espectro cromático? Que es un disparate. De hecho, lo califica de «uno de los memes más virulentos de la filosofía».[33] Como no tenemos vivencias privadas de la percepción del rojo o el azul, no pueden confundirse entre sí. Y dice algo aún más audaz. Cuando reflexiona sobre la posibilidad de los zombis, escribe: «¿Pueden existir los zombis? No solo pueden existir, sino que existen. Todos somos zombis».[34]

Caray. Menuda afirmación. Y no es fácil saber si Dennett se la cree de verdad. En una de las notas al pie más extrañas de filosofía, declara que sería un acto de «deshonestidad intelectual desesperada» citar esta última frase fuera de contexto.[35] Pero, si he de ser sincero, no sé qué contexto haría que la aseveración fuera menos estrambótica.* [36] Algunos filósofos comentan en broma que el libro de Dennett titulado *La conciencia explicada* debería llamarse *La conciencia pretextada*. Pero he de decir que si lees el libro y consigues asimilar lo que Dennett intenta explicar, tal vez empieces a pensar que no le falta razón. Es muy cáustico, pero también muy persuasivo. Te enseñará mucho sobre el cerebro. Sin embargo, hacia el final, te preguntarás si has perdido el seso, o incluso si lo has tenido alguna vez.

Aunque Dennett tiene muchos adeptos, no ha logrado convencer a todo el mundo. Chalmers señala que cuando vuelve la mirada hacia su interior, descubre una gran variedad de estados mentales (sensaciones y emociones) que Dennett niega o redescribe de maneras que no consiguen reflejar lo que se siente al experimentarlos. La sensación de ver el rojo, por ejemplo, no parece un juicio o una predisposición. En cierto momento, Chalmers se pregunta si Dennett no será en realidad un zombi[37] (estos tíos no se andan con

* En el pasaje citado, Dennett rechaza la idea de que tenemos *qualia* epifenoménicos. Calificar algo de epifenoménico (en este sentido) equivale a decir que no tiene consecuencias causales. Si los zombis pueden existir, eso parece indicar que la experiencia consciente es epifenoménica —no afecta a lo que ocurre en el mundo—, pues los zombis son iguales que nosotros, salvo porque carecen de conciencia. Tal vez Dennett tenga razón al rechazar el epifenomenalismo, una tesis polémica incluso entre quienes defienden la experiencia consciente. Sin embargo, su zombiismo queda patente en un párrafo anterior, donde sostiene que los *qualia* no son más que «la suma total de las predisposiciones a reaccionar».[38] Casi todos pensamos que tras el rojo hay algo más que esas predisposiciones. También está la rojez. Lo mismo ocurre con el nerviosismo. Las predisposiciones pueden suponer un problema, pero la sensación también resulta molesta.

contemplaciones). En un tono más benévolo aventura que Dennett simplemente se ha acostumbrado a pensar en su mente desde fuera (a practicar la extrospección en vez de la introspección), un método propicio para cierto tipo de investigación científica. Sin embargo, Chalmers insiste en que la introspección nos proporciona información que no tiene explicación desde una perspectiva materialista. Por más que Mary estudie el cerebro no sabrá qué se siente al ver el rojo hasta que lo vea.

La polémica continúa. A muchos materialistas no les convencen los ingeniosos argumentos de Chalmers. Y muchos neurocientíficos dudan que su problema difícil de la conciencia sea más difícil que otros de los problemas que estudian. Según ellos, tal vez no seamos capaces de entender cómo surge la conciencia fenoménica de la sustancia del cerebro, pero hay que darle tiempo a la ciencia. Ya lo descubrirá.

¿Cuál es mi opinión sobre estas cuestiones? No la tengo.

Jules Coleman es mi amigo y mentor desde hace décadas. Me dio clases en la facultad de Derecho. Y me enseñó una de las lecciones más importantes que he aprendido.

Un día, cuando yo estudiaba, me encontré con él en el pasillo y nos pusimos a hablar de filosofía. No recuerdo el tema, pero sí que intenté expresar mi opinión.

—En mi opinión... —empecé a decir.

Me interrumpió.

—Eres demasiado joven para tener opiniones —dijo—. Puedes tener preguntas, curiosidad, ideas..., incluso inclinaciones. Pero opiniones, no. No estás preparado para tener opiniones.

Con esto me estaba dejando claras dos cosas. En primer lugar, que es peligroso tener opiniones, porque a menudo nos atrincheramos a la hora de defenderlas, lo que nos hace más reacios a escuchar lo que otros tienen que decir al respecto. Una de las virtudes distintivas de Coleman como filósofo era su buena disposición a cambiar de opinión.* Esto se debe a que le interesan más las preguntas que las respuestas. Aspira a comprender y está dispuesto a llegar a donde su comprensión lo lleve, aunque eso implique dar marcha atrás de sus posiciones previas.

En segundo lugar, uno tiene que ganarse sus opiniones. Nadie debería tener una a menos que sea capaz de defenderla de forma razonada y explicar por qué los argumentos en contra son erróneos. Cuando Coleman dijo que yo era demasiado joven para tener opiniones, en realidad no estaba haciendo hincapié en la edad (yo tenía veintiséis años), sino en que yo era un recién llegado al mundo de la filosofía. Décadas más tarde tengo montones de opiniones. Puedo explicar cómo he llegado a ellas y en qué creo que se equivocan otros. Aun así, no tengo opiniones sobre todos los temas, pues no me los he currado lo suficiente.

La filosofía de la mente es un campo que no me he currado. He leído mucho, pues estoy lleno de preguntas. Pero cuando leo, me apabulla la cantidad de opiniones que sostienen las personas brillantes. Los argumentos a favor y en contra se acumulan más rápidamente de lo que soy capaz de evaluarlos. Si se me presionara para que me pronunciara, diría, como Hank: «No soy un experto ni nada».

Sin embargo, eso no impide que intente dilucidar cómo encaja la conciencia en el mundo. El hecho de que otras personas sepan más que tú —hayan leído más, estudiado más, contemplado más posibilidades— no desmerece en absoluto tus esfuerzos por intentar resolver un problema. Del mismo modo que no hace falta ser el mejor pianista del mundo para que valga la pena tocar el piano, no es necesario ser el mejor filósofo del mundo para que valga la pena practicar el pensamiento filosófico.

Es más, resulta maravilloso descubrir que hay filósofos que saben

* Frank Jackson comparte esa cualidad. Tras defender su historia sobre Mary durante décadas, cambió de idea y concluyó que, en realidad, ella no aprendería nada al ver algo rojo.[39] Sin embargo, no se le trata con deferencia respecto a esta cuestión. La historia se sostiene por sí misma y el debate en torno a ella continúa.

más que tú, pues te brindan la oportunidad de aprender de ellos. Sin embargo, si te tomas al pie de la letra lo que dicen, no aprenderás. Debes pensar a fondo en el problema con la ayuda de personas más entendidas que tú, no limitarte a dar por buenas sus opiniones. Esta es una de las razones por las que nunca intento imponer mi punto de vista a mis hijos. No les digo lo que deben pensar sobre un tema, aunque sí les explico lo que pienso al respecto. Prefiero que se esfuercen por elaborar sus propias opiniones.

Como ya he dicho, sigo esforzándome por elaborar mis opiniones sobre la conciencia. Tal vez nunca lo consiga. Pero es mi libro, así que hablaré de mi inclinación al respecto. El estudioso de este terreno que me resulta más intrigante es Galen Strawson. En el capítulo sobre el castigo, mencionamos a Peter Strawson, su padre (la filosofía corre por las venas de algunas familias). Galen es un filósofo estupendo por derecho propio, uno de los principales pensadores sobre el libre albedrío, la identidad personal y la naturaleza de la conciencia, entre otros temas. Me gusta su obra porque pone de manifiesto lo ignorantes que somos.

Strawson no muestra mucha paciencia con el zombiismo de Dennett. Lo califica de «la afirmación más absurda jamás formulada»,[40] ya que niega lo más evidente: que percibimos el mundo. Si la ciencia resultara ser incompatible con este hecho, entonces habría que prescindir de la ciencia. Pero es que no es incompatible, afirma Strawson. Y eso que es un materialista declarado, convencido de que todo en el mundo es físico, incluida la mente.

¿Cómo es posible? Según él, el problema radica en nuestra forma de pensar sobre lo material. Partimos de la suposición de que las cosas físicas (como la materia y la energía) no perciben el mundo, y luego nos preguntamos por qué algunas configuraciones de ellas (un bebé, *Bailey*, un murciélago) sí perciben el mundo. Strawson quiere darle la vuelta a nuestra perspectiva. Sabemos con certeza que las cosas físicas perciben el mundo, sostiene, pues nosotros somos cosas físicas.[41] A su juicio, el problema no estriba en explicar la conciencia; sabemos exactamente lo que es. De hecho, poseemos un conocimiento más íntimo de ella que de cualquier otra cosa. El problema radica en que no entendemos las cosas físicas lo bastante bien para saber cómo encaja la conciencia en ellas.

Strawson considera que la hipótesis más simple es la de que toda la materia percibe el mundo, lo que nos lleva de nuevo al panpsiquismo.[42] Strawson plantea que la percepción forma parte del mundo, incluso en la escala más pequeña.

¿Qué se siente al ser un electrón? No tiene la menor idea. Tal vez solo un zumbido constante.[43]

¿Qué se siente al ser una mesa de cocina? Seguramente nada. Decir que toda la materia percibe el mundo no equivale a decir que esto es aplicable a todas sus configuraciones. Tal vez los electrones de la mesa perciban el mundo, pero la mesa podría no ser un sujeto aparte.

¿Y la báscula de baño? Es difícil saberlo. Percibe tu peso, pero no hay motivo para preocuparnos de que nos juzgue. El panpsiquismo no es la tesis de que todo piensa, sino de que la percepción está imbricada en el tejido del mundo.

Todo esto es especulativo en extremo. Pero, tal como subraya Chalmers, es importante que especulemos, pues hay muchas cosas que no comprendemos. Estamos en una fase en que necesitamos ideas para barajar posibilidades.[44]

¿Llegaremos a entender algún día cómo encaja la conciencia en el universo? Algunos filósofos creen que no.[45] *Bailey* nunca entenderá la relatividad general. Es algo que escapa a su capacidad cognitiva. Tal vez la conciencia escape a la nuestra. Sería una faena. Pero solo hay una manera de averiguarlo. Hay que pensarlo a fondo.

Cuando Hank era pequeño —tendría cuatro o cinco años—, jugábamos a una cosa mientras se preparaba para bañarse. Yo le pedía que se quitara la ropa, y él así lo hacía. Entonces le pedía que se quitara las rodillas o los codos. Una vez le dije que se quitara los pensamientos.

—No queremos que se mojen —declaré.

—¿Dónde están mis pensamientos? —preguntó Hank.

—¿Los has perdido?

—No —respondió con una risita.

—Pues entonces quítatelos.

—No puedo —dijo—. No sé dónde están.

—Hank, de verdad, tienes que ser más cuidadoso con tus cosas. Mamá y papá no seguirán comprándote pensamientos si te los vas dejando por ahí.

—Sé dónde están —aseguró Hank.

—¿Dónde?

—Aquí no. —Y echó a correr, desnudo.

Mantuve un diálogo parecido con Rex cuando él contaba diez años.

—Me pregunto dónde tengo la mente —dijo.

—¿Tú qué crees?

—A lo mejor la tengo en el culo —dijo.

—¿Te cuesta pensar cuando te haces daño en el culo?

—Sí —respondió—, porque entonces pienso en mi culo.

También mantenemos conversaciones más serias sobre la conciencia. Últimamente hemos especulado sobre su extensión. Nos hemos planteado si los robots o los ordenadores podrían ser conscientes. Nos hemos asombrado ante el hecho de que existan seres conscientes. En cierto momento, le leí a Rex el pasaje de Huxley en el que se maravilla de que «algo tan extraordinario como un estado de conciencia sea consecuencia de una irritación de tejido nervioso».

Charlamos sobre ello durante unos minutos, hasta que Rex puso punto final a la conversación.

—¿Podemos aparcar un poco el tema de la conciencia? —preguntó.

—Claro —dije.

—Menos mal. Me estás irritando el tejido nervioso.

11

EL INFINITO

—¿Qué has aprendido hoy en el cole?

—Nada.

—¿En serio? ¿Nada de nada? ¿En todo el día?

—Pues no —dijo Rex exasperado por mis preguntas. Acto seguido añadió—: Pero he deducido una cosa.

—¿El qué?

—Que el universo es infinito.

—En realidad, los científicos no están seguros —señalé—. Algunos creen que es infinito, pero otros creen que, aunque es muy, muy grande, es finito.

—No, el universo *tiene* que ser infinito —afirmó Rex con una convicción sorprendente para un niño de siete años cuyos conocimientos de física se basan en un puñado de episodios de la serie documental *Cómo funciona el universo*.

—¿Por qué lo dices?

—Bueno, imagínate que viajaras en una nave espacial hasta el borde mismo del universo. Y entonces pegas un puñetazo. —Asestó un golpe al aire, frente a sí—. A algún sitio tiene que ir la mano, ¿no?

—¿Y si simplemente se detiene?

—Pues eso significa que hay algo que la detiene —dijo Rex—. ¡O sea que no has llegado al borde todavía!

Rex no es la primera persona que expone ese argumento. Se le suele atribuir a un filósofo de la Grecia antigua llamado Arquitas.[1] Pero eso es solo porque alguien tiene que constar como el primero. Seguro que se le ocurrió antes a algún crío de siete años.

Arquitas era amigo de Platón. En cierta ocasión este se metió en líos con unos matones en Sicilia, y Arquitas (que casualmente también era político... y matemático) envió un barco a rescatarlo.[2]

Así planteó Arquitas el argumento de Rex:

> Si yo llegara al extremo del cielo..., ¿podría alargar la mano o el bastón al exterior, o no? Sería paradójico que no pudiera alargarlo, pero si lo consiguiera, el exterior sería un cuerpo o un lugar.[3]

Un momento... Eso ha sido un poco precipitado. Y ha sonado raro. ¿Por qué sería paradójico no poder alargar la mano en el límite del universo?

Rex tenía una respuesta, y Arquitas también. Como dice Rex, si no puedes ir más allá, es porque una barrera se interpone en tu camino. Digamos que se trata de una pared construida con piezas de Lego. Si el muro se extiende indefinidamente, significa que el universo es infinito... y está hecho principalmente de piezas de Lego.* Si el muro es finito y encuentras una manera de atravesarlo, seguramente podrás seguir adelante, al menos hasta que te topes con otro obstáculo. Pero si esto ocurre, basta con repetir el argumento de Rex. La conclusión parece ineludible: el universo es infinito.

Pero no tenemos por qué fiarnos ciegamente de Rex, ni siquiera de Arquitas. El poeta y filósofo romano Lucrecio formuló el mismo argumento unos siglos más tarde. Se imaginó que lanzaba una jabalina hacia el borde del universo. Esta traspasaba el límite, en cuyo caso no había un final allí donde creíamos, o bien chocaba contra algo, en cuyo caso existía algún objeto más allá de lo que parecía el

* La velocidad a la que acumulamos piezas de Lego parece indicar que, en efecto, constituyen la forma de materia más abundante del universo.

final.[4] Como antes, podemos repetir el argumento de forma interminable. El espacio simplemente no se acaba.

O al menos eso decía Lucrecio. Pero sin duda al lector le interesará conocer la opinión de un científico. ¿Newton le parece lo bastante bueno? A Rex se lo parece. «El espacio se extiende en todas direcciones hasta el infinito —declaró—, pues no podemos imaginar un límite sin imaginar al mismo tiempo que hay espacio al otro lado».[5]

¿Tiene razón Newton? ¿Cada vez que imaginamos un espacio delimitado, imaginamos también que hay espacio fuera de él? Piensa un momento, a ver si se te ocurren otras posibilidades que tal vez se le escaparan a Newton.

Mientras le das vueltas al asunto, quiero hacer un inciso sobre la escuela. No tengo idea de qué se suponía que Rex debía aprender ese día. Casi nunca lo sé, pues no me lo cuenta. Por lo general solo me informa de lo aburrido que ha sido su día. Sin embargo, el aburrimiento tiene sus ventajas. En este caso permitió a un chico que no dominaba las tablas de multiplicar rivalizar en ingenio con Isaac Newton y llegar a la misma conclusión sobre el espacio.

La escuela le produce a Rex algunas de las mismas frustraciones que me producía a mí cuando tenía su edad. Es demasiado rígida, y es casi inevitable que lo sea. Los profesores tienen que lidiar con demasiados críos, y un programa de estudios que cumplir. Esto complica la tarea de personalizar la experiencia para cada niño. Resulta más fácil en unas materias que en otras. En lo que respecta a la lectura, por ejemplo, un bibliotecario mínimamente competente puede ayudar a un alumno a encontrar un libro acorde con sus intereses y capacidades. En cambio, en el caso de las matemáticas cuesta más adaptar el programa. Es posible acelerar o ralentizar un poco el ritmo de estudio de algunos niños, pero hay una serie de unidades que se supone que todos deben completar. Los profesores tienen poco tiempo para ayudar a cada uno de los alumnos a cultivar sus intereses.

Para intentar rellenar lagunas, les pregunto a los chicos qué despierta su curiosidad. En realidad, esto da pie a mejores conversaciones que cuando les pregunto qué han aprendido en el cole. Un día Hank me comentó que le interesaba el infinito. Es algo habitual en muchos niños. Una vez que empiezan a aprender matemáticas, es normal que se pregunten cuál es el número más alto.

Hank estaba seguro de que era el infinito, pero no porque se lo enseñaran en clase. Se lo había oído decir a un amigo de primer curso.

Pero su amigo se equivocaba. El infinito no es el número más alto. El número más alto no existe. Y Hank se quedó entusiasmado cuando se enteró.

—Dime un número supergrande —le indiqué.

—Un millón —dijo Hank.

—Vale. ¿Cuál es el número siguiente?

—Un millón uno.

—Me temo que necesitarás un número más grande.

—Un billón —dijo Hank.

—Bien. ¿Qué número le sigue?

—Un billón uno.

Hicimos un par de rondas más y de paso aprendimos las palabras «trillón» y «cuatrillón».

—¿Y qué me dices de un gúgol? ¿Sabes qué es?

—No.

—Un número que es una locura de grande. Un uno seguido de cien ceros. Es el número más grande que puedo nombrar.

—¿Es el número más alto que existe? —preguntó Hank.

—Qué va. ¿Qué número crees que viene después?

—¡Un gúgol uno!

—¿Y después?

—¡Un gúgol dos!

—¡Caray, me has ayudado a aprender números nuevos!

Hank estaba orgulloso de sí mismo.

—¿Crees que alguna vez se nos acabarán los números? —le pregunté.

—Siempre podremos sumarle uno —dijo.

—Entonces ¿el número más alto existe?

—No.

—Correcto —dije—. «Infinito» es la palabra que usamos para dar a entender que la serie de números se prolonga indefinidamente. Nunca se acaba, por más que sigas contando.

Durante mucho tiempo, cuando le preguntaba a Rex qué despertaba su curiosidad, su respuesta era: el espacio.

¡Así que volvamos al lío!

¿Has pensado alguna posibilidad que Newton pasara por alto? Al imaginar un espacio acotado, ¿tienes que imaginar necesariamente que hay espacio fuera de él?

La respuesta es no. Newton estaba equivocado. Y también Rex. Hasta donde sabemos, el universo podría ser infinito. Sin embargo, el argumento esgrimido por Rex no se sostiene.

Para entender por qué, imaginemos un globo. Agarré uno cuando Rex terminó de exponer su argumento.

—Fíjate en la superficie de este globo —dije—. ¿Es finita o infinita?

—Creo que es finita —dijo Rex con poca convicción.

—¿Qué pasaría si le hiciéramos un corte a lo largo y lo desplegáramos sobre una mesa? ¿Se extendería para siempre?

—No —respondió Rex, más seguro esta vez—. Es finito.

—Bien. Ahora imagínate una hormiga caminando por la superficie de este globo. Echa a andar en una dirección y sigue adelante. ¿Topará alguna vez con un obstáculo o un borde?

—No —dijo Rex mientras yo señalaba la trayectoria de la hormiga con el dedo.

—¿Qué ocurre si simplemente sigue andando?

—Que volverá al punto de partida —dijo Rex deslizando también el dedo sobre el globo.

—¡Exacto! Regresa al punto de partida, porque el globo se dobla sobre sí mismo. —Trazamos unas pocas rutas más para remachar la idea. Entonces expliqué—: La superficie del globo es finita, pero una hormiga puede caminar por ella sin parar y sin llegar a un extremo. ¡Porque no los hay!

—¿Y no podría bajarse de un salto la hormiga? —quiso saber Rex.

—¡Buena pregunta! —dije—. Supongamos que no puede. Imagínate que la hormiga es totalmente plana, porque la superficie del globo es el universo entero. No hay espacio encima, debajo, ni siquiera dentro de él. Así que la hormiga no puede ir a ningún sitio que no esté sobre la superficie del globo.

—Vale —aceptó Rex, sin dejar de escudriñar el globo.

—El espacio tiene tres dimensiones —proseguí—, no dos como la superficie de un globo. Pero algunos científicos creen que es igual en el sentido de que es finito, pero no tiene límites. —Acto seguido pregunté—: Si el universo tiene esta propiedad, ¿qué crees que sucedería si partiéramos en una nave espacial y tiráramos para delante sin parar?

—¡Volveríamos al punto de partida! —exclamó Rex.

—¡Sí!

—¡Mola!

—No olvides que no sabemos si es verdad. El universo podría ser infinito. Pero también podría ser finito y estar doblado sobre sí mismo.

El argumento de Rex sobre el infinito me recordó que yo también había reproducido un razonamiento antiguo cuando me aburría en el colegio. Era un pelín mayor que Rex, eso sí. Estaba en cuarto de secundaria.

Un día me encontré a mi amigo Eugene en la clase del señor Jones y decidí comentarle algo que había estado pensando todo el día.

—¡Hola, G! ¿Puedo pegarte un puñetazo? —le pregunté.

Eugene era el chico más grandullón de la escuela..., con diferencia. Cuando estaba en tercero, el equipo de fútbol americano tuvo que pedirles ayuda a los Atlanta Falcons para conseguirle un casco, porque no encontraban ninguno lo bastante grande para su cabeza. Más tarde fue a la universidad becado como lanzador de peso.*

—¿Por qué? —preguntó.

—Quiero demostrar una cosa —dije.

En cuanto oyó esto, él también quería.

—Vale. De todos modos, no me va a doler.

Eché el puño hacia atrás. Entonces me detuve.

—No puedo pegarte —dije.

—Tranqui, tú dale.

—No, quiero decir que no *puedo* pegarte. No es posible. —Le expliqué a qué me refería—. Para pegarte, mi puño tendría que recorrer primero la mitad del camino que lo separa de ti. —Avancé el puño hasta el punto intermedio—. Luego tendría que recorrer la mitad del trecho que queda. —Volví a desplazar la mano—. Y así, una y otra y otra vez. —Cada vez adelantaba el puño un poco más—. Eso significa que nunca llegaré a tocarte. Por más veces que avance hasta la mitad, siempre me quedará una distancia que cubrir.

Para entonces, tenía el puño apretado contra el pecho de Eugene. Por suerte para mí, era un gigante de buen corazón..., y le chiflaban las mates.

—Sé que tienes la sensación de que te estoy tocando, G. Pero no es posible.

El señor Jones había sido testigo de toda la escena.

—¿Quién te enseñó la paradoja de Zenón? —terció al fin.

—¿Quién es Zenón? —pregunté.

—Consúltalo —dijo.**

* Además, Eugene batió el récord en nuestro establecimiento local de alitas de pollo al zamparse ciento setenta y seis de una sentada. Solo dejó de comer un momento para llamar a su casa y avisar a su madre que ya había cenado.

** Unas palabras sobre Billy Jones: era un genio para retener la atención de sus alumnos. Daba clases de latín, alemán y química, pero habría podido enseñar otras asignaturas. A un observador externo, sus clases le habrían parecido un caos, pues cada chico estaba ocupado en algo distinto. Cada uno trabajaba a su ritmo. Si alguien terminaba el ejercicio antes de lo previsto, él le planteaba un nuevo reto. A menudo se trataba de acertijos ideados por él mismo. Escribía los enuncia-

Zenón de Elea vivió pocos años antes que Arquitas y Platón, y más o menos en la misma época que Sócrates (en el siglo v a. C.). Fue amigo de Parménides, autor de una de las ideas más chulas de la filosofía: la de que solo existe una cosa que además nunca cambia; toda apariencia de lo contrario no es más que una ilusión.[6] Los filósofos llaman a esta postura «monismo».

Zenón concibió muchas paradojas para respaldar esa forma de monismo. Las más conocidas tienen que ver con el movimiento. Mi demostración en clase del doctor Jones se asemeja a la primera. Se denomina «la dicotomía», y dice así: si intentas desplazarte de un lugar a otro, primero tienes que llegar a la mitad del camino. Luego a la mitad del trecho que queda. Y luego a la mitad del trecho que queda. Y luego a la mitad del trecho que queda... Y la cosa sigue así hasta el infinito. Lo que parece problemático.

He aquí otra manera de enfocarlo: al principio, Eugene se encuentra a una distancia determinada de mi puño. Para golpearlo, tengo que recorrer la mitad de esa distancia, luego un cuarto, luego un octavo, un dieciseisavo, un treintaidosavo y así sucesivamente, hasta el infinito. Esto también parece problemático. Las distancias se vuelven más pequeñas, pero hay una infinidad de ellas, así que no queda claro cómo voy a poder cubrirlas todas.

De hecho, podemos conseguir que la paradoja resulte aún más desconcertante si le damos la vuelta. Al principio tengo que llegar a la mitad del camino. Pero, para ello, antes he tenido que llegar a la

---

dos de los deberes de química en otros idiomas para poner las cosas más difíciles, o planteaba una adivinanza y nos pedía que contestáramos con una lista de elementos cuyos símbolos químicos contuvieran todas las letras de la respuesta (por ejemplo, «Archytas» —Arquitas en inglés— podía transcribirse como argón, carbono, hidrógeno, itrio, tantalio y azufre). Por otro lado, nos preguntaba por nuestros intereses y nos ayudaba a elaborar proyectos en torno a ellos. Nadie se aburría en las clases del señor Jones. Por eso lo queríamos y aprendíamos más de él que de nadie. Jamás he conocido a un profesor mejor, y creo que tampoco a una mejor persona.

mitad de la mitad (es decir, a un cuarto del camino). Y para llegar a un cuarto del camino, antes he tenido que llegar a un octavo del camino. Y, para eso, antes he tenido que llegar a un dieciseisavo del camino. Y así sucesivamente, hasta el infinito.

Esto se cumple sea cual sea la distancia que quiero avanzar. Así que, por lo visto, no puedo moverme, ni siquiera un milímetro. Para recorrer un espacio, por pequeño que sea, tengo que cubrir un número infinito de distancias. Pero no dispongo de un tiempo infinito, así que estoy atascado. El movimiento es solo una ilusión.

Al menos eso opinaba Zenón. No logró convencer a mucha gente. Cuentan que, al escuchar el argumento, Diógenes simplemente se levantó y caminó, refutándolo con los pies.[7] Muy ingenioso. Pero no es una buena refutación, pues la idea de Zenón se basa por completo en que las cosas tal vez no son lo que parecen. Para demostrar que el movimiento es posible, hay que encontrar un fallo en el razonamiento de Zenón.

Durante un tiempo yo creía haberlo encontrado. Unos días después volvía a estar en la clase del señor Jones, asegurándole a Eugene que había resuelto el problema. Para golpearlo, mi puño tiene que desplazarse a través de una infinidad de distancias finitas, y, aparentemente, no hay tiempo para ello. Sin embargo, el tiempo puede fraccionarse igual que el espacio. Por cada punto en el espacio por el que tengo que pasar, hay un punto en el tiempo en el que puedo estar ahí.

Este esquema tal vez ayude a comprenderlo mejor.

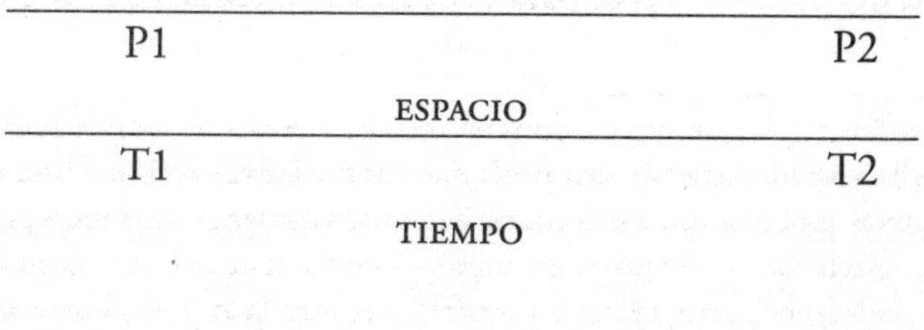

Mientras me desplazo de P1 a P2 tengo que pasar por infinitos puntos en el espacio. Sin embargo, hay infinitos puntos en el tiempo entre T1 y T2. Por consiguiente, dispongo de todo el tiempo que necesito. Es más, cuento exactamente con un punto en el tiempo por cada punto en el espacio por el que tengo que pasar.

Como este argumento me satisfizo, dejé de pensar en Zenón. No descubrí hasta varios años más tarde que Aristóteles había propuesto la misma solución que yo.[8] Sin embargo, no resuelve por completo el misterio (y Aristóteles era consciente de ello).[9] El problema con este esquema estriba en que no queda claro cómo funciona el tiempo. Para que transcurra un segundo, primero tiene que transcurrir medio segundo. Para que transcurra medio segundo, primero tiene que transcurrir un cuarto de segundo. Y..., bueno, ya sabemos cómo va esto. La cosa se repite hasta el infinito, así que, al parecer, hasta un segundo debe de durar una eternidad.[10] Y eso no tiene ningún sentido.

Hizo falta que surgieran las matemáticas modernas y, en particular, el cálculo (inventado por Newton y Gottfried Leibniz) para que se desentrañara el misterio. Sigue habiendo discrepancias respecto a ciertos detalles,[11] pero la clave reside en que la suma de un conjunto infinito de distancias finitas no siempre es infinita. En efecto, la suma de la serie que nos interesa (1/2, 1/4, 1/8, 1/16...) es, simplemente, 1. Así que todas estas pequeñas distancias no se acumulan en una distancia demasiado grande para recorrerla en un intervalo finito de tiempo.[12]

Dicho esto, algunos opinan que en realidad la solución no está en las matemáticas, sino en la física. Zenón supone que el espacio es infinitamente divisible, que podemos partirlo en pedazos cada vez más pequeños. Pero tal vez esto no sea cierto. Avances recientes en mecánica cuántica parecen indicar que el espacio no tiene una estructura continua, sino granulosa, es decir, que quizá existen trocitos mínimos del espacio que ya no pueden subdividirse más. Si es así, mi puño no tiene por qué pasar por una infinidad de puntos para golpear a Eugene. Basta con que pase por un conjunto finito de fragmentos superpequeños de espacio,[13] lo que no supone el menor problema..., siempre y cuando él no me devuelva el puñetazo.

Acabo de apuntar a que la solución a la paradoja de Zenón no reside en la filosofía, sino en las matemáticas o la física. Y la respuesta a la pregunta con que comenzábamos el capítulo —¿el universo es infinito?— sin duda reside en la ciencia. Entonces ¿qué pintan estas preguntas en un libro de filosofía?

Las he incluido aquí en parte porque nos incitan a pensar en la relación entre la filosofía y otras especialidades. No por nada Arquitas era filósofo y matemático a la vez. La lista de pensadores que cultivaron ambos terrenos es larga e incluye nombres como Descartes y Leibniz. Esto no debería sorprendernos, pues filósofos y matemáticos emplean más o menos el mismo método: pensar con detenimiento en acertijos y problemas. La aptitud para una cosa no garantiza la aptitud para la otra, pues los acertijos y problemas de una y otra disciplina no son iguales. Sin embargo, hay personas que brillan en ambas.

También hay filósofos que han estado a la vanguardia de la ciencia, entre ellos nada menos que Aristóteles. En realidad, la ciencia no se consideraba un campo separado de la filosofía hasta hace relativamente poco tiempo. Durante casi toda su historia, se le daba el nombre de «filosofía natural» para distinguirla de otras ramas de la filosofía como la filosofía moral o la estética. La vemos como una actividad diferente más que nada porque se vale de métodos distintos. Los científicos piensan con detenimiento, por supuesto, pero también investigan el mundo mediante la observación y la experimentación.

Los filósofos también disponen de estas herramientas, pero las utilizan con menos frecuencia. Muchas de las preguntas que más les interesan no se prestan a experimentos. Ningún experimento nos revelará qué es la justicia.* O el amor. O la belleza. Ningún experi-

* Por lo menos, ningún experimento como los que realizan los científicos. Algunos filósofos, como el pragmático estadounidense John Dewey, sostienen

mento nos dirá cuándo un castigo o la venganza están justificados. O de qué derechos disfrutamos. Ningún experimento nos desvelará qué es el conocimiento, o si podemos abrigar la esperanza de adquirirlo.

Los principales instrumentos con que contamos para responder a esta clase de preguntas son la reflexión minuciosa y la conversación. Esto lleva a algunos científicos a dudar de la filosofía como fuente de conocimiento.[15] No es más que cháchara, opinan. Pero me parece importante recalcar que si la filosofía no es fuente de conocimiento, tampoco lo es la ciencia. Al fin y al cabo, todo experimento se basa en una idea: la de que *esta* es una manera de aprender más sobre el mundo. Además, todo resultado requiere una interpretación. Como he dicho antes, los científicos tienen que pensar con detenimiento, al igual que los filósofos. Si los argumentos no son sólidos, los experimentos que realicen no bastarán para validar su trabajo. La ciencia toca fondo con la reflexión minuciosa y la conversación, al igual que la filosofía.

De hecho, en un sentido más profundo, son la misma actividad. Todos intentamos comprender el mundo valiéndonos de las herramientas más apropiadas para la tarea. Lo que consideramos campos separados —matemáticas, ciencias y filosofía— no son más que ramas de un mismo árbol. Los filósofos dejan los problemas en manos de otras disciplinas cuando estas son más adecuadas para resolverlos. Es lo que ocurrió con la pregunta de Arquitas sobre el tamaño del universo. La ciencia nos ayuda a escrutar partes remotas del espacio —y del pasado— para ampliar nuestros conocimientos sobre los límites del cosmos. Es lo que sucedió también con la paradoja del movimiento de Zenón. Las matemáticas ayudaron a asimilar

---

que experimentamos con ideas sobre la ética al ponerlas en práctica: actuamos conforme a ellas y observamos los resultados.[14] Creo que hay mucho de cierto en ello, lo que indica que es probable que el conocimiento ético, al menos el de cierto tipo, se genere fuera del ámbito académico. Dicho esto, los filósofos profesionales siguen teniendo una misión: pulir ideas, concebir otras nuevas, deducir sus implicaciones, etcétera.

mejor el concepto del infinito. Y la ciencia está dejando al descubierto la estructura del espacio.

Sin embargo, estamos a punto de comprobar que hay acertijos sobre la infinitud que (por el momento) atañen solo a los dominios de la filosofía.

Examinaremos uno. Supongamos que el universo es finito, después de todo. ¿Qué implica esto para nosotros? ¿Debe influir en nuestro comportamiento? A primera vista, la respuesta parece ser no. Aunque el universo no sea infinito, es increíblemente grande. Según algunos cálculos, la región observable tiene un diámetro de unos noventa y tres mil millones de años luz.[16] Nunca llegaremos a ver gran parte de él, por supuesto. Muy pocos de nosotros escaparemos de este punto azul pálido. Por el momento, Marte es el lugar más lejano al que planeamos viajar. Así que podemos preguntarnos ¿qué más nos da si el universo es infinitamente grande o no?

Nick Bostrom, que nos presentó la hipótesis de la simulación, cree que podría ser muy importante, por lo menos para quienes sienten inclinación por cierta visión ética. Una versión popular del utilitarismo propugna que debemos intentar maximizar la relación placer-dolor en el universo. Es una idea atractiva. Nuestros actos tienen consecuencias. Deberíamos aspirar a que sean buenos. Posiblemente, el indicador más relevante de si son buenos o no es el impacto que tienen sobre el placer y el dolor que experimentan los demás. Y no solo otras personas. Si el placer y el dolor son lo que cuenta, tal vez su importancia es independiente de qué persona —o qué animal— los siente. De ahí podemos derivar la siguiente fórmula: actúa con vistas a maximizar la relación placer-dolor en el universo.

Según Bostrom, la fórmula es correcta siempre y cuando el universo sea finito, pero no funcionará si resulta ser infinito.[17] ¿Por qué? Supongamos que la región del universo que no alcanzamos a ver es igual que la que sí vemos: repleta de galaxias, con estrellas y planetas. No parece descabellado suponer que hay vida en algunos de ellos. Tal vez sus habitantes sean personas como nosotros. O quizá tengan una constitución diferente, pero compartan con nosotros la capacidad de experimentar placer y dolor. En ese caso, sus sensaciones afectan a la relación placer-dolor del universo.

¿Cuántos de esos seres habrá? Bostrom considera que si el universo es infinito (y el resto es como la parte visible), cabría suponer que el número de habitantes es infinito. Solo una pequeña porción de los planetas puede estar poblada, pero si el universo no tiene límites, habrá una infinidad de dichos planetas. Y eso supone un problema. Si existe un número infinito de personas, hay una cantidad ilimitada de placer en el universo. Y también de dolor. Y nada de lo que hagamos influirá en la proporción entre una cosa y otra.

Si el lector es aficionado a las matemáticas, ya habrá entendido por qué. Y si no, no pasa nada. Solo tenemos que aprender un poco más sobre la infinitud. Para ello, puede sernos útil un acertijo que les expuse a los chicos.

Imagínate que eres el recepcionista nocturno en el hotel Hilbert.* Cuenta con un solo pasillo, pero es largo. De hecho, es de una longitud infinita y tiene una infinidad de puertas numeradas de forma consecutiva.

Esta noche todas las habitaciones están ocupadas. Hay un número infinito de huéspedes en el hotel infinito. ¡El negocio va viento en popa! Te preparas para una noche tranquila. Pero en cuanto te arrellanas, aparece una viajera cansada y te pregunta si queda una habitación libre para ella.

—Lo siento —le respondes—. Estamos completos.

—¿Seguro que no puede hacerme un hueco? —insiste—. Fuera hace una noche de perros.

* Bautizado así en honor al gran matemático de los siglos XIX y XX David Hilbert.

Desearías poder ayudarla, pero no ves la manera. Cierto, cuentas con una infinidad de habitaciones, pero en este momento están todas ocupadas. Por más que avance por el pasillo, jamás encontrará una libre.

Se dispone a marcharse cuando se te ocurre una idea. Sí que puedes hacerle un hueco. Solo tendrás que causarles una pequeña molestia a los otros clientes.

¿Has dado con la solución?

Los chicos no la descubrieron cuando les expuse el problema por primera vez. Pero ahora que saben cuál es, les gusta planteárselo a otros niños... y también a adultos.

Es una solución sencilla. Para empezar, te comunicas por megafonía con todas las habitaciones, y le pides a cada huésped que haga las maletas y se traslade a la habitación contigua. El huésped de la habitación 1 se muda a la habitación 2, el de la habitación 2 a la habitación 3 y así sucesivamente, a lo largo de todo el pasillo.

Al final, todos los huéspedes tendrán un cuarto nuevo donde dormir, pero el primero habrá quedado vacío. Así que por fin dispondrás del hueco que necesitabas para alojar a la viajera cansada.

La moraleja de la historia es que infinito más uno es igual... a infinito.

Y, lo que es aún mejor, el truco funciona para cualquier número finito de clientes que se presente. Si llegan dos viajeros cansados, basta con pedirles a los huéspedes que se desplacen dos puertas más allá. Si llegan tres, tres puertas, y así sucesivamente (aunque no hasta el infinito; no se le puede pedir a la gente que se desplace a una infinidad de puertas de distancia).*

* ¡Sin embargo, es posible alojar a una infinidad de recién llegados! Solo hay que pedir a los antiguos huéspedes que se trasladen a la habitación cuyo número es el doble del que ocupan ahora y dejar que los nuevos se instalen en las que tienen número impar. Esto nos enseña dos cosas. En primer lugar, que infinito más infinito es igual a infinito. Y en segundo, que el conjunto de números pares es igual de grande que el de los números pares e impares juntos. Tal vez este sea mi dato matemático favorito.

¡Se pueden hacer muchas más cosas en el hotel Hilbert! Es posible dar cabida

Aquí también hay una moraleja: infinito más cualquier número finito no es más que... infinito.[18]

Volvamos, pues, a Bostrom. Si el dolor en el universo es infinito, nada de lo que hagamos puede aumentarlo. Puedo causar dolor a otras personas, claro, pero, pese a lo que puedan alegar mis ex, solo soy capaz de causar un dolor finito.* Y si sumamos una cantidad finita de dolor a una cantidad infinita, nos queda... otra vez un dolor infinito.

Lo mismo ocurre con el placer.

Y aquí viene la conclusión: en un universo infinito, el utilitarismo es completamente indiferente a nuestros actos. Da igual si perjudicamos o ayudamos a la gente. La relación placer-dolor permanecerá invariable. No podemos influir en ella en modo alguno. Lo que nos confiere la libertad de hacer lo que nos plazca, por atroz que sea, supongo.

Salvo si el utilitarismo está equivocado. Se trata de una cuestión demasiado compleja para abordarla aquí, pero me limitaré a decir que creo que lo está. Y el argumento de Bostrom es un indicio de ello. A mi juicio, las personas importan como individuos, no solo como vehículos de dolor y placer.

---

a un número infinito de autobuses, cada uno cargado con un número infinito de huéspedes. Se hospeda a cada uno en una habitación correspondiente a cada uno de los números racionales (es decir, los que pueden expresarse como fracciones). Pero hay grupos tan numerosos que es imposible alojar a todos sus miembros. Por ejemplo, no se puede alojar a un huésped por cada número real. ¿Por qué no, si el hotel tiene infinitas habitaciones? Porque se da el caso de que hay infinitos de tamaños diferentes. El conjunto de los números reales (que incluye a los números irracionales como π, que no pueden expresarse como fracciones) es incontable; hay más números reales que enteros, aunque ambos conjuntos son infinitos. Ahora resulta que las mates son mucho más divertidas de lo que parecían en el cole.

* Es broma. Me casé con mi amor del instituto, así que no tengo una ex... en ningún rincón del universo. Hay quienes opinan que, en un universo infinito, todo aquello que podría existir existe. Eso es falso. Por más que explores el universo, jamás encontrarás a una ex mía, aunque a Julie le gusta señalar que en cualquier momento podría tener una.

El utilitarismo trata a las personas como habitaciones que ocupar. Si un número infinito de ellas ya está colmado de placeres y sufrimientos, añadir uno más no supondrá diferencia alguna.

Prefiero tratar a la gente como a la viajera en la recepción. Es importante que tenga un lugar donde hospedarse, aunque al proporcionárselo no incrementemos el número de personas que lo tienen.

Pero un momento: ¿de verdad importa ella? O, lo que es más significativo, puesto que es un personaje inventado: ¿importamos nosotros?

Hay un libro ilustrado que me gusta leer con los niños. Se titula *Un trillón de estrellas.*[19] Habla de números muy grandes. Dice que en el mundo hay siete mil quinientos millones de personas y diez mil billones de hormigas. Pero el número más grande que aparece en el libro es el de cien mil trillones. Eso es un uno seguido de veintitrés ceros. Y podría quedarse corto por un orden de magnitud. Según algunos cálculos, hay un millón de trillones de estrellas en el universo observable o, expresado en términos más sencillos, un cuatrillón.[20] Por supuesto, si el universo es infinito, habrá una infinidad más. Pero nos ceñiremos al cuatrillón. Es más que suficiente para darnos que pensar.

Me gusta leer el libro con los chicos porque quiero que mediten sobre su pequeñez. O, mejor dicho, *nuestra* pequeñez. El tamaño del universo es inimaginable, incluso si no es infinito. Nosotros ocupamos en él un lugar minúsculo que no tiene gran cosa de especial. Y, lo que es peor, ni siquiera estamos en él durante mucho tiempo. Con un poco de suerte, vivimos ochenta años, más o menos. El universo existe desde hace más de trece mil millones de años, y le quedan miles de millones o incluso billones.

En el mejor de los casos, somos un destello. Y eso nos hace parecer terriblemente insignificantes.

—¿Crees que importamos? —le pregunté un día a Rex cuando hablábamos de la escala del universo. Él tenía diez años.

—No, creo que no —respondió.

—¿Y eso?

—Hay tantas cosas ahí fuera —dijo Rex—, que no sé por qué tendríamos que importar.

Seguimos andando y charlando.

—¿Puedo pegarte un puñetazo en la cara? —le pregunté al cabo de un rato.

—No —contestó sorprendido.

—¿Por qué no? —inquirí—. No importa.

—A mí me importa —alegó con una sonrisa.

En un espacio de diez minutos, Rex había expresado dos ideas que no parecían muy compatibles entre sí.

Si tomas un poco de distancia y te comparas con la inmensidad del universo, te das cuenta de tu pequeñez, que te arrastra a la insignificancia. El mundo no sería muy distinto si no hubieras nacido. Y tampoco será muy distinto después de tu muerte.

Lo mismo sucede con nuestra especie. El universo no sería tan diferente si no hubiéramos aparecido, ni lo será cuando ya no estemos.

Visto desde fuera, todo lo que hacemos parece inútil. Incluso cuando alcanzamos nuestro objetivo, todo se lo lleva el viento.

Pero, vistas desde dentro, hasta las cosas más diminutas pueden parecernos importantes.

Nosotros no importamos. Pero las cosas nos importan.

¿Te acuerdas de Tom Nagel? Lo conocimos en el capítulo anterior. Es el tío que quiere saber qué se siente al ser un murciélago. Sin embargo, también le interesa la yuxtaposición de esas dos ideas: no importamos, pero las cosas nos importan.

Según él, mantener ambos conceptos en la mente le da a la vida un toque de absurdidad.[21] Y se refiere a algo concreto. Para Nagel, algo es absurdo cuando existe un desequilibrio entre su grado de seriedad y su importancia.[22] Cuando yo estudiaba Derecho, asistí a un taller sobre el formato de las citas en las publicaciones jurídicas. En él se entabló una conversación tan apasionante como interminable sobre si algunos puntos debían ir en cursiva. No había nada en juego. En realidad cuesta un montón distinguir si un punto está en cursiva o no. Y a nadie le importa. Resultaba de lo más absurdo.

Nagel cree que nuestra vida es un poco como esa conversación. Nos la tomamos en serio. Nos preocupamos por nuestro aspecto, nuestra ropa, nuestra carrera, nuestros proyectos, nuestros planes... ¿Y todo para qué? Al final, para nada. Porque todo esto pasará, y nuestras vicisitudes carecerán de importancia.[23]

Somos insignificantes. Y lo sabemos. Aun así nos comportamos como si todo importara.

Qué absurdo.

Algunos luchan contra esta sensación. Intentan desapegarse de todo, tratar la cotidianeidad como algo insignificante. Si lo logran, su vida será menos absurda. Pero casi nadie lo consigue (de hecho, el intento en sí a menudo resulta absurdo).[24]

Otros insisten en que el universo fue concebido para ellos. Afirman que son importantes porque le importan al dios que lo creó todo.

Soy escéptico respecto a Dios por motivos que explicaré más adelante, pero, aunque exista, me parece presuntuoso creer que se preocupa por nosotros. No hay ninguna razón para suponer que para los ojos divinos somos más relevantes que diez mil billones de hormigas. A lo mejor, el foco de interés de Dios reside en otra parte. No estamos en el centro del universo; ni siquiera en el centro de nuestro sistema solar. ¿Por qué iba a situar Dios a las criaturas que tanto valora en un suburbio apartado de todo? ¿Y por qué se tomaría la molestia de crear todo lo demás? Si nosotros somos lo importante, ¿qué razón de ser tiene el resto?

Ya lo sé, ya lo sé. Crees que Dios tiene un plan inescrutable para nosotros. Ama a todas sus criaturas, vivan en el rincón del cosmos donde vivan. A lo mejor es así.

Pero yo extraigo una lección distinta de esta clase de apelación a Dios. El truco que algunos creen que puede llevar a cabo —conseguir que las cosas importen al valorarlas— es algo que está a nuestro alcance también.

No está en nuestra mano lograr que las cosas importen en un sentido cósmico, claro, pero podemos hacer que nos importen a *nosotros*. Basta con que les concedamos valor.

Y creo que eso es una especia de superpoder. No es una exageración afirmar que creamos nuestra propia importancia en el mundo. No hay muchos seres capaces de ello.

Así que las cosas deben importarnos, aunque resulte absurdo. Debemos atribuir importancia a nuestra familia, a los amigos, al prójimo, a nuestros planes y proyectos. Le confieren sentido a nuestra vida.

¿Debemos atribuirnos importancia a nosotros mismos? Me gustaría responder afirmativamente, pero acabo de leer un artículo de mi amiga Sarah Buss que me hace dudar.

Buss es una colega mía del departamento de filosofía de la Universidad de Míchigan. Mis hijos la adoran, sobre todo porque les lleva galletas de Navidad cada año. También es una de las filósofas morales más sagaces que conozco.

Últimamente ha estado reflexionando sobre el coraje cívico, su naturaleza y si es posible cultivarlo. Quiere saber cómo es que algunas personas están dispuestas a poner su vida en peligro, a hacer sacrificios, a plantar cara a la opresión y a ayudar a otros aun a costa de su propio bienestar.

Buss no está segura —podría haber muchas razones—, pero intuye que el coraje de algunas personas deriva del hecho de que se conceden poca importancia a sí mismas, y en cambio valoran mucho a las demás.[25] Se ven a sí mismas como las vería el cosmos:

como a seres muy pequeños, insignificantes. En cambio, atribuyen una gran importancia a otras personas.

Es una meta difícil de alcanzar tanto desde el punto de vista emocional como intelectual.[26] Las principales barreras son el cariño y la compasión hacia nosotros mismos, así como el miedo que llevan aparejado.[27] Para llegar a esta clase de valentía, es importante que nos consideremos insignificantes. Pero no basta con reconocer intelectualmente que lo que nos pase no importa mucho. Hay que *sentirlo*, del mismo modo que ahora sentimos temor y amor propio.[28] De lo contrario, es probable que el miedo nos venza cuando surja un conflicto.

Conviene distinguir la actitud que describe Buss de la baja autoestima. Ella no quiere que pensemos que nuestra vida no vale la pena o que no somos seres merecedores de amor y respeto. Sin duda cree que debemos mirar a los dos lados antes de cruzar la calle. Y que debemos esperar de los demás que nos traten bien.[29] Lo importante es que, cuando llegue el momento de demostrar valor, seamos tan conscientes de nuestra insignificancia como del miedo.

Además del reto emocional existe uno intelectual. Si nos juzgamos insignificantes, cabría suponer que también debemos ver así al prójimo. Pero eso es peligroso. No queremos ser de esa clase de individuos que pisotean a los demás, una tentación en la que podemos caer si creemos que no importan. Así que debemos aferrarnos a la idea de que las otras personas son importantes, aunque renunciemos a la idea de que nosotros lo somos.

Tal vez no sea una visión coherente del mundo, pero es una visión hermosa, altruista. Nace del amor.

Y el amor no siempre es coherente.

Quiero que mis hijos tengan coraje cívico. Pero eso es pedirles mucho. Yo mismo no estoy seguro de tenerlo. No es fácil saberlo hasta que llega el momento en que uno necesita saberlo.

Como mínimo, quiero que asuman que, desde cierto punto de vista, ellos no importan. Me gustaría que practicaran la contemplación del mundo desde ese punto de vista, que fueran capaces de poner las cosas en perspectiva al adoptar un enfoque que considera que tanto ellos como sus preocupaciones son insignificantes.

Por eso les hablo del tamaño del universo.[30] Y por eso cogí *Un trillón de estrellas* del estante una noche. Hank tenía siete años, era la hora de acostarse, y la cosa no iba bien. Julie acababa de estallar porque el chico siempre tarda mucho tiempo en prepararse para irse a la cama (una infinidad, al parecer). Así que él estaba triste cuando me acomodé a su lado para leerle el libro.

Después de terminar, le formulé la misma pregunta que le había hecho a Rex.

—Habiendo tantas cosas ahí fuera, ¿crees que nosotros importamos?

—Claro —dijo—. Tú me importas un montón.

—¿Cómo te sientes cuando piensas en todas las galaxias, todas las estrellas y todos los planetas que hay ahí fuera? —le pregunté entonces.

—No me ayuda a sentirme menos triste —respondió, dejándome claro que me había calado.

Así que le canté una canción de cuna y me retiré.

Pero no dejaré de intentarlo.

Quiero que a mis hijos les importen las cosas, que se apasionen por ellas. Es lo que da sentido a la vida.

Sin embargo, conseguir esto resulta fácil. Lo difícil es asimilar que las cosas que nos importan en realidad no son tan importantes, aunque nos parezcan cuestiones muy serias o incluso de vida o muerte.

Si mis hijos llegan a comprender esto y aun así les siguen importando las cosas, serán personas un poco absurdas. Pero ya lo son. Y están en buena compañía. Todos los demás lo somos también.*

* Aunque en el fondo no importa demasiado.[31]

12

DIOS

—Zack tiene botas de Dios.

—¿Perdona? —dije, dirigiendo mi atención hacia Rex.

Me encontraba en la cocina, preparando la cena. Rex (que entonces tenía cuatro años) estaba sentado a la mesa, terminándose el tentempié de antes de la cena. En casa, estos refrigerios cumplen una doble función: nos permiten concentrarnos en cocinar y asegurarnos de que los niños no se coman lo que estamos cocinando.

—Zack tiene botas de Dios —repitió Rex, como quien anuncia una revelación.

—¡¿ZACK TIENE BOTAS DE DIOS?! —exclamé, como si de verdad se tratara de una revelación. (El entusiasmo desmedido es uno de mis recursos más socorridos como padre. Cuando uno consigue entusiasmar a un niño con una conversación, suceden cosas buenas).

—¡Sí! Zack tiene botas de Dios —repitió Rex con exaltación creciente.

—¿Qué Zack? ¿El Zack grande? ¿El Zack pequeño? ¿El Zack adulto? —Había un número disparatado de Zacks en la clase de las Jirafas.

—¡El Zack pequeño! —dijo Rex con aire triunfal.

—¡Anda ya! ¡¿El Zack pequeño tiene botas de Dios!?

—¡Sí!

—¡Qué guay! Pero... ¿qué son las botas de Dios?

—Ya sabes —dijo Rex, como si fuera obvio.

—No, no lo sé, coleguita. ¿Qué son las botas de Dios?

—Son unas botas que tienen a Dios.

—¡Dios está en las botas de Zack! —grité tratando la noticia como el bombazo que era—. ¿Pesa mucho Dios? ¿Puede andar Zack con las botas puestas? ¿Se ha quedado en el cole sin poder moverse? ¿DEBEMOS ACUDIR EN SU AYUDA?

—¡Dios no, papá! ¡Dibujos de Dios!

—Ah, vaya —dije suavizando la voz—. ¿Y qué aspecto tiene Dios?

—Ya sabes —dijo Rex en tono confidencial.

—No, no lo sé —susurré—. ¿Qué aspecto tiene Dios?

—El hombre con sombrero de vaquero.

—¿Qué hombre con sombrero de vaquero?

—El de la peli.

Por fin estábamos llegando a alguna parte. Rex solo había visto tres películas. La primera era *Jorge el curioso*.

—¿Te refieres al hombre del sombrero amarillo?

—No —dijo con una risita.

La segunda era *Cars*.

—¿Te refieres a Mate?

—¡No! Mate no lleva sombrero de vaquero —dijo, en un tono que parecía indicar que era él quien estaba hablando con un niño pequeño.

Solo quedaba *Toy Story*.

—¿Woody?

—¡Sí! ¡DIOS!

Cuando yo era pequeño, estaba convencido de que Dios era como Superman. A menos que se pareciera a George Washington. Después de todo tenía superpoderes, al igual que el hijo de Krypton. Por otro lado, era muy bueno y muy viejo, y George Washington era quien mejor encarnaba estas cualidades.

No tengo idea de cómo llegó Rex a esa conclusión, pero si quieres explorar una idea inquietante, imagínate que Woody es, en efecto, Dios. Vayas a donde vayas, los ojos pintados del muñeco te siguen. ¿A que acojona?

Aunque, bien pensado, la versión tradicional también. La omnisciencia da omnimal rollo.

Entonces ¿qué aspecto tiene Dios? ¿Se parece a Washington? ¿A Woody? ¿A Superman? A ninguno de ellos, según las principales religiones monoteístas. De hecho, tres de cada cuatro teólogos afirman que Dios no existe en el tiempo y el espacio.* Él los creó, por lo que se encuentra fuera de ellos. Aunque, en rigor, no es así, porque encontrarse en algún sitio implica ocupar espacio, y «fuera» es un lugar. Por el contrario, el argumento se basa en que Dios no es un ser espaciotemporal.** Lo que implica que no tiene apariencia alguna.

Pero... ¡un momento! ¿Acaso no nos creó Dios a su imagen y semejanza? Además, ¿no se aparece a veces en la Biblia? La mayoría de los teólogos interpretan la afirmación sobre la imagen y semejanza como una metáfora. La idea no es que nos parezcamos literalmente a Dios —que Él tenga dos brazos, dos piernas y una barriga cervecera—, sino que poseamos algunos atributos divinos, como la capacidad de razonar. Y aunque Dios hace apariciones en la Biblia —como la zarza ardiente de Moisés—, los protagonistas de esos episodios en realidad no ven a Dios, sino algo análogo a un avatar.

El caso de Jesús es más complicado. Y, como judío que soy, no

* El cuarto recomienda Binaca (no, es broma, todo el mundo sabe que el mejor dentífrico es Tom's). En realidad, la estadística no es real: me la he inventado para evidenciar que existe cierta discrepancia respecto a la relación de Dios con el tiempo y el espacio. Hay polémicas acaloradas sobre temas como si Dios es atemporal (es decir, existe fuera del tiempo) o eterno (es decir, existe en todos los puntos del tiempo). Los detalles teológicos más sutiles no son relevantes para el tema que nos ocupa.

** Así que no, no te está mirando desde arriba. ¡Se siente!

intentaré explicar la Santísima Trinidad. Sin embargo, sí diré que, incluso según el cristianismo, Dios no es del todo espaciotemporal. Jesús sin duda presentaba una apariencia humana (aunque seguramente no se parecía a Washington, Woody o Superman). Sin embargo, las otras facetas de Dios —las que en teoría aún existen— no están ubicadas en el tiempo o el espacio. Lo que significa que no podemos verlas.

Y eso resulta de lo más conveniente.

Antony Flew era un filósofo ateo* que impartió clases en varias universidades inglesas a lo largo de la segunda mitad del siglo XX. Relataba una versión adaptada de una historia ideada por un filósofo de Cambridge, cuyo nombre, tan inverosímil como impecable, era John Wisdom (*wisdom* significa «sabiduría» en inglés).[1] Dos tipos caminan por el bosque y llegan a un claro con muchas flores, pero también con muchas malas hierbas.

—Debe de haber un jardinero que se ocupe de este terreno —le dice el primero al segundo.

—No hay ningún jardinero —responde el segundo.

Son hombres de pocas palabras. Los llamaremos Sí Hay y No Hay.

Deciden montar sus tiendas de campaña en el claro para esperar un rato. El jardinero no aparece. Pero esto no desalienta a Sí Hay:

—El jardinero debe de ser invisible —aventura.

Así que levantan una alambrada. Como quieren asegurarse de pillar al jardinero si se presenta, la electrifican. Además patrullan la zona con sabuesos. Aun así, ni rastro del jardinero. Nada sacude la alambrada. No oyen un solo grito a causa de un calambrazo. Los sabuesos no dan un solo ladrido de alerta. Sin embargo, Sí Hay sigue en sus trece.

* Al menos hasta que, en los últimos años de su vida, experimentó una conversión atribuida a la demencia.

—Hay un jardinero —insiste—. Es invisible, intangible, insensible a las descargas eléctricas; un jardinero que no desprende olor alguno ni hace el menor ruido, un jardinero que viene en secreto a cuidar del jardín que tanto ama.[2]

Al final, No Hay pierde la paciencia.

—¿En qué se diferencia un jardinero invisible, intangible y siempre esquivo de un jardinero que no existe?[3]

Flew consideraba que la discusión sobre Dios era estéril, carente de sentido. Sí Hay aseguraba que había un jardinero, así que se pusieron a buscarlo. Como no lo encontraron, Sí Hay matizó su afirmación. Siguió recogiendo cable hasta que la afirmación quedó totalmente vacía, pues no había manera de refutarla.

Supón que tú y yo discrepamos respecto a si hay pollo en el frigorífico. Yo digo que sí; tú dices que no. ¿Cómo zanjamos la disputa? Bueno, podríamos echar un vistazo. Imagínate que lo hacemos y no vemos pollo dentro. Tú cantas victoria, pero yo no doy el brazo a torcer. En ningún momento había dicho que el pollo se pudiera ver. Es pollo invisible. Así que nos ponemos a palpar el interior de la nevera, pero no encontramos restos de ave alguna. Vuelves a cantar victoria, pero yo no me bajo del burro. En ningún momento he dicho que el pollo pudiera tocarse. Es un pollo intangible.

Tarde o temprano y llegarás a la conclusión de que estoy chiflado. O que soy terco como una mula. En cualquier caso sería inútil seguir discutiendo sobre si hay pollo en el frigorífico, pues yo no aceptaré ninguna prueba de lo contrario.

En otros tiempos, la gente le asignaba a Dios un papel en el mundo. Él cuidaba del jardín. Ellos rezaban para que lloviera. O para que dejara de llover. Aún hay mucha gente que reza, por supuesto. Algunos incluso lo hacen para que llueva. Sin embargo, pocos creen que cada llovizna sea consecuencia de una decisión divina. Conocemos las causas de la lluvia, así que no nos hace falta atribuirla a la intervención de Dios. Sin embargo, conforme lo hemos despojado de los papeles que le asignábamos, lo hemos convertido en un personaje invisible e intangible cuyas huellas en el mundo (si las hay) son imposibles de identificar. Esto suscita la sospecha de que Dios no es más real que el pollo invisible e intangible que, en realidad, no está en mi nevera.

¿O tal vez sí? El pollo no sería pollo si no pudiéramos verlo, olerlo, probarlo y tocarlo. Todos los pollos ocupan un lugar en el tiempo y el espacio. Pero ¿por qué tendría que existir Dios de la misma manera que existen los pollos? Hay otras formas de existencia.

Me tomo mi condición de tío casi tan en serio como la de padre. Es decir, no mucho. Una vez convencí a mi sobrino de que el número seis no existe.

—Oye, Ben, ¿sabes contar hasta diez? —le pregunté cuando tenía cinco años.

—Uno, dos, tres, cuatro, cinco, seis, siete... —empezó a contar.

—¡UN MOMENTO! ¡PARA! ¿Qué acabas de decir?

—Siete.

—No, antes de eso.

—Seis.

—¿Qué es seis?

—Un número.

—No es verdad.

—¡Sí que lo es!

—No, Ben, no lo es. Así es como se cuenta hasta diez: uno, dos, tres, cuatro, cinco, siete, ocho, nueve, diez.

Al principio no estaba muy convencido, pero yo puedo ser persistente y persuasivo. Al final se alejó con pasitos silenciosos hacia donde estaba su madre.

—Tío Scott dice que el número seis no existe.

—Pues a tío Scott se le dan muy bien las mates —aseguró su

madre. Quiero hacer un inciso para comentar que la mujer a la que mis hijos llaman tía Nicole es fantástica en todos los sentidos, entre otras cosas porque me echa un cable cuando le hago luz de gas a su hijo.

Estuve tomándole el pelo un rato hasta que quedó plenamente convencido de que el número seis era un invento del complejo industrial preescolar. Sin embargo, en cuanto se había apuntado a la teoría de la conspiración, puse fin a la farsa y le revelé la verdad: que el número seis sí que existe.

Pero no se trata de un ente espaciotemporal. Las preguntas «¿dónde está el número seis?» o «¿cuándo está el número seis?» no tienen pies ni cabeza, pues el número seis carece de posición en el tiempo o el espacio. Tampoco es lógico preguntar qué aspecto tiene, pues el número seis no es una de esas cosas en las que rebotan los fotones.

«¡Un momento! —estará pensando el lector—. Ya sé qué aspecto tiene el número seis. Es así»:

6

Pero el 6 no es más que un símbolo, del mismo modo que la palabra de cuatro letras «Dios» es solo un símbolo de la deidad todopoderosa que designamos por ese nombre. El número también puede simbolizarse así:

VI

O así:

Seis

O por medio de cualquier otro símbolo, siempre y cuando les indiquemos a los demás qué significa. Sin embargo, el símbolo y el número son dos cosas distintas.

¿Qué es el número seis? ¿Por qué existe? Los filósofos de las matemáticas debaten sobre eso. Como punto de partida, podríamos decir algo así como que el seis existe por la función que desempeña en un sistema. Es el número que sigue al cinco y el que precede al siete. Y guarda incontables relaciones con entidades cuya existencia se define por sus relaciones mutuas. Por eso tuve que decirle la verdad a mi sobrino. Sin el seis, el edificio entero de las matemáticas se tambalearía.

Pero aseverar que el seis existe por la función que desempeña en un sistema soslaya las preguntas difíciles: ¿ese sistema fue creado por los seres humanos, o más bien lo descubrimos? ¿Los números existirían sin nosotros? Tiendo a pensar que sí, aunque no estoy en condiciones de defender esa idea, y si lo intentara, el lector dejaría el libro a un lado. El texto se volvería muy denso y farragoso.

Pero lo que pretendo decir es que no todo lo que existe lo hace de la misma manera. Los pollos existen en el tiempo y el espacio. También los jardineros. Pero el número seis no. Y si el seis puede existir sin ocupar un lugar en el tiempo y el espacio, ¿por qué Dios no?

«¿Existe Dios?», preguntaba Rex a menudo cuando era pequeño. Como estudia en un colegio religioso, ha aprendido mucho sobre Dios, o por lo menos acerca de las historias que los judíos cuentan sobre Dios. Lo matriculamos ahí, en gran parte, para que conozca esos relatos. No queremos que se sienta ajeno a su comunidad ni su cultura.

Sin embargo, cada vez que aprendía alguna de aquellas historias, preguntaba, de forma insistente: «¿Existe Dios?». Por todo lo que he escrito hasta ahora, el lector podría suponer que yo le respondía que no. Pero no era esa mi respuesta, por dos razones. En primer lugar, no estoy seguro; enseguida explicaré por qué. En segundo lugar, creo que, siempre que un crío plantea una pregunta trascendental, me parece importante iniciar un diálogo en vez de cortarlo en seco.

Por eso, en vez de responder con un sí o un no, expongo opiniones distintas:

—Hay quienes creen que existe y que los relatos de la Biblia ocurrieron tal y como aparecen narrados en sus páginas. Otros creen que no son más que cuentos inventados por unas personas para explicar cosas que no entendían. —A continuación pregunto—: ¿Qué crees tú? —Y me tomo en serio la respuesta de Rex, no para poner fin a la conversación, sino para estimularla. Si Rex dice que Dios existe, le pregunto por qué lo cree así, si se ha fijado en que las historias de la Biblia no cuadran (por ejemplo, hay dos relatos sobre la creación) y por qué ocurren tantas cosas malas en el mundo si Dios existe y podría evitarlas. Si, por el contrario, dice que todo son cuentos, le pregunto por qué tantas personas se los toman en serio, cómo explicaría la existencia del mundo, etcétera.

El nivel de la conversación tiene que ajustarse a las capacidades del niño. Y que el lector no se imagine que Rex y yo nos pasamos horas sentados al amor del fuego, tomando sorbos de coñac y desentrañando los misterios de la vida. Muchos de esos diálogos son breves; no duran más de un par de minutos. Sin embargo van rindiendo fruto poco a poco y, a veces, de maneras sorprendentes.

—¿Existe Dios? —preguntó Rex. Tenía cuatro años. No hacía mucho que se había producido la revelación sobre Woody.

Como habíamos mantenido esa conversación muchas veces, salté directamente a la pregunta:

—¿Tú qué crees?

—Creo que, en realidad, es imaginario, y en la imaginación es real —declaró Rex.

Me quedé atónito. Era una reflexión muy profunda para un mocoso de cuatro años. Es profunda incluso para un señor de cuarenta. Le pedí que explicara a qué se refería.

—Dios no es real —dijo—, excepto cuando fingimos que lo es.

Los filósofos tienen un nombre para esta forma de pensar. La llaman «ficcionalismo». Si afirmo que «doy clases en la Universidad de Míchigan», estoy diciendo algo que es cierto aquí, ahora, en este mundo. Pero supongamos que digo «Dumbledore da clases en Hogwarts». Si se tratara de una afirmación sobre este mundo, sería falsa. Hogwarts no existe en este mundo, y tampoco Dumbledore, así que difícilmente podría dar clases ahí. Pero sí que existen en un mundo distinto, el mundo de ficción donde vive Harry Potter. La frase «Dumbledore da clases en Hogwarts» es cierta *en ese contexto*. Y cuando pronuncio esa frase, mi interlocutor entiende de inmediato que hablo de ese mundo de ficción, por lo que la interpreta como cierta, pese a que no lo es en nuestro mundo.

Una actitud ficcionalista hacia Dumbledore consiste simplemente en aceptar que existe en la ficción y no en nuestro mundo. Nadie lo negaría, claro. Resulta evidente que Dumbledore es un personaje ficticio. Pero algunos filósofos creen que deberíamos adoptar una actitud ficcionalista ante cosas que no son obviamente ficticias. Por ejemplo, hay quienes piensan que la moralidad es ficticia. Según ellos, los derechos son una fantasía, como Dumbledore.

Es una forma un poco triste de ver las cosas. A la gente le importan los derechos. Luchan por ellos. De verdad. Así que sería una mierda que los derechos no existieran de verdad.

«Pero ¡no desesperéis! —dicen los filósofos que creen que la moralidad es una fantasía—. Los cuentos que contamos sobre los derechos son relatos buenos, con consecuencias positivas, así que debemos seguir contándolos. ¡Hay que luchar por nuestros derechos ficticios!».

No me cuento entre esos filósofos. Creo que los derechos son igual de reales que el pollo visible y tangible de mi nevera, ni más ni menos. O que el número seis. Pero algunos filósofos considerarían que estoy equivocado en eso también. Creen que los números son fantasías. El seis o el setenta y dos no existen, salvo en los cuentos que contamos.

Esa también es una idea triste, ¡sobre todo si pensamos en todas las horas que perdimos con las divisiones!

«¡Pero no es tiempo perdido! —aducirán esos filósofos—. Los cuentos que contamos sobre los números son megachachis. No podríamos vivir sin ellos. ¡Así que, hagáis lo que hagáis, no dejéis de hablar de los números, aunque sean total y absolutamente inventados!».

Tampoco me cuento entre estos filósofos. Sin las matemáticas, no podríamos comprender el mundo. Las leyes de la física (como $E = mc^2$ o $F = ma$) se expresan en términos matemáticos. Por otro lado, ciertos números parecen estar grabados en el tejido del universo, como c, que simboliza la velocidad de la luz en el vacío (aproximadamente trescientos mil kilómetros por segundo). Es lo más rápido que puede viajar algo aquí... o en cualquier otra parte. Resultaría extraño que la física se basara en algo ficticio, si las matemáticas inventadas fueran la clave para explicar el mundo tal como lo conocemos. Así que soy tan poco ficcionalista respecto a las matemáticas como a la moralidad.

Pero debo confesar una cosa: creo que Rex tiene razón. En realidad, Dios es imaginario, y en la imaginación es real. Soy ficcionalista respecto a Dios.

Hemos cambiado de sinagoga hace poco. En la antigua, los servicios se celebraban casi por completo en hebreo, y no lo domino mucho. Sé pronunciar todas las oraciones, pero no sé qué significa la mayor parte de ellas. Así que, en la sinagoga, cantaba con los demás y me dejaba llevar por la sonoridad de las palabras. Eso me gustaba.

En la nueva sinagoga entonamos muchas de las mismas canciones y rezamos muchas de las mismas oraciones, pero muchas más son en inglés. Y eso me resulta casi intolerable. He descubierto que mi religión me gustaba más cuando era inescrutable.

Simplemente no me creo las historias que contamos. Y oírlas en inglés me obliga a afrontar esa realidad una y otra vez.

Hay un viejo chiste que circula entre los judíos.

Un chico llega a casa de la escuela dominical y su padre le pregunta qué ha aprendido.

—Hoy nos han enseñado que Moisés liberó a los judíos de la esclavitud en Egipto.

—¿Y cómo lo consiguió? —inquiere el padre.

—Se marcharon precipitadamente, tanto que no les dio tiempo a hornear pan. Y cuando llegaron al mar Rojo, los egipcios les pisaban los talones, así que tuvieron que espabilarse rápido. Construyeron un puente, lo cruzaron corriendo y, cuando llegaron al otro lado, lo volaron en pedazos.

—¿En serio? —pregunta el padre—. ¿Eso os han enseñado?

—No —responde el chaval—, pero si te contara lo que me han dicho, tampoco te lo creerías.

Yo soy el chaval de ese chiste.

No me creo esos relatos, y nunca me los he creído desde la primera vez que los escuché.

Pero he aquí la clave: finjo que me los creo. Y no pienso dejar de hacerlo. Porque fingir nos ayuda a hacer del mundo un lugar mejor.

En casa encendemos velas de Shabat los viernes por la noche, y le rezamos a Dios. Es un momento de tranquilidad después de una semana ajetreada, y nos sirve de pretexto para juntarnos y dar las gracias por lo que tenemos.

A lo largo del año celebramos las fiestas, tanto las alegres como las solemnes. En esas ocasiones nos reunimos con familiares y amigos. Entonamos canciones y rezamos oraciones que forman parte de la tradición de nuestro pueblo desde hace generaciones.

Ensalzamos los acontecimientos más importantes de nuestra vida con ritos religiosos: el Berit Milá o la elección de un nombre para un recién nacido; el Bat o Bar Mitzvá, que marca el final de la infancia; la boda, que señala la fundación de una nueva familia, y el funeral, al término de la vida.

Hay maneras de dotar a estos actos de significado sin implicar en ellos a Dios. Pero muchos no creyentes se lo pierden porque no consiguen forjar tradiciones alternativas.

La solución no es creer, sino fingir.

Por lo menos es mi solución. No le reprocho a nadie que tenga fe. Pero ¿en qué consiste la fe exactamente? ¿Y por qué no la tengo? Ludwig Wittgenstein fue uno de los filósofos más influyentes (y enigmáticos) del siglo xx. Narraba historias muy breves, como esta:

> Supongamos que un creyente declarara: «Creo que habrá un Juicio Final» y yo dijera «Bueno, no estoy seguro. Tal vez», te parecería que nos separa un enorme abismo. Si él dijera: «Nos está sobrevolando un aeroplano alemán» y yo contestara: «Tal vez. No estoy seguro», te parecería que nuestras posturas están bastante próximas.[4]

¿Por qué en un caso estamos muy cerca y en el otro muy lejos? Cuando hablamos de si nos sobrevuela un avión, compartimos una orientación hacia el mundo. Estamos intentando entender la realidad. Solo diferimos en la manera de evaluar los indicios. No es una discrepancia profunda. Pienso que podrías tener razón respecto al aeroplano; simplemente no estoy seguro.

En el primer diálogo —en el que se menciona el Juicio Final— ocurre algo de todo punto distinto. Aunque tú afirmas que «crees» que habrá un Juicio Final, en realidad no estás dando a entender que has estudiado los indicios y concluido que el Juicio Final tendrá lugar sin ninguna duda. Porque, para ser sinceros, los indicios no son muy concluyentes. En vez de ello, estás expresando tu fe. Y tal como señala Lara Buchak, filósofa de Berkeley, la fe está más relacionada con los actos que con las creencias.[5]

Para comprender a qué se refiere, analicemos otra historia. Supón que te preocupa que una amiga nuestra esté mintiendo sobre algo importante. Después de escuchar tus razones, digo: «Entiendo que estés preocupada, pero tengo fe en ella». Esta afirmación no significa que esté discutiendo contigo, sino que pienso actuar como si nuestra amiga estuviera diciendo la verdad —que pongo la mano en el fuego por ella—, a pesar de los indicios en contra. Y si mi fe es auténtica, significa que estoy dispuesto a conformarme con las pruebas con que contamos (si te pidiera que investigaras más sobre ella, sería una señal inequívoca de mi falta de fe).

De manera similar, una persona con fe en Dios está dispuesta a arriesgarse. Decide actuar como si Dios existiera sin esperar confirmación o buscar más pruebas. Quizá incluso admita que existen dudas razonables, o incluso que los indicios no son muy convincentes. Aun así, a pesar de la incertidumbre, está determinada a orientar su vida en torno a Dios.* Del mismo modo, cuando me dices que crees que habrá Juicio Final, das a entender que te has comprometido a ver el mundo de cierta manera y a obrar en consecuencia. Si yo respondo: «Bueno, no estoy seguro. Tal vez», doy a entender que no comparto tu compromiso. Nos separa un abismo, que, en efecto, es enorme. Tú has dado un salto de fe. Yo me he quedado al otro lado.

* Una observación interesante es que si estuviera segura de la existencia de Dios, entonces no tendría fe. La fe solo adquiere sentido cuando existe el riesgo de estar equivocados. Yo no diría, por ejemplo, que tengo fe en que Tiger Woods es un golfista. Estoy seguro de que lo es; la fe es innecesaria. Pero adviértase que puedo tener fe en que Woods ganará el Masters; de forma parecida, una persona que está convencido de que Dios existe puede tener fe en que Dios vela por ella, o algo por el estilo, siempre y cuando se trate de algo dudoso. Tal como explica el Nuevo Testamento, «Es, pues, la fe la sustancia de lo que se espera, la demostración de lo que no se ve» (Hebreos 11:1, RV-SBT).

¿Debería dar el salto también? Creo que no es la pregunta correcta, pues dudo que sea posible abrazar la fe en Dios por medio de la razón. Sin embargo, algunos filósofos no opinan lo mismo.

Blaise Pascal, el famoso matemático francés del siglo XVII, tuvo sus escarceos con la filosofía. Creía que era posible llegar a la fe razonando. Su argumento era el siguiente: supongamos que Dios existe. Si apostamos por Él —al creer en su existencia—, eso lo complacerá, y disfrutaremos de su gracia durante toda la eternidad. En cambio, si hacemos la apuesta contraria, se disgustará y, bueno, ya sabemos cómo acaba eso. Ahora imaginemos que Dios no existe. Creer en Él no nos perjudicará mucho. Sí, perderemos tiempo yendo a misa o, en fin, realizando buenas obras. Pero las buenas obras son valiosas incluso en ausencia de Dios. Y si no fuéramos a misa, seguramente perderíamos el tiempo jugando al *Candy Crush*. O, como decía Pascal antes de que el *Candy Crush* se pusiera de moda: «Si ganas, lo ganas todo; si pierdes, no pierdes nada. Apuesta, pues, sin dudarlo, a que Él existe».[6]

Este argumento se conoce como la Apuesta de Pascal. Pero también podríamos llamarlo la Apuesta de Hank. Cuando él tenía siete años, le pregunté si Dios existía. Después de conversar sobre ello unos minutos, se excusó.

—No me gusta hablar de esto —dijo.

—¿Por qué?

—Porque a Dios le parecería un insulto... si existe.

Me reí y le expliqué quién era Pascal.

—Piensas lo mismo que él: que hay que creer en Dios para no disgustarlo..., por si acaso existe.

—Siempre lo he pensado —aseguró Hank—. Por eso no quiero hablar de eso nunca.

Los filósofos discuten sobre si la Apuesta de Pascal tiene sentido.[7] No estamos obligados a dictar sentencia. Sin embargo, diré que, si nos comprometemos con Dios por motivos egoístas, dudo que obtengamos una gran recompensa por ello en la otra vida.[8] Así que sospecho que tanto Hank como Pascal se equivocan, tal vez de manera garrafal, respecto a los posibles beneficios de sus apuestas.

Aunque no creo que sea posible llegar a la fe a través de razonamientos, puedo explicar por qué no la tengo... ni estoy tentado de dar el salto. Como ya he señalado, una persona de fe orienta su vida en torno a Dios. En cierto modo, esa orientación es opuesta a la que he adoptado yo. Soy una persona que se cuestiona las cosas, que duda, que desea entender el mundo y el lugar que ocupamos en él. Prefiero adentrarme en un misterio que dar por buena una solución. Por tanto, la fe exige un compromiso que no puedo asumir, al menos no sin antes cambiar por completo de mentalidad.

A muchas personas les ocurre lo contrario y, como he dicho, no le reprocho a nadie su fe. De hecho, admiro a muchos creyentes por las buenas acciones que su fe los mueve a realizar. El arte y el activismo religiosos contribuyen a la riqueza del mundo. Y no es casualidad: mucha gente encuentra sus objetivos, aspiraciones y motivaciones más profundas en la religión. Para los judíos, la meta es *tikún olam*, es decir, reparar el mundo. Sin embargo, muchas religiones —y personas religiosas— albergan ambiciones similares. Y sin duda el mundo es un lugar mejor gracias a ellas.

Por otro lado, la fe también engendra odio. Y eso tampoco es casualidad. Nadie que se adhiera a la primera parte de la fórmula de Rex —en realidad, Dios es imaginario— es propenso a odiar en nombre de Dios.* Yo puedo contar mis relatos, y tú los tuyos. Solo se vuelven incompatibles cuando nos los creemos.

La fe sin odio es posible, por supuesto, y muchos así la profesan. Sin embargo, el odio religioso causa tantos conflictos en el mundo que desearía que la conclusión de Rex estuviera más generalizada. Si

* Una persona así podría odiar por otras razones, claro está. Mi afirmación no pretende ser comparativa. Simplemente considero que la religión es una de muchas fuentes de odio. Estamos familiarizados con otras, como el nacionalismo, el racismo, el machismo..., y la lista es muy, muy larga. Todos estos sistemas de creencias tienen algo en común con la religión: confieren una sensación de superioridad a quienes se consideran miembros del grupo que mola. Sospecho que de ahí deriva gran parte del odio que generan.

de mí dependiera, seríamos ficcionalistas respecto a Dios, pero no depositaríamos nuestra fe en él, sino en los demás y en nuestra capacidad colectiva para reparar el mundo.

Si optáramos por ese camino —el de colaborar en la reparación del mundo—, sospecho que Dios estaría complacido. Si existe. Podemos llamar a eso la Apuesta de Scott. Es mejor que la de Pascal.

Una noche, cuando Rex tenía nueve años, le confesé que estaba escribiendo acerca de nuestras conversaciones sobre Dios. Me miró inquieto. «Eso podría *ofrender* a algunas personas», dijo.

Le sonreí. Echo de menos sus fallos de pronunciación. Y no me atreví a corregirlo en esta ocasión. Quiero que siga siendo mi niño el máximo de tiempo posible.

Rex tiene razón. A mucha gente no le hará gracia la idea de que el Todopoderoso es una fantasía. Pero, como le expliqué a Rex, un filósofo debe decir lo que piensa, aunque crea que su reflexión no gustará a todos. Son gajes del oficio.

Pero al lector no solo le debo mis reflexiones, sino también mis dudas.

En el mundo hay muchas cosas que no comprendemos. No sabemos qué es la conciencia, por qué existe o hasta qué punto está extendida en el universo. Y, en un nivel más fundamental, no sabemos por qué existe el mundo, por qué las leyes de la física son las que son, o por qué existen leyes de la física, para empezar.

Dios es la respuesta para muchas personas. Casi todas las religiones empiezan con una historia de la creación. Ninguna de ellas es cierta, pero, aunque lo fueran, no resolverían el misterio; simplemente lo desplazarían. Si existe un Dios —que creó el mundo que conocemos—, aún tendríamos que preguntarnos por qué existe.

A lo mejor Dios tiene que existir. Es lo que han pensado algunos filósofos. En el siglo XI, san Anselmo aseguraba haber elaborado un argumento que demostraba la existencia de Dios.[9] Comenzaba con una reflexión extraña: según san Anselmo, es posible concebir un ser superior a cualquier otro ser concebible. No es más que una forma rebuscada de decir que somos capaces de imaginar algo más alucinante que cualquier otra cosa que podemos imaginar.

Es más, te propongo un experimento. Piensa en la cosa más alucinante que se te ocurra. Yo también lo haré.

Yo he pensado en tacos. ¿Y tú? ¿Tacos también? Ya lo suponía.

Pues bien, san Anselmo pensó en Dios (en su descargo hay que aclarar que nunca probó los tacos). Además sostenía que Dios debía existir, pues el hecho de existir hace que un tío genial sea aún más genial. Y Dios es simplemente el tío más genial posible en opinión de san Anselmo, así que tiene que ser real. ¡Toma ya! (O, como les gusta decir a los lógicos: QED).*

Si te da la impresión de que san Anselmo intenta colártela, no estás solo. Un monje llamado Gaunilo se burló del argumento casi antes de que la tinta se secara.[10] Gaunilo dijo que podía concebir una isla más guay que cualquier otra isla concebible. El hecho de existir hace que una isla guay sea aún más guay. Así que, según la lógica de san Anselmo ¡el escenario perfecto para una luna de miel tiene que existir!

Los filósofos le pusieron un nombre pomposo al razonamiento de san Anselmo: lo llaman «argumento ontológico». Por cierto, a Rex le parece un argumento ridículo: «Que yo pueda imaginarme algo no basta para que sea real». Vendría a ser más o menos el mismo diagnóstico que emitirían la mayoría de los filósofos. Ha habido intentos de mejorar el planteamiento a lo largo de los años,[11] pero no conozco a nadie que crea en Dios solo porque lo haya convencido el argumento de san Anselmo.

(Si al lector lo ha convencido, hay una isla que me gustaría venderle. Gaunilo dice que es superguay).

* QED es la abreviatura de *quod erat demonstrandum*, frase que quiere decir, más o menos, «lo que se quería demostrar». Se utiliza para subrayar el éxito de la conclusión de una demostración.

En última instancia, no creo que Dios nos ayude a explicar la existencia del mundo. Como he dicho más arriba, su existencia solo desplaza el misterio.

Entonces ¿cómo podemos explicar el mundo, si no es a través de Dios? Tal vez tenga que existir otra cosa que nos aclare por qué hay un universo. Albert Einstein dijo que le gustaría averiguar «si Dios tuvo elección en la creación del mundo».[12] Sin embargo, se refería a Dios en sentido metafórico. No estaba planteando una duda teológica, sino preguntándose si las leyes de la física habrían podido ser distintas.[13] Intuyo que descubrir que las leyes de la física solo pueden ser de una manera supondría nuestra única esperanza de encontrar una explicación satisfactoria para la existencia del universo. Pero tal vez ni siquiera esto nos ayudaría a esclarecer por qué el universo existe.

¿Por qué hay leyes de la física, a todo esto? ¿Por qué no impera la nada? Tal vez esta sea la pregunta más trascendental de todas.[14]

Quizá no haya una explicación para la existencia del mundo. Quizá simplemente exista. Quizá sea imposible saberlo. O quizá yo esté equivocado y Dios sea la clave del misterio.

No intento convencer a nadie de la inexistencia de Dios, porque eso implica un compromiso que no estoy preparado para asumir.

Dudo. Y dudo de mis dudas. Esa es la actitud más adecuada por parte de un filósofo. Y la que intento inculcar a mis hijos.

—¿Crees que Dios existe? —le pregunté a Rex cuando estaba terminando de escribir este libro. Él tenía once años.

—No —respondió sin vacilar.

—¿Por qué no?

—Si existiera, no dejaría morir a tanta gente. —Se había declarado la pandemia. En aquel momento habían fallecido más de 2,5 millones de personas a causa de la COVID-19.

—¿Por qué lo dices?

—Se supone que Dios se preocupa por nosotros —explicó—. Yo creo que no permitiría que pasaran esas cosas si de verdad le importáramos... y él pudiera evitarlo.

En esto consiste el problema del mal, que sin duda conocen bien todos los que meditan sobre Dios, aunque no necesariamente por ese nombre. Quien mejor lo ha explicado es J. L. Mackie, escéptico empedernido, al abordar el tema de Dios y la moralidad. «En su forma más simple —dijo—, el problema se reduce a esto: Dios es omnipotente; Dios es infinitamente bueno; y, sin embargo, el mal existe».[15] Mackie opinaba que, considerando la presencia del mal en el mundo, era irracional creer en un Dios omnipotente e infinitamente bueno.*

Una posible solución sería descartar la idea de que Dios es omnipotente e infinitamente bueno a la vez.[16] Si se elimina cualquiera de estos dos atributos, la existencia del mal resulta fácil de explicar. O Dios no puede evitarlo o bien le da igual. Pero la cosa se pone un poco más complicada si insistimos —como muchos creyentes— en que Dios es tanto omnipotente como infinitamente bueno. En ese caso, la presencia del mal constituye un acertijo..., que vendría a ser el que plantea Rex. ¿Por qué habría de permitir un Dios infinitamente bueno que la gente sufra, si está en su mano evitarlo?

Se han propuesto muchas respuestas a esta pregunta, en su mayor parte mal argumentadas. Por ejemplo, algunos afirman que el bien necesita del mal, que no podría existir sin él. No está claro por qué esto tendría que ser así. Pero tanto da, pues si tomamos esta perspectiva, ponemos en duda la omnipotencia de Dios.[17] Resulta que hay algo que Él no puede hacer: crear el bien sin el mal. Además, si el bien necesita del mal, a lo mejor bastaría con un poco.

* Mackie señaló que, para demostrar que era irracional, había que añadir algunas proposiciones a su enunciado del problema: «Los principios adicionales son que el bien es contrario al mal, de manera que una cosa buena siempre elimina el mal en la medida de lo posible, y que no hay límites a lo que un ser omnipotente puede hacer».[18]

¿Son imprescindibles todos los males del mundo? ¿Por qué no puede haber un mundo igual que el nuestro, pero sin esas punzadas que sentí el martes pasado? ¿Qué clase de Dios es ese que no puede quitarme un poco el dolor de ciática? Tony, mi fisioterapeuta, me lo alivia y ni siquiera presume de ser una deidad.

Pero es un héroe. Y, según algunos, esa es la razón por la que Dios permite que exista el mal en el mundo. El placer y el dolor no le importan. Le importan las cosas que hacen posibles: la compasión, la caridad y los actos heroicos, como los pellizcos que me propina Tony en la espalda.[19] Por supuesto, el dolor y el placer también hacen posibles el rencor, la maldad y la crueldad.[20] Y no está claro qué lado va ganando. Hay días en que parece que los malos nos están derrotando.

«¡Pero eso no es culpa de Dios!», alegan sus partidarios. Dios quiere que tengamos libre albedrío. Ese es el bien que busca. Y para alcanzarlo, tiene que renunciar en cierta medida al control. Si tomamos malas decisiones, la culpa es nuestra, no suya. Esta es, desde el punto de vista histórico, la respuesta a la pregunta de Rex que más repercusión ha tenido. Pero no me convence, por razones que Mackie expone muy bien: «Si Dios creó al hombre de manera que, al elegir libremente, a veces opta por lo bueno y a veces por lo malo, ¿por qué no lo creó de manera que siempre eligiera libremente el bien?».[21] Aducir que si Dios se asegurara de que siempre eligiéramos el bien, no seríamos libres, no es una respuesta válida. Mackie no se imagina que Dios controla nuestras decisiones. Solo señala que Él puede prever lo que decidiremos. De modo que, si quisiera, podría crear solo a personas capaces de elegir bien en todas y cada una de las ocasiones.

Algunos dicen que eso no es posible, ni siquiera para Dios. ¿Recuerda el lector que, en la introducción, Hank se quejaba de que Julie había predicho su elección y le había preparado una hamburguesa antes de que él decidiera lo que quería almorzar? Hay quien duda que saber de antemano lo que va a hacer alguien sea compatible con el libre albedrío. Yo no. Hank eligió libremente, aunque supiéramos lo que iba a elegir. Y seguramente a Dios se le daría aún mejor ese juego. Sin duda podría prever lo que Hank haría en cualquier circunstancia. Y no solo Hank. Adivinaría la decisión de cualquiera de nosotros en una situación determinada, pues la omnipotencia conlleva la omnisciencia. O eso cabría suponer. Si, a pesar de todo, tu respuesta sigue siendo que Tu Santísimo Colega no puede hacer eso, date cuenta de que cada vez parece más impotente que omnipotente.

Creo que el problema del mal constituye un obstáculo para la fe, y no me valen los argumentos manidos. Leibniz sostenía que vivíamos en el mejor de los mundos posibles.[22] Si hubiera sido posible un mundo mejor, Dios lo habría creado en vez del nuestro. Así que podemos tener la seguridad de que esto es el no va más, dejando a un lado la ciática (y, bueno, la esclavitud). Esto me parece una bobada (y a Voltaire también).[23] Es una forma de exculpar a Dios de todo el sufrimiento que hay en el mundo, partiendo de la suposición de que, si hubiera podido, lo habría hecho mejor. Creo que el problema del mal requiere una solución más convincente... y perspicua.

Lo mismo opinaba Marilyn McCord Adams, filósofa y sacerdotisa de la Iglesia episcopal. Fue la primera mujer en ocupar la cátedra Regius de Divinidad en Oxford. En 1978 ayudó a fundar la Sociedad de Filósofos Cristianos, que más tarde dirigió. (Si había dejado al lector con la impresión de que existe un conflicto entre la filosofía y la fe, Adams es un claro ejemplo de lo contrario. A lo largo de la historia, muchos filósofos han sido muy religiosos, y así sigue siendo en la actualidad).

Adams no creía que se pudiera resolver el problema del mal si considerábamos el mundo como un todo. En su opinión, Dios debía responder de la presencia de padecimientos terribles en la vida de personas individuales, no de todas a la vez, sino de una en una.[24] Elaboró una lista de los males que más le preocupaban: la tortura, la violación, el hambre, el maltrato infantil, el genocidio y otros horrores tan espantosos que no los mencionaré aquí.[25] Tal vez, decía, dichos males podían existir en el mejor de los mundos posibles, por razones que nos costaría mucho entender. Pero no le gustaba imaginar a un Dios que permitía que las personas soportaran sufrimientos atroces como «medio para alcanzar su objetivo de la perfección global».[26] Se preguntaba: «¿Puede el camionero que atropella sin querer a su querido hijo hallar consuelo en la idea de que esto... formaba parte del precio que Dios accedió a pagar por un mundo con el mejor equilibrio entre el bien moral y el mal moral que fue capaz de conseguir?».[27] Adams creía que no. A su juicio, no cabía considerar a Dios «bueno o afectuoso» si dejaba que el mal arruinara la vida de alguien.[28]

Y, no obstante, es lo que ocurre con muchas vidas. Entonces, ¿cómo resolvemos este problema? Adams no creía que existiera una solución secular. Desde su punto de vista, cualquier respuesta adecuada debía basarse en ideas teológicas, las que solo se abrazan mediante un salto de fe.[29] Argüía que la intimidad con Dios podía *envolver* la vida de una persona y hacer que valiera la pena, por muchas penalidades que pasara.[30] Todo carecería de importancia en comparación con el amor divino. Pero, además, sostenía ella, Dios podía *vencer* los males de nuestra vida al incorporarlos a un todo orgánico que resultaba valioso en sí mismo, en virtud del sufrimiento.[31] (Para ilustrar esta idea, Adams señalaba que un pequeño detalle de un cuadro podía parecer feo por sí solo, y sin embargo contribuir al valor estético de la obra).[32] ¿Cómo podían los padecimientos espantosos contribuir a algo de valor? Adams conjeturaba que la «experiencia humana de los horrores» podía constituir «una manera de *identificarnos* con Jesucristo», pues él «participó en un mal horrendo a través de la pasión y la muerte».[33] Como alternativa, sugería que Dios tal vez expresaba gratitud por el sufrimiento y, de ese modo, influía en su trascendencia.[34]

Adams no estaba segura de la respuesta, pero eso tampoco le preocupaba. Según ella, debemos aceptar que «existen razones que no alcanzamos a comprender debido a nuestra inmadurez cognitiva, emocional y/o espiritual».[35] Explicaba que un niño de dos años quizá no entendería por qué su madre permite que lo sometan a una operación dolorosa. Aun así podría estar convencido del «amor de su madre, no solo por las razones cognitivamente inaccesibles de ella, sino por la intimidad de sus cuidados y su presencia» a lo largo del mal trago.[36]

Creo que, para quienes sienten la presencia de Dios o tienen fe en que la sentirán más tarde, la respuesta de Adams puede ser válida. Y creo que es justo recurrir a ideas teológicas para defender la doctrina religiosa. Pero, para ser sincero, me parece demasiado optimista, un relato *ad hoc* que pretende justificar lo injustificable. Tal vez esto se deba a que me crie en una tradición que no da por sentada la bondad de Dios. De hecho, Abraham, el primer judío, discutió con él sobre su plan de destruir Sodoma y Gomorra.[37]

—¿Vas a destruir a los justos junto a los pecadores? —pregunta Abraham—. ¿Y qué pasa si encuentras a cincuenta personas justas?

Dios responde que, si encuentra a cincuenta personas justas, perdonará las ciudades.

—¿Y qué me dices de cuarenta y cinco? —regateó Abraham—. ¿Los destruirás a todos solo porque falten cinco?

—No —contesta Dios—. Con cuarenta y cinco me vale.

—¿Cuarenta?

—Está bien.

—¿Treinta?

—Venga.

Abraham convence a Dios de que se conforme con diez. Pero a lo mejor Dios solo le está siguiendo la corriente. Al final, al no encontrar ni siquiera a diez almas justas, destruye las ciudades... y a todos sus habitantes.* Si de verdad es omnisciente, tenía que saber desde antes que la cosa acabaría así.

* Me pregunto qué opinaría Adams de esas víctimas de la ira divina. ¿Estaban demasiado envueltas en la bondad de Dios? Cierto tipo de cristianos alegaría que se lo merecían y se quedarían tan anchos. Pero Adams creía que, si algunos pudiéramos ser condenados, la vida humana sería una mala apuesta, incompatible con la idea de un Dios benévolo. Los malvados le importaban tanto como quienes sufrían a sus manos.

Pero adviértase que Abraham no consideraba que el plan de Dios fuera bueno. Pugnó por uno mejor, y Dios cedió.

No cuento con conocer a Dios cuando muera. Pero si llego a hacerlo, tengo el propósito de seguir los pasos de Abraham y ponerme a discutir con él. Hay demasiado sufrimiento en el mundo. De hecho, hay demasiado sufrimiento en toda vida humana.

Si Dios existe, quiero respuestas. Creo que las merecemos.

Después de que Rex insistiera en que Dios no existe, le pregunté si recordaba qué pensaba cuando era pequeño.

No lo recordaba, así que le repetí lo que había dicho:

—En realidad, Dios es imaginario, y en la imaginación es real.

—Parece una respuesta inteligente —comentó.

—Sí, a mí también me dio esa impresión. ¿Crees que es cierto?

—A lo mejor —dijo.

Conversamos sobre ello durante un rato. Le hablé del ficcionalismo y de que, con cuatro años, había formulado una idea filosófica compleja.

—¿Qué opinas? —le pregunté de nuevo—. ¿Tenías razón?

—No estoy seguro —respondió—. Es complicado. No sé qué pensar.

—Eso también parece una respuesta inteligente —dije.

La infancia es efímera. También lo son algunas de las reflexiones que trae consigo. Creo que Rex estaba en lo cierto cuando era pequeño. Pero también me gusta la prudencia que muestra ahora.

Está pensando a fondo. Espero que nunca deje de hacerlo.

CONCLUSIÓN

CÓMO CRIAR A UN FILÓSOFO

Rex y su amigo James estaban recogiendo sus cosas para regresar a casa del colegio.

—¿Qué hace que esa taquilla sea esa taquilla? —preguntó Rex.

—¿Qué quieres decir? —inquirió James.

—Quiero decir que si le quitaras la puerta y le pusieras otra distinta, ¿seguiría siendo la misma taquilla?

—Claro —contestó James—. Simplemente tendría una puerta nueva.

—Entonces ¿qué pasaría si cambiáramos la caja a la que está sujeta la puerta? ¿Seguiría siendo la misma taquilla?

—No lo sé —dijo James—. Es una pregunta extraña.

—Seguiría estando en el mismo sitio —explicó Rex—, pero no estaría hecha del mismo metal.

—Creo que sería una taquilla distinta —aventuró James.

—No estoy seguro —repuso Rex—. Seguiría siendo mi taquilla.

Rex me habló de la conversación cuando llegó a casa.

—¡Le he preguntado a James lo del barco de Teseo! —dijo—. Bueno, no directamente. Le he preguntado sobre mi taquilla, si seguiría siendo la misma si le cambiáramos la puerta.

El barco de Teseo es un antiguo experimento mental sobre la identidad. Rex leyó algo al respecto en la serie de Percy Jackson. Me lo comentó, entusiasmado, y le sorprendió que yo ya hubiera oído hablar de él. Pero se trata de uno de los problemas filosóficos más conocidos.

La versión clásica dice así: el barco en el que Teseo había navegado desde Creta se conservaba en el puerto de Atenas. Sin embargo, con el tiempo, las tablas habían empezado a pudrirse. A medida que se estropeaban, las reemplazaban por otras, hasta que al final no quedaba una sola de las planchas originales. Según Plutarco, la opinión de los filósofos estaba dividida respecto a si la nave amarrada en el muelle era la de Teseo o una totalmente nueva.[1]

Si el lector se siente inclinado a creer que era un barco distinto, lo invito a hacerse la siguiente pregunta: ¿en qué momento deja de ser el barco de Teseo? ¿En el momento en que se cambia la primera tabla? Esto no parece muy razonable. No basta con cambiar un panel del coche viejo para tener un coche nuevo, o con cambiar el tejado para tener una casa nueva. Al parecer, los objetos sobreviven a cierta cantidad de cambio.

Pero ¿qué cantidad exactamente? ¿Seguía siendo el barco de Teseo hasta el día en que cambiaron la última tabla, o el punto de inflexión se dio en un momento intermedio, cuando habían sustituido la mitad de las tablas? Eso también suena raro, pues parece dar a entender que una sola tabla —aquella con la que se llega al cincuenta por ciento— marca la diferencia. Pero ¿cómo puede depender la identidad de un barco de una sola tabla entre cientos o miles?

Si una sola tabla no puede marcar la diferencia, tal vez un número mayor de ellas tampoco. Quizá lo importante sea la disposición de las planchas en el barco, no si eran las que llevaba originalmente. En ese caso, la nave amarrada en el muelle sigue siendo la de Teseo.

Pero tampoco deberíamos sentirnos demasiado cómodos con esta explicación. Nuestro viejo amigo Thomas Hobbes dio una vuelta de tuerca al antiguo problema.[2] Se imaginó que, conforme arrancaban cada tabla del barco de Teseo, se las llevaban a hurtadillas y las guardaban (a lo mejor no estaban podridas, solo mugrosas).

Una vez cambiadas todas las tablas, un constructor naval emprendedor volvió a ensamblar las originales.

¡Sin duda *ese* es el barco de Teseo! Consta de las mismas partes, dispuestas de la misma manera (si desmontas tu coche y vuelves a armarlo en la otra punta del garaje, sigue siendo el mismo coche, ¿no?). Pero si la embarcación reensamblada es la de Teseo, ¿qué pasa con el barco del muelle? No es posible que los dos sean el barco de Teseo. No son la misma nave.

¿Hay una solución a este problema? En realidad, creo que hay muchas. Tiendo a pensar que las respuestas a las preguntas sobre la identidad dependen de las razones por las que estamos interesados en ellas. Si lo que quieres es tocar algo que tocó Teseo, entonces no, el barco del muelle no es su barco en el sentido que nos ocupa. Si lo que quieres es contemplar boquiabierto un objeto venerado durante generaciones, entonces sí, es ese. (Supón que cuando regresas a casa de tu viaje a Atenas, un amigo te pregunta: «¿Viste el barco de Teseo?». «Sí, pero me di cuenta de que en realidad no era el barco de Teseo» es una respuesta coherente que refleja perspectivas diferentes sobre la identidad). Creo que el problema original resulta desconcertante porque no deja claro por qué nos importa si el barco es el de Teseo o no. Sin saber cuál es la razón, no tenemos manera de determinar si es el suyo o no.

Al igual que ocurre con muchos de los experimentos mentales que hemos visto, la paradoja del barco de Teseo puede parecernos absurda. Pero muchas cosas acaban derivando hacia cuestiones de identidad. Por ejemplo, un cuadro de Leonardo da Vinci es un objeto muy valioso. Pero supongamos que los restauradores han quitado o tapado un poco de la pintura original de Leonardo. ¿Seguiría siendo un cuadro suyo? Si la respuesta es que no, ni siquiera la Mona Lisa figuraría entre sus obras, pues le han dado varios repasos. Por lo visto, un Leonardo no es necesariamente algo pintado solo por su mano. Pero ¿cuántos repasos podemos darle a un cuadro antes de que deje de ser suyo? De la respuesta dependen millones de dólares.[3]

Podemos llevar estas preguntas a un terreno más personal. ¿Qué hace que seas la misma persona que eras la semana pasada? ¿O hace un año? ¿O la persona que aparece en la orla? Tus tablas han sido sustituidas por otras poco a poco. ¿Te convierte eso en otra persona? ¿O eres la misma persona en un cuerpo distinto? ¿O la misma persona en el mismo cuerpo, a pesar de que no consta de los mismos componentes ni está constituido de la misma manera? Una vez más, creo que la respuesta depende de por qué lo preguntemos. En algunos sentidos, soy la misma persona que el chico del que hablaba en la introducción, el que estaba preocupado por saber cómo veía su madre el color rojo. Y en otros, ni siquiera soy la misma persona que escribió la introducción. Han pasado tantas cosas desde entonces... (¡Hola, COVID-19!).

No incidiré más en estos problemas filosóficos. Dejaré que el lector trabaje en ellos por su cuenta. O con la ayuda de su James particular. Todo filósofo necesita un interlocutor o, mejor aún, más de uno.

Hacía tiempo que los chicos eran los míos, pero me pareció genial que a Rex le diera por hablar de filosofía con sus amigos. El niño pequeño al que le encantaban los tiempos muertos se había convertido en el Sócrates de segundo curso. Solo espero que no acabe como él (lo ejecutaron por corromper a los jóvenes de Atenas... planteándoles preguntas irritantes).

Tenemos claro desde hace años que estamos criando a un filósofo... o, mejor dicho, a dos. ¿Deberías intentarlo tú también? Creo que no es la pregunta correcta. Si tienes un hijo pequeño, ya estás criando a un filósofo, tanto si eres consciente de ello como si no. La cuestión es si apoyarás sus inquietudes filosóficas, las ignorarás o intentarás ahogarlas. Supongo que no te sorprenderá saber que creo que deberías apoyarlas.

¿Por qué? Recordemos lo que Rex nos enseñó sobre filosofía al principio del libro: «Es el arte de pensar». Y queremos que nuestros hijos dominen ese arte. El objetivo no es criar a un filósofo profesional, sino a una persona que piense de manera clara y minuciosa; que piense por sí misma, que se interese por lo que piensan los demás y piense con ellos. En resumen, el objetivo es criar a una persona que piense.

¿Cómo se cría a un filósofo? La manera más simple consiste en hablar con los hijos. Hacerles preguntas y cuestionar sus respuestas. No es necesario que las preguntas sean complicadas, ni hace falta saber de filosofía para formularlas. En realidad, las siguientes preguntas estándar ayudan a salir bien parado de buena parte de las situaciones.

- ¿Qué piensas?
- ¿Por qué crees eso?
- ¿Se te ocurren razones por las que podrías estar equivocado?
- ¿A qué te refieres con eso de...?
- ¿Qué es...?

El objetivo es animar al chaval a elaborar un argumento... y conseguir que vea la otra cara de la moneda. Así que conviene dejarlo hablar, pero también echarle una mano cuando se quede atascado. Y, por encima de todo, hay que enfocar el diálogo como una conversación entre iguales. Tómate en serio lo que diga tu hijo, aunque no estés de acuerdo..., incluso si te parece absurdo. Razona con él... y resiste la tentación de decirle lo que debe pensar.[4]

¿Cómo se inicia una conversación filosófica? Se puede preparar el terreno, y en el apéndice encontrarás varios recursos para empezar: libros, pódcast y sitios web. Casi todos los libros ilustrados suscitan alguna pregunta filosófica; simplemente lo habrás pasado por alto. Y es normal. A mí me ocurre a menudo. Hay noches en que solo te apetece disfrutar con la historia. O llegar al final del libro. Pero es divertido entablar una conversación, cuando es posible.

Dicho esto, no hacen falta libros ni ninguna otra cosa para iniciar un diálogo. Basta con escuchar a los críos, sus quejas y dudas, para que surjan preguntas de índole filosófica con frecuencia. Cuando un chiquillo dice que algo no es justo, pregúntale qué es la justicia. O si te corresponde a ti hacer que las cosas sean justas. O si a veces él se beneficia de la injusticia. Para hacer preguntas, no es necesario que tengas las respuestas claras. Basta con que estés atento al rumbo que toma la conversación.

Cuesta mantener una conversación profunda con un niño angustiado, pero la experiencia me ha enseñado que la filosofía puede ayudar a sosegarlo. ¿Recuerdas que Hank se puso a llorar ante la idea de que no tenía derechos sobre Rex? Cuando le hablé con voz suave y de igual a igual, él logró controlarse lo suficiente para que pudiéramos entablar una charla seria. No siempre funciona. A veces lo único que necesitan es un abrazo, o que los dejen un rato a solas. Pero tomarlos en serio puede resultar tranquilizador para ellos.

Las dudas dan resultados tan buenos como las quejas. No desaproveches la curiosidad. Y no te preocupes si ignoras la respuesta. Habla con el niño durante un rato. Y luego buscad la información juntos. Y hazlo no solo cuando se trate de temas relacionados con la ciencia, sino con *todo tipo de preguntas*. Cuando yo era pequeño, mostraba curiosidad a todas horas por saber qué era lo mejor de cada cosa. Mi padre siempre contestaba algo.

—¿Cuál es la mejor música?

—*Rhapsody in Blue* —decía.

—¿Cuál es el mejor programa de televisión?

—*El llanero solitario*.

Sus respuestas eran muy reveladoras de su idiosincrasia, pero también una oportunidad desperdiciada.

—¿Cuál es la mejor música?

—Buena pregunta —diría yo—. ¿Qué crees tú que hace que una música sea buena?

Y con esto daría pie a un diálogo sobre la estética. Y no, no hace falta saber de estética para hablar de eso. Yo al menos no sé nada del tema. Lo importante es escuchar al crío y compartir con él tus reflexiones sobre ello.

Y, sobre todo, saca partido de las preguntas extrañas que plantee. Si se pregunta si su vida entera es un sueño, no lo tomes a broma. Si quiere saber por qué después de un día siempre viene otro, averigua cuál cree que es la respuesta. Y si un niño te pregunta algo que te deja sin palabras, haz una pausa y únete a su asombro ante el mundo.

¿Te acuerdas de la noche en que intenté convencer a Hank de que abandonara el relativismo? Mantuvimos nuestra charla hombre a hombre a la hora de dormir, y vencí su resistencia al insistir en que tenía seis años cuando en realidad contaba ocho.

No te he dicho lo que sucedió justo antes de eso.

Cuando discutíamos sobre la verdad, Hank me preguntó por qué me importaba tanto.

—Soy filósofo —dije—. Queremos comprenderlo todo, pero, más que nada, la verdad.

—No eres un filósofo muy bueno —señaló Hank.

—¿Por qué no?

—Tus argumentos no son convincentes.

Me reí... y supe que su relativismo no duraría hasta el día siguiente. Me recordó aquella ocasión en que Rex me dio consejos sobre el *air hockey*... cuando solo llevaba unos minutos jugando su primera partida en la vida.

«¿Crees que no sé lo que hago, chaval? Espera y verás».

Así que doblegué su resistencia. Pero me arrepiento un poco, porque en realidad la meta de la filosofía no es convencer a la gente. Por lo menos no es mi meta como filósofo.

Robert Nozick —uno de los mejores expertos en filosofía política del siglo xx— describió un estilo que calificó de «filosofía coercitiva». Según él, sus practicantes buscan «argumentos tan contundentes que provoquen resonancias en el cerebro: si una persona se niega a aceptar la conclusión, *muere*».[5] Nadie ha conseguido algo así, por supuesto. Sin embargo, el deseo de dominar a otros mediante el poder del intelecto es demasiado habitual en nuestro campo. Muchos consideran que la medida del éxito es justo la que insinuaba Hank: ¿cuán convincente has sido? ¿A cuántas personas has conseguido ganarte?

Mi deseo es adquirir un conocimiento más profundo de las cosas. Si encuentro respuestas, genial. Y si a otras personas les resultan prometedoras, mejor que mejor. Pero mi concepto de la filosofía es el que tenía Bertrand Russell: «La filosofía, si bien no nos proporciona todas las respuestas que quisiéramos, por lo menos posee la cualidad de dar pie a preguntas que hacen que el mundo sea más interesante y de poner al descubierto las rarezas y las maravillas que subyacen incluso en las cosas más prosaicas de la vida cotidiana».[6]

Los niños son muy sensibles a esas rarezas y maravillas, al menos hasta que les enseñamos a dejar de serlo. Te animo a que ayudes a los niños que forman parte de tu vida a atesorar esa sensibilidad. Y, de igual manera, te animo a que la encuentres en tu interior.

AGRADECIMIENTOS

—¿Y ahora qué vas a hacer? —preguntó Rex cuando entregué el manuscrito final de este libro.

—Tengo que escribir los agradecimientos —dije.

—Ya que has contado historias sobre Hank y sobre mí, ¿recibiremos una cosa de esas?

Ya lo creo que sí, chaval.

Para empezar, quiero expresar mi enorme agradecimiento a Rex y Hank por dejarme contar historias sobre ellos… y por dejarme contar historias que son ciertas, aunque no les gusten mucho todos los detalles. También agradezco su buena disposición para compartir sus ideas conmigo… y dejar que yo las comparta con el lector. En un sentido importante, los chicos son autores de este libro.

Pero les estoy agradecido por mucho más que eso. Rex y Hank me hacen sonreír. Me hacen reír. Me hacen pensar. Me inspiran, tanto en mi labor filosófica como fuera de ella. Y no les he hecho justicia, ni de lejos; mis chicos tienen muchas más virtudes de las que se reflejan en estas páginas.

Rex es la persona más tierna y buena que conozco. No solo es inteligente; es sabio. Y también gracioso. Cuando yo sea mayor, quiero parecerme un poco más a él.

Hank es de risa fácil y tiene la mejor sonrisa que he visto. Posee una mente aguda y un buen corazón. Siempre se trae algo entre manos y (casi) siempre es algo bueno. Espero que nunca se haga mayor… del todo. Todos deberíamos llevar un pequeño Hank dentro.

A Julie la conocí en el autobús que nos llevaba al campamento de verano. Ella tenía dieciséis años, yo diecisiete. Era bonita y amable, así que la busqué a la hora de la cena. Sigue siendo la mejor decisión que he tomado en la vida.

Julie es mi mejor amiga... y mejor compañera de lo que merezco. La quiero más de lo que puedo expresar con palabras. Aunque aparece como personaje secundario en este libro, es una auténtica estrella para todos los que la conocen, especialmente para quienes tenemos la fortuna de convivir con ella. No me habría embarcado en este proyecto sin sus ánimos, ni lo habría concluido sin su apoyo. Y lo mismo ocurre con prácticamente todo lo que hago.

Cuando los chicos eran pequeños, Julie y yo nos turnábamos para realizar las tareas vespertinas. Una noche ella se encargaba de bañar a los niños y yo de acostarlos; a la noche siguiente intercambiábamos los papeles. Esta rutina se vino abajo cuando me llegó la oportunidad de aspirar al puesto de profesor titular. Julie se ocupaba de ambas tareas mientras yo trabajaba a destajo para preparar mi solicitud. Cuando me reincorporé a mi turno, Rex no estaba muy contento.

«¡Vete arriba a escribir, papá!», me exigió la primera noche en que volví a bañarlo. Prefería a su madre. Y lo entiendo. A mí también me cae mejor que yo.

Años después su deseo se cumplió. He dedicado mucho tiempo a escribir, a veces hasta altas horas de la noche. Como consecuencia, he estado cansado y malhumorado tantas veces que he perdido la cuenta. Julie y los chicos no solo me han soportado; cuando he vuelto a la vida familiar me han dado una bienvenida más calurosa que Rex cuando era pequeño. Formar parte de esta manada es una bendición.

Aaron James fue la primera persona que sugirió que escribiera sobre mis hijos y la filosofía. Este libro no existiría si él no hubiera plantado la semilla.

Años más tarde le conté la idea a Scott Shapiro, y le gustó. Mejor aún, le habló de ella a Alison MacKeen, a quien también le gustó.

Por otro lado, sabía cómo sacar un libro a la luz. No habría podido pedir una agente mejor. Alison —y el resto del equipo de Park & Fine— han sido unos magníficos defensores tanto del libro como de mí. Alison ha sido, además, una gran amiga (y también Scott, desde hace décadas).

Conocí a Ginny Smith Younce por Skype. Fue un flechazo a primera videoconferencia. Captó de inmediato lo que quería transmitir con el libro, y ayudó a mejorarlo en muchos aspectos. También Caroline Sydney. Juntas me hicieron todas las preguntas pertinentes... y me salvaron de mis errores. Todo el equipo de Penguin Press ha sido estupendo.

A menudo, cuando no estaba arriba, escribiendo, me encontraba escribiendo a la orilla del lago Míchigan, en una casa que pertenece a David Uhlmann y Virginia Murphy. Rex, de pequeño, la llamaba la «casa playa», y se le quedó el nombre. Dudo que hubiera podido terminar el libro sin la soledad de la que gozaba en la casa playa... y sin el apoyo de David y Virginia, los mejores amigos imaginables.

Angela Sun me brindó una ayuda de primera con la documentación, así como consejos sensatos sobre muchas cuestiones. Sin ella habría tardado el doble de tiempo en completar este libro, y habría quedado bastante peor.

Escribir un libro que tocaba tantos temas de la filosofía supuso un desafío enorme. No habría podido superarlo sin la ayuda de muchos amigos y filósofos.

Don Herzog mantuvo su costumbre de leer hasta la última palabra que escribo. Ejerce una influencia profunda sobre mí, a pesar de nuestras discrepancias. Es un colega magnífico y un amigo aún mejor.

Chris Essert también leyó todo el manuscrito. Me animó cuando lo necesitaba, y me frenó cuando no. Siempre le agradezco su buen criterio.

También le estoy agradecido a la larga lista de personas que me hicieron comentarios sobre grandes fragmentos del manuscrito o repasaron conmigo partes importantes de él: Kate Andrias, Nick

Bagley, Dave Baker, Gordon Belot, Sarah Buss, Murrey Cohen, Nico Cornell, Robin Dembroff, Daniel Fryer, Megan Furman, Fiona Furnari, Daniel Halberstam, Jerry Hershovitz, Julie Kaplan, Ellen Katz, Kyle Logue, Alison MacKeen, Gabe Mendlow, William Ian Miller, Sarah Moss, Virginia Murphy, Kristina Olson, Aaron Olver, Steve Schaus, Scott Shapiro, Nicos Stavropoulos, Eric Swanson, Laura Tavares, Will Thomas, Scott Weiner y Ekow Yankah. El libro es mejor gracias a sus contribuciones... y las de otros nombres que seguramente me he dejado.

Les estoy especialmente agradecido a Aaron Olver y Scott Weiner por aplacar mis preocupaciones y ofrecerme buenos consejos, además de su valiosa amistad.

Aunque no nací en el seno de una familia de filósofos, sí tuve la suerte de que mi familia me tomara en serio. No me crie en una de aquellas casas donde se exige a los niños que estén calladitos. Manteníamos conversaciones de verdad. Mis padres me dejaban discutir mucho. Y mi hermano me trataba como a un igual, a pesar de que me llevaba varios años. Creo que, a pesar de que mi familia nunca ha entendido del todo mi interés por la filosofía, me ha ayudado a seguir siendo un filósofo. Ojalá todos los niños tuvieran esa suerte.

RECURSOS SUGERIDOS

LIBROS PARA ADULTOS

SOBRE LOS NIÑOS Y LA CRIANZA

Gopnik, Alison, *The Philosophical Baby: What Children's Minds Tell Us about Truth, Love, and the Meaning of Life*, Nueva York, Farrar, Straus and Giroux, 2009. [Hay trad. cast.: *El filósofo entre pañales*, Madrid, Temas de Hoy, 2010].

Kazez, Jean, *The Philosophical Parent: Asking the Hard Questions about Having and Raising Children*, Nueva York, Oxford University Press, 2017.

Lone, Jana Mohr, *The Philosophical Child*, Londres, Rowman & Littlefield, 2012.

—, *Seen and Not Heard: Why Children's Voices Matter*, Londres, Rowman & Littlefield, 2021.

Matthews, Gareth B., *Dialogues with Children*, Cambridge, Massachusetts, Harvard University Press, 1984.

—, *Philosophy & the Young Child*, Cambridge, Massachusetts, Harvard University Press, 1980. [Hay trad. cast.: *El niño y la filosofía*, México, D. F., México, Fondo de Cultura Económica, 2014].

—, *The Philosophy of Childhood*, Cambridge, Massachusetts, Harvard University Press, 1994.

Wartenberg, Thomas E., *A Sneetch Is a Sneetch and Other Philosophical Discoveries: Finding Wisdom in Children's Literature*, Sussex Occidental, R. U., Wiley-Blackwell, 2013.

—, *Big Ideas for Little Kids: Teaching Philosophy through Children's Literature*, Plymouth, R. U., Rowman & Littlefield Education, 2009.

SOBRE EL DILEMA DEL TRANVÍA

Edmonds, David. *Would You Kill the Fat Man?: The Trolley Problem and What Your Answer Tells Us about Right and Wrong*, Princeton, Nueva Jersey, Princeton University Press, 2014.

SOBRE EL CASTIGO

Murphy, Jeffrie G. y Jean Hampton, *Forgiveness and Mercy*, Nueva York, Cambridge University Press, 1988.

SOBRE EL CONOCIMIENTO

Nagel, Jennifer, *Knowledge: A Very Short Introduction*, Oxford, Oxford University Press, 2014.

SOBRE LA CONCIENCIA

Dennett, Daniel C., *Consciousness Explained*, Boston, Little, Brown, 1991. [Hay trad. cast.: *La conciencia explicada: una teoría interdisciplinar*, Barcelona, Paidós Ibérica, 1995].

Godfrey-Smith, Peter, *Other Minds: The Octopus, the Sea, and the Deep Origins of Consciousness*, Nueva York, Farrar, Straus and Giroux, 2016. [Hay trad. cast.: *Otras mentes: el pulpo, el mar y los orígenes profundos de la consciencia*, Barcelona, Taurus, 2017].

Goff, Philip, *Galileo's Error: Foundations for a New Science of Consciousness*, Nueva York, Pantheon Books, 2019.

Koch, Christof, *Consciousness: Confessions of a Romantic Reductionist*, Cambridge, Massachusetts, MIT Press, 2012.

SOBRE LA HISTORIA DE LA FILOSOFÍA

Warburton, Nigel, *A Little History of Philosophy*, New Haven, Connecticut, Yale University Press, 2011. [Hay trad. cast.: *Una pequeña historia de la filosofía*, Barcelona, Galaxia Gutenberg, 2013].

MÁS DIVERSIÓN FILOSÓFICA

Edmonds, David y John Eidinow, *Wittgenstein's Poker: The Story of a Ten-Minute Argument Between Two Great Philosophers*, Nueva York, Ecco, 2001. [Hay trad. cast.: *El atizador de Wittgenstein: una jugada incompleta*, Barcelona, Península, 2001].

Holt, Jim, *Why Does the World Exist?: An Existential Detective Story*, Nueva York, W. W. Norton, 2012. [Hay trad. cast.: *¿Por qué existe el mundo?: una historia sobre la nada y la existencia*, Barcelona, RBA Libros, 2013].

James, Aaron, *Assholes: A Theory*, Nueva York, Anchor Books, 2012.

—, *Surfing with Sartre: An Aquatic Inquiry into a Life of Meaning*, Nueva York, Doubleday, 2017.

Setiya, Kieran, *Midlife: A Philosophical Guide*, Princeton, Nueva Jersey, Princeton University Press, 2017. [Hay trad. cast.: *En la mitad de la vida*, Barcelona, Libros del Asteroide, 2019].

LIBROS PARA NIÑOS

LIBROS DE CARTÓN

Armitage, Duane y Maureen McQuerry, serie Big Ideas for Little Philosophers, que incluye títulos como *Truth with Socrates and Equality with Simone de Beauvoir*, Nueva York, G. P. Putnam's Sons, 2020.

SOBRE EL UNIVERSO

Fishman, Seth, *A Hundred Billion Trillion Stars*, Nueva York, HarperCollins, 2017. [Hay trad. cast.: *Un trillón de estrellas*, Barcelona, Océano Travesía, 2020].

SOBRE LAS NORMAS Y CUÁNDO ES VÁLIDO SALTÁRSELAS

Knudsen, Michelle, *Library Lion*, Somerville, Massachusetts, Candlewick Press, 2006. [Hay trad. cast.: *León de biblioteca*, Barcelona, Ekaré, 2007].

SOBRE EL INFINITO

Ekeland, Ivar, *The Cat in Numberland*, Chicago, Cricket Books, 2006.

COMPENDIO DE ACERTIJOS FILOSÓFICOS (ADECUADO PARA ADOLESCENTES)

Martin, Robert M., *There Are Two Errors in the the Title of This Book: A Source-*

book of Philosophical Puzzles, Problems, and Paradoxes, Peterborough, Ontario, Canadá, Broadview Press, 2011.

LOS LIBROS MÁS IMPORTANTES QUE SE LE PUEDEN COMPRAR A UN NIÑO

Watterson, Bill, *The Complete Calvin and Hobbes*, Kansas City, Misuri, Andrews McMeel, 2012. [En castellano existen varios tomos de las tiras cómicas de Calvin y Hobbes publicados por Ediciones B]. Calvin y Hobbes inspiraron mis reflexiones filosóficas cuando era niño. Ahora le sirven de inspiración a Rex. Y también de entretenimiento, por supuesto. No creo que exista una mejor puerta de entrada a la filosofía, ni para niños ni para adultos.

SITIOS WEB

Teaching Children Philosophy, <www.prindleinstitute.org/teaching-children-philosophy>: Si quieres hablar de filosofía con niños, no encontrarás un recurso mejor. Contiene módulos didácticos basados en libros ilustrados, muchos de los cuales es posible que ya tengas. Ofrece una visión de conjunto de las cuestiones filosóficas que aborda cada libro y sugiere preguntas para hacer a lo largo de la lectura.

University of Washington Center for Philosophy for Children, <www.philosophyforchildren.org>: Otro recurso estupendo para charlar de filosofía con niños. Contiene módulos didácticos basados en libros ilustrados, planes de clases para maestros y consejos para poner en marcha programas de filosofía en las escuelas. Además, el centro organiza talleres para profesores y padres.

Wi-Phi, <www.wi-phi.com>: Esta web contiene muchos vídeos breves que explican temas de filosofía. A Rex y a mí nos gusta verlos juntos.

PÓDCAST

Hi-Phi Nation, <https://hiphination.org>: Un pódcast sobre filosofía que gira en torno a una historia para un público adulto.

Philosophy Bites, <https://philosophybites.com>: Entrevistas cortas con filósofos de primera línea.

Pickle, <www.wnycstudios.org/podcasts/pickle>: Un pódcast filosófico para niños, de vida muy corta, creado por la emisora WNYC. Su primo australiano,

Short & Curly (www.abc.net.au/radio/programs/shortandcurly/), tiene muchos más episodios.

Smash Boom Best, <www.smashboom.org>: Un pódcast que se centra en la elaboración de argumentos. Es un poco bobo y no habla exactamente de filosofía, pero a Hank le gusta mucho.

NOTAS

He procurado que las siguientes notas fueran lo más útiles posible para un lector lego en la materia. Siempre que ha sido posible, he citado fuentes que se pueden consultar gratuitamente en vez de artículos de publicaciones que tienen muro de pago. Hay también muchas notas que remiten a enciclopedias en línea —*Stanford Encyclopedia of Philosophy* e *Internet Encyclopedia of Philosophy*— que son de libre acceso.

Stanford Encyclopedia, en particular, es una fuente estupenda. Contiene entradas sobre prácticamente cualquier tema filosófico de interés. Además, al final de cada entrada hay una bibliografía que puede orientar en la dirección correcta a quien desee profundizar en la literatura académica.

Introducción: El arte de pensar

1. Es más habitual presentar este problema a través de una inversión del espectro cromático: un desplazamiento de 180 grados del rojo al verde. Para una visión general del problema y sus implicaciones filosóficas, véase Alex Byrne, «Inverted Qualia», en Edward N. Zalta, ed., *Stanford Encyclopedia of Philosophy* (edición de otoño de 2020), <https://plato.stanford.edu/archives/fall2020/entries/qualia-inverted>.

2. Daniel C. Dennett, *Consciousness Explained,* Boston: Little, Brown, 1991, p. 389. [Hay trad. cast.: *La conciencia explicada: una teoría interdisciplinar*, Barcelona, Paidós Ibérica, 1995].

3. He aquí el resto del párrafo de Locke (como puede comprobarse, es muy parecido a lo que le dije a mi madre): «Pues esto nunca podría saberse: porque la Mente de un Hombre no podría pasar al Cuerpo de otro Hombre, para percibir qué Apariencias son producto de dichos Órganos; ni las Ideas de ahí derivadas ni los Nombres podrían confundirse, ni habría Falsedad alguna en unos u otros. Porque todas las Cosas que tuvieran la Textura de una Violeta producirían cons-

tantemente la Idea que él denominaba Azul, y las que tuvieran la Textura de una caléndula producirían constantemente la Idea que él con igual constancia denominaba Amarilla, fueran cuales fuesen aquellas Apariencias en su Mente; sería capaz de distinguir con idéntica regularidad las Cosas para su Uso en virtud de dichas Apariencias, y comprender y expresar esas distinciones, marcadas por los nombres Azul y Amarillo, como si las Apariencias o Ideas en su Mente, recibidas de esas dos flores, fueran exactamente las mismas que las Ideas en la Mente de otros hombres», John Locke, *An Essay Concerning Human Understanding*, Peter H. Nidditch, ed., Nueva York, Oxford University Press, 1975, p. 389. [Hay trad. cast.: *Ensayo sobre el entendimiento humano*, Barcelona, Folio, 2003].

4. Gareth B. Matthews refiere la anécdota en su libro *The Philosophy of Childhood*, Cambridge, Massachusetts, Harvard University Press, 1994, p. 1.

5. Para una visión general del argumento cosmológico, véase Bruce Reichenbach, «Cosmological Argument», en Edward N. Zalta, ed., *Stanford Encyclopedia of Philosophy* (edición de primavera de 2021), <https://plato.stanford.edu/archives/spr2021/entries/cosmological-argument>.

6. Matthews, *Philosophy of Childhood*, p. 2.

7. Matthews, *Philosophy of Childhood*, p. 2.

8. Gareth B. Matthews, *Philosophy & the Young Child*, Cambridge, Massachusetts, Harvard University Press, 1980, pp. 37-55. [Hay trad. cast.: *El niño y la filosofía*, México, D. F., México, Fondo de Cultura Económica, 2014].

9. Gareth B. Matthews recoge muchas de sus conversaciones con niños en *Dialogues with Children*, Cambridge, Massachusetts, Harvard University Press, 1984, y *Philosophy and the Young Child*.

10. Matthews, *Philosophy and the Young Child*, pp. 28-30.

11. Matthews, *Philosophy of Childhood*, p. 122.

12. Matthews, *Philosophy of Childhood*, p. 5.

13. Matthews, *Philosophy of Childhood*, p. 5.

14. Matthews, *Philosophy of Childhood*, p. 17.

15. Michele M. Chouinard, P. L. Harris y Michael P. Maratsos, «Children's Questions: A Mechanism for Cognitive Development», *Monographs of the Society for Research in Child Development* 72, n.º 1 (2007), pp. 1-129. Para un análisis del estudio de Chouinard, véase Paul Harris, *Trusting What You're Told: How Children Learn from Others*, Cambridge, Massachusetts, Belknap Press, 2012, pp. 26-29.

16. Brandy N. Frazier, Susan A. Gelman y Henry M. Wellman, «Preschoolers' Search for Explanatory Information within Adult-Child Conversation», *Child Development,* 80, n.º 6 (2009), pp. 1592-1611.

17. San Agustín, *Confesiones*, 11.14, citado en Matthews, *Philosophy of Childhood*, p. 13.

18. David Hills, Departamento de Filosofía de la Universidad de Stanford, consulta realizada el 13 de octubre de 2021, <https://philosophy.stanford.edu/people/david-hills>.

19. Véanse Matthews, *Philosophy of Childhood*, pp. 12-18, y Matthews, *Dialogues with Children*, p. 3.

20. Véase Matthews, *Philosophy and the Young Child*, p. 11.

21. En su libro *Seen and Not Heard*, Jana Mohr Lone también afirma haber conocido a una mujer cuya hija hacía esta pregunta. (Lone bien podría ser la digna sucesora de Matthews al título de filósofo más comprometido con los niños; en su libro comparte lo que ha aprendido en innumerables conversaciones filosóficas con niños). Cabe la posibilidad de que ambos nos entrevistáramos con la misma madre. Si no es así, significa que, por algún motivo inquietante, a los niños les preocupa esta pregunta. véase Jana Mohr Lone, *Seen and Not Heard: Why Children's Voices Matter*, Londres, Rowman and Littlefield, 2021, p. 8.

22. Para una introducción al concepto de creación continua, véase David Vander Laan, «Creation and Conservation», en Edward N. Zalta, ed., *Stanford Encyclopedia of Philosophy* (edición de invierno de 2017), <https://plato.stanford.edu/archives/win2017/entries/creation-conservation>.

23. Jana Mohr Lone, «Philosophy with Children», *Aeon*, 11 de mayo de 2021, <https://aeon.co/essays/how-to-do-philosophy-for-and-with-children>.

24. Thomas Hobbes, *Leviathan*, A. R. Walker, ed., Cambridge, Cambridge University Press, 1904, p. 137. [Hay trad. cast.: *Leviatán: o la materia, forma y poder de un estado eclesiástico y civil*, Madrid, Alianza Editorial, 2018].

25. Hobbes, *Leviathan*, p. 84.

Capítulo 1: Los derechos

1. Sobre la intercambiabilidad de «poder» y «tener permitido», véase «Usage Notes: 'Can' vs. 'May'», *Merriam-Webster*, consulta realizada el 5 de julio de 2021, <www.merriam-webster.com/words-at-play/when-to-use-can-and-may#>.

2. Judith Jarvis Thomson, *The Realm of Rights*, Cambridge, Massachusetts, Harvard University Press, 1990, p. 123.

3. Para una visión general del consecuencialismo, véase Walter Sinnott-Armstrong, «Consequentialism», en Edward N. Zalta, ed., *Stanford Encyclopedia of Philosophy* (edición de verano de 2019), <https://plato.stanford.edu/archives/sum2019/entries/consequentialism>.

4. Ronald Dworkin, *Taking Rights Seriously*, Cambridge, Massachusetts, Harvard University Press, 1977. [Hay trad. cast.: *Los derechos en serio*, Barcelona, Ariel, 2012].

5. Ronald Dworkin, «Rights as Trumps», en Jeremy Waldron, ed. *Theories of Rights*, Oxford, Oxford University Press, 1984, pp. 153-167.

6. Véase Judith Jarvis Thomson, «The Trolley Problem», *Yale Law Journal* 94, n.º 6 (mayo de 1985), p. 1396.

7. Thomson, «Trolley Problem», p. 1397.

8. Thomson, «Trolley Problem», p. 1409.

9. Para una visión general de la filosofía moral de Kant, véase Robert Johnson y Adam Cureton, «Kant's Moral Philosophy», en Edward N. Zalta, ed., *Stanford Encyclopedia of Philosophy* (edición de primavera de 2021), <https://plato.stanford.edu/archives/spr2021/entries/kant-moral>.

10. Otra solución propuesta al dilema del tranvía se basa en el hecho de que la muerte del trabajador solitario en el ramal está prevista, pero no es deliberada. Se trata del famoso «principio de doble efecto», muy recurrente en las enseñanzas católicas sobre el aborto. Según esta doctrina, a veces resulta permisible causar un perjuicio en aras de un objetivo loable, siempre y cuando el perjuicio no sea deliberado. Por cierto, los tranvías aparecieron por primera vez en un contexto filosófico en un artículo de Philippa Foot titulado «The Problem of Abortion and the Doctrine of the Double Effect», *Oxford Review* 5 (1967), pp. 5-15. Para una visión general del principio de doble efecto y algunas dudas al respecto, véase Alison McIntyre, «Doctrine of Double Effect», en Edward N. Zalta, ed., *Stanford Encyclopedia of Philosophy* (edición de primavera de 2019), <https://plato.stanford.edu/archives/spr2019/entries/double-effect>.

11. Thomson, «Trolley Problem», pp. 1401-1403.

12. Thomson, «Trolley Problem», p. 1402.

13. Para un análisis sobre la posibilidad de que sí lo resuelva, véase John Mikhail, *Elements of Moral Cognition*, Cambridge, Cambridge University Press, 2011, pp. 101-121.

14. Mikhail, *Elements of Moral Cognition*, p. 109.

15. Para un divertido tratado de tranviología, véase David Edmonds, *Would You Kill the Fat Man? The Trolley Problem and What Your Answer Tells Us about Right and Wrong*, Princeton, Nueva Jersey, Princeton University Press, 2014.

16. La carta de Wilson aparece reproducida en Thomas Hurka, «Trolleys and Permissible Harm», en F. M. Kamm, *The Trolley Problem Mysteries*, Eric Rakowski, ed., Oxford, Oxford University Press, 2015, p. 135.

17. Sobre este tema, tratado más a fondo en la nota al pie, véase Judith Jarvis Thomson, «Turning the Trolley», *Philosophy & Public Affairs*, 36, n.º 4 (2008), pp. 359-374.

18. Foot, «Problem of Abortion».

Capítulo 2: La venganza

1. Nadia Chernyak, Kristin L. Leimgruber, Yarrow C. Dunham, Jingshi Hu y Peter R. Blake, «Paying Back People Who Harmed Us but Not People Who Helped Us: Direct Negative Reciprocity Precedes Direct Positive Reciprocity in Early Development», *Psychological Science*, 30, n.º 9 (2019), pp. 1273-1286.

2. Véanse Susan Cosier, «Is Revenge Really Sweet?», *Science Friday*, 1 de julio de 2013, <www.sciencefriday.com/articles/is-revenge-really-sweet/>, y Eddie Harmon-Jones y Jonathan Sigelman, «State Anger and Prefrontal Brain Activity: Evidence That Insult-Related Relative Left-Prefrontal Activation Is Associated with Experienced Anger and Aggression», *Journal of Personality and Social Psychology*, 80, n.º 5 (junio de 2001), pp. 797-803.

3. Homero, *La Ilíada*, 18.108-10. En este pasaje, Aquiles afirma que la «ira» es «más dulce que la miel», pero se trata de la ira que lo invade al contemplar la venganza.

4. La cita de la nota al pie procede de Simon Sebag Montefiore, *Young Stalin*, Nueva York, Vintage Books, 2008, p. 295. [Hay trad. cast.: *Llamadme Stalin: la historia secreta de un revolucionario*, Barcelona, Crítica, 2018].

5. Véase William Ian Miller, *An Eye for an Eye*, Nueva York, Cambridge University Press, 2006, pp. 68-69.

6. Romanos 12, 19.

7. Aristóteles, «Libro V: La justicia», *Ética nicomáquea.*

8. Miller, *An Eye for an Eye*, especialmente el capítulo 4 («The Proper Price of Property in an Eye»).

9. William Ian Miller la menciona en *Bloodtaking and Peacemaking: Feud, Law, and Society in Saga Iceland*, Chicago, University of Chicago Press, 1997, pp. 1-2.

10. Miller, *Bloodtaking and Peacemaking*, p. 2.

11. Miller, *An Eye for an Eye*, p. 101.

12. *Kenton v. Hyatt Hotels Corp.*, 693 S.W.2d 83 (Mo. 1985).

13. Tal como explica Miller (*An Eye for an Eye*, pp. 53-54), con frecuencia había costumbres que dictaban lo que debía considerarse una compensación razonable por una lesión concreta, como la que desobedeció Gudmund al ponerle precio a la mano de Skaering.

14. Miller, *An Eye for an Eye*, p. 9.

15. Miller, *An Eye for an Eye*, p. 55.

16. Sobre esto y la cita de «menos de nuestras virtudes» que aparece en la nota al pie, véase Miller, *An Eye for an Eye*, p. 57.

17. Miller, *An Eye for an Eye*, p. 55.

18. Miller, *An Eye for an Eye*, p. 54.

19. Véase Pamela Hieronymi, «Articulating an Uncompromising Forgiveness», *Philosophy and Phenomenological Research*, 62, n.º 3 (2001), pp. 529-555.

20. Hieronymi, «Articulating an Uncompromising Forgiveness», p. 530.

21. Jeffrie G. Murphy y Jean Hampton, *Forgiveness and Mercy*, Nueva York, Cambridge University Press, 1988.

22. Hieronymi, «Articulating an Uncompromising Forgiveness», p. 546.

23. Véase Scott Hershovitz, «Treating Wrongs as Wrongs: An Expressive Argument for Tort Law», *Journal of Tort Law*, 10, n.º 2 (2017), pp. 405-447.

24. El argumento en esta sección es una adaptación del que expongo en mi artículo «Taylor Swift, Philosopher of Forgiveness», *New York Times*, 7 de septiembre de 2019, <www.nytimes.com/2019/09/07/opinion/sunday/taylor-swift-lover.html>.

Capítulo 3: El castigo

1. Para una visión general de las distintas perspectivas sobre la retribución, véase John Cottingham, «Varieties of Retribution», *Philosophical Quarterly*, 29, n.º 116 (1979), pp. 238-246. Para un análisis escéptico de las formas predominantes de esta idea, véase David Dolinko, «Some Thoughts about Retributivism», *Ethics*, 101, n.º 3 (1991), 537-559.

2. Amy Sutherland, *What Shamu Taught Me about Life, Love, and Marriage*, Nueva York, Random House, 2009.

3. Amy Sutherland, «What Shamu Taught Me about a Happy Marriage», *New York Times*, 25 de junio de 2006, <www.nytimes.com/2019/10/11/style/modern-love-what-shamu-taught-me-happy-marriage.html>.

4. Sutherland, «What Shamu Taught Me about a Happy Marriage».

5. P. F. Strawson, *Freedom and Resentment and Other Essays*, Londres, Methuen, 1974, pp. 1-25.

6. Strawson, *Freedom and Resentment*, p. 9.

7. Sutherland, «What Shamu Taught Me about a Happy Marriage».

8. Strawson, *Freedom and Resentment*, pp. 6-7.

9. Joel Feinberg, «The Expressive Function of Punishment», *The Monist*, 49, n.º 3 (1965), pp. 397-423.

10. Feinberg, «Expressive Function of Punishment», p. 403.

11. David Hume, *A Treatise of Human Nature*, Londres, Deighton and Sons, 1817, p. 106. [Hay trad. cast.: *Tratado de la naturaleza humana*, Madrid, Verbum, 2020].

12. Strawson, *Freedom and Resentment*, p. 9.

13. Adam Grant enumera algunos de estos estudios en «Raising a Moral Child», *New York Times*, 11 de abril de 2014, <www.nytimes.com/2014/04/12/opinion/sunday/raising-a-moral-child.html>.

14. En palabras de Strawson, «Los simulacros evolucionan sin que nos demos cuenta hacia actuaciones reales». Strawson, *Freedom and Resentment*, p. 19.

15. Desarrollo esta perspectiva sobre las justicias correctiva y distributiva en «Treating Wrongs as Wrongs: An Expressive Argument for Tort Law», *Journal of Tort Law*, 10, n.º 2 (2017), pp. 405-447.

16. Chanel Miller narra la experiencia de la agresión y sus secuelas en *Know My Name: A Memoir*, Nueva York, Viking, 2019.

17. Véase Liam Stack, «Light Sentence for Brock Turner in Stanford Rape Case Draws Outrage», *New York Times*, 6 de junio de 2016.

18. Código penal de California, artículos 487-488 (2020).

19. Roy Walmsley, «World Prison Population List», 12.ª ed., Institute for Criminal Policy Research, 11 de junio de 2018, <www.prisonstudies.org/sites/default/files/resources/downloads/wppl_12.pdf>.

20. Ruth Bader Ginsburg, «Ruth Bader Ginsburg's Advice for Living», *New York Times*, 1 de octubre de 2016, <www.nytimes.com/2016/10/02/opinion/sunday/ruth-bader-ginsburgs-advice-for-living.html>.

21. Sutherland, «What Shamu Taught Me about a Happy Marriage».

22. Sutherland, «What Shamu Taught Me about a Happy Marriage».

23. Strawson, *Freedom and Resentment*, p. 10.

Capítulo 4: La autoridad

1. Véase Joseph Raz, *The Authority of Law: Essays on Law and Morality*, 2.ª ed., Oxford, Oxford University Press, 2009, pp. 19-20.

2. Joseph Raz, *Ethics in the Public Domain*, Oxford, Oxford University Press, 1994, p. 341 [hay trad. cast.: *La ética en el ámbito público*, Barcelona, GEDISA, 2001]: «Poseer autoridad implica tener derecho a gobernar a quienes están sometidos a ella. Y el derecho a gobernar conlleva una obligación de obedecer»; Robert Paul Wolff, *In Defense of Anarchism*, Berkeley, University of California Press, 1998, p. 4: «La autoridad es el derecho a impartir órdenes y, correspondientemente, el derecho a ser obedecido».

3. Véase Wolff, *In Defense of Anarchism*, p. 4.

4. Wolff, *In Defense of Anarchism*, pp. 12-15.

5. Wolff, *In Defense of Anarchism*, p. 13.

6. Wolff, *In Defense of Anarchism*, p. 13.

7. Wolff, *In Defense of Anarchism*, pp. 18-19.

8. Raz, *Authority of Law*, pp. 13-15.

9. Véase Scott J. Shapiro, «Authority», en Jules L. Coleman, Kenneth Einar Himma y Scott J. Shapiro, eds., *The Oxford Handbook of Jurisprudence and Philosophy of Law*, Nueva York, Oxford University Press, 2002, pp. 383-439; y Raz, *Authority of Law*, pp. 3-36.

10. En relación con la nota al pie, véase Wolff, *In Defense of Anarchism*, pp. 12-13.

11. Raz llama a esto la «tesis de la justificación normal». Véase Joseph Raz, *Morality of Freedom*, Oxford, Clarendon, 1986, p. 53. Para leer mi descripción a grandes rasgos de la tesis —y mis reservas al respecto—, véase Scott Hershovitz, «Legitimacy, Democracy, and Razian Authority», *Legal Theory*, 9, n.º 3 (2003), pp. 206-208.

12. Raz, *Morality of Freedom*, p. 56.

13. Raz, *Morality of Freedom*, pp. 74-76.

14. Raz, *Morality of Freedom*, pp. 49-50.

15. Raz, *Morality of Freedom*, p. 47.

16. Mi crítica a la perspectiva de Raz sobre la autoridad está repartida en tres artículos: Hershovitz, «Legitimacy, Democracy, and Razian Authority», pp. 201-220, y Scott Hershovitz, «The Role of Authority», *Philosophers' Imprint*, 11, n.º 7 (2011), pp. 1-19; y «The Authority of Law», en Andrei Marmor, ed., *The Routledge Companion to the Philosophy of Law*, Nueva York, Routledge, 2012, pp. 65-75.

17. Véase Hershovitz, «Role of Authority»; Stephen Darwall, «Authority and Second-Personal Reasons for Acting», en David Sobel y Steven Wall, eds., *Reasons for Action*, Cambridge, Cambridge University Press, 2009, pp. 150-151; y Ken Himma, «Just 'Cause You're Smarter Than Me Doesn't Give You a Right to Tell Me What to Do: Legitimate Authority and the Normal Justification Thesis», *Oxford Journal of Legal Studies*, 27, n.º 1 (2007), pp. 121-150.

18. Desarrollo más a fondo el punto de vista expresado en esta sección en mi artículo «Role of Authority».

19. Massimo Pigliucci, «The Peter Parker Principle», *Medium*, 3 de agosto de 2020, <https://medium.com/@MassimoPigliucci/the-peter-parker-principle-9f3f33799904>.

20. Sobre la idea de que la propiedad constituye una posición de autoridad, véase Christopher Essert, «The Office of Ownership», *University of Toronto Law Journal*, 63, n.º 3 (2013), pp. 418-461.

21. Robert McGarvey, «You Can Be Fired for Your Political Beliefs», *The Street*, 28 de abril de 2016, <www.thestreet.com/personal-finance/you-can-be-fired-for-your-political-beliefs-13547984>.

22. Roger S. Achille, «Policy Banning Extreme Hair Colors Upheld», Society for Human Resource Management, 14 de marzo de 2018, <www.shrm.org/resourcesandtools/legal-and-compliance/employment-law/pages/court-report-policy-banning-extreme-hair-colors-upheld.aspx>.

23. Elizabeth Anderson, *Private Government: How Employers Rule Our Lives (and Why We Don't Talk about It)*, Princeton, Nueva Jersey, Princeton University Press, 2017.

24. Véase *Frlekin v. Apple, Inc.*, 2015 U.S. Dist. LEXIS 151937, citado en Anderson, *Private Government*, xix.

25. Stephanie Wykstra, «The Movement to Make Workers' Schedules More Humane», *Vox*, 5 de noviembre de 2019, <www.vox.com/future-perfect/2019/10/15/20910297/fair-workweek-laws-unpredictable-scheduling-retail-restaurants>.

26. Achille, «Policy Banning Extreme Hair Colors Upheld».

27. Colin Lecher, «How Amazon Automatically Tracks and Fires Warehouse Workers for 'Productivity,'», *The Verge*, 25 de abril de 2019, <www.theverge.

com/2019/4/25/18516004/amazon-warehouse-fulfillment-centers-productivity-firing-terminations>.

28. Véase Oxfam America, *No Relief: Denial of Bathroom Breaks in the Poultry Industry*, Washington, D. C., 2016, p. 2, <https://s3.amazonaws.com/oxfam-us/www/static/media/files/No_Relief_Embargo.pdf>, citado en Anderson, *Private Government*, xix.

29. Thomas Hobbes, *Leviathan*, A. R. Walker, ed., Cambridge, Cambridge University Press, 1904, p. 137.

30. Hobbes, *Leviathan*, p. 81.

31. Hobbes, *Leviathan*, p. 84.

32. Hobbes, *Leviathan*, p. 84.

33. Hobbes, *Leviathan*, pp. 84-89.

34. John Locke, *Two Treatises on Civil Government*, Londres, Routledge, 1884, pp. 267-275. [Hay trad. cast.: *Dos ensayos sobre el gobierno civil*, Barcelona, Espasa, 1997].

35. Locke, *Two Treatises*, pp. 306-307.

CAPÍTULO 5: EL LENGUAJE

1. Neil deGrasse Tyson, *Astrophysics for Young People in a Hurry*, Nueva York, Norton Young Readers, 2019, p. 16. [Hay trad. cast.: *Astrofísica para jóvenes con prisas*, Barcelona, Paidós, 2022].

2. Rebecca Roache, «Naughty Words», *Aeon*, 22 de febrero de 2016, <https://aeon.co/essays/where-does-swearing-get-its-power-and-how-should-we-use-it>.

3. Roache, «Naughty Words».

4. Véase Melissa Mohr, *Shit: A Brief History of Swearing*, Nueva York, Oxford University Press, p. 116.

5. Ronald Dworkin, *Taking Rights Seriously*, Londres, Duckworth, 1978, p. 73. [Hay trad. cast.: *Los derechos en serio*, Barcelona, Ariel, 2012].

6. Richard Stephens, John Atkins y Andrew Kingston, «Swearing as a Response to Pain», *Neuroreport*, 20, n.º 12 (2009), pp. 1056-1060, resumido en Emma Byrne, *Swearing Is Good for You: The Amazing Science of Bad Language*, Nueva York, W. W. Norton, 2017, pp. 46-48. [Hay trad. cast.: *Mentar madres te hace bien: La increíble ciencia del lenguaje soez*, México, Paidós, 2020].

7. Richard Stephens resume estos estudios inéditos en Byrne, *Swearing Is Good for You*, p. 58.

8. Michael C. Philipp y Laura Lombardo, «Hurt Feelings and Four Letter Words: Swearing Alleviates the Pain of Social Distress», *European Journal of Social Psychology*, 47, n.º 4 (2017), pp. 517-523, resumido por Byrne en *Swearing Is Good for You*, p. 61.

9. Byrne, *Swearing Is Good for You*, p. 120.

10. Byrne, *Swearing Is Good for You*, pp. 21-45.

11. Byrne, *Swearing Is Good for You*, p. 94.

12. A lo largo de esta sección, tomo como referencia el artículo de McCulloch, «A Linguist Explains the Syntax of 'Fuck'». Muchos de los textos en los que se basa están recopilados en Arnold M. Zwicky, Peter H. Salus, Robert I. Binnick y Anthony L. Vanek, eds., *Studies Out in Left Field: Defamatory Essays Presented to James D. McCawley on the Occasion of His 33rd or 34th Birthday*, Filadelfia, John Benjamins Publishing Company, 1992.

13. Con respecto a la nota al pie, para leer una visión general del argumento de McCawley y algunos detalles sobre la historia que hay detrás del artículo, véase Gretchen McCulloch, «A Linguist Explains the Syntax of 'Fuck'», *The Toast*, 9 de diciembre de 2014, <https://the-toast.net/2014/12/09/linguist-explains-syntax-f-word>.

14. John J. McCarthy, «Prosodic Structure and Expletive Infixation», *Language*, 58, n.º 3 (1982), pp. 574-590.

15. Byrne, *Swearing Is Good for You*, pp. 37-38.

16. Respecto a la nota al pie, véase Kristin L. Jay y Timothy B. Jay, «A Child's Garden of Curses: A Gender, Historical, and Age-Related Evaluation of the Taboo Lexicon», *American Journal of Psychology*, 126, n.º 4 (2013), pp. 459-475.

17. Aunque fue Émile Durkheim quien introdujo el contraste entre lo sagrado y lo profano, yo empleo la frase en un sentido distinto. Véase su obra *Las formas elementales de la vida religiosa*, Madrid, Alianza Editorial, 2013.

18. John McWhorter defiende el mismo argumento en «The F-Word Is Going the Way of *Hell*», *The Atlantic*, 6 de septiembre de 2019, <www.theatlantic.com/ideas/archive/2019/09/who-cares-beto-swore/597499>. Considera que *fuck* (joder) está dejando de ser una palabrota. Está siguiendo rápidamente el mismo camino de *hell* (literalmente «infierno», pero que en su uso como intensificador es similar a «diablos» en castellano), una palabra que solo escandaliza a los niños. Siguiendo en la línea de Roache, podríamos llamar este proceso «desescalada ofensiva». Cuanto más usamos una palabra, más nos habituamos a ella, y menos ofensiva nos parece.

19. Para un análisis sobre el tema, véase Geoffrey K. Pullum, «Slurs and Obscenities: Lexicography, Semantics, and Philosophy», en David Sosa, ed., *Bad Words: Philosophical Perspectives on Slurs*, Nueva York, Oxford University Press, 2018, pp. 168-192.

20. Eric Swanson, «Slurs and Ideologies», en Robin Celikates, Sally Haslanger y Jason Stanley, eds., *Analyzing Ideology: Rethinking the Concept*, Oxford, Oxford University Press, de próxima publicación.

21. Swanson, «Slurs and Ideologies».

22. Swanson, «Slurs and Ideologies».

23. Swanson, «Slurs and Ideologies».

24. James Baldwin, «The Fire Next Time», en Toni Morrison, ed., *Collected Essays*, Nueva York, Library of America, 1998, p. 291.

25. Martin Luther King Jr., *Letter from the Birmingham Jail*, San Francisco, Harper San Francisco, 1994.

26. Ta-Nehisi Coates, *Between the World and Me*, Nueva York, Spiegel & Grau, 2015. [Hay trad. cast.: *Entre el mundo y yo: quiero que seas un ciudadano consciente de que este mundo es terrible y hermoso*, Barcelona, Seix-Barral, 2016].

27. En relación con la nota al pie, véase Swanson, «Slurs and Ideologies».

28. Para un análisis favorable a la distinción entre uso y mención, véase John McWhorter, «The Idea That Whites Can't Refer to the N-Word», *The Atlantic*, 27 de agosto de 2019, <www.theatlantic.com/ideas/archive/2019/08/whites-refer-to-the-n-word/596872>.

29. Swanson, «Slurs and Ideologies».

Capítulo 6: Sexo, género y deportes

1. En relación con la nota al pie, véase Emilia Bona, «Why Are Female Athletes Criticised for Developing a 'Masculine' Physique?», *Vice*, 29 de julio de 2016, <www.vice.com/en_us/article/pgnav7/why-are-female-athletes-criticised-for-developing-a-masculine-physique>.

2. Algunos adultos lo dicen. Según un estudio realizado por la Women's Sports Foundation, casi un tercio de los padres «compartía la creencia de que los niños son mejores para los deportes que las niñas». N. Zarrett, P. T. Veliz y D. Sabo, *Keeping Girls in the Game: Factors That Influence Sport Participation*, Nueva York, Women's Sports Foundation, 2020, p. 5.

3. «Senior Outdoor 2019 100 Metres Men Top List», World Athletics, consulta realizada el 27 de enero de 2021, <www.worldathletics.org/records/toplists/sprints/100-metres/outdoor/men/senior/2019>.

4. «U18 Outdoor 2019 100 Metres Men Top List», World Athletics, consulta realizada el 17 de enero de 2021, <www.worldathletics.org/records/toplists/sprints/100-metres/outdoor/men/u18/2019>.

5. A propósito de la nota al pie, véase Nicholas P. Linthorne, *The 100-m World Record by Florence Griffith-Joyner at the 1988 U.S. Olympic Trials*, informe redactado para la International Amateur Athletic Federation, junio de 1995, <www.brunel.ac.uk/~spstnpl/Publications/IAAFReport(Linthorne).pdf>; y «Senior Outdoor 100 Metres Women All Time Top List», World Athletics, consulta realizada el 22 de agosto de 2021, <www.worldathletics.org/records/all-time-toplists/sprints/100-metres/outdoor/women/senior>.

6. Por lo menos, eso cuenta la leyenda familiar. No queda constancia de la clasificación de la época. Sin embargo, sabemos por un reportaje que Benny peleó en un combate eliminatorio para el título de campeón de peso mosca. Si hubiera

ganado, se habría enfrentado a «Enano» Wolgast, quien, a pesar de su apodo, le sacaba casi cuatro centímetros. Benny perdió, así que no tuvo la oportunidad. Puede consultarse una lista de sus combates profesionales en BoxRec, 17 de enero de 2020, <https://boxrec.com/en/proboxer/431900>.

7. Serena añadió: «Me encanta jugar al tenis femenino. Solo quiero jugar contra chicas, porque no quiero que me humillen». Chris Chase, «Serena Tells Letterman She'd Lose to Andy Murray in 'Five or Six' Minutes», *For the Win*, 23 de agosto de 2013, <https://ftw.usatoday.com/2013/08/serena-williams-playing-men-andy-murray>.

8. Sarah Ko, «Off the Rim: The WNBA Is Better Than the NBA», *Annenberg Media*, 20 de septiembre de 2019, <www.uscannenbergmedia.com/2019/09/20/off-the-rim-the-wnba-is-better-than-the-nba>.

9. En relación con la nota al pie, véase Reed Ferber, Irene McClay Davis y Dorsey S. Williams III, «Gender Differences in Lower Extremity Mechanics During Running», *Clinical Biomechanics*, 18, n.º 4 (2003), pp. 350-357.

10. Michael D. Resnik, E. Maynard Adams y Richard E. Grandy, «Jane English Memorial Resolution, 1947-1978», *Proceedings and Addresses of the American Philosophical Association*, 52, n.º 3 (1979), p. 376.

11. Jane English, «Sex Equality in Sports», *Philosophy & Public Affairs*, 7, n.º 3 (1978), pp. 269-277.

12. English, «Sex Equality in Sports», p. 270.

13. English, «Sex Equality in Sports», p. 270.

14. English, «Sex Equality in Sports», p. 274.

15. Resnik, Adams y Grandy, «Jane English Memorial Resolution», p. 377.

16. English, «Sex Equality in Sports», p. 271.

17. English, «Sex Equality in Sports», p. 273.

18. «Angela Schneider to Serve as New Director of ICOS», International Centre for Olympic Studies, consulta realizada el 17 de enero de 2020, <www.uwo.ca/olympic/news/2019/angela_schneider_to_serve_as_new_director_of_icos.html>.

19. Angela J. Schneider, «On the Definition of 'Woman' in the Sport Context», en Torbjorn Tannsjo y Claudio Tamburrini, eds., *Values in Sport: Elitism, Nationalism, Gender Equality and the Scientific Manufacturing of Winners*, Londres, E & FN Spon, 2000, p. 137.

20. Schneider, «On the Definition of 'Woman'», p. 137.

21. Cindy Boren, «Michael Jordan Pledged $100 Million to Improve Social Justice Because 'This Is a Tipping Point'», *Washington Post*, 7 de junio de 2020, <www.washingtonpost.com/sports/2020/06/07/michael-jordan-pledged-100-million-improve-social-justice-because-this-is-tipping-point>.

22. Schneider, «On the Definition of 'Woman'», p. 137.

23. «On the Definition of 'Woman'», 134.

24. Melissa Cruz, «Why Male Gymnasts Don't Do the Balance Beam», *Bustle*,

11 de agosto de 2016, <www.bustle.com/articles/178101-why-dont-male-gymnasts-do-the-balance-beam-this-olympic-event-could-use-a-modern-update>.

25. Jason Sumner, «Fiona Kolbinger, 24-Year-Old Medical Student, Becomes First Woman to Win the Transcontinental Race», *Bicycling*, 6 de agosto de 2019, <www.bicycling.com/racing/a28627301/fiona-kolbinger-transcontinental-race>.

26. Angie Brown, «Nursing Mother Smashes 268-mile Montane Spine Race Record», BBC News, 17 de enero de 2019, <www.bbc.com/news/uk-scotland-edinburgh-east-fife-46906365>.

27. En relación con la nota al pie, véase Claire Ainsworth, «Sex Redefined», *Nature*, 18 de febrero de 2015, <www.nature.com/articles/518288a>.

28. Sarah Moon y Hollie Silverman, «California Fire Sparked by a Gender Reveal Party Has Grown to More Than 10,000 Acres», CNN, 8 de septiembre de 2020, <www.cnn.com/2020/09/08/us/el-dorado-fire-gender-reveal-update-trnd/index.html>.

29. Nour Rahal, «Michigan Man Dead after Explosion at Baby Shower», *Detroit Free Press*, 8 de febrero de 2021, <www.freep.com/story/news/local/michigan/2021/02/07/harland-cannon-explosion-baby-shower/4429175001>.

30. Sandra E. Garcia, «Explosion at Gender Reveal Party Kills Woman, Officials Say», *New York Times*, 28 de octubre de 2019, <www.nytimes.com/2019/10/28/us/gender-reveal-party-death.html>.

31. Citado en Jeanne Maglaty, «When Did Girls Start Wearing Pink?», *Smithsonian Magazine*, 7 de abril de 2011, <www.smithsonianmag.com/arts-culture/when-did-girls-start-wearing-pink-1370097>.

32. Para una esclarecedora visión general del estado de la investigación sobre los jóvenes trans, véase Kristina R. Olson, «When Sex and Gender Collide», *Scientific American*, 1 de septiembre de 2017, <www.scientificamerican.com/article/when-sex-and-gender-collide>.

33. Véase, por ejemplo, Talya Minsberg, «Trans Athlete Chris Mosier on Qualifying for the Olympic Trials», *New York Times*, 28 de enero de 2020, <www.nytimes.com/2020/01/28/sports/chris-mosier-trans-athlete-olympic-trials.html>.

34. Katherine Kornei, «This Scientist Is Racing to Discover How Gender Transitions Alter Athletic Performance—Including Her Own», *Science*, 25 de julio de 2018, <www.sciencemag.org/news/2018/07/scientist-racing-discover-how-gender-transitions-alter-athletic-performance-including>.

35. Joanna Harper, «Athletic Gender», *Law and Contemporary Problems*, 80 (2018), p. 144.

36. Briar Stewart, «Canadian Researcher to Lead Largest Known Study on Transgender Athletes», CBC News, 24 de julio de 2019, <www.cbc.ca/news/health/trans-athletes-performance-transition-research-1.5183432>.

37. Respecto a la encuesta mencionada en la nota al pie, véase Jeffrey M. Jo-

nes, «LGBT Identification Rises to 5.6% in Latest U.S. Estimate», Gallup, 24 de febrero de 2021, <https://news.gallup.com/poll/329708/lgbt-identification-rises-latest-estimate.aspx>.

38. Joanna Harper, «Do Transgender Athletes Have an Edge? I Sure Don't», *Washington Post*, 1 de abril de 2015, <www.washingtonpost.com/opinions/do-transgender-athletes-have-an-edge-i-sure-dont/2015/04/01/ccacb1da-c68e-11e4-b2a1-bed1aaea2816_story.html>.

39. Joanna Harper, «Race Times for Transgender Athletes», *Journal of Sporting Cultures and Identities*, 6, n.º 1 (2015), pp. 1-9.

40. En relación con las reservas respecto al estudio de Harper, véase Rebecca M. Jordan-Young y Katrina Karkazis, *Testosterone: An Unauthorized Biography*, Cambridge, Massachusetts: Harvard University Press, 2019, pp. 188-189.

41. El capítulo sobre la capacidad atlética en Jordan-Young y Karkazis, *Testosterone*, pp. 159-201, ofrece un análisis exhaustivo de la investigación sobre la testosterona y el rendimiento deportivo.

42. Harper, «Athletic Gender», p. 148.

43. Harper, «Athletic Gender», p. 148.

44. «Eligibility Regulations for the Female Classification (Athletes with Differences of Sex Development)», International Association of Athletics Federations, 1 de mayo de 2019, <www.sportsintegrityinitiative.com/wp-content/uploads/2019/05/IAAF-Eligibility-Regulations-for-the-Female-Classi-2-compressed.pdf>.

45. Jordan-Young y Karkazis, *Testosterone*, 199.

46. Ivy era antes conocida como Rachel McKinnon. Para ahondar en su argumento sobre Phelps, véase Fred Dreier, «Q&A: Dr. Rachel McKinnon, Masters Track Champion and Transgender Athlete», *VeloNews*, 15 de octubre de 2018, <www.velonews.com/news/qa-dr-rachel-mckinnon-masters-track-champion-and-transgender-athlete>. «Si nos fijamos en los deportistas de élite —escribe Ivy—, comprobaremos que cada uno de ellos tiene algún tipo de mutación genética que lo ayuda a destacar en su deporte. Michael Phelps, por su estructura articular y sus proporciones corporales, es como un pez, lo que resulta alucinante. Pero no sería de recibo afirmar que posee una ventaja injusta para la competición».

47. Véase Rachel McKinnon, «I Won a World Championship. Some People Aren't Happy», *New York Times*, 5 de diciembre de 2019, <www.nytimes.com/2019/12/05/opinion/i-won-a-world-championship-some-people-arent-happy.html>.

48. McKinnon, «I Won a World Championship».

49. Para un argumento similar, véase Rebecca Jordan-Young y Katrina Karkazis, «You Say You're a Woman? That Should Be Enough», *New York Times*, 17 de junio de 2012, <www.nytimes.com/2012/06/18/sports/olympics/olympic-sex-verification-you-say-youre-a-woman-that-should-be-enough.html>.

50. Gracias a Daniel Halberstam y Ellen Katz por su ayuda en este punto.

51. Harper, «Athletic Gender», p. 141.

52. Robin Dembroff, «Real Talk on the Metaphysics of Gender», *Philosophical Topics*, 46, n.º 2 (2018), pp. 21-50.

53. Véase Alexis Burgess y David Plunkett, «Conceptual Ethics I», *Philosophy Compass*, 8, n.º 12 (2013), pp. 1091-1101.

54. Para más reflexiones sobre el significado de la palabra «mujer» y otro argumento en favor de emplear la palabra de manera que tenga en cuenta la autoidentificación, véase Talia Mae Bettcher, «Trans Women and the Meaning of 'Woman'», en Nicholas Power, Raja Halwani, y Alan Soble, eds., *The Philosophy of Sex: Contemporary Readings*, 6.ª ed., Lanham, Maryland, Rowman & Littlefield, 2013, pp. 233-250.

55. «Why Be Nonbinary?», *Aeon*, 30 de octubre de 2018, <https://aeon.co/essays/nonbinary-identity-is-a-radical-stance-against-gender-segregation>.

56. En relación con la nota al pie, véase S. E. James, J. L. Herman, S. Rankin, M. Keisling, L. Mottet y M. Anafi, *The Report of the 2015 U.S. Transgender Survey*, Washington, D. C., National Center for Transgender Equality, 2016, p. 44, <https://transequality.org/sites/default/files/docs/usts/USTS-Full-Report-Dec17.pdf>.

57. Véase Dembroff, «Why Be Nonbinary?». Véase también Dembroff, «Real Talk on the Metaphysics of Gender», p. 38: «Les preocupa que si el género empieza a depender de la autoidentificación, los sistemas sociales que determinan con naturalidad las expectativas sociales, estructuras familiares, disponibilidad sexual y divisiones del trabajo basadas en el género, se vuelvan confusos e ineficientes. A este respecto, en mi opinión, el *modus tollens* de un hombre es el *modus ponens* de una persona queer».

58. Existe al menos un deportista no binario que juega al hockey tanto en equipos masculinos como femeninos. Véase Donna Spencer, «Non-binary Athletes Navigating Canadian Sport with Little Policy Help», CBC Sports, 26 de mayo de 2020, <www.cbc.ca/sports/canada-non-binary-athletes-1.5585435>.

Capítulo 7: Raza y responsabilidad

1. Brad Meltzer, *I Am Rosa Parks*, Nueva York, Dial Books, 2014.

2. Brad Meltzer, *I Am Martin Luther King, Jr.*, Nueva York, Dial Books, 2016.

3. Brad Meltzer, *I Am Jackie Robinson*, Nueva York, Dial Books, 2015.

4. Cathy Goldberg Fishman, *When Jackie and Hank Met*, Tarrytown, Nueva York, Marshall Cavendish, 2012.

5. K. Anthony Appiah analiza la historia de estas formas de pensar en su ensayo «Race, Culture, Identity: Misunderstood Connections», en K. Anthony Appiah y Amy Gutmann, *Color Conscious: The Political Morality of Race*, Princeton, Nueva Jersey, Princeton University Press, 1996, pp. 30-105.

6. Appiah, «Race, Culture, Identity», pp. 68-71.

7. Pueden leerse algunas perspectivas de conjunto reveladoras en Gavin Evans, «The Unwelcome Revival of 'Race Science'», *The Guardian*, 2 de marzo de 2018, <www.theguardian.com/news/2018/mar/02/the-unwelcome-revival-of-race-science>; y William Saletan, «Stop Talking About Race and IQ», *Slate*, 27 de abril de 2018, <https://slate.com/news-and-politics/2018/04/stop-talking-about-race-and-iq-take-it-from-someone-who-did.html>.

8. Evans, «Unwelcome Revival of 'Race Science'».

9. Paul Hoffman, «The Science of Race», *Discover*, noviembre de 1994, p. 4, citado en Appiah, «Race, Culture, Identity», p. 69.

10. Véase Douglas L. T. Rohde, Steve Olson y Joseph T. Chang, «Modelling the Recent Common Ancestry of All Living Humans», *Nature*, 431 (2004), pp. 562-566.

11. Véase Scott Hershberger, «Humans Are More Closely Related Than We Commonly Think», *Scientific American*, 5 de octubre de 2020, <www.scientificamerican.com/article/humans-are-all-more-closely-related-than-we-commonly-think>.

12. Citado en Hershberger, «Humans Are More Closely Related».

13. L. Luca Cavalli-Sforza y Marcus W. Feldman, «The Application of Molecular Genetic Approaches to the Study of Human Evolution», *Nature Genetics Supplement*, 33 (2003), p. 270.

14. Douglas Rohde, citado en Hershberger, «Humans Are More Closely Related».

15. Para una opinión contraria, véase Quayshawn Spencer, «How to Be a Biological Racial Realist», en Joshua Glasgow, Sally Haslanger, Chike Jeffers y Quayshawn Spencer, eds., *What Is Race?: Four Philosophical Views*, Nueva York, Oxford University Press, 2019, pp. 73-110. Spencer alega que la genética de poblaciones revela que los seres humanos nos dividimos en cinco grupos raciales: africanos, asiáticos orientales, euroasiáticos, nativos americanos y oceánicos. Por otro lado, deja claro que esta división no implica que los grupos «difieran en rasgos socialmente importantes (por ejemplo, la inteligencia, la belleza, el carácter moral, etcétera)», p. 104.

16. Véase Ron Mallon, «'Race': Normative, Not Metaphysical or Semantic», *Ethics*, 116 (2006), pp. 525-551; Naomi Zack, *Philosophy of Science and Race*, Nueva York, Routledge, 2002; y Appiah, «Race, Culture, Identity».

17. Para una explicación de este tipo de perspectiva, véase Sally Haslanger, «Tracing the Sociopolitical Reality of Race», en Glasgow, *et al.*, *What Is Race?*, pp. 4-37.

18. W. E. B. Du Bois, *Dusk of Dawn: An Essay Toward an Autobiography of a Race Concept*, New Brunswick, Nueva Jersey, Transaction Publishers, 2011, p. 153.

19. «Las denominaciones raciales "blanco" y "negro" nacieron a la vez», Kwa-

me Anthony Appiah, «I'm Jewish and Don't Identify as White. Why Must Check That Box?", *New York Times Magazine*, 13 de octubre de 2020, <www.nytimes.com/2020/10/13/magazine/im-jewish-and-dont-identify-as-white-why-must-i-check-that-box.html>.

20. James Baldwin, «On Being White . . . and Other Lies», *Essence*, abril de 1984, pp. 90-92.

21. Brent Staples, «How Italians Became 'White'», *New York Times*, 12 de octubre de 2019, <www.nytimes.com/interactive/2019/10/12/opinion/columbus-day-italian-american-racism.html>.

22. Staples, «How Italians Became 'White'».

23. Véase Sally Haslanger, «A Social Constructionist Analysis of Race», en *Resisting Reality: Social Construction and Social Critique*, Nueva York, Oxford University Press, 2012, pp. 298-310; y Haslanger, «Tracing the Sociopolitical Reality of Race», pp. 4-37.

24. Adam Mann, «Why Isn't Pluto a Planet Anymore?», *Space*, 20 de marzo de 2019, <www.space.com/why-pluto-is-not-a-planet.html>.

25. Sección de obras de consulta científica, Biblioteca del Congreso, «Why Is Pluto No Longer a Planet?», Biblioteca del Congreso, 19 de noviembre de 2019, <www.loc.gov/everyday-mysteries/astronomy/item/why-is-pluto-no-longer-a-planet>.

26. La cita en la nota al pie es de Michael Root, «How We Divide the World», *Philosophy of Science*, 67, n.º 3 (2000), S631-S632.

27. El libro mencionado en la nota al pie es Beverly Daniel Tatum, *Why Are All the Black Kids Sitting Together in the Cafeteria? And Other Conversations About Race*, ed. rev., Nueva York, Basic Books, 2003, pp. 31-51.

28. Neil Bhutta, Andrew C. Chang, Lisa J. Dettling y Joanne W. Hsu, «Disparities in Wealth by Race and Ethnicity in the 2019 Survey of Consumer Finances», *FEDS Notes*, Reserva Federal, 20 de septiembre de 2020, <www.federalreserve.gov/econres/notes/feds-notes/disparities-in-wealth-by-race-and-ethnicity-in-the-2019-survey-of-consumer-finances-20200928.htm>.

29. Jhacova Williams y Valerie Wilson, «Black Workers Endure Persistent Racial Disparities in Employment Outcomes», *Economic Policy Institute*, 27 de agosto de 2019, <www.epi.org/publication/labor-day-2019-racial-disparities-in-employment>.

30. Clare Lombardo, «Why White School Districts Have So Much More Money», NPR, 26 de febrero de 2019, <www.npr.org/2019/02/26/696794821/why-white-school-districts-have-so-much-more-money>.

31. Max Roberts, Eric N. Reither y Sojung Lim, «Contributors to the Black-White Life Expectancy Gap in Washington D.C.», *Scientific Reports*, 10 (2020), pp. 1-12.

32. David R. Williams y Toni D. Rucker, «Understanding and Addressing Racial Disparities in Health Care», *Health Care Financing Review*, 21, n.º 4 (2000), pp. 75-90.

33. Becky Pettit y Bryan Sykes, «Incarceration», *Pathways* (número especial de 2017), <inequality.stanford.edu/sites/default/files/Pathways_SOTU_2017.pdf>.

34. Redacción de History.com, «Tulsa Race Massacre», *History*, 8 de marzo de 2018, <www.history.com/topics/roaring-twenties/tulsa-race-massacre>.

35. Equal Justice Initiative, «Study Finds Racial Disparities in Incarceration Persist», 15 de junio de 2016, <https://eji.org/news/sentencing-project-report-racial-disparities-in-incarceration>.

36. Chike Jeffers, «Cultural Constructionism», en Glasgow, *et al.*, *What Is Race?*, p. 75.

37. Chike Jeffers, «The Cultural Theory of Race: Yet Another Look at Du Bois's 'The Conservation of Races'», *Ethics*, 123, n.º 3 (2013), p. 422.

38. Jeffers, «Cultural Theory of Race», p. 422.

39. Jeffers, «Cultural Constructionism», pp. 74-88.

40. Belle publicó anteriormente bajo el nombre de Kathryn T. Gines. Esta cita procede de su artículo «Fanon and Sartre 50 Years Later: To Retain or Reject the Concept of Race», *Sartre Studies International*, 9, n.º 2 (2003), p. 56.

41. Gines, «Fanon and Sartre», 56.

42. En su artículo «On Being White . . . and Other Lies» (p. 91), James Baldwin escribió: «Estados Unidos se volvió blanco —o, mejor dicho, las personas que, según ellas, "colonizaron" el país se volvieron blancas— por la necesidad de negar la presencia negra y justificar la subyugación de los negros. Ninguna comunidad puede basarse en un principio así, o, en otras palabras, una comunidad no puede establecerse sobre una mentira tan genocida. Los blancos —naturales de Noruega, por ejemplo, donde se consideraban simplemente «noruegos»— se volvieron blancos al sacrificar el ganado, envenenar los pozos, masacrar a los nativos americanos y violar a las negras».

43. Judith Jarvis Thomson, «Morality and Bad Luck», *Metaphilosophy*, 20, núms. 3-4 (julio/octubre de 1989), pp. 203-221.

44. Véanse David Schaper, «Boeing to Pay $2.5 Billion Settlement Over Deadly 737 Max Crashes», NPR, 8 de enero de 2021, <www.npr.org/2021/01/08/954782512/boeing-to-pay-2-5-billion-settlement-over-deadly-737-max-crashes>; y Dominic Gates, «Boeing's 737 MAX 'Design Failures' and FAA's 'Grossly Insufficient' Review Slammed», *Seattle Times*, 6 de marzo de 2020, <www.seattletimes.com/business/boeing-aerospace/u-s-house-preliminary-report-faults-boeing-faa-over-737-max-crashes>.

45. W. Robert Thomas, «How and Why Corporations Became (and Remain) Persons under Criminal Law», *Florida State University Law Review*, 45, n.º 2 (2018), pp. 480-538.

46. David Enoch, «Being Responsible, Taking Responsibility, and Penumbral Agency», en Ulrike Heuer y Gerald Lang, eds., *Luck, Value, & Commitment: Themes from the Ethics of Bernard Williams*, Oxford, Oxford University Press, 2012, pp. 95-132.

47. Enoch, «Being Responsible», pp. 120-123.

48. Isabel Wilkerson, *Caste: The Origins of Our Discontents*, Nueva York, Random House, 2020, pp. 15-20.

49. Wilkerson, *Caste*, p. 16.

50. Wilkerson, *Caste*, p. 16.

51. Frederick Douglass, «The Meaning of July Fourth for the Negro», en Philip S. Foner, ed., *Frederick Douglass: Selected Speeches and Writings*, Chicago, Lawrence Hill, 1999, p. 192.

52. Douglass, «Meaning of July Fourth», p. 194.

53. Douglass, «Meaning of July Fourth», p. 195.

54. Douglass, «Meaning of July Fourth», p. 196.

55. Douglass, «Meaning of July Fourth», p. 204.

56. En 2008, la Cámara de Representantes aprobó una resolución para pedir disculpas por la esclavitud. Y eso está bien, pero no puede actuar por sí sola en nombre de Estados Unidos. Danny Lewis, «Five Times the United States Officially Apologized», *Smithsonian Magazine*, 27 de mayo de 2016, <www.smithsonianmag.com/smart-news/five-times-united-states-officially-apologized>.

57. Ta-Nehisi Coates, «The Case for Reparations», *The Atlantic*, junio de 2014, <www.theatlantic.com/magazine/archive/2014/06/the-case-for-reparations/361631>.

58. Daniel Fryer, «What's the Point of Reparation?» (manuscrito inédito, 11 de mayo de 2021).

59. Stephen H. Norwood y Harold Brackman, «Going to Bat for Jackie Robinson: The Jewish Role in Breaking Baseball's Color Line», *Journal of Sport History*, 26, n.º 1 (1999), p. 131.

60. Jackie Robinson y Wendell Smith, *Jackie Robinson: My Own Story*, Nueva York, Greenberg, 1948, p. 96.

61. Robinson y Smith, *Jackie Robinson*, pp. 96-97.

62. Robinson rechazó la invitación. No quería causarle problemas a Greenberg. Véase la autobiografía de Hank Greenberg, *The Story of My Life*, Ira Berkow, ed., Chicago, Ivan R. Dee, 1989, p. 183.

63. Véase Robinson and Smith, *Jackie Robinson*, p. 96; y «Hank Greenberg a Hero to Dodgers' Negro Star», *New York Times*, 18 de mayo de 1947, <https://timesmachine.nytimes.com/timesmachine/1947/05/18/99271179.html>.

64. Lenny Bruce, *How to Talk Dirty and Influence People*, Boston, Da Capo Press, 2016, p. 155. [Hay trad. cast.: *Cómo ser grosero e influir en los demás: memorias de un bocazas*, Barcelona, Malpaso, 2015].

65. Citado en Dana Goodyear, «Quiet Depravity», *New Yorker*, 17 de octubre de 2005, <www.newyorker.com/magazine/2005/10/24/quiet-depravity>.

66. Emma Green, «Why the Charlottesville Marchers Were Obsessed with Jews», *The Atlantic*, 15 de agosto de 2017, <www.theatlantic.com/politics/archive/2017/08/nazis-racism-charlottesville/536928>.

67. Y a menudo los judíos negros quedan atrapados en medio. Deena Yellin, «Subjected to Anti-Semitism and Racism, Jews of Color Feel 'Stuck in the Middle'», NorthJersey.com, 27 de agosto de 2020, <www.northjersey.com/story/news/local/2020/08/27/jewish-people-of-color-grapple-with-bigotry-two-fronts/5444526002>.

68. Norwood y Brackman, «Going to Bat», pp. 133-134.

69. Ami Eden, «Remembering Jackie Robinson's Fight with Black Nationalists over Anti-Semitism», *Jewish Telegraphic Agency*, 15 de abril de 2013, <www.jta.org/2013/04/15/culture/remembering-jackie-robinsons-fight-with-black-nationalists-over-anti-semitism>.

70. Jackie Robinson, *I Never Had It Made*, Nueva York, G. P. Putnam's Sons, 1972, p. 159.

71. En relación con la nota al pie, véase James Baldwin, «Negroes Are Anti Semitic because They're Anti-White», *New York Times*, 9 de abril de 1967, <https://movies2.nytimes.com/books/98/03/29/specials/baldwin-antisem.html>.

72. Hank Greenberg escribió en su autobiografía: «Jackie lo tenía difícil, más difícil que cualquier otro jugador de la historia. Daba la casualidad de que yo era judío, uno de los pocos que jugaban al béisbol, pero era blanco y no tenía cuernos, como algunos creían... Sin embargo, me identificaba con Jackie Robinson. Sentía simpatía por él porque me habían tratado igual. No tan mal, pero hacían comentarios todo el rato sobre que era un *sheenie* y un judío». Greenberg, *Story of My Life*, p. 183.

Capítulo 8: El conocimiento

1. Cuang-tzu, *The Complete Works of Zhuangzi*, Burton Watson, trad., Nueva York, Columbia University Press, 2013, p. 18. [Hay trad. cast.: *Chuang-tzu, obra completa*, Palma de Mallorca, Cort, 2005].

2. René Descartes, *Meditations on First Philosophy: With Selections from the Objections and Replies*, 2.ª ed., John Cottingham, ed. y trad., Cambridge, Cambridge University Press, 2017, p. 15. [Hay trad. cast.: *Meditaciones metafísicas con objeciones y respuestas*, Oviedo, KRK, 2005].

3. Descartes, *Meditations on First Philosophy*, p. 16.

4. Descartes, *Meditations on First Philosophy*, p. 17.

5. Descartes, *Meditations on First Philosophy*, p. 19.

6. Descartes, *Meditations on First Philosophy*, p. 21.

7. No todo el mundo opina lo mismo. Friedrich Nietzsche alegaba que lo máximo que Descartes tenía derecho a concluir era que existía el pensamiento, no que hubiera un «yo» que pensara. Me inclino a pensar que el razonamiento de Descartes sobre este punto era sólido. Para ahondar en las dudas de Nietzsche, véase su ensayo *Beyond Good and Evil: Prelude to a Philosophy of the Future*, Helen Zimmern, trad., Nueva York, Macmillan, 1907, pp. 22-25. [Hay trad. cast.: *Más*

allá del bien y del mal: preludio de una filosofía del futuro, Madrid, Alianza, 2012]. Para una defensa de la postura de Descartes, véase Christopher Peacocke, «Descartes Defended», *Proceedings of the Aristotelean Society, Supplementary Volumes*, 86 (2012), pp. 109-125.

8. Para una visión general del análisis tradicional del conocimiento y los problemas que conlleva, véase Jonathan Jenkins Ichikawa y Matthew Steup, «The Analysis of Knowledge», en Edward N. Zalta, ed., *Stanford Encyclopedia of Philosophy* (edición de verano de 2018), <https://plato.stanford.edu/archives/sum2018/entries/knowledge-analysis>.

9. David Edmonds, «A Truth Should Suffice», *Times Higher Education*, 24 de enero de 2013, <www.timeshighereducation.com/a-truth-should-suffice/2001095.article>.

10. Edmund L. Gettier, «Is Justified True Belief Knowledge?», *Analysis*, 23, n.º 6 (1963), pp. 121-123.

11. Para una visión general de las posibles respuestas y los problemas que comportan, véase Ichikawa y Steup, «Analysis of Knowledge».

12. Linda Zagzebski, «The Inescapability of Gettier Problems», *Philosophical Quarterly*, 44, n.º 174 (1994), p. 69.

13. Zagzebski, «Inescapability of Gettier Problems», pp. 67-68.

14. Timothy Williamson defiende esta idea en *Knowledge and Its Limits*, Nueva York, Oxford University Press, 2000.

15. Gettier, citado en Edmonds, «A Truth Should Suffice».

16. La historia aparece reproducida en Georges B. J. Dreyfus, *Recognizing Reality: Dharmakirti's Philosophy and Its Tibetan Interpretations*, Albany, Nueva York, SUNY Press, 1997, p. 292. Leí por primera vez el relato (y el de la siguiente nota) en Ichikawa, «Analysis of Knowledge».

17. El relato de Pietro decía así: «Hazte cuenta que Platón se encuentra a tu lado y sabes que está corriendo, pero lo confundes con Sócrates, por lo que crees firmemente que Sócrates está corriendo. No obstante, figúrate que Sócrates está, en efecto, corriendo en Roma; sin embargo, tú no lo sabes». La historia aparece reproducida en Ivan Boh, «Belief Justification and Knowledge: Some Late Medieval Epistemic Concerns», *Journal of the Rocky Mountain Medieval and Renaissance Association*, 6 (1985), p. 95.

18. Christia Mercer, «Descartes' Debt to Teresa of Avila, or Why We Should Work on Women in the History of Philosophy», *Philosophical Studies*, 174, n.º 10 (2017), pp. 2539-2555.

19. Véase, por ejemplo, Rebecca Buxton y Lisa Whiting, eds., *The Philosopher Queens: The Lives and Legacies of Philosophy's Unsung Women*, Londres, Unbound, 2020.

20. «Notes and News», *Journal of Philosophy*, 75, n.º 2 (1978), p. 114.

21. G. C. Stine, «Skepticism, Relevant Alternatives, and Deductive Closure», *Philosophical Studies*, 29 (1976), pp. 249-261.

22. Stine fue una pionera e influyente defensora de que los criterios relativos al conocimiento cambian, pero no fue la primera, ni mucho menos la última. Para una introducción minuciosa a esta perspectiva, véase Patrick Rysiew, «Epistemic Contextualism», en Edward N. Zalta, ed., *Stanford Encyclopedia of Philosophy* (edición de primavera de 2021), <https://plato.stanford.edu/archives/spr2021/entries/contextualism-epistemology>.

23. Stine, «Skepticism, Relevant Alternatives, and Deductive Closure», p. 252.

24. Amy Isackson, «Working to Save the Painted 'Zonkeys' of Tijuana», NPR, 8 de agosto de 2013, <www.npr.org/2013/08/08/209969843/working-to-save-the-painted-zonkeys-of-tijuana>.

25. Stine, «Skepticism, Relevant Alternatives, and Deductive Closure», pp. 256-257.

26. Respecto a la nota al pie, véase Emily Lodish, «Here's Everything You Wanted to Know about Zonkeys, the Great Zebra-Donkey Hybrids», *The World*, 30 de abril de 2014, <www.pri.org/stories/2014-04-30/heres-everything-you-wanted-know-about-zonkeys-great-zebra-donkey-hybrids>.

27. Stine, «Skepticism, Relevant Alternatives, and Deductive Closure», p. 254.

28. N. Angel Pinillos, «Knowledge, Ignorance and Climate Change», *New York Times*, 26 de noviembre de 2018, <www.nytimes.com/2018/11/26/opinion/skepticism-philosophy-climate-change.html>.

29. Para una visión general de las pruebas, véase Renee Cho, «How We Know Today's Climate Change Is Not Natural», *State of the Planet*, Columbia Climate School, 4 de abril de 2017, <https://blogs.ei.columbia.edu/2017/04/04/how-we-know-climate-change-is-not-natural>.

30. «On Energy, Election Commission, & Education, Sununu Casts Himself as More Pragmatist Than Politician», New Hampshire Public Radio, 10 de julio de 2017, <www.nhpr.org/post/energy-election-commission-education-sununu-casts-himself-more-pragmatist-politician>.

31. David Roberts, «Exxon Researched Climate Science. Understood It. And Misled the Public», *Vox*, 23 de agosto de 2017, <www.vox.com/energy-and-environment/2017/8/23/16188422/exxon-climate-change>.

32. Phoebe Keane, «How the Oil Industry Made Us Doubt Climate Change», BBC News, 20 de septiembre de 2020, <www.bbc.com/news/stories-53640382>.

33. En relación con la nota al pie, Ludwig Wittgenstein lo expresó así: «Es decir que las *preguntas* que formulamos y nuestras *dudas* dependen del hecho de que algunas proposiciones estén exentas de dudas y son, por así decirlo, las bisagras sobre las que giran aquellas». Wittgenstein, *On Certainty*, G. E. M. Anscombe, ed., y G. H. von Wright, trad., Denis Paul y G. E. M. Anscombe, Nueva York, Harper & Row, 1975, p. 44. [Hay trad. cast.: *Sobre la certeza*, Barcelona, GEDISA, 2022].

34. Pinillos, «Knowledge, Ignorance and Climate Change».

35. Rich McCormick, «Odds Are We're Living in a Simulation, Says Elon Musk», *The Verge*, 2 de junio de 2016, <www.theverge.com/2016/6/2/11837874/elon-musk-says-odds-living-in-simulation>.

36. El argumento completo aparece expuesto en Nick Bostrom, «Are You Living in a Computer Simulation?», *Philosophical Quarterly*, 53, n.º 211 (2003), pp. 243-55. Dicho artículo, junto a otros muchos que examinan la hipótesis, está recopilado en <https://www.simulation-argument.com>.

37. He simplificado un poco las alternativas de Bostrom. Para la versión original, véase Bostrom, «Are You Living in a Computer Simulation?».

38. Estas inquietudes se plantean en James Pryor, «What's So Bad about Living in the Matrix?», en Christopher Grau, ed., *Philosophers Explore the Matrix*, Nueva York, Oxford University Press, 2005, pp. 40-61.

39. David J. Chalmers, «The Matrix as Metaphysics», en *The Character of Consciousness*, Nueva York, Oxford University Press, 2010, pp. 455-478.

40. Chalmers explica la confusión en «Matrix as Metaphysics», pp. 471-472.

Capítulo 9: La verdad

1. Véase Seana Valentine Shiffrin, *Speech Matters: On Lying, Morality, and the Law*, Princeton, Nueva Jersey, Princeton University Press, 2014, pp. 12-14.

2. Shiffrin, *Speech Matters*, pp. 13-14. Atribuye el ejemplo a Thomas L. Carson, «Lying, Deception, and Related Concepts», en Clancy Martin, ed., *The Philosophy of Deception*, Nueva York, Oxford University Press, 2009, pp. 159-161.

3. He simplificado el argumento de Shiffrin. Esta es su descripción completa del concepto de mentira (*Speech Matters*, 12): afirmación deliberada hecha por A a B sobre una proposición P tal que:

A no cree P, y

A es consciente de que A no cree P, y

A presenta P deliberadamente de una manera o en un contexto que evidencia de forma objetiva la intención de A de que B interprete P como una representación precisa de la creencia de A.

4. Véase Shiffrin, *Speech Matters*, p. 16.

5. Shiffrin, *Speech Matters*, pp. 16-19.

6. Shiffrin diría que el contexto está suspendido *epistémicamente*, pero eso no te libera de la obligación de decir la verdad. Véase Shiffrin, *Speech Matters*, p. 16.

7. Shiffrin, *Speech Matters*, p. 16.

8. Shiffrin, *Speech Matters*, p. 18.

9. Shiffrin, *Speech Matters*, p. 33.

10. Shiffrin, *Speech Matters*, p. 33.

11. Shiffrin, *Speech Matters*, p. 22.

12. Véase, por ejemplo, Alasdair MacIntyre, «Truthfulness, Lies, and Moral Philosophers: What Can We Learn from Mill and Kant?», Conferencias Tanner sobre Valores Humanos, Universidad de Princeton, 6 y 7 de abril de 1994, p. 336, <https://tannerlectures.utah.edu/_documents/a-to-z/m/macintyre_1994.pdf>.

13. Jennifer Saul, «Just Go Ahead and Lie», *Analysis*, 72, n.º 1 (2012), pp. 3-9.

14. Jennifer Mather Saul, *Lying, Misleading, and What Is Said: An Exploration in Philosophy of Language and in Ethics*, Oxford, Oxford University Press, 2012, p. 72.

15. Saul, *Lying, Misleading, and What Is Said*, p. 72.

16. Saul menciona algunas excepciones, como mentir ante un tribunal. Saul, *Lying, Misleading, and What Is Said*, p. 99.

17. Shiffrin, *Speech Matters*, p. 23.

18. Immanuel Kant, «On a Supposed Right to Tell Lies from Benevolent Motives», en *Kant's Critique of Practical Reason and Other Works on the Theory of Ethics*, Thomas Kingsmill Abbott, trad., Londres, Longmans, Green, 1879, pp. 431-436.

19. Allen W. Wood, *Kantian Ethics*, Nueva York, Cambridge University Press, 2008, p. 245.

20. Wood, *Kantian Ethics*, pp. 244-248.

21. Wood, *Kantian Ethics*, p. 249.

22. Wood, *Kantian Ethics*, p. 249.

23. Wood, *Kantian Ethics*, p. 249.

24. Wood, *Kantian Ethics*, p. 249.

25. Wood, *Kantian Ethics*, p. 249.

26. David Leonhardt y Stuart A. Thompson, «Trump's Lies», *New York Times*, 14 de diciembre de 2017, <www.nytimes.com/interactive/2017/06/23/opinion/trumps-lies.html>; y Daniel Dale, «The 15 Most Notable Lies of Donald Trump's Presidency», CNN, 16 de enero de 2021, <www.cnn.com/2021/01/16/politics/fact-check-dale-top-15-donald-trump-lies/index.html>.

27. Dale, «The 15 Most Notable Lies»; y Nicholas Fandos, «White House Pushes 'Alternative Facts.' Here Are the Real Ones», *New York Times*, 22 de enero de 2017, <www.nytimes.com/2017/01/22/us/politics/president-trump-inauguration-crowd-white-house.html>.

28. Jim Rutenberg, Jo Becker, Eric Lipton, Maggie Haberman, Jonathan Martin, Matthew Rosenberg y Michael S. Schmidt, «77 Days: Trump's Campaign to Subvert the Election», *New York Times*, 31 de enero de 2021, <www.nytimes.com/2021/01/31/us/trump-election-lie.html>.

29. Véase H. L. A. Hart, *The Concept of Law*, Oxford, Clarendon Press, 1961, pp. 141-147. [Hay trad. cast.: *El concepto de derecho*, Abeledo, Buenos Aires, 2011].

30. Véase Paul Boghossian, *Fear of Knowledge: Against Relativism and Cons-*

tructivism, Oxford, Clarendon Press, 2006, pp. 52-54. Boghossian cree que el relativismo global podría superar el argumento expuesto en el texto, pero aun así lo considera incoherente, pues exige datos no relativos sobre el tipo de opiniones que acepta la gente (pp. 54-56).

31. Véase Ronald Dworkin, «Objectivity and Truth: You'd Better Believe It», *Philosophy and Public Affairs*, 25, n.º 2 (1996), pp. 87-139.

32. Dworkin, «Objectivity and Truth», p. 104.

33. Dworkin, «Objectivity and Truth», p. 105.

34. Dworkin, «Objectivity and Truth», p. 118.

35. C. Thi Nguyen, «Escape the Echo Chamber», *Aeon*, 9 de abril de 2018, <https://aeon.co/essays/why-its-as-hard-to-escape-an-echo-chamber-as-it-is-to-flee-a-cult>.

36. Nguyen, «Escape the Echo Chamber».

37. Nguyen, «Escape the Echo Chamber».

38. Para un análisis en mayor profundidad de la cámara de eco creada por Limbaugh, véase Kathleen Hall Jamieson y Joseph N. Cappella, *Echo Chamber: Rush Limbaugh and the Conservative Media Establishment*, Nueva York, Oxford University Press, 2008.

39. Robin DiAngelo, *Nice Racism: How Progressive White People Perpetuate Racial Harm*, Boston: Beacon Press, 2021, pp. 45-47.

40. DiAngelo, *Nice Racism*, p. 46.

41. DiAngelo, *Nice Racism*, p. 47.

42. En una entrevista con Isaac Chotiner, DiAngelo matizó las implicaciones de su lista al admitir la posibilidad de que surgieran discrepancias de buena fe por parte de personas que aceptaran su tesis central. Isaac Chotiner, «Robin DiAngelo Wants White Progressives to Look Inward», *New Yorker*, 14 de julio de 2021, <www.newyorker.com/news/q-and-a/robin-diangelo-wants-white-progressives-to-look-inward>.

43. Nguyen, «Escape the Echo Chamber».

44. Nguyen, «Escape the Echo Chamber».

45. Nguyen, «Escape the Echo Chamber».

46. Shiffrin, en *Speech Matters*, p. 16, explica que en un contexto suspendido justificado la «presunción normativa de veracidad queda suspendida porque estos contextos cumplen otras funciones valiosas cuyo éxito depende de la suspensión de la presunción, y tanto el hecho como la justificación de la suspensión son fácilmente comprobables». Sin embargo, más adelante, Shiffrin admite que esa ambigüedad respecto a si nos encontramos en un contexto suspendido puede contribuir «al arte, al juego, a la privacidad y a la autoexploración interpersonal» (p. 43), por lo que es posible que sea más flexible respecto al requisito de la facilidad de comprobación de lo que parece indicar la primera cita.

47. Shiffrin, *Speech Matters*, p. 42.

48. Shiffrin, *Speech Matters*, pp. 42-43.

49. Shiffrin, *Speech Matters*, pp. 24-25.
50. Shiffrin, *Speech Matters*, pp. 24-25.

Capítulo 10: La mente

1. Peter Tyson, «Dogs' Dazzling Sense of Smell», PBS, 4 de octubre de 2012, <www.pbs.org/wgbh/nova/article/dogs-sense-of-smell>.
2. Stanley Coren, «Can Dogs See Colors?», *Psychology Today*, 20 de octubre de 2008, <www.psychologytoday.com/us/blog/canine-corner/200810/can-dogs-see-colors>.
3. Alison Gopnik, *The Philosophical Baby: What Children's Minds Tell Us about Truth, Love, and the Meaning of Life*, Nueva York, Farrar, Straus and Giroux, 2009, pp. 9-10. [Hay trad. cast.: *El filósofo entre pañales*, Madrid, Temas de Hoy, 2010].
4. Gopnik, *The Philosophical Baby*, p. 106.
5. Para una hipótesis fundamentada sobre qué se siente al ser un bebé, véase Gopnik, *The Philosophical Baby*, pp. 125-132.
6. Thomas Nagel, «What Is It Like to Be a Bat?», *Philosophical Review*, 83, n.º 4 (1974), p. 438.
7. Nagel, «What Is It Like to Be a Bat?», p. 439.
8. Nagel, «What Is It Like to Be a Bat?», p. 439.
9. Tania Lombrozo, «Be Like a Bat? Sound Can Show You the Way», NPR, 28 de enero de 2013, <www.npr.org/sections/13.7/2013/01/28/170355712/be-like-a-bat-sound-can-show-you-the-way>.
10. Kish es el protagonista en Alix Spiegel y Lulu Miller, «How to Become Batman», *Invisibilia* (pódcast), producido por NPR, 23 de enero de 2015, <www.npr.org/programs/invisibilia/378577902/how-to-become-batman>.
11. Nagel, «What Is It Like to Be a Bat?», p. 442, n.º 8.
12. A. J. Ayer lo expresa así: «Se da a entender que, para saber de verdad lo que piensa o siente otra persona, tengo que compartir literalmente sus experiencias; luego resulta que compartirlas, en el sentido que nos ocupa, requiere vivir sus experiencias y que, para poder vivirlas, tengo que ser esa persona, de modo que lo que se me exige es que me convierta en otra persona sin dejar de ser yo mismo, lo que constituye una contradicción». A. J. Ayer, «One's Knowledge of Other Minds», *Theoria*, 19, núms. 1-2 (1953), p. 5.
13. Ayer, «One's Knowledge of Other Minds», p. 6.
14. En este punto sigo a David J. Chalmers, *The Conscious Mind: In Search of a Fundamental Theory*, Nueva York, Oxford University Press, 1996, p. 94. [Hay trad. cast.: *La mente consciente: en busca de una teoría fundamental*, Barcelona, GEDISA, 1999].
15. Thomas H. Huxley y William Jay Youmans, *The Elements of Physiology and Hygiene*, Nueva York, D. Appleton, 1868, p. 178.

16. David J. Chalmers, *The Character of Consciousness*, Nueva York, Oxford University Press, 2010, pp. 1-28.

17. René Descartes, *Meditations on First Philosophy with Selections from the Objections and Replies*, ed. rev., John Cottingham, trad., Cambridge, Cambridge University Press, 1996, pp. 50-62. [Hay trad. cast.: *Meditaciones metafísicas con objeciones y respuestas*, Oviedo, KRK, 2005].

18. Descartes escribe: «El hecho de que pueda distinguir una cosa de otra de forma clara e inequívoca basta para darme la certeza de que se trata de cosas diferenciadas, pues son susceptibles de ser separadas, al menos por Dios», *Meditations on First Philosophy*, p. 54.

19. Descartes, *Meditations on First Philosophy*, p. 56.

20. Véase Gert-Jan Lokhorst, «Descartes and the Pineal Gland», en Edward N. Zalta, ed., *Stanford Encyclopedia of Philosophy* (edición de otoño de 2020), <https://plato.stanford.edu/archives/fall2020/entries/pineal-gland>.

21. Para una visión general de las contribuciones de Isabel a la filosofía y su correspondencia con Descartes, véase Lisa Shapiro, «Elisabeth, Princess of Bohemia», en Edward N. Zalta, ed., *Stanford Encyclopedia of Philosophy* (edición de invierno de 2014), <https://plato.stanford.edu/archives/win2014/entries/elisa beth-bohemia>.

22. La mecánica cuántica podría complicar esta historia, pero no de una manera que permita que una mente no física impulse a un cuerpo físico a actuar. Véase Chalmers, *Conscious Mind*, pp. 156-158.

23. La metáfora del fantasma en la máquina procede de Gilbert Ryle, *The Concept of Mind*, Nueva York, Barnes & Noble, 1950, pp. 15-16. [Hay trad. cast.: *El concepto de lo mental*, Barcelona, Paidós, 2005].

24. Para una visión general de los enfoques funcionalistas de la mente mencionados en la nota al pie, véase Janet Levin, «Functionalism», en Edward N. Zalta, ed., *Stanford Encyclopedia of Philosophy* (edición de otoño de 2018), <https://plato.stanford.edu/archives/fall2018/entries/functionalism>.

25. Frank Jackson presentó por primera vez la habitación de Mary en «Epiphenomenal Qualia», *Philosophical Quarterly*, 32, n.º 127 (1982), p. 130.

26. Saul A. Kripke formula la cuestión en estos términos en *Naming and Necessity*, Cambridge, Massachusetts, Harvard University Press, 1980, pp. 153-154.

27. Chalmers desarrolla estos argumentos e incorpora otros más en *Conscious Mind*, pp. 94-106.

28. Chalmers, *Conscious Mind*, pp. 276-308.

29. Chalmers, *Conscious Mind*, pp. 293-299.

30. Daniel C. Dennett, *Consciousness Explained*, Boston, Little Brown, 1991, pp. 398-401. [Hay trad. cast.: *La conciencia explicada: una teoría interdisciplinar*, Barcelona, Paidós Ibérica, 1995].

31. Véase Daniel C. Dennett, «Quining Qualia», en A. J. Marcel y E. Bisiach, eds., *Consciousness in Contemporary Science*, Oxford, Oxford University Press, 1988, pp. 42-77.

32. Dennett, *Consciousness Explained*, p. 398.

33. Dennett, *Consciousness Explained*, p. 389.

34. Dennett, *Consciousness Explained*, p. 406.

35. Dennett, *Consciousness Explained*, p. 406, n.º 6.

36. Para ahondar en la cuestión de si los *qualia* son epifenoménicos, véase Chalmers, *Conscious Mind*, pp. 150-160.

37. Chalmers, *Conscious Mind*, pp. 189-191.

38. La cita en la nota al pie procede de Dennett, *Consciousness Explained*, p. 398.

39. En relación con la nota al pie, véase Frank Jackson, «Mind and Illusion», *Royal Institute of Philosophy Supplement*, 53, 2003, pp. 251-271.

40. Galen Strawson, *Things That Bother Me: Death, Freedom, the Self, Etc.*, Nueva York, New York Review of Books, 2018, pp. 130-153.

41. Strawson, *Things That Bother Me*, pp. 154-176.

42. Strawson, *Things That Bother Me*, p. 173.

43. Strawson explica su punto de vista en una entrevista con Robert Wright, «What Is It Like to Be an Electron? An Interview with Galen Strawson», *Nonzero*, 28 de junio de 2020, <https://nonzero.org/post/electron-strawson>.

44. Chalmers, *Conscious Mind*, p. 277.

45. Véase, por ejemplo, Colin McGinn, «Can We Solve the Mind-Body Problem?», *Mind*, 98, n.º 391 (1989), pp. 346-366.

Capítulo 11: El infinito

1. Gracias a Gordon Belot por señalarme que el argumento de Rex lo había concebido Arquitas antes.

2. Carl Huffman, «Archyatas», en Edward N. Zalta, ed., *Stanford Encyclopedia of Philosophy* (edición ed invierno de 2020), <https://plato.stanford.edu/archives/win2020/entries/archytas>.

3. Este es un pasaje de la descripción que hace Eudemo del argumento de Arquitas. Carl A. Huffman, *Archytas of Tarentum: Pythagorean, Philosopher and Mathematician King*, Cambridge, Cambridge University Press, 2005, p. 541.

4. Lucrecio, *De Rerum Natura*, I 968-979. Para un análisis, véase David J. Furley, «The Greek Theory of the Infinite Universe», *Journal of the History of Ideas*, 42, n.º 4 (1981), p. 578.

5. Isaac Newton, *Unpublished Scientific Papers of Isaac Newton: A Selection from the Portsmouth Collection in the University Library, Cambridge*, A. Rupert Hall y Marie Boas Hall, eds. y trad., Cambridge, Cambridge University Press, 1962, p. 133.

6. Para una visión general del pensamiento de Parménides, véase John Palmer, «Parmenides», en Edward N. Zalta, ed., *Stanford Encyclopedia of Philosophy* (edi-

ción de invierno de 2020), <https://plato.stanford.edu/archives/win2020/entries/parmenides>.

7. Simplicio, *On Aristotle's Physics, 6*, David Konstan, trad., Londres, Bloomsbury, 1989, p. 114, s. 1012.20.

8. «Por lo tanto, el argumento de Zenón se basa en una premisa errónea al afirmar que es imposible que un objeto pase por un número infinito de cosas o entre en contacto con ellas una a una en un tiempo finito. Y es que hay dos sentidos en los que la longitud, el tiempo y, en general, cualquier cosa continua pueden calificarse de "infinitos": reciben este calificativo en relación con su divisibilidad o con sus extremos. Así pues, si bien un objeto no puede entrar en contacto en un tiempo finito con una cantidad infinita de cosas, puede entrar en contacto con cosas infinitas en el aspecto de la divisibilidad, ya que, en este sentido, el tiempo también es infinito: así pues, vemos que el tiempo que tarda el recorrido por la infinidad no es finito, sino infinito, y el contacto con la infinidad se lleva a cabo a través de una serie de momentos no finitos, sino infinitos», Aristóteles, *Physics*, R. P. Hardie y R. K. Gaye, trads., Cambridge, Massachusetts, MIT (s. f.), libro VI.2; se puede consultar en <https://www.google.com/books/edition/Physica_by_R_P_Hardie_and_R_K_Gaye_De_ca/A1RHAQAAMAAJ?hl=en&gbpv=1&bsq=1930>. [Hay trad. cast.: *Física*, Madrid, Consejo Superior de Investigaciones Científicas, 1997].

9. Véase Aristóteles, *Physics*, libro VIII.8.

10. En este punto y en el análisis de la paradoja de Zenón, me ha sido muy útil Nick Huggett, «Zeno's Paradoxes», en Edward N. Zalta, ed., *Stanford Encyclopedia of Philosophy* (edición de invierno de 2019), <https://plato.stanford.edu/archives/win2019/entries/paradox-zeno>.

11. Para un análisis de la solución estándar y las alternativas, véase Bradley Dowden, «Zeno's Paradoxes», *Internet Encyclopedia of Philosophy*, consulta realizada el 8 de noviembre de 2020, <https://iep.utm.edu/zeno-par>.

12. Carlo Rovelli explica claramente este punto en *Reality Is Not What It Seems: The Journey to Quantum Gravity*, Simon Carnell y Erica Segre, trads. Nueva York, Riverhead Books, 2017, pp. 26-28.

13. Para un análisis, véase Rovelli, *Reality Is Not What It Seems*, pp. 169-171.

14. Para una introducción a la filosofía moral de Dewey mencionada en la nota al pie, véase Elizabeth Anderson, «Dewey's Moral Philosophy», en Edward N. Zalta, ed., *Stanford Encyclopedia of Philosophy* (edición de invierno de 2019), <https://plato.stanford.edu/archives/win2019/entries/dewey-moral>.

15. Neil deGrasse Tyson es tal vez el científico más destacado que desdeña la filosofía, pero no es ni por asomo el único. Véase George Dvorsky, «Neil deGrasse Tyson Slammed for Dismissing Philosophy as 'Useless'», *Gizmodo*, 12 de mayo de 2014, <https://io9.gizmodo.com/neil-degrasse-tyson-slammed-for-dismissing-philosophy-a-1575178224>.

16. Chris Baraniuk, «It Took Centuries, but We Now Know the Size of the

Universe», BBC Earth, 13 de junio de 2016, <www.bbc.com/earth/story/20160610-it-took-centuries-but-we-now-know-the-size-of-the-universe>.

17. Nick Bostrom, «Infinite Ethics», *Analysis and Metaphysics*, 10 (2011), pp. 9-59.

18. Para una introducción accesible al hotel de Hilbert, véase World Science Festival, «Steven Strogatz and Hilbert's Infinite Hotel», vídeo de YouTube, 9:20, 7 de enero de 2015, <www.youtube.com/watch?v=wE9fl6tUWhc>.

19. Seth Fishman, *A Hundred Billion Trillion Stars*, Nueva York HarperCollins, 2017. [Hay trad. cast.: *Un trillón de estrellas*, Barcelona, Océano Travesía, 2020].

20. «How Many Stars Are There in the Universe?», Agencia Espacial Europea, consulta realizada el 8 de noviembre de 2020, <www.esa.int/Science_Exploration/Space_Science/Herschel/How_many_stars_are_there_in_the_Universe>.

21. Thomas Nagel, «The Absurd», *Journal of Philosophy*, 68, n.º 20 (1971), p. 719; y Thomas Nagel, «Birth, Death, and the Meaning of Life», en *The View from Nowhere*, Nueva York, Oxford University Press, 1986, pp. 208-232.

22. Nagel, «The Absurd», 718.

23. Nagel, «Birth, Death, and the Meaning of Life», p. 215.

24. Nagel, «The Absurd», pp. 725-726.

25. Sarah Buss, «Some Musings about the Limits of an Ethics That Can Be Applied—A Response to a Question about Courage and Convictions That Confronted the Author When She Woke Up on November 9, 2016», *Journal of Applied Philosophy*, 37, n.º 1 (2020), p. 26.

26. Buss, «Some Musings», pp. 21-23.

27. Buss, «Some Musings», p. 17.

28. Buss, «Some Musings», p. 21.

29. Buss, «Some Musings», p. 18.

30. Como observa Nagel, el tamaño del universo no es por sí solo una buena razón para considerarnos insignificantes. Sin embargo, reflexionar sobre ello nos ayuda a distanciarnos de nosotros mismos para reparar en nuestra insignificancia. «The Absurd», pp. 717, 725.

31. Nagel también llega a la conclusión de que nuestra absurdidad no importa mucho en «The Absurd», p. 727.

Capítulo 12: Dios

1. La original aparece en John Wisdom, «Gods», *Proceedings of the Aristotelean Society*, 45 (1944-1945), pp. 185-206. La adaptación de Flew aparece en Antony Flew, «Theology and Falsification», en Antony Flew y Alasdair MacIntyre, eds., *New Essays in Philosophical Theology*, Nueva York, Macmillan, 1955, pp. 96-98.

2. Flew, «Theology and Falsification», pp. 96-98.

3. Flew, «Theology and Falsification», pp. 96-98.

4. Ludwig Wittgenstein, *Lectures and Conversations on Aesthetics, Psychology, and Religious Belief*, Cyril Barrett, ed., Berkeley, University of California Press, 1966, p. 53.

5. Lara Buchak, «Can It Be Rational to Have Faith?», en Jake Chandler y Victoria S. Harrison, eds., *Probability in the Philosophy of Religion*, Oxford, Oxford University Press, 2012, pp. 225-227.

6. Blaise Pascal, *Thoughts, Letters, and Minor Works*, Nueva York, P. F. Collier & Son, 1910, pp. 85-87. [Hay trad. cast.: *Pensamientos*, Madrid, Valdemar, 2005].

7. Para una visión general, véase Alan Hájek, «Pascal's Wager», en Edward N. Zalta, ed., *Stanford Encyclopedia of Philosophy* (edición de verano de 2018), <https://plato.stanford.edu/archives/sum2018/entries/pascal-wager>.

8. William James expresó la misma preocupación respecto a la apuesta en *The Will to Believe and Other Essays in Popular Philosophy*, Nueva York, Longmans, Green, 1986, p. 5. [Hay trad. cast.: *La voluntad de creer: un debate sobre la ética de la creencia*, Madrid, Tecnos, 2003].

9. Anselmo, *Proslogion*, David Burr, trad., en «Anselm on God's Existence», Internet History Sourcebooks Project, 20 de enero de 2021, <https://sourcebooks.fordham.edu/source/anselm.asp>. [Hay trad. cast.: *Proslogion*, Madrid, Tecnos, 2009].

10. Para la respuesta de Gaunilo, véase «How Someone Writing on Behalf of the Fool Might Reply to All This», David Burr, trad., en «Anselm on God's Existence». Para un análisis, véase Kenneth Einar Himma, «Anselm: Ontological Arguments for God's Existence», *Internet Encyclopedia of Philosophy*, consulta realizada el 20 de agosto de 2019, <https://iep.utm.edu/ont-arg>.

11. Para una visión general, véase Graham Oppy, «Ontological Arguments», en Edward N. Zalta, ed., *Stanford Encyclopedia of Philosophy* (edición de primavera de 2020), <https://plato.stanford.edu/archives/spr2020/entries/ontological-arguments>.

12. La frase de Einstein aparece citada por su ayudante Ernst Straus. Véase la «memoria» de Straus en A. P. French, ed., *Einstein: A Centenary Volume*, Cambridge, Massachusetts, Harvard University Press, 1979, pp. 31-32.

13. Sobre la pregunta de Einstein, véase Dennis Overbye, «Did God Have a Choice?», *New York Times Magazine*, 18 de abril de 1999, p. 434, <https://timesmachine.nytimes.com/timesmachine/1999/04/18/issue.html>.

14. Para un divertido repaso a las posibles respuestas, véase Jim Holt, *Why Does the World Exist: An Existential Detective Story*, Nueva York, W. W. Norton, 2012. [Hay trad. cast.: *¿Por qué existe el mundo?: una historia sobre la nada y la existencia*, Barcelona, RBA Libros, 2013].

15. J. L. Mackie, «Evil and Omnipotence», *Mind*, 64, n.º 254 (1955), p. 200.

16. Mackie, «Evil and Omnipotence», pp. 201-202.

17. Mackie, «Evil and Omnipotence», p. 203.

18. En relación con la nota al pie, véase Mackie, «Evil and Omnipotence», p. 201.

19. Véase Mackie, «Evil and Omnipotence», p. 206.

20. Véase Mackie, «Evil and Omnipotence», p. 207.

21. Mackie, «Evil and Omnipotence», p. 209.

22. Para una visión general de la perspectiva de Leibniz sobre el problema del mal, véase Michael J. Murray y Sean Greenberg, «Leibniz on the Problem of Evil», en Edward N. Zalta, ed., *Stanford Encyclopedia of Philosophy* (edición de invierno de 2016), <https://plato.stanford.edu/archives/win2016/entries/leibniz-evil>.

23. Voltaire satiriza la idea de que vivimos en el mejor de los mundos posibles en *Cándido. Micromegas, Zadig*, Madrid, Cátedra, 2012.

24. Marilyn McCord Adams, «Horrendous Evils and the Goodness of God», *Proceedings of the Aristotelian Society, Supplementary Volumes*, 63 (1989), pp. 302-304.

25. Adams, «Horrendous Evils», 300.

26. Adams, «Horrendous Evils», p. 303.

27. Adams, «Horrendous Evils», p. 302.

28. Adams, «Horrendous Evils», p. 302.

29. Adams, «Horrendous Evils», pp. 309-310.

30. Adams, «Horrendous Evils», p. 307.

31. Adams, «Horrendous Evils», pp. 307-309.

32. Adams («Horrendous Evils», p. 299) atribuye la idea a Roderick Chisholm.

33. Adams, «Horrendous Evils», p. 307.

34. Adams («Horrendous Evils», p. 305) atribuye esta idea a Juliana de Norwich, considerada la primera mujer que escribió un libro en inglés (hacia finales del siglo XIV). Para más información sobre Juliana, véase «Julian of Norwich», *British Library*, consulta realizada el 1 de mayo de 2021, <www.bl.uk/people/julian-of-norwich>.

35. Adams, «Horrendous Evils», p. 305.

36. Adams, «Horrendous Evils», pp. 305-306.

37. Lo que sigue es una versión ligeramente modificada de la conversación que se produjo entre Abraham y Dios en Génesis 18.

Conclusión: Cómo criar a un filósofo

1. Plutarco, *Plutarch's Lives*, vol. 1, Bernadotte Perrin, trad., Londres, William Heinemann, 1914, p. 49. [Hay trad. cast.: *Vidas paralelas: Teseo-Rómulo, Licurgo-Numa*, Barcelona, Planeta DeAgostini, 1995].

2. Thomas Hobbes, *The English Works of Thomas Hobbes*, vol. 1, William Molesworth, ed., Londres, John Bohn, 1839, pp. 136-137.

3. Para una exploración divertida de cuestiones relativas a la identidad y el arte, merece la pena escuchar «The Hand of Leonardo», de Michael Lewis, en el pódcast *Against the Rules*, <https://atrpodcast.com/episodes/the-hand-of-leonardo-s1!7616f>.

4. Para más consejos sobre cómo hablar de filosofía con niños —y una lista más larga de preguntas que se les pueden plantear—, véase Jana Mohr Lone, *The Philosophical Child*, Londres, Rowman & Littlefield, 2012, pp. 21-39.

5. Robert Nozick, *Philosophical Explanations*, Cambridge, Massachusetts, Belknap Press, 1981, p. 4.

6. Bertrand Russell, *The Problems of Philosophy*, Nueva York, Oxford University Press, 1998, p. 6. [Hay trad. cast.: *Los problemas de la filosofía*, Cerdanyola, Labor, 1991].

ÍNDICE ALFABÉTICO

Los números de página en *cursiva* hacen referencia a ilustraciones.

Este libro se terminó de imprimir en España
en septiembre de 2022.

«Para viajar lejos no hay mejor nave que un libro».

EMILY DICKINSON